钢铁卫士（2023）

——全国钢铁企业纪检监察系统优秀论文选编

全国钢铁企业纪检监察工作研究会　编

北　京

冶 金 工 业 出 版 社

2023

图书在版编目（CIP）数据

钢铁卫士．2023：全国钢铁企业纪检监察系统优秀论文选编／全国钢铁企业纪检监察工作研究会编．—北京：冶金工业出版社，2023.9

ISBN 978-7-5024-9610-4

Ⅰ．①钢… Ⅱ．①全… Ⅲ．①钢铁工业—工业企业—纪律检查—工作—中国—文集 Ⅳ．①F426.31-53 ②D630.9-53

中国国家版本馆 CIP 数据核字（2023）第 157245 号

钢铁卫士 （2023）

出版发行	冶金工业出版社	电　话	(010)64027926
地　址	北京市东城区嵩祝院北巷 39 号	邮　编	100009
网　址	www.mip1953.com	电子信箱	service@mip1953.com

责任编辑　杜婷婷　美术编辑　吕欣童　版式设计　郑小利
责任校对　郑　娟　责任印制　禹　蕊
三河市双峰印刷装订有限公司印刷
2023 年 9 月第 1 版，2023 年 9 月第 1 次印刷
787mm×1092mm　1/16；25.25 印张；548 千字；386 页
定价 158.00 元

投稿电话　(010)64027932　投稿信箱　tougao@cnmip.com.cn
营销中心电话　(010)64044283
冶金工业出版社天猫旗舰店　yjgycbs.tmall.com
(本书如有印装质量问题，本社营销中心负责退换)

编委会

深学习、实调研、抓落实
以高质量纪检监察工作护航企业安全和发展①

（代序）

　　2023 年，是全面贯彻党的二十大精神的开局之年。在这样一个特殊年份，习近平总书记亲自点题、亲自部署开展纪检监察干部队伍教育整顿，充分体现了我们党勇于自我革命的政治品格，充分体现了党中央和习近平总书记对纪检监察工作和纪检监察干部队伍的关心重视，充分体现了新形势下锻造纪检监察铁军的极端重要性和现实紧迫性。在中国钢铁工业协会（以下简称钢协）纪委指导下，全国钢铁企业纪检监察工作研究会（以下简称研究会）紧扣中心、服务大局，引领钢铁行业各级纪检监察组织扎实推进纪检监察干部队伍教育整顿（以下简称教育整顿），坚决贯彻落实党中央、中央纪委国家监委决策部署，结合学习贯彻习近平新时代中国特色社会主义思想主题教育（以下简称主题教育），深学习、实调研、抓落实，以中央纪委第二次全体会议精神为统领，以提素赋能强技和教育整顿为主线，以高质量纪检监察工作助推行业高质量发展，"三不一体"正风肃纪反腐协同推进，"两个永远在路上"战略思想深入贯彻，加强并持续巩固企业良好政治生态，为行业健康稳定持续发展创造良好环境，做到让党中央和习近平总书记放心，让职工群众满意。

　　1. 召开研究会会长办公会，精心擘画 2023 年度工作。今年是研究会成立 20 周年，20 年来，特别是党的十八大以来，研究会恪尽职守、有所作为，严格遵守国家法律法规，团结和引领会员企业各级纪检监察组织立足新发展阶段，贯彻新发展理念，构建新发展格局，以推动高质量发展为主题，引领全行业全面从严治党和反腐倡廉建设不断向纵深发展，发挥了不可替代的桥梁纽带作用。鞍钢集团纪委作为今年轮值会长单位，在钢协纪委的指导下，

为了破解"钢铁企业改革发展进入攻坚克难的关键时期，各会员企业纪检监察组织如何以高质量监督执纪促进企业各项工作实现高质量发展"这个时代课题、现实难题，于2023年3月10日以视频形式召开了研究会会长办公会。会议紧紧围绕学习贯彻党的二十大精神及二十届中央纪委第二次全体会议精神，结合即将开展的主题教育和教育整顿，以表决方式调整了研究会轮值会长和部分副会长，研究通过了研究会2023年度工作计划、开展行业纪检监察业务培训总体方案、第十九次钢铁企业纪检监察年度工作会议初步设想及思路、到会员企业开展调研的工作计划等议题和部署，为全年研究会工作深入有效开展做好顶层设计。

2. 赴会员企业开展调研，并形成高质量调研报告。根据钢协党委关于深入开展会员企业调研的部署，钢协纪委、研究会抓住深入开展主题教育和教育整顿的契机，组成调研工作组于2023年5月至6月分别赴鞍钢集团矿业公司和鲅鱼圈分公司、南京钢铁集团、酒泉钢铁集团和上海大学，就今年以来企业生产经营情况、当前面临的主要困难和问题、会员单位有关诉求和建议，以及如何以高质量纪检工作推动和服务高质量发展、如何为会员企业精准服务等专题开展深入调研。调研得到相关单位党政领导的支持和单位纪委的高度重视，调研工作组采取座谈交流、听取汇报等方式，并实地参观了企业生产现场。此次调研，进一步增强了钢协纪委和研究会同会员企业的联系，学习了会员单位纪检监察创新成果，掌握了会员单位对研究会服务会员的工作方向、工作内容和活动载体，这是近年来，钢协纪委、研究会组织开展的涉及单位多、代表性广泛、内容最丰富的一次调研活动。调研结束后，钢协纪委、研究会秘书处共同起草了高质量调研报告并向钢协党委作了专题汇报，调研成果得到钢协党政领导班子的高度评价。

3. 精心组织论文征集工作，择优编辑出版论文集。向全行业纪检监察系统征集论文，是研究会发挥行业平台作用、深化互学互鉴功能的一项十分重要的工作，也是成功开好第十九次钢铁企业纪检监察年度工作会议的可靠保障。研究会秘书处根据会长办公会的部署，及时确定了征集论文的主题，并于2023年3月上旬印发了《关于组织征集全国钢铁企业纪检监察工作研究会第十九次年会论文的通知》，经过广泛宣传、积极发动，有19家会员单位

（集团口径）共申报论文 138 篇，这些论文集中展示了钢铁会员企业近一年来理论创新、实践创新、制度创新、文化创新的最新成果，无论是数量还是质量都创研究会历史新高。值得一提的是，钢协代管的两家单位纪委也积极撰写论文，填补了钢协系统纪检组织参与论文申报的空白。此次论文征集工作，得到各会员企业纪委领导的高度重视，许多企业集团纪检监察部门积极组织论文征集，并进行初评筛选推优上报。在研究会轮值会长单位的精心组织下，经过论文申报单位认真评审和研究会秘书长以上领导严格审核，并报钢协纪委同意，评出一等奖 6 篇、二等奖 20 篇、三等奖 58 篇、优秀奖 54 篇。依据论文评分排序，本着公平公正、优中选优的原则，研究会秘书处从获奖论文中精选出 70 篇，由冶金工业出版社编辑出版文集《钢铁卫士（2023）》。

4. 组织高质量全行业纪检监察业务培训。根据中央纪委第二次全体会议工作部署，应会员企业纪检监察干部要求，钢协纪委、研究会落实中央纪委关于"切实加强纪检监察干部思想淬炼、政治历练、实践锻炼、专业训练，建设纪检监察铁军"目标要求，紧密结合钢铁企业实际，共同策划并举办了三期业务培训班：2023 年 4 月，在首钢集团举办了钢铁行业暨钢协系统纪检干部培训班，邀请了中共中央党校、中国社会科学院、北京市委巡视组、最高人民检察院等单位专家就学习领会二十届中央纪委第二次全体会议精神、精准运用监督执纪"四种形态"、巡视监督实践与思考、职务违纪违法问题调查的思路和方法等作专题辅导，钢铁行业、钢协系统以及国务院国有资产监督管理委员会直管兄弟协会的纪检干部共 350 人参加了培训；6 月，钢协法律分会在上海举办了企业合规管理培训班，部分从事合规管理相关工作的会员企业的纪检监察干部、钢协系统专兼职纪检干部参加了会议，听取了来自上海大学法学院、中国标准化研究院、最高人民检察院、某中央企业等专家、学者作的钢铁企业实现"双碳"目标的法治路径、合规管理体系要求及使用指南、新形势下企业合规管理"1+N"监督理论与实践、国有企业依法治理中的刑事合规等专题辅导；9 月，在鞍钢集团召开的第十九次钢铁企业纪检监察年度工作会议，钢铁行业纪检监察业务培训同步进行，钢协纪委、研究会特邀请中央纪委研究室、上海市委巡视组、辽宁省纪委监委等单位相关专家分别以"不敢腐""不能腐""不想腐"为主题作专题辅导。以上专业培训，将一体推进"三不腐"贯穿于纪检监察队伍自身建设，进一步提升了会员企业纪检监察工作规范化、法治化、正规化水平，得到了会员企业广泛好评。

5. 创新有效载体，成功开展会企纪检监察共建活动。根据钢协纪委开展纪检干部队伍教育整顿工作部署，钢协纪委办党支部作为钢协系统纪检干部教育整顿的"领头羊"和"火车头"，在指导和推进钢协系统全面从严治党中肩负重要职责使命，必须在自身正、自身硬、自身廉上走在前作表率。为此，钢协纪委办党支部创新教育整顿的形式、拓展教育整顿的内容，于2023年5月，结合主题教育，组织全体党员深入研究会轮值会长单位——鞍钢集团纪委开展纪检监察共建活动，同鞍钢集团矿业公司纪委、鞍钢集团鲅鱼圈分公司纪委等领导和干部座谈交流，学习中央企业一体推进"三不腐"的成功经验和科学做法，并相继实地参观考察了鞍钢集团博物馆、鞍钢集团党风廉政建设展览馆、郭明义爱心工作室等爱国主义教育基地，为赓续红色血脉、弘扬新时代国企精神，增强党支部全体党员履职尽责的紧迫感、责任感、使命感，提供了丰富的智慧和营养。

6. 成功举办第十九次钢铁企业纪检监察年度工作会议。2023年以来，研究会在钢协纪委的指导下，在广大会员企业支持下，充分发挥会长、副会长和其他会员单位的主动性、创造性和协同性，秉承"大家的事大家办，大家的事商量着办"的优良传统，坚持集思广益、群策群力的原则，进一步将研究会办成具有广泛代表性、强大凝聚力、较高学术性，以业务研讨和工作交流为主，在全行业有影响力的纪检监察工作交流平台。由研究会主办、鞍钢集团纪委协办、鞍钢集团矿业公司纪委承办的第十九次钢铁企业纪检监察年度工作会议，作为研究会年度工作的重头戏，再次为全行业纪检监察干部提供了一次饕餮盛宴，可谓亮点纷呈、硕果累累：一是从会议筹备到成功召开，自始至终贯穿教育整顿主题和要求，为推动和深化会员企业教育整顿注入了强大动力；二是会员企业申报论文的数量和质量都创造了研究会成立以来的新高，为成功召开第十九次年度工作会议、结集出版高水平文集《钢铁卫士（2023）》提供了坚实保障；三是精选7家会员单位作大会经验交流，第一次全方位展现行业纪检监察工作年度最新最优成果；四是会议肯定和嘉奖会员企业纪检监察组织在研究会活动中的贡献和作用，首次增设了优秀组织奖，并对 5 家企业纪检监察组织予以表彰；五是高标准设计和安排纪检监察业务培训环节，为参会人员拓展视野、提素赋能提供了优质高端服务。

全国钢铁企业纪检监察工作研究会轮值会长
鞍钢集团矿业有限公司纪委书记　　申长纯

目　　录

国有企业加强内部监督的探索与实践

………………………………… 鞍钢集团鞍山钢铁集团有限公司纪委（1）

高位统筹系统施治　推进"一把手"和领导班子监督机制构建与实施

………………………………… 首钢集团有限公司纪委监察专员办公室（7）

优化权力监督制约体系　深化各类监督协同贯通　为国有企业高质量发展保驾护航

………………… 包头钢铁（集团）有限责任公司纪委　班彩雯　刘智光

周小丽　高　华　陈　旭（12）

关于构建"1367"纪检监督工作体制机制的创新实践

……… 中国宝武马钢集团（控股）有限公司纪委　徐　军　杨智勇　鲁世宣（17）

新时代国有企业"五聚焦五共创"廉洁文化体系建设的探索与实践

………………… 鞍钢集团矿业有限公司纪委　秦文博　董岩松　董文晶（25）

关于加强国有企业新时代廉洁文化建设的探索与思考

……… 鞍钢股份有限公司鲅鱼圈钢铁分公司纪委　王玉鑫　徐　强　李朝全（33）

关于在企业高质量发展进程中如何做好专项监督工作的探讨

………………… 鞍钢集团朝阳钢铁有限公司纪委　修立伟　徐丽娟　刘金生（38）

推进国有企业政治监督具体化、精准化、常态化的实践和思考

……………… 河钢集团有限公司纪委　董士党　卢耀豪　张月鹏

贾鸿霞　宇海丽　李文彬（43）

清廉国有企业建设在柳钢的实践与探索

………………… 广西柳州钢铁集团有限公司纪委　文和贵　何　俊

梁柳群　古曦婷　潘思竹（50）

推进海外机构廉洁建设的"3323"模式　加强新时代国有企业海外机构
廉洁建设的探索与实践

………………… 中国宝武中钢集团有限公司纪委　吴维皓　常　苪（59）

建立健全大数据监督平台　推进公司治理体系和治理能力现代化
　　…………… 中国宝武新疆八一钢铁有限公司纪委　冯　义　杨文清　周　灵（65）

坚定不移深化政治巡察　助力国有企业高质量发展——酒钢集团党委巡察
　　工作的实践与探索
　　………………………… 酒泉钢铁（集团）有限责任公司党委巡察办公室（71）

加强国有企业"一把手"监督工作的思考
　　………………… 广西柳州钢铁集团有限公司纪委　文和贵　雷应科
　　　　　　　　　　　　　　　　　　覃哲捷　韦创昱　覃　慧（76）

"全周期管理"方式一体推进"三不腐"体制机制建设的探索与实践
　　………………………… 酒泉钢铁（集团）有限责任公司纪委　杨　波（82）

推进政治监督具体化、精准化、常态化的探索与实践
　　………………… 包头钢铁（集团）有限责任公司纪委　班彩雯　刘智光
　　　　　　　　　　　　　　　　　　周小丽　高　华　陈　旭（88）

攀钢"清风反腐预警系统"赋能高质量监督的实践与成果
　　………………… 鞍钢集团攀钢集团成都积微物联集团股份有限公司纪委
　　　　　　　　　　　　　　　　　　　　　　赖轶众　陈　嘉（93）

抓实六个"从严"推动八钢公司纪检工作高质量发展
　　………………………………… 中国宝武新疆八一钢铁有限公司纪委（100）

打造廉洁从业教育品牌　助力清廉京唐建设
　　………………………… 首钢京唐钢铁联合有限责任公司纪委　王会静（106）

"六坚持"推进政治监督具体化、精准化、常态化——新时代国有企业
　　推进政治监督的探索与实践
　　………………… 中国宝武宝山钢铁股份有限公司纪委　周坚松（111）

国有企业"三不一体"廉洁合规监督体系的构建与实施
　　……… 河钢集团有限公司纪委　董士党　卢耀豪　李　嘉　张月鹏　杨小楠（116）

上下联动　协同贯通　以高质量监督助力公司高质量发展——酒钢集团
　　甘肃东兴铝业有限公司协同贯通监督机制的探索与实践
　　………………… 酒钢集团甘肃东兴铝业有限公司纪委　王　强（125）

四度促四合　全面提升监督质效——浅谈宝武资源"大监督"体系建设实践
　　………………………………… 宝武资源有限公司纪委　陈　华（131）

"切片式监督+系统施治"推动公司生产经营重点领域绩效提升
………… 山东钢铁集团有限公司纪委　秦立彬　董思慧　吕金桥　汪　娟（137）

创新实施"六合一"模式　推进正风肃纪反腐向纵深发展
………………… 中国宝武太原钢铁（集团）有限公司纪委　汪　震（144）

首钢股份在基层党组织开展纪检派驻监督的探索与实践
………………………… 首钢集团北京首钢股份有限公司纪委（150）

深入开展"靠企吃企"问题整治护航企业高质量发展
………… 山东钢铁集团有限公司纪委　赵文友　李荣臣　王建新　马　帅（155）

新时代企业纪检队伍建设思考与实践
………………………… 南京钢铁联合有限公司纪委　黄丽丽（160）

大力实施三项工程　提升巡察监督效能
………………… 杭州钢铁集团有限公司党委巡察办　逯建奇（165）

"三个务必"视域下高校作风建设常态化长效化研究
……………………………………… 上海大学纪委　滕　云（172）

探索重点工程监督有效途径　推动打造优质、高效、廉洁的"阳光工程"
………………… 首钢集团有限公司矿业公司纪委　房胜军　侯海成（177）

"数智赋能"纾解监督困局　"平台共享"凝聚监督合力
………………… 山东钢铁集团有限公司纪委　张维国　刘　敬（182）

关于打造有效机制强化对"一把手"和领导班子监督的思考
………… 中国宝武马钢集团设计研究院有限责任公司纪委　赵　文（187）

加强政治生态研判　压实管党治党责任　协助党委打通全面从严治党"最后一公里"
………… 鞍钢鞍山钢铁集团有限公司铁路运输分公司机车厂纪委（193）

深化党风廉政建设　推动全面从严治党
………………… 山钢集团山信软件莱芜自动化分公司纪委　巩茂娟（198）

全面实施"九大行动"　纵深推进清廉国有企业建设——杭州钢铁集团
　有限公司深化清廉杭钢建设的实践思考
………………… 杭州钢铁集团有限公司纪委　陈柳兵（203）

强化政治监督　突出问题导向　在推进企业高质量发展中发挥巡察利剑作用
……………………河钢集团有限公司纪委　董士党　卢耀豪　张月鹏　杨小楠（208）

监督推动贯彻新发展理念　保障企业高质量发展
……………………河钢集团有限公司纪委　董士党　史绍辉　卢耀豪　杨小楠（214）

探索如何做好监督执纪"后半篇文章"　实现以案促改树"亲"
"清"的调研报告
……………………………包钢集团包钢矿业有限责任公司纪委　刘　健（220）

探索实践"纪警企"联合办案新模式　护航国有企业实现高质量发展
……………………山东钢铁集团日照有限公司纪委　秦立彬　董思慧
闫　魁　张春宝　张文庆（225）

梅钢公司纪委构建大监督体系的探索与实践
……………………中国宝武上海梅山钢铁股份有限公司纪委　周晓虎（229）

浅谈企业基层"微腐败"成因及治理对策
……………………中国宝武新余钢铁集团有限公司纪委　姚忠发　刘东明（234）

清廉文化进企业　清风书香扬正气——冶金工业出版社廉洁文化建设探索和思考
……………………………冶金工业出版社有限公司纪委　黄梓芸　马文欢（240）

用"全周期管理"理念一体推进"三不腐"建设
……………………………首钢集团长治钢铁有限公司纪委　申红岗　武伯瑾（245）

贯通实施"四化一中心"　全面提升企业监督效能——河钢集团
唐钢公司纪委提升监督效能的创新和实践
……………………河钢集团唐山钢铁集团有限责任公司纪委　于春渊　韩明舰
姬颖玉　刘　维　祁　烨　车明浩（250）

加强新能源企业廉洁风险防控的探索与实践
………………………………………宝武清洁能源有限公司纪委　陈成增（255）

把握"四严四促一争一创"工作主线　坚定不移推动纪检工作高质量发展
………………………………………山钢集团股份公司莱芜分公司纪委（261）

强化"四责协同"　构建全面从严治党责任落实"共同体"
……………………河钢集团有限公司纪委　董士党　卢耀豪　李　嘉　李文彬（266）

探索运用"三个一"工作法多措并举提升监督质效　为企业高质量发展保驾护航
　……………………河钢集团唐山钢铁集团有限责任公司纪委　于春渊
　　　　　　　　　王　健　吴艳敏　户桂彬（272）

国有企业"蝇贪"现象的成因及对策分析
　………………………陕钢集团产业创新研究院科技发展中心　张　翔（277）

"三个四"大监督大防控体系的探索与实践
　……………………山东钢铁集团财务有限公司纪委　王　勇　高　勇
　　　　　　　　　董保树　张　瑾　宋　军　沈桂权（283）

廉洁文化建设实践与思考
　………山钢集团股份公司莱芜分公司炼钢厂纪委　李　俊　姜兴辰　张百庆（288）

构建"区域监管、联动集成、全面覆盖"纪检监察一体化监督体系的思考与实践
　…………………………福建省三钢（集团）有限责任公司纪委　谢　欢（293）

组织倡廉　职工践廉　家庭助廉　供方诺廉　新时代廉洁文化建设的探索和经验
　…………………酒泉钢铁（集团）有限责任公司供应链管理分公司纪委（298）

关于构建实施"激励引导 容错免责"双向协同机制　激励干部担当作为的
　探索与实践
　………………内蒙古包钢钢联股份有限公司纪委　王伟平　杨光顺
　　　　　　　　　　　史　悦　贺丽芳　崔志军（303）

磨砺巡察利剑　助力建设世界一流资源开发企业
　………… 鞍钢集团矿业有限公司纪委/巡察办　金岳群　国　锋　卢青超（309）

浅析国有企业查办案件存在的问题及解决措施
　…………………………陕西钢铁集团有限公司纪检监察部　张　伟（314）

健全完善精准运用"四种形态"工作机制研究
　………………河钢集团河北张宣高科科技有限公司纪委　许国新
　　　　　　　　　　　闫海峰　宇海丽　杨志国（319）

钢廉融合+　打造廉洁文化生态
　………山东钢铁集团日照有限公司纪委　秦立彬　董思慧　李兴林　宿群翔（324）

创新工作举措助推巡察工作提质增效
　…………包头钢铁（集团）有限责任公司党委巡察办　周远平
　　　　　　　　　　　刘　元　吕有文　吴香玉　刘光宇（329）

做实专项监督　提升监督综合效能　为企业高质量发展保驾护航

……………………… 包钢集团内蒙古包钢西创集团有限责任公司纪委

李　俊　翟　燕　仲　磊　苗晓敏（334）

关于切实发挥党支部纪检委员"前哨"作用的思考——浅谈鞍钢集团

机关纪委压实党支部纪检委员工作职责的实践研究

………………………… 鞍钢集团有限公司机关纪委　陈　宇（338）

党员干部提高政治判断力、政治领悟力、政治执行力研究

………………… 鞍钢鞍山钢铁集团有限公司教育培训中心（党校）

政治理论教研部课题组（343）

国有钢铁企业加强新时代廉洁文化建设的探索

………………… 山钢集团莱芜钢铁集团有限公司纪委　张志强（348）

淬炼钢铁风骨　凝聚钢铁力量——国有企业廉洁文化建设的实践探索

……………… 河钢集团邯郸钢铁集团有限责任公司纪委　张振锋

贾鸿霞　王志国　葛　维（353）

南钢智慧纪检平台探索与实践

………………………………… 南京钢铁联合有限公司纪委　陈传浩（358）

构建民营钢铁企业"大监督"体系的探索与实践

………………… 江苏沙钢集团有限公司董事局纪检审计法务部　袁超玉（362）

探索纪检监督新模式　打通基层监督"最后一公里"

………………………… 南京钢铁联合有限公司纪委　郭良贺（367）

派驻监督在国有企业纪检监察工作中的实践与思考

………………………… 河南钢铁集团有限公司纪委　丁敬强（371）

聚焦重点领域提升监督合力的探索和实践

………………… 湖南钢铁集团湘潭钢铁集团有限公司纪委　颜　硕（377）

关于国有企业充分发挥巡察"利剑"作用的实践思考——以 A 企业为例

………………… 中信泰富特钢集团股份有限公司纪委　朱新峰　李银环（381）

编后记　…………………………………………………………………（385）

国有企业加强内部监督的探索与实践

鞍钢集团鞍山钢铁集团有限公司纪委

党的十八大以来，以习近平同志为核心的党中央把强化监督提升到前所未有的高度，如何构建和完善党统一领导、全面覆盖、权威高效的监督体系是新时代国有企业在实践中需要探索和回答的课题。鞍钢集团鞍山钢铁集团有限公司（简称鞍山钢铁）纪委始终牢记监督是第一职责，以开展专项监督工作为抓手，积极促进国有企业各级经营管理者正确履行职责，强化国有企业内部监督，打通全面从严治党"最后一公里"，一体推进不敢腐、不能腐、不想腐，有效发挥了监督保障执行、促进完善发展作用，为提高国有企业治理效能，实现国有资产保值增值和高质量发展提供了有力支撑。

一、国有企业开展专项监督的重要意义

鞍山钢铁是一家年生产铁、钢、钢材均具备 2600 万吨能力，具有完整的产品系列，是汽车、铁路、桥梁、核电、造船和国防军工等高端用钢的重要研发生产企业。专项监督是鞍山钢铁纪委针对本企业生产经营特点，对不同生产单元，业务模块相关经营管理者履行职责行为开展监督检查，发现失职失责问题和管理缺陷，使管理更加规范的综合性监督工作。

（一）专项监督是加强党对国有企业全面领导必然需求

国有企业纪检机构作为党风廉政建设与反腐败工作的重要职能部门，肩负着监督执纪问责重要使命，负责督促国有企业维护党章和其他党内法规，推动企业发展不偏向、不越轨的重要保障。开展专项监督是新时代推进全面从严治党的必然需求；是党把控企业节奏、不断更新适应现代化企业管理制度的迫切需求；是促进国有企业管理规范化、法治化、正规化，提升企业管理团队管理水平的时代需求，在增强企业可持续发展动力上具有深远意义。

（二）专项监督是促进国有企业合规管理经营内在需要

国有企业面对国内产业转型升级，正处于提升经营规模影响、加大科技创新投入、全力攻坚克难的关键阶段，只有不断深化治理体系建设，形成科学高效的治理结构，才能不断做优所管控的资源配置，切实提高核心竞争力。积极开展专项监督工作，既

是深化内部改革的内在需求，也是应对风险挑战的有力保障。要将监督工作嵌入生产经营、财物管理、资本运营、选人用人等关键领域，做到及时识别风险、隐患，促进国有企业规范治理，防范国有资产流失，保障企业改革发展。

（三）专项监督是督促各部门履行一岗双责的有效措施

国有企业不仅管理生产经营，还涵盖国有资产保值增值业务，也同样有职工后勤民生方面等工作内容，具有涉及范围广、业务种类多、关联问题复杂等特点。国有企业纪检机构要立足于管理的再管理、监督的再监督定位，既不能代替职能部门履行监管责任，也不能越位开展监督。要通过开展专项监督工作推动各业务部门履行一岗双责责任，封堵风险漏洞，综合运用党规政纪加强对经营决策和管理行为的约束，达到促进治理效能提升的目的。

二、开展专项监督的主要做法

鞍山钢铁纪委统筹本级机关及各子企业开展专项监督工作，一般按照人事管理权限或产权关系，依据"统一要求、分级负责"的原则，形成在党委领导下，纪检机构组织协调和实施、相关业务部门密切配合、职工群众积极参与的领导体制和工作机制。专项监督不同于政治监督，一般实行立项制，选题比较灵活，各监督主体可根据自身情况自主立项并予以实施，在监督过程中主要分为立项、检查、整改和提高四个阶段，借鉴和运用 PDCA 循环理论，为管理提升提供支撑，为企业提高生产经营综合效率和效益提供保障。

（一）精准选题立项，确保方向明、重点清、措施实

一是选题立项要做到准、精。专项监督项目立项在服务企业生产经营管理的中心任务的基础上，要分析诊断业务流程，找准影响效能充分发挥的关键要素，紧紧抓住企业生产经营管理薄弱环节和主要风险防控点，围绕党委关心的重点问题、职工反映的热点问题、生产经营中的难点问题、信访举报反映的问题等几个方面调研选题。二是选题立项要有大局意识。专项监督选题立项要与企业履行职责使命、实现高质量发展的内在要求贯通融合起来，要落实"监督保障执行，促进完善发展"12 字要求，做到同向发力、同题共答，切忌脱离企业当前中心工作，另起炉灶。三是选题立项要注重源头预防。专项监督应该坚持关口前移、预防为主，更多地开展事前监督和事中监督，把问题解决在萌芽状态，把损失降低到最低程度。

确定专项监督重点的办法通常要充分了解分析监督项目的业务流程，确定业务流程的关键节点，查看业务流程是否顺畅、高效、严谨；分析信访举报线索、过往发生案例；根据专项监督项目检查组专业人员的经验，确定易产生问题的重点环节；通过查阅原始记录、制度等资料，核对账目和单据，用取得的准确数据来分析，与过去、同类企业、标准等进行比对发现问题，确定监督重点。

专项监督项目实施方案对专项监督如何实施，从目的、时间、方法、内容等全方

位进行比较详细的策划，一般应围绕监督重点梳理现行有效制度依据，采取表单化方式，将监督项目"化整为零"，确保监督工作有抓手、有标准。

（二）聚焦监督主责，做到主动干、灵活干、能干成

纪检系统在组织实施阶段，要聚焦监督主责，充分调动各方面力量，诊断制度和流程，发现行为偏差和管理缺陷，制作工作底稿。

1. 综合运用多种检查方法

开展监督检查，是专项监督工作中的关键环节，检查思路是否对路，方式是否科学，运用是否合理，直接关系到专项监督工作的质量。下面简单介绍几种检查方法。

（1）效果核查法。效果核查法是在专项监督工作中将被监督事项完成结果与客观参照目标相对照、分析和研究，鉴证其合理性，查找异常情况及管理问题和缺陷的工作方法。运用效果核查法开展专项监督，首先要听取监督对象介绍相关情况，根据所获取的信息，针对性地查阅有关经营管理资料，如有关财务资料、投资可行性报告等，确定客观公正的核查依据。在核查过程中，通过将监督对象的有关情况与核查依据之间比较研究，发现重要的异常项目和异常变动，如本期数据与上期数据相比较，实际完成数与计划数、预算数相比较等，分析有关情况是否合理，是否发生重大差异和重大错漏，发现疑点，对监督对象的实际效果进行合理、准确的评价。

（2）查账分析法。查账分析法是在专项监督过程中，以国家法律法规、企业规章制度为依据，采用专门方法对企业的会计资料进行审查，对相关数据进行对比分析，以判断其经济活动及经营管理是否合理的一种工作方法。查账分析法是专项监督保证企业生产经营活动健康、规范运行的重要手段。通过查账分析可以促使企业正确地组织财务收支，严格遵守财务会计制度，完善内部控制机制。同时查账分析法也是揭露违纪人员、证实违规违纪行为、收集违纪证据的重要手段。特别是在违纪线索比较模糊、监督对象不配合的情况下，通过查账分析法能有效地找到工作突破口，为开展专项监督打下扎实的基础。

（3）现场鉴证法。现场鉴证法是指专项监督人员深入到企业经营管理活动的现场，采取看、听、问、查、谈等方式搜集有关资料，用以核查相关单位和人员的执行力、数据和材料的真实性等，是一种常用的检查方法。现场鉴证法可以增强专项监督人员对企业经营管理活动的感性认识，了解现场情况，掌握第一手资料，为检查评价提供有力的支撑。同时通过对现场活动的实际情况与书面计划、制度规定等进行检查，可以及时核对实际与书面是否相符合，如制度的执行情况、账物相符性、总结真实性等，及时发现问题和处理问题，促进企业经营管理活动的有效开展。

（4）流程穿刺法。流程穿刺法是指针对某项经营管理业务的工作流程，依据有关制度、程序、职责条例和操作规范等，从头至尾对该流程实际运转情况进行检查，对流程各部位、环节和岗位的运行进行风险分析，发现管理漏洞和执行偏差，督促有关企业和业务部门落实整改，提高管理水平。工作流程是企业经营管理工作正常运转的基础，流程顺畅则生产经营顺畅，流程严谨则资产安全，流程高效则经营效率高、效

益好。由于工作流程常随企业经营管理方式和机构管控模式的变化而不断调整变化、流程中相关要素的工作目标和利益动能不尽一致、流程中操作人员的素质水平和执行能力强弱不同等因素，导致工作流程中制度性、机制性、责任性、执行性等有关问题始终存在，对企业经济效益和资产安全的影响不可小视。因此，抓重点经营管理领域，实施流程管理的专项监督十分必要，而流程穿刺法是一项监督检查流程运转效能的有效方法，通过全流程的穿行试验，检查验证工作流程的有效性和符合性，查找并整改管理问题，不断促进流程的高效运行，防范和减少流程风险。

（5）数据对比法。数据对比法是指在监督检查过程中，将相互之间关联的数据加以对比分析，通过数据升降、增减等变化，以及不同数据的符合性反映出的问题，取得调查突破发现管理问题及其成因的一种工作方法。在实际工作中，因数据所具有的客观性、量化性、连续性，数据对比法被纪检机构作为一种常用的工作方法而在监督检查工作中广泛使用。通过若干数据的对比分析，能够发现有关线索，找出存在问题及原因，进而判断管理制度是否健全、合理、适用，哪些需要修改、补充、完善，以促进管理行为规范化。

2. 坚持以纪检机构专责监督为主体、业务部门配合的工作模式

专项监督是对管理者履职行为的监督检查，是业务流程之外的管理的再管理，监督的再监督，这就决定了它由纪检机构牵头实施。同时，企业的日常管理纷繁复杂，这就要求专项监督应当充分调动业务部门的积极性，消除业务部门的抵触情绪，争取业务部门的充分理解和专业支撑。专项监督项目，不是包办和直接插手业务活动，要把着眼点放在管理制度、业务流程和职责履行方面的问题上，提出切合实际的监督建议，督促业务部门落实整改。

3. 充分发挥大数据监督平台的作用和优势

数据具有可追溯、便于监控的特点，要充分利用数据系统在源头预防方面的作用，丰富监督方式，使大数据成为监督工作的有效手段。目前，鞍山钢铁已上线大数据监督平台，构建公示平台、查询平台、预警分析平台和工作平台。专项监督过程中，充分应用大数据分析及挖掘工具，不断提升监督管理效能。

（三）注重整改提高，做到问题关键、建议精准、整改高效

专项监督检查组要检查结束后，对检查中发现的好的做法以及问题进行汇总，检查组负责人要向被检查的经营管理者及其所在的业务部门、单位简单通报检查情况，并听取受检单位意见，最终形成专项监督报告。

专项监督报告要全面汇总和分析甄别发现的问题，进一步了解情况，核准事实，听取被监督单位或个人的意见，形成书面材料。一是要找准问题的关键，分清主要矛盾和次要矛盾，找出影响效率、效果、效能的关键、可控因素，保证监督建议具有被采纳的价值；二是要从制度、流程、职责入手，分析问题产生的根本原因，透过现象分析深层次的原因、规律和特点，揭示问题实质，保证监督建议具有建设性；三是要吸收业务部门的技术业务人员，充分发挥他们熟悉流程的优势，保证监督建议的专业

性；四是要切忌就现象谈现象，重点不突出，笼统虚泛，大同小异，提出的措施泛泛而谈，内容空洞，不痛不痒，肤浅单薄，力度和深度不够。

三、专项监督取得的成效

2022 年以来，鞍山钢铁各级纪检组织紧紧围绕专项监督的定位与任务，累计开展专项监督项目 95 项。工作中将纪检机构发挥监督职责一条主线贯彻专项监督全过程，将专项监督工作与企业重点工作相融合、与亟须解决的重点难点问题相融合，围绕发现问题、完善制度、管理问责、实现效益四个重点方面开展工作，并在专项监督工作中锻炼一支敢于斗争、善于斗争的纪检队伍。通过近两年的工作，取得了良好的工作效果。

（一）凸显监督执纪震慑作用

开展专项监督工作，是贯彻党的二十大精神、完善国有企业内部监督体系、推动全面从严治党向基层延伸的重要举措。鞍山钢铁纪委聚焦重点领域、关键岗位、薄弱环节，坚持问题导向，持续整治靠钢吃钢问题，深入开展工程项目、备品备件管理、采购销售等方面专项监督工作，两年来累计立案 25 人，运用第一种形态处理 70 人，党员领导、关键岗位人员纪律意识、制度意识有了明显提升。

（二）持续做好"后半篇文章"

开展专项监督工作，是坚持"三不腐"一体推进，加强对权力运行的制约和监督，铲除腐败滋生蔓延的土壤和条件的重要载体。鞍山钢铁纪委围绕本企业内部查办的重大典型案件所暴露出来的问题，督促涉案人员企业深化以案促改，有针对性地开展专项监督工作。工作中既提出强化监督、改进管理、完善制度等纪律检查建议，又督促涉案子企业及时召开民主生活会、警示教育会等，全面整改暴露出的突出问题，同时强化对不法供应商、相关方联合惩戒，严格执行"黑名单""灰名单"制度，加强限制准入，强化追赃挽损，构建清廉经营生态。两年来累计下发纪律检查建议 30 份，清理不法供应商 9 家，修订和完善制度百余项。

（三）纪检队伍能力建设取得新突破

开展专项监督工作，是锻造堪当新时代新征程重任的高素质纪检干部队伍、强化能力建设、增强斗争本领的"试验田"。近两年来，鞍山钢铁纪检系统人员流动率高，从事纪检年限两年以下人员占比超过 30%，新履职的纪检干部对于如何开展好监督工作思路不清，措施不多。鞍山钢铁纪委着力解决子企业纪检干部本领恐慌问题，连续两年开展优秀专项监督项目评选，并下发年度专项监督成果汇编，充分发挥导向、示范和激励作用，搭建交流互鉴平台，既拓宽了收集和掌握问题线索信息的渠道，又提升了纪检干部勇于斗争、善于斗争的意识与能力。两年来，共有 8 家单位通过开展专项监督工作取得零立案突破。

　　构建和完善中国特色社会主义监督体系是推进国家治理体系和治理能力现代化的内在要求。鞍山钢铁纪委将持续以专项监督为载体，加强国有企业内部监督体系建设，创新监督方式，把日常监督做细做实，使监督常在、形成常态。

高位统筹系统施治　推进"一把手"和领导班子监督机制构建与实施

首钢集团有限公司纪委监察专员办公室

首钢集团有限公司（简称首钢集团）纪委与北京市监察委员会驻首钢集团监察专员办公室合署办公，机构名称为"首钢集团有限公司纪委监察专员办公室"。纪委监察专员办公室履行监督执纪问责和监督调查处置职责，承担反腐倡廉建设领导小组办公室、监督工作联席会办公室职责。定员编制13人，内设监督检查、审查调查、案管审理、综合四个机构。

一、"一把手"和领导班子监督机制的构建与实施背景

2021年，《中共中央关于加强对"一把手"和领导班子监督的意见》印发施行，为破解"一把手"和领导班子监督难题，健全党和国家监督体系，提出了根本遵循。党的二十大报告强调，要增强对"一把手"和领导班子监督实效。结合企业实际，建立健全对"一把手"和领导班子监督机制，是企业党委、纪委强化政治监督的一项重要任务。

（1）推动全面从严治党向纵深发展的必然要求。习近平总书记指出，"一把手"是党的事业发展的领头雁。在全面从严治党实践中，对"一把手"监督是重中之重的任务，上级党组织必须加强对所管理的党员干部特别是主要负责人的监督，切实把"关键少数"管住用好，为深化全面从严治党、推进企业高质量发展提供领导保障和组织基础。

（2）破解对"关键少数"监督难题的内在需要。"一把手"被赋予重要权力，担负着管党治党重要政治责任。破解对"一把手"监督和同级监督难题，必须明确监督重点，压实监督责任，健全制度机制，推动企业监督制度优势更好转化为企业治理效能。

（3）加强国有企业治理能力建设的必然举措。完善首钢集团治理体系，确保国有资产保值增值，必须以"一把手"和领导班子为重点，要把上级"一把手"对下级"一把手"的监督作为关键环节，依托党的组织领导体系构建监督责任体系，层层压实责任，形成监督合力。

二、"一把手"和领导班子监督机制的构建与实施内涵及主要做法

首钢集团制定《关于落实〈北京市关于加强对"一把手"和领导班子监督的若干措施〉的工作安排》，明确 26 条工作措施和 43 项具体监督任务，构建监督责任体系，持续破解"一把手"和领导班子监督难题。

（一）建章立制，为深化对"一把手"和领导班子监督搭建有效管用的载体

（1）健全两项履职协调机制。一是完善反腐倡廉建设协调机制。聚焦"关键少数"和全面从严治党突出问题，细化反腐倡廉建设领导小组及办公室职能职责，运用定期例会、联席议事、联合监督、考评分析等工作机制，统筹部署协调全面从严治党和党风廉政建设各项工作，为推动全面从严治党向纵深发展提供机制保证。二是完善监督工作联席会机制。修订《首钢集团有限公司监督工作联席会制度》，完善联合检查、联席议事、联动监管监督管理模式。从强化对"一把手"和领导班子监管、提高监督治理效能角度抓顶层设计。2021 年以来，共完成 28 项联合监督任务，发现问题 1104 个。

（2）细化三项制度。一是制定《关于深化落实全面从严治党主体责任的实施办法》，对全面从严治党年度重点任务安排、全面从严治党考核等经常性工作进行系统部署和推进，夯实管党治党管理基础。二是修订《首钢集团有限公司实施〈关于实行党风廉政建设责任制的规定〉办法》，把落实党风廉政建设责任制作为"一把手"和领导班子履行管党治党责任、推进全面从严治党的重要内容。三是制定《首钢集团有限公司政治生态分析研判工作实施办法》，立足强化同级监督，围绕坚持党的全面领导、党的政治建设等十个方面进行分析研判，由纪委对同级党委领导班子成员进行"画像"，研判政治生态情况，向上级党委、纪委作专题报告，为深入研判政治生态情况、强化对"一把手"和领导班子监督提供重要参考。

（3）建立"三张清单"。一是制定《首钢集团党委抓党建工作责任清单》，通过细化全面从严治党年度重点任务安排，将责任分解细化到"一把手"和每名班子成员，确保责任分工明确，压力传导到位。二是建立全面从严治党工作考核和政治生态分析研判反馈问题整改责任清单，形成了发现问题、研判分析和推动整改的工作闭环。三是建立健全"以案为鉴、以案促改"警示教育通报问题整改责任清单，增强以点带面、点面结合、以案示警的治理效果。

（二）细化举措，为深化对"一把手"和领导班子监督工作明确具体标准

1. 紧盯"七个关键环节"，加强对"一把手"监督管理

一是监督"一把手"执行重大事项请示报告制度情况。建立健全请示报告清单、跟踪督查、考核评价和责任追究工作机制。动态掌握"一把手"政治立场、政治态度、政治表现情况。

二是监督上级"一把手"抓好下级"一把手"情况。完善基层党委书记汇报制度，健全定期监督谈话机制，明确上级"一把手"将监督下级"一把手"情况作为每

年述职的重点内容，了解掌握"一把手"履职尽责情况。

三是监督"一把手"落实全面从严治党第一责任人职责情况。督促"一把手"亲自研究年度全面从严治党任务细化分解，带队督查下级党组织全面从严治党工作落实情况，指出问题、约谈提醒、提出要求，压实管党治党政治责任。

四是监督"一把手"执行民主集中制情况。纪委、组织部门列席下级党委会会议，近距离了解"一把手"执行党委会工作规则和议事规则、落实"三重一大"决策制度等情况，不定期与领导班子成员、中层干部进行谈话，了解"一把手"执行民主集中制情况。

五是把"一把手"作为政治巡察的重点。将被巡察党组织"一把手"工作和生活情况作为谈话必谈内容，向同级党委"一把手"报告谈话情况，推动巡察监督更加精准、规范、有效。

六是督促落实纪检、组织部门负责人同下级"一把手"谈话制度。开展新任职"一把手"任职廉政谈话；纪检、组织部门负责人每年至少与下级"一把手"开展一次谈心谈话，发现一般性问题及时向本人提出；发现严重违纪违法问题向同级党委"一把手"报告。

七是建立健全述责述廉制度。规范述责述廉的范围和形式，在书面述责述廉全覆盖基础上，安排一定比例下级"一把手"在上级党委会扩大会议上现场述责述廉、接受评议，述责述廉报告载入廉政档案，并在一定范围内公开。

2. 运用"七项机制"，让同级监督发力生威

一是健全完善领导班子成员相互监督提醒机制。建立"一把手"与领导班子其他成员谈心谈话机制，推动压实"一把手"的班长作用。"一把手"对班子其他成员所作的函询说明签署意见时，同步开展教育提醒。班子成员发现"一把手"存在重要问题可直接向上级党组织报告。

二是深化落实民主生活会和组织生活会制度。"一把手"带头开展批评与自我批评。领导班子成员对个人有关事项及群众反映、巡视巡察反馈、组织约谈函询的问题，实事求是在生活会上作出说明。

三是健全完善党委领导班子权力运行制约和监督机制。健全完善"一把手"和领导班子其他成员岗位职责清单，推进机构、职能、权限、程序、责任规范化。完善党委常委会议事规则、决策程序、权力清单和监督机制，精准界定"三重一大"事项范围，重要事项提交领导班子会议讨论，禁止以专题会议代替党委会作出或者变相作出决策。

四是健全完善领导班子其他成员履行"一岗双责"机制。"一把手"定期听取领导班子其他成员履行管党治党责任情况汇报，及时给予约谈提醒。领导班子成员根据工作分工，对职责范围内的全面从严治党工作负重要领导责任，领导、检查、督促分管部门和单位全面从严治党工作。

五是建立健全领导人员违规插手干预重大事项记录和报告制度。印发领导人员违规插手干预重大事项记录报告的规定，规范领导人员履职用权，聚焦"小缺口"，解决"一把手"和领导班子成员廉洁从业风险"大问题"。

六是健全完善政治生态分析研判机制。坚持边"画像"、边净化、边涵养，把政治生态分析研判情况同全面从严治党考核结果一体反馈，切实加强分析研判成果运用，为督促责任落实提供重点，不断涵养企业风清气正良好政治生态。

七是健全完善纪委书记谈话提醒机制。纪委书记对同级领导班子成员履职尽责和廉洁自律情况加强日常监督，发现苗头性、倾向性问题，及时谈话提醒，发现重要问题及时向上级纪委报告。

3. 聚焦"七个重点"，加强对下级领导班子监督管理

一是推进对下级领导班子的监督工作持续规范。完善领导班子特别是"一把手"监督方面的制度规范。健全干部交流轮岗机制，对有任期规定或在同一职位上任职时间达到一定年限的领导班子成员，做到及时交流轮岗。逐级健全完善监督制度机制，推动监督工作向基层延伸。

二是加强对领导人员亲属经商办企业情况的监督检查。建立健全常态化工作机制，将领导人员配偶、子女及其配偶经商办企业等从业情况作为日常监督重点，严肃查处违规违纪问题。

三是加强对民主生活会制度执行情况的监督。对民主生活会实施全过程监督，组织部、纪委对下级领导班子民主生活会进行全覆盖指导和监督，实施会前严格审核把关、会中全程现场监督、会后加强整改监督的全链条监督模式。

四是严格"一把手"和领导班子其他成员选拔任用的组织把关。压实分析研判和动议、民主推荐等各环节的领导责任。纪委建立领导人员廉政档案，动态更新廉政档案。严格执行党风廉政意见回复规定，把好意见回复关。2021年以来，纪委健全完善廉政档案，回复党风廉政意见，其中否定意见13条。

五是加强对信访举报情况的分析研判。纪委每季度对信访举报情况进行分析研判，向同级党委"一把手"报告。党委及时了解掌握和研判下级领导人员特别是"一把手"的检举控告和相关情况反映，按照落实全面从严治党主体责任的规定做好相关工作。

六是加强对问题整改情况监督检查。运用监督检查、发现问题、整改提升闭环管理机制，将重点放在监督下级"一把手"组织整改落实的实际成效。对问题较为突出和整改不到位的党组织及时予以约谈提醒，确保问题真改、实改、彻底改。

七是深化以案促改。对党委深入分析查处的违纪违法典型案例，每年召开警示大会，点名通报曝光，深化警示教育，发挥警示震慑综合功效。纪委做实纪检监察建议提出、督办、反馈和回访监督机制，推动监督措施落地见效。

（三）以强化监督执纪问责为手段，为深化"一把手"和领导班子监督工作提供有力支撑

（1）突出政治监督。重点围绕对党忠诚、坚持党的领导，坚定理想信念宗旨、牢记初心使命，落实全面从严治党主体责任和监督责任，贯彻执行民主集中制等情况加强政治监督，教育广大党员干部时刻守住党纪国法红线，绷紧纪律规矩这根弦。

（2）突出作风监督。聚焦"关键少数"，紧盯重要时间节点，扭住"四风"关键

环节，持续开展专项整治。两年多来，先后开展"私车公养""违规吃喝"等10余项专项治理，层层压实责任，巩固成果。2021年以来，累计查处违反中央八项规定精神问题13起，党纪处分13人，诫勉1人。

（3）突出关键环节监督。把加强对"关键少数"和关键领域的监督一体推进，严肃查处靠企吃企、设租寻租、利益输送、内外勾结侵吞国有资产等腐败问题。完善"三重一大"等决策制度机制，修订权力清单，以刚性制度保证和规范"一把手"和领导班子履职用权行为。

（4）突出主体责任监督。抓好党委主体责任、党委书记第一责任人责任和班子成员"一岗双责"落实。通过完善检查考核体系，一体推进责任落实，2021年以来累计发现问题87个，整改完成率达到97%。各级党组织和领导人员管党治党责任意识进一步强化。

三、"一把手"和领导班子监督机制的构建与实施效果

（1）为破解"一把手"和领导班子监督难题找到了方法路径。形成了《关于落实〈北京市关于加强对"一把手"和领导班子监督的若干措施〉的工作安排》这一制度性成果。确定43项具体监督任务，26条工作措施，构建起上下结合、专业协同、运行高效的监督责任体系。

（2）为加强管党治党制度机制建设进行了实践探索。制定修订《首钢集团有限公司监督工作联席会制度》等13项制度规定，不断规范对"一把手"和领导班子行使权力的制约和监督，为深化首钢集团治理、优化权力结构和管控打下坚实基础。

（3）为实现对行使公权力人员的监察监督全覆盖拓展了管控模式。对监察对象范围逐项进行细化分析，定期梳理排查，强化落位管控。截至2023年6月，共确定监察对象4421人，其中，中共党员3749人。为加强境外企业监督管理，打通监察监督全覆盖薄弱环节，组织开展境外企业腐败治理专项工作，推动监察监督全覆盖工作不断做深做实。

（4）为深化正风肃纪反腐、营造风清气正良好政治生态提供了纪律保障。通过强化对"一把手"和领导班子监督，持续保持了惩治腐败的高压态势。2021年以来，集团纪检监察系统运用"四种形态"批评教育帮助和处理了286人，涉及"一把手"及职级L7以上领导人员21人。通过抓实以案促改，保持"严"的基调不动摇，党员干部廉洁从业意识和拒腐防变能力不断增强，企业政治生态持续向上向好。

优化权力监督制约体系　深化各类监督协同贯通 为国有企业高质量发展保驾护航

包头钢铁（集团）有限责任公司纪委

班彩雯　刘智光　周小丽　高　华　陈　旭

党的二十大将健全党统一领导、全面覆盖、权威高效的监督体系作为完善党的自我革命制度规范体系重要内容，明确要求"以党内监督为主导，促进各类监督贯通协调"。作为国有企业纪委贯彻落实党的二十大精神，按照二十届中央纪委第二次全体会议部署，不断完善国有企业监督体系，不断健全国有企业监督制度，进一步推动各类监督在党的领导下贯通协调、形成合力，对国有企业高质量发展意义重大。如何整合现有监督资源，推进监督嵌入企业管理全过程，使监督治理不断促进企业管理职能发挥应有的作用，是当前国有企业亟须深入研究的重要课题。

一、各类监督协同贯通的探索与实践

作为国有企业，建立与中国特色现代企业制度相适应的内部监督体系，必须坚持党对国有企业全面领导这一根本原则，在企业党组织统一领导下，由纪检机构牵头，通过成立监督委员会等形式，将企业巡视、审计、财务、法律、人事、党建等各种监督力量有效整合贯通起来，构建起"大监督"的工作格局，才能确保实现对国有企业党员领导干部、所有行使公权力的公职人员监督全覆盖，才能确保党的路线方针政策和党中央重大决策部署在国有企业得到全面落实。目前，包头钢铁（集团）有限责任公司（简称包钢集团）已构建起了贯通各类监督的监督体系并持续实施。

（一）强化组织领导，明确责任分工

成立包钢集团党委全面推进监督体系建设工作领导小组，由包钢集团党委书记、董事长任组长，党委副书记、总经理任副组长，其他有关班子成员任成员，各监督单位为成员单位。领导小组围绕构建党统一领导、全面覆盖、权威高效的监督体系，着力加强党对其他各类监督的领导，推动党内监督、审计监督、财务监督、职工监督、舆论监督等各类监督各司其职、各负其责。要求各成员单位要主动作为，强化协调配合，保证监督工作各环节有序衔接、协同高效。

（二）坚守"四个坚持"工作原则，保障监督质量

坚持党的领导。坚持党的领导、坚持以习近平新时代中国特色社会主义思想为指导，从决策部署指挥、资源力量整合、措施手段运用上，不断强化党对监督体系建设的全覆盖、全方位、全过程领导，始终保持坚定正确的政治方向。**坚持服务大局**。坚持问题导向、坚持实事求是，融入企业发展战略，重点聚焦包钢集团生产经营、改革创新、转型升级、风险管控、党的建设等领域重点难点，紧密结合企业实际开展监督，确保将上级决策部署和纪律要求贯穿包钢集团治理全过程。**坚持全面覆盖**。加强事前规范、事中管控、事后问责，构建党内监督、审计监督、财务监督、法务监督、群众监督、舆论监督相互衔接、相互支撑的监督工作格局，形成监督闭环，确保不留死角，做到有权必有责、有责要担当，用权受监督、失责必追究。**坚持协同推进**。破除监督"藩篱"，在各监督主体分工负责、各有侧重的基础上，实行集中管理、高效协同、信息共享、成果共用，避免出现监督泛化、监督乏力、监督盲区，既要实现精准高效监督，又要为基层减负。

（三）建立科学工作机制，提升协同联动效果

建立联席会商机制。在包钢集团党委统一领导下，纪委牵头，巡察、组织、宣传、人事、财务、审计、法务等部门为主要成员单位，定期沟通信息、交流情况、研究问题、协调工作，相互支持配合，凝聚工作合力。**建立信息互通共享机制**。纪检监察、巡察、组织、人事等部门将各自掌握的监督信息，对党员干部、职工作出的处理情况等及时相互通报，防止出现处理决定不"落地"、处分决定执行打折扣等问题。巡察、审计进驻前，向纪检、组织、宣传、人事、财务等部门了解被巡察、审计单位领导班子及其成员的有关情况，使掌握信息更加精准，开展工作针对性更强。纪委牵头建立领导干部廉政档案，各相关部门及时将干部基本信息、述责述廉报告、廉政谈话、约谈情况等材料进行动态更新，确保实时、全面、准确掌握领导干部廉政情况。**建立日常联合联动机制**。聚焦包钢集团重大决策部署、重点工作任务、重要制度的贯彻落实和重点领域、关键岗位日常监督工作，开展联合调研、联合检查、联合督导，打好"监督"组合拳。根据日常监督和审计情况开展"靶向"督查巡察，结合巡察工作开展选人用人、意识形态、基层党建等专项检查，既实现精准发力、综合施治，又避免对基层单位多头检查、重复检查。**建立问题综合研判机制**。主责部门对日常监督中发现的问题做好登记、调查和处置，必要时会同相关部门综合分析研判，对涉嫌违纪应给予纪律处分的一律移交纪检监察部门。纪检监察部门在受理检举控告、处置问题线索、执纪审查过程中，可采取委托审计、财务核查、专项督查等方式加大问题线索研判力度，也可协同巡察、组织、财务、审计等部门组成联合审查调查组，最大限度发挥各方面专业优势，提高案件突破能力。**建立整改跟踪问效机制**。合力抓好日常监督、巡视、巡察、审计等发现问题的整改落实工作。纪检监察、组织人事部门通过述责述廉、考核评议、专项约谈等方式加强对整改情况的日常监督检查。巡察、审计等部门

通过建立台账、销号管理、跟踪督办、汇报通报、回访检查等方式，持续推进整改任务落实。其他相关部门和单位立足职能职责，明确整改措施、责任人和完成时限，逐项抓好整改任务落实。对整改不力、敷衍整改、虚假整改的，严肃追责问责，对典型案例予以通报曝光，确保整改取得实效。

（四）强化监督平台搭建，推动监督体系全面升级

监督数字化、智能化建设是监督体系建设的重要支撑。按照数字化、智能化转型要求，推动企业投资和项目管理、财务和资产、物资采购等管控平台建设。坚持线下监督与线上监督，对关键风险点和异常情况实时预警、重点筛查，促使各项经营管理决策和执行活动可控制、可追溯、可检查。充分运用信息技术和"大数据"分析等手段，扩大监督覆盖面，提高监督实效性，推动监督体系全面升级。坚持业务流程标准化、监督检查可视化，将管控措施嵌入各类业务信息系统，对物资出入、质量检验等关键领域、关键环节，全方位实施电子监控，切实保障国有资产安全。充分运用监督体系信息平台，建立廉情预警机制，通过汇总监督信息，精准排查腐败风险，制定防控措施，建立防控制度。

（五）明确监督方向，保证监督效果

聚焦企业重大决策部署、重点工作任务、重要制度的贯彻落实和重点领域、关键岗位监督等内容，开展联合调研、联合检查、联合督导，打好"监督"组合拳。纪委、巡察、组织人事部、宣传部、工会等多部门联合开展选人用人、意识形态、基层党建等专项检查，以及对基层单位召开民主生活会、开展主题教育工作等进行联合督导，既实现精准发力、综合施治，又避免对基层单位多头检查、重复检查；对包钢集团落实内蒙古自治区国有资产监督管理委员会"百日攻坚行动"工作部署开展联合监督，纪委与集团管理部协同配合，梳理监督重点环节，进行台账跟进式监督，推动各项改革措施有效落实；在包钢集团对采购领域"跑冒滴漏"问题开展专项治理过程中，由所属单位的纪委牵头，所属单位职能管理部门及相关单位配合，共同开展问题隐患"大排查"、问题线索"大起底"、问题整改"回头看"、问题线索"大征集"四项行动，及时发现问题、堵塞漏洞，实现"跑冒滴漏"问题清仓见底、制度欠账填平补齐。

二、各类监督协同贯通过程中存在的问题

（一）各类监督贯通协调方面

一是对年度和阶段协同监督工作缺乏系统、深入的研究和计划，监督重点不够明确。**二是**监督机制落实不够到位。虽然加大了建章立制力度，建立起较为完善的监督机制，但实施过程中制度执行力还需增强。**三是**职能部门主动监督、发现问题的意识不够强，沟通效率不高，相互协同、融合的监督意识还没有形成，沟通协调、协作配合、信息互通等工作机制有待强化，各类监督贯通协调力度还有待提升。

（二）各类监督贯通协调实效方面

一是未能有效地把监督工作与企业的生产经营、日常管理工作结合起来，监督力度还有待加强。**二是**各类监督贯通协调机制还需持续完善，如与混合所有制企业实际结合不够紧密等。**三是**大数据监督发挥作用不充分，各类监督协同贯通信息化平台建设有待进一步加强。

三、各类监督协同贯通的经验与启示

（一）必须要强化培训指导，纠正意识偏差

在持续举办纪检监察审计巡察综合业务培训班的基础上，深化分级分类监督业务培训，提升专责监督效能。注重强化思想意识，纠正部分党员干部认为监督工作主要在纪检监察部门，是纪检监察、巡察和审计部门的事情，与己无关或关系不大，所以对监督工作"不上心"等错误思想。下一步还需做实专责监督，督促职能部门落实监管职责，严格执行责任清单、约谈提醒、履责报告等制度，压实责任，提升监督效能。

（二）必须要强化纪委监督的协助引导推动职能，凝聚监督力量

纪委在履行好协助职责和监督责任的同时，需更加注重推动监督主体责任层层压实、上下贯通，推动完善监督统筹贯通、协作配合机制，以联合开展专项监督和专项治理为抓手，加强监督贯通协调实践探索，对年度和阶段协同监督工作进行系统深入的研究，制订协同监督计划，明确监督重点。聚焦企业深化改革相关政策落实情况，扩大监督覆盖面，增强监督力量，督促推动职能部门梳理亟须破解重难点项目，通过定期会商、情况通报、线索移送等方式做好沟通衔接，采取有力措施集中攻坚。

（三）必须要发挥职能监督的专业优势，助力精准监督

在案件查办过程中，要利用专业力量解决专业问题，纪委要与审计部、法律事务部、组织部等部门沟通，就有关专业性问题要听取专业部门的意见建议。特别是在重要问题线索以及重点案件的核查过程中出现对涉案人员职级产生分歧的情况，要由组织部提出明确意见，确保审批权限清晰准确，案件查办程序合规合法；对证据材料的佐证力度及完整度方面存在分歧时，要由法律事务部提供法律方面的专业指导，确保证据材料完备可靠；对财务、工程建设等方面存在疑问时，要由审计人员进行专业指导，确保问题梳理细致严密。

（四）必须要强化闭环协作机制，形成监督合力

持续完善"巡前介入突出信息沟通、巡中协同突出手段支持、巡后跟进突出整改落实"全流程闭环协作机制，推动巡察监督与纪检监察监督同向发力、同频共振、同题共答，构建两类监督相互借势借力的制度体系。完善巡察监督与纪检监察监督问题

线索全流程研判处置机制。畅通线索移交与办理、巡察与整改"双通道"，放大巡察"利剑"震慑功效。其中，在巡察过程中，通过巡察监督和纪检监察监督有效联动，实现党委巡察发现问题线索及时移交、优先办理，推动交办事项快查快办，最大限度体现震慑效果；在巡察整改全过程中，通过巡察监督和纪检监察监督互动共促、融合贯通，积极探索巡察整改效果评价方式方法，实现巡察整改全流程闭合管理，确保巡察问题线索办理有结果、查处有震慑、整改有落实、成果有运用、效果有评价。推动《包钢（集团）公司党委巡察整改监督工作实施办法》落实，持续强化巡察整改和成果运用，增强巡察监督实效。

（五）必须要做好问题整改的"后半篇文章"

持续提升问题整改质效，将巡察和审计等各类监督发现的问题结合起来，在巡察审计的日常监督中统筹推进整改，强化对整改措施、整改结果的检查力度，协同发力抓整改主体责任落实，实现问题整改落地见效。完善审计整改长效机制，加强同纪检监察、党委巡察、法务等监督管理部门的协作配合，通过问题协查、线索移送、专项检查等措施，推进问题改彻底、改到位。

关于构建"1367"纪检监督工作体制机制的创新实践

中国宝武马钢集团(控股)有限公司纪委

徐　军　杨智勇　鲁世宣

党要管党、从严治党,是新时期国有企业党建工作的主旋律和总基调。习近平总书记强调,全面从严治党、加强党的建设在国有企业没有特殊、没有例外,只能加强、不能削弱。要持续深化纪检监察体制改革,做实专责监督,搭建监督平台,织密监督网络,协助党委推动监督体系高效运转。为深入贯彻落实这些要求,中国宝武马钢集团(控股)有限公司(简称马钢集团)纪委把监督执纪问责作为立身之本、履职之要,秉持"围绕中心、服务大局,守正创新、深度融合"的工作理念,不断探索全面从严治党有效措施,创新建立纪检监督"1367"工作体制机制,打通监督执纪"最后一公里",提升"穿透式"监督的能力和工作质效。

一、创新纪检监督工作体制机制的重要意义

对国有企业而言,推动全面从严治党、全面从严治企,既是依法合规经营的基本前提,又是激发内生活力、提升生产经营效益的重要保障。如何整合监督资源,创新纪检监督工作体制机制,实现纪检监督统筹联动一体运行,已成为新时代推进企业治理体系和治理能力现代化、推动政治生态持续向好不容回避、必须思考的课题。

(1)纪检监督统筹联动一体运行是推动全面从严治党向纵深发展的必然要求。党的十八大以来,以习近平同志为核心的党中央以前所未有的政治勇气和十年磨一剑的战略定力推进全面从严治党,在管党治党上更加注重整体推进、协同发力,不断推进党的建设理论创新、实践创新、制度创新,初步构建起全面从严治党体系,并提出了一体推进"不敢腐、不能腐、不想腐"原创性思想理念和重要方略。纪检机构作为国有企业全面从严治党的重要力量,必须深刻领会、精准把握和贯彻落实健全全面从严治党体系的内容上全涵盖、对象上全覆盖、责任上全链条、制度上全贯通的要求,抓住"关键少数",紧盯权力集中、资金密集、资源富集、资产聚集的重点领域和关键环节,系统抓、抓系统,统筹联动,着力构建长效机制,加快完善一体推进"三不腐"体制机制,把正风肃纪反腐和深化改革、完善制度、促进治理贯通起来,将严惩腐败与严密制度、严格要求、严肃教育贯通起来,不断推动制度优势转化为治理效能。

（2）纪检监督统筹联动一体运行是推进依法依规治企的重要手段。当前，国有企业还存在历史遗留问题包袱过重、风险防控体系还没有完全建立、决策机制不够灵活、制度建设有待进一步完善等问题。作为构建"大监督"体系的重要组织者和推动者，纪检机构需要将构建"大监督"体系作为全面防范风险的有效载体，与推进全面依法依规治企指向一致、一体贯通、高度吻合，与中国宝武钢铁集团有限公司（简称中国宝武）"一总部多基地"管控模式、"上下联动、交叉监督、区域管理"管理方式相适应、相配套，推动各项措施在政策取向上相互配合、在实施过程中相互促进、在工作成效上相得益彰。通过调动各类监督资源、运用多元监督手段，围绕权力运行，盯住重点人、重点事、重点问题，强化企业的内控机制，加强统筹联动，增强总体效果，为企业依法合规经营作出积极贡献，实现效应叠加。

（3）纪检监督统筹联动一体运行是推动企业高质量发展的内在需要。国有企业改革发展面临着生产经营、投资决策、资金使用、选人用人、制度建设、廉洁从业、法律合规等诸多方面的风险，党的建设面临着同级监督难、监督力量分散和不敢监督、不会监督、不愿监督等诸多问题。生产经营和党的建设在组织管理过程中，任何一个方面或环节出现疏漏和偏差，都会让风险转变为差错，造成国有资产的流失。国有企业的纪检、巡察、审计、财会等监督机构，如果沟通协作机制不健全，信息、成果共享不充分，不仅影响工作效率、增加管理成本，也会给企业发展埋下各种风险隐患。面对新形势、新问题，纪检机构要发挥专责监督和组织协调作用，持续深化纪检监督工作体制改革，健全工作体系，完善工作机制，贯通运用各类监督资源，促进各级职能部门、业务部门和纪检监督机构一起更好地履行监督职责，为深入推进全面从严治党和党风廉政建设提供坚强的政治保障。

二、马钢集团"1367"纪检监督工作体制机制的总体架构

马钢集团纪委立足新时代纪检体制改革实际，在坚持好的传统、好的做法的基础上，准确识变、科学应变、主动求变，聚焦纪检监督的主责主业，以"吹响纪检监督集结号，展示正风肃纪新作为"为主题，以系统思维创新建立"1367"纪检监督工作体制机制，握指成拳形成合力，推动实现"整合资源、联动监督、指导协同、精准执纪"的目标。

（1）建立一个工作体系，上下联动一体运行。整合建立以马钢集团纪检系统为主体的"上下联动、统一融合、区域管理、一体运行"纪检监督工作体系。规范两级纪检监督机构设立和人员配置，激活马钢集团两级纪检干部、基层党组织纪检委员岗位责任意识和监督作用，不断吹冲锋号，提升纪检干部敢打必胜的斗争意识和一体推进"三不腐"能力，协同做好纪检监督工作。

（2）设立三个监督片区，分片联系握指成拳。采取区域管理方式把下属24家单位划分成3个纪检监督片区，柔性配置片长、联络员等片区工作人员，有效承接纪委教育、制度、监督等工作。建立分片联系制度，不断拓展和完善工作职责，按片区统筹联动推进各基层单位纪检监督工作，做到工作有部署、片区有推动、基层见行动，推

动有形监督向有效监督转变。

（3）实行六项推动机制，抓主抓重提升质效。一是工作推动机制，定期召开片区纪检监督工作例会，推动马钢集团党委、纪委部署要求下沉落实，推动基层工作有效运行。二是日常监督机制，根据工作安排，深入片区单位，了解日常监督情况，指导督促推进工作。三是协调联动机制，根据需要调动监督片区单位的纪检工作力量，形成监督合力，履行"再监督"职责。四是执纪审查机制，承担所在监督片区单位问题线索核查和监督执纪。五是贯通协同机制，按马钢集团党委的统一安排，参与承担阶段性专项监督工作。六是评价培训机制，对片区单位纪委书记履职情况进行评价，培训提升所辖片区纪检人员专业能力。

（4）发挥七个方面作用，全面释放监督效能。一是政治监督的前哨作用。围绕党的理论和路线方针政策强化监督、保障落实，聚焦"两个维护"，着重对落实习近平总书记重要讲话、指示批示精神情况进行监督。二是日常监督的探头作用。及时发现苗头性、倾向性问题，抓早抓小，围绕落实全面从严治党主体责任，特别是"一把手"和领导班子履责情况进行监督。三是重点工作的督促作用。监督不同阶段马钢集团重点任务在片区单位落实情况，现阶段，重点对安全生产、能源环保、智慧制造、绿色发展、创建环保绩效 A 级企业等工作进行监督。四是正风肃纪的警示作用。对党员干部贯彻落实中央八项规定精神，自觉纠治形式主义、官僚主义及廉洁自律情况进行监督，并有针对性指导、督促片区单位开展纪律教育、警示教育，对发生的典型案件进行剖析研究，用身边事教育身边人。五是执纪审查的震慑作用。根据马钢集团纪委统一安排，对基层单位一般问题线索进行初步核实和处置，针对重大线索进行提级办理，对片区单位形成震慑。六是监督融合的协同作用。根据马钢集团党委安排参与巡察工作，开展专项监督，并以政治监督形式，推动巡视巡察问题整改，促进治理效能提升。七是能力培训的提升作用。组织开展纪检业务技能和实务培训，选调片区纪检人员参与专项督查、交叉监督、线索处置，培养基层实战能力。

三、马钢集团"1367"纪检监督工作体制机制的基本内涵

健全党统一领导、全面覆盖、权威高效的监督体系，是实现国家治理体系和治理能力现代化的重要标志。建党百余年来，尤其是党的十八大以来，党和国家监督体系不断完善，"四梁八柱"框架已经确立，各要素一体化运行初步形成，发现问题、纠正偏差、促进治理的良性循环和闭环管理正在实现，中国特色社会主义监督制度逐步成熟定型。契合这些要求，马钢集团纪委深刻理解和把握蕴含其中的观点方法，丰富"1367"工作体制机制的思想逻辑和基本内涵。

（1）以系统思维建立符合实际、能出成效的纪检监督工作体系，深化推进纪检工作体制改革，进一步厘清纪检监督管理界面，细化纪检监督工作规范，建立"上下联动、统一融合、区域管理、一体运行"纪检工作体系，推动纪检监督机构规范设置、纪检监督片区职能拓展、纪检监督力量整合融合，激活两级纪检干部、基层党组织纪检委员岗位责任意识和监督作用，提升纪检干部归属感、责任心，增强敢于善于斗争、

协同做好纪检监督的意志。

（2）以系统思维加强纪检监督工作的组织领导和工作指导，全面提升马钢集团纪检监督工作专业化规范化水平，在片区柔性配置工作人员，接受纪委工作领导和各职能室业务指导，同步推动基层单位纪检监督工作，形成上下协同联动、措施配套衔接、步调一致落实的工作机制，打通监督执纪"最后一公里"，实现纪检监督工作覆盖面、党员干部纪律教育率、纪检干部业务培训率100%，促进有形监督向有效监督的转变。

（3）以系统思维提升"穿透式"监督的能力和工作质效，通过分片联系、交叉互查，避免"熟人社会"不愿监督、"怕受牵连"不敢监督、"自曝家丑"不想监督等问题，集中力量拓展问题发现的"源头"和渠道，推动监督执纪是否存在监督不实、监督不力，持续惩治国有企业腐败查找是否存在行动滞后、用力不够、效果不明显等"五个是否"和有没有不善于监督、疏于监督、图形式走过场等"十九个有没有"要求落到实处；通过联动办案、严查快处，集中优势按照熟悉举报反映的全部内容和关键情节、熟悉与反映的问题相关的政策规定和工作流程等"三个熟悉"，把举报内容同举报人的职权联系起来等"五个联系"的要求，始终保持惩治腐败高压态势，严肃查处各类违规违纪行为，遏制问题增量，清除腐败存量；通过以案促改、以案促治，联动开展党性党风党纪教育，推深做实新时代廉洁文化建设，一体推进"三不腐"，以主动发现问题线索数、成案率、自办案件数"三提高"，推动形成受理信访举报、问题线索"两降低"的良好态势，优化净化政治生态和内部环境，为生产经营和改革发展提供有力的纪律保证。

（4）以系统思维构建起统筹联动一体运行的"大监督"工作格局，压紧压实党风廉政建设"两个责任"，推动党委主体责任、党委书记第一责任、纪委监督责任、领导干部"一岗双责"责任"四责"协同，促进党员干部履职尽责；深化纪检系统"三转"，强化"再监督"作用，把职能监督、业务监督推到前台，与执纪监督形成同题共答、同向发力、协调联动的"三道防线"，促进制度刚性执行；贯通运用各类监督资源，探索实行监督联动，率先推动巡审联合，实现纪检监督与巡察监督、审计监督的协调联动、信息共享，作为成功经验在中国宝武推广。

四、马钢集团"1367"纪检监督工作体制机制的保障措施

纪检监督机构是党内监督的专责机构，在"大监督"体系中处于主干位置，要发挥协调保障作用。为强化纪检监督的协助引导推动功能，促进党内监督与其他各类监督贯通融合、协调协同，马钢集团纪委依托"1367"纪检监督工作体制机制，制定了行之有效的保障措施，推动发挥系统治理效果。

（1）夯实"四责"协同体系建设，推动落实全面从严治党和党风廉政建设主体责任、监督责任。严格执行《马钢集团党委关于落实党风廉政建设责任制的实施细则》，健全完善"四责"协同机制措施，增强各级领导班子政治自觉和责任担当，强化同级党委及其成员承担主体责任、第一责任人责任、"一岗双责"责任，构建各司其职、各有侧重又同频共振、同向发力的"责任共同体"，实现同心合力、同频共振、同题共

答。加强对"一把手"和领导班子的监督，建立纪委书记与党政主要负责人及班子成员开展谈话提醒、向上级纪委报告监督同级党委及成员情况等工作机制，推动监督制度优势转化为公司治理效能。基层单位纪委、纪检机构及其工作人员认真履行监督职责，敢于监督、善于监督，通过参加有关决策会议、专项督导、政治生态分析、约谈提醒、提出纪检监督建议、问题线索上报等多种方式对同级及下属单位进行监督。

（2）聚焦纪检专责监督职责，推动履职担当，压实监督责任。牢固树立"敢于监督是本职、不善于监督是不称职、疏于监督是失职"的理念，细化核查坚持所有的疑点都要查证、所有的可能都要验证、所有的证据都要收集等"六个所有"，不放过任何蛛丝马迹、不放弃任何希望"两个不放"，用好党的纪律、党的规矩这把"尺子"，一尺不松、一寸不让。建立纪检监督工作推动机制，硬化各级纪委书记定期研究案件、重要案件请示报告、纪律审查情况分析通报、约谈提醒、绩效考核评价"五项机制"，推动基层纪委书记主动查办案件意愿和效果明显提升。制定纪委书记履职考核清单，基层单位纪委书记每半年向马钢集团纪委和同级党委报送纪检监督履职尽责报告，每季度向所在纪检监督组报告开展政治监督、推动主体责任落实和日常教育监督等情况，使履职尽责有目标、有抓手。协助督促同级党委深入开展政治生态分析，立足早发现、早提醒，综合巡视巡察、信访反映、调研评议以及大数据信息分析等情况，并针对落实全面从严治党主体责任和所分管领域、联系单位党风廉政建设方面存在的问题以及遵守廉洁自律规定方面的苗头性、倾向性、潜在性问题，敢于善于发现、系统思考分析、狠下心来处理。建立纪检监督工作例会制，及时传达贯彻上级纪委工作部署，检查纪律教育和日常监督落实情况，督促履行监督职责。

（3）上下联动一体运行，进一步激活纪检委员岗位意识和作用。加强纪委书记对下级党组织的监督，建立以问题为导向的纪委书记与下属单位班子成员、机关部门负责人、重要岗位人员进行监督谈话的常态化沟通交流机制，每半年至少听取一次履责情况汇报，发现责任落实不到位的及时约谈。着眼于监督向下延伸，唤醒党支部纪检委员的岗位意识，充分发挥纪检委员在基层监督"末梢"和纪律教育的"前端"作用，督促基层党支部纪检委员按照党章的要求履行开展常态化的纪律教育和监督工作，推动监督工作上下联动，打通监督工作"最后一公里"。建立和完善纪检委员工作履职指引，通过上廉洁党课、制作纪律教育微视频、党小组学习和支部大会研讨，推动基层党支部纪检委员开展日常监督和纪律教育，进行常态化监督履职。建立纪检委员培训机制，纳入马钢集团党务人员培训计划，系统组织理论和业务培训。

（4）高标准配齐配强纪检队伍，集聚整合监督力量。严格选聘政治站位高、业务能力强、文字表达能力突出的党员担任专职纪检监督人员和党支部纪检委员。运用体系化思维，以推动专职纪检监督人员和各级纪检委员作用发挥为目标，通过力量整合、工作协同、上下联动，在日常监督、专项监督、监督执纪中握指成拳，集中力量办成事、办好事。坚持以干代训与柔性配置相结合，体现对年轻干部的严管厚爱，每年从马钢集团年轻后备干部中选调若干名骨干，在纪检监督组或巡察组挂职锻炼，进一步配齐配强纪检监督组力量，推动形成工作合力，释放纪检监督效能。

（5）构建纪检能力培训体系，提高监督执纪履职能力。牢固树立"执纪是纪委核心职责"的理念，强化敢打必胜的战斗意志，以纪检干部"履职尽责能力、纪法运用能力、监督检查能力、执纪审查能力"四个能力塑造为目标，组织纪检干部理论业务培训，实现线上线下培训全覆盖。坚持以干代训，经常性组织纪检干部参与日常监督和专项监督，抽调参与问题线索核查等，常态化开展实战实训，在实践中不断增强准确把握政策能力、分析研判能力、调查取证能力、谈话突破能力、制作笔录能力、组织协调能力六方面专业能力，强化法治意识、程序意识、证据意识，努力打造纪检监督工作的行家里手。建立专职纪检人员工作能力评价、绩效考核机制，督促提高履职能力。

（6）开展常态化纪律教育，推动新时代廉洁文化建设。以经常性的纪律教育，唤醒提升全体党员的纪律意识和规矩意识，实现政治意识进一步提升、组织观念进一步增强、政治生态进一步优化、作风形象进一步改进、责任担当进一步强化、家风政风进一步弘扬。通过用好用足纪检监督专业报刊、网站等教育资源，开展党性教育、纪律教育、廉洁教育、警示教育，注重以违纪违法案例、忏悔反思材料等反面典型为震慑，引导党员干部警钟长鸣，形成叠加效应和综合效能。积极推送典型案例、警示教育片、廉洁教育微视频，通过整体推动廉政党课党委书记带头讲、纪委书记专题讲、纪检委员日常讲，实现廉政教育效果最优化。

（7）贯通运用各类监督资源，促进形成监督合力。注重发挥纪检机构组织协调作用，在党内监督主导下做实专责监督、贯通各类监督，强化职能部门协作配合，树立"一盘棋"思想，整合各类监督资源，对理念、思维、方法及工具进行全方位创新，探索推动建立与"一总部多基地"运营管控模式相匹配的职能监督、业务监督、纪律监督、巡察监督相协同的监督体系，形成纵向贯通、横向协同、各负其责、密切协作的监督格局。探索建立集中办案、纪委书记定期研究案件、会商沟通协调等工作机制，落实审查调查以上级纪委领导为主要求。建立领导干部重大事项、重要问题和纪检监督方面重大突发事件、重大舆情等重要情况报告的工作机制，对有情况不报告、有问题不如实反映情况的，依规依纪严肃追究责任。

（8）健全以案促改协同推进机制，发挥标本兼治的综合效应。深化运用监督执纪"四种形态"，坚持事前监督的理念，构筑前期预防、中期监控、后期处置的多道防线。对违纪违法案件进行认真剖析及时通报，充分发掘案件的典型意义和问题揭示，用身边事教育身边人，形成强烈震慑。发挥区域总部作用，加强与属地纪委监委及生态圈单位纪检机构的沟通交流，建立信息共享、线索移送、联合调查、协作办案等工作机制，推动区域联动，形成办案合力。深化以案为鉴，坚持以案明纪、以案说法、以案促改，教育引导党员干部知敬畏、存戒惧、守底线。做实做细监督执纪"后半篇文章"，深入剖析发案原因，规范运用纪律检查和监督管理建议，监督推动完善制度、优化流程、堵塞漏洞，推动办案、整改、治理贯通融合，努力做到查处一案、警示一片、治理一方的治本效果，涵养良好政治生态。

五、马钢集团"1367"纪检监督工作体制机制取得的实效

"1367"工作体制机制的成功实施，进一步厘清了马钢集团纪检监督管理界面，细化了监督工作规范，有力推动了马钢集团纪检监督机构规范设置、纪检监督组职能拓展、纪检力量整合和纪检委员作用发挥，深化了马钢集团纪检体制改革，纪检监督工作覆盖面、党员干部纪律教育率、纪检干部业务培训率均达到100%，马钢集团纪检监督工作专业化规范化水平得到全面提升，优化净化政治生态和内部环境，为主动发现问题线索、全程管控、严查快处各类违规违纪行为提供了有利条件。

（1）实现了"两降低三提高"良好态势。通过建立了联动监督、协同办案机制，靶向治疗、精准执纪，以"三提高"推动实现了"两降低"，提升了主动发现问题从严监督执纪的能力。2022年，马钢集团主动发现问题线索、成案率、自办立案件分别同比提升34.2%、83.3%、175%，受理信访举报、问题线索同比下降48.9%、53.1%，以有形的监督执纪形成震慑，遏制腐败蔓延。

（2）推动了中央八项规定精神走深走实。加强重要节假日期间作风建设督查，上下联动开展现场督查347次，运用线上+线下方式对基层单位业务接待、履职待遇、公车管理问题进行抽查，发现存疑问题26个，全部核实处理。运用信息化手段，对33个单位、部门"四费"和公车使用情况进行筛查，发现各类疑似问题29个，经过研判转问题线索5条，立案查处11人。针对会风会纪、协作管理、集中采购、领导班子建设等问题向管理部门制发监督建议书，督促职能部门规范了管理。

（3）发挥了纪检机构"穿透式"监督作用。围绕"三降本两增效"组织两级纪检机构开展专项检查、专项治理228次，发现问题97项；下发纪律检查建议书3份，挽回直接经济损失66.9万元，避免经济损失200余万元。组织开展中国宝武环保大检查反馈问题整改专项督查，对350个环保问题及创A行动的29个重点项目分解下发任务清单，采取"四不两直"方式开展"回头看"检查，督促职能部门加强监管、验证考核，约谈了验收未通过或问题突出的6家单位；对引发环保问题和整改过程中不担当、不作为行为约谈相关责任人员44人次，督促推动落实环保考核197万元。

（4）提高了一体推进"三不腐"的能力和水平。在始终保持惩治腐败高压态势的同时，常态化开展纪律教育，建立廉政党课党委书记带头讲、纪委书记专题讲、纪检委员日常讲"三讲"机制，推动形成上下联动常态化讲党课态势。编制建立所有单位（部门）、C层级及以上管理人员廉政档案，实行动态管理，做好结果应用。加强案例警示教育，向C层级以上和敏感岗位人员发放《中央企业靠企吃企案件警示录》，组织集中观看警示教育专题片，编发马钢集团14个典型案例的通报，以身边事教育身边人，推动以案示警。推深做实"靠企吃企"、违规经商办企业专项治理和禁入管理，对2021年以来问题整改情况进行"回头看"，组织2022年度专项申报，对违规行为移交问题线索7件，督促99人补报完善信息。深化以案促改，采取小切口推动管理提升、制度完善，督促相关职能部门修订完善管理制度27项，落实常态化管理。

当然，马钢集团创新"1367"纪检监督工作体制机制，只是全面从严治党永远在

路上的一个具体实践，还有很多地方需要修正和完善，按照党的二十大报告提出"健全全面从严治党体系"的要求，坚持内容上全涵盖、对象上全覆盖、责任上全链条、制度上全贯通，通过加强对权力运行、制度执行的监督检查，提升监督者的能力素质，增强全体系的法治意识，进一步健全全面从严治党体系，使全面从严治党各项工作更好体现时代性、把握规律性、富于创造性，促进企业经济效益、政治效益和社会效益的有机统一，实现监督价值最大化。

新时代国有企业"五聚焦五共创"
廉洁文化体系建设的探索与实践

鞍钢集团矿业有限公司纪委
秦文博　董岩松　董文晶

廉洁文化是抵制腐败滋生的有力思想武器。党的十八大以来，以习近平同志为核心的党中央把廉洁文化建设摆在更加突出的位置，习近平总书记围绕加强廉洁文化建设发表一系列重要讲话。在党的二十大报告中，指出要加强新时代廉洁文化建设，教育引导广大党员、干部增强不想腐的自觉，清清白白做人、干干净净做事。为贯彻落实好习近平总书记关于加强新时代廉洁文化建设要求，不断增强党员干部廉洁从业、廉洁用权、廉洁修身、廉洁齐家的思想自觉，鞍钢集团矿业有限公司（简称鞍钢矿业），作为我国拥有铁矿石资源最多、产量规模最大、生产成本最低、技术和管理全面领先的铁矿行业龙头企业，积极探索新时代加强廉洁文化建设的实践路径，构建起国有企业"五聚焦五共创"的廉洁文化体系，推动了全面从严治党向纵深发展，为加快建设世界一流资源开发企业奠定了坚实基础。

一、国有企业"五聚焦五共创"廉洁文化体系建设的实施背景

（一）加强廉洁文化建设是党百年奋斗的宝贵财富

回顾党的历史，廉洁是共产党人最鲜明的政治本色。新中国成立后，以焦裕禄、孔繁森、邓稼先等人为代表的共产党人赓续中国共产党公而忘私、甘于奉献的廉洁精神。这样的廉洁精神自始至终是我们党战胜一切困难和敌人的重要法宝，是我们党保持先进性、纯洁性的基础和保障。

（二）加强廉洁文化建设是落实全面从严治党的政治任务

全面从严治党既要靠治标，猛药去疴，也要靠治本，涵养文化。廉洁文化是我们党把长期党风廉政建设和反腐败斗争的经验提升到文化体系高度的崭新认识，是中国传统优秀文化的继承和发展。培育廉洁文化，促使广大党员干部和人民群众保持对廉洁价值观的坚定追求和信奉，是推进全面从严治党向纵深发展的重要举措。

（三）加强廉洁文化建设是实现"三不腐"一体推进的必要举措

进入新时代，面对新形势、新任务、新要求，国有企业党员干部干净创业、廉洁从业的政治生态环境强化巩固。但个别党员干部理想信念不坚定、顶风违纪、甘于被"围猎"的现象依然存在，仍需一体推进不敢腐、不能腐、不想腐体系建设。加强廉洁文化建设正是一体推进"三不腐"体系的基础性工程，重在保持惩治腐败高压态势的同时，通过涵养廉洁文化，培育清正廉洁的价值理念，推动国有企业政治生态不断向好。

（四）加强廉洁文化建设是建设世界一流资源开发企业的有力支撑

鞍钢矿业具有近百年开采历史，拥有资源勘探、开发、综合利用、矿冶工程、装备制造、生产服务多元一体的完整资源产业链。近年来，鞍钢矿业牢记"国之大者"，以勇当铁矿资源产业链"链长"为己任，开启了打造"双核"中的硬核，建设世界一流资源开发企业的奋斗历程。在这一进程中，需要海晏河清的政治生态、和谐稳定的生产经营环境、勤政廉洁的党员干部队伍做保障。这就要求鞍钢矿业通过加强廉洁文化建设，调动引导广大干部职工自觉抵制歪风邪气、弘扬新风正气，自觉捍卫企业利益，助力企业高质量发展。

二、国有企业"五聚焦五共创"廉洁文化体系建设的内涵和主要做法

鞍钢矿业党委、纪委以习近平总书记关于加强新时代廉洁文化建设的重要指示批示精神为指导，以推动加强国有企业廉洁文化体系建设为目的，坚持理论指导与探索实践辩证统一，创新性地构建实施了"五聚焦五共创"廉洁文化体系，如图1所示。

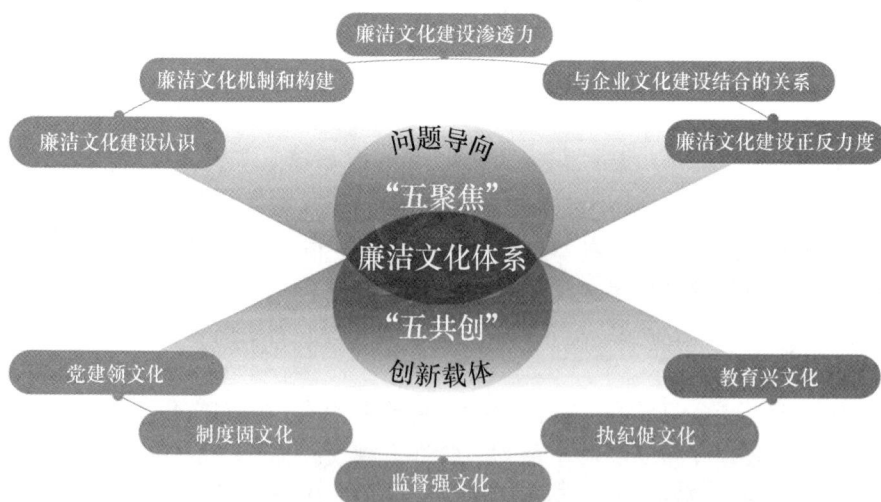

图1 "五聚焦五共创"廉洁文化体系

"五聚焦"为问题导向。即聚焦"廉洁文化建设认识、廉洁文化机制构建、廉洁文化建设渗透力、与企业文化建设结合的关系、廉洁文化建设正反力度"五个方面短板弱项。

"五共创"为创新载体。即构建"党建领文化、制度固文化、监督强文化、执纪促文化、教育兴文化"的廉洁文化体系,核心是通过"五廉共创"推动国有企业廉洁文化建设。

"五聚焦"为构建"五共创"廉洁文化体系瞄定了靶心,以"五共创"为发力点,多角度、全方位推进廉洁文化建设,构建起环环相扣、互为补充、精准严谨有效的有机整体,为国有企业建设好廉洁文化提供了可复制、可借鉴的创新经验。

（一）聚焦"五个短板"同向发力

通过全面梳理、系统分析国有企业近年来开展加强廉洁理念体系建设的实际情况,发现存在如下短板和薄弱环节,如图2所示。

一是廉洁文化建设认识不足。存在重具体业务、轻文化建设的问题,表现为思想上不够重视,行动上不够认真,路径上不够清晰。缺少廉洁文化的有效载体和适当方法,导致个别党员廉洁自律意识薄弱。

二是支撑廉洁文化机制不够健全。存在廉洁自律管理制度不够健全,资源管理、工程管理、招投标管理不够规范,对下属单位管理比较薄弱等问题。企业在内部管理制度、运营机制、监督机制等方面存在自由裁量空间。

三是廉洁文化建设渗透力有待增强。廉洁文化建设渗透力、感染力、影响力不强,导致"四风"问题禁而不绝、纠而复生,说明廉洁文化建设仍需驰而不息。

四是廉洁文化建设与企业文化建设尚未形成有效合力。全员参与廉洁文化传播活动,缺乏有效系统的宣贯手段和宣传载体,导致廉洁文化传播的广度、深度不够。

五是树立廉洁示范榜样、案件警示教育仍需加大力度。对优秀职工的廉洁从业事迹宣传不够,榜样示范力不强。案件通报不够及时,对案件的分析不够深入,一案警示一域的效果还不够明显,导致以案促教的及时性、针对性、有效性不足。

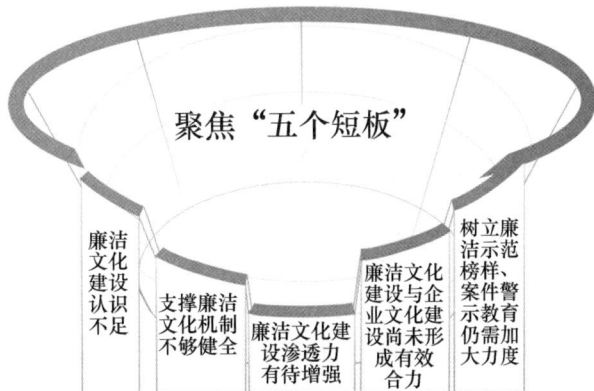

图2　聚焦"五个短板"

（二）构建"五廉共创"廉洁文化体系

鞍钢矿业党委、纪委以问题为起点和原点，积极探索廉洁文化的实践路径，构建了以"党建引领、制度健全、监督完善、执纪严格、氛围浓郁"为支撑的"五廉共创"廉洁文化体系。"五廉"同向发力、同时发力、同频共振、同题共答，做到了标本兼治、一体贯通，如图 3 所示。

图 3　"五廉共创"廉洁文化体系

1. 党建领文化，凝聚廉洁之力

习近平总书记在十九届中央纪委六次全会上指出，"领导干部特别是高级干部要带头落实关于加强新时代廉洁文化建设的意见，从思想上固本培元，提高党性觉悟，增强拒腐防变能力。"鞍钢矿业党委认真学习贯彻这一重要论述，把加强廉洁文化建设摆在重要突出位置，推动全面从严治党走深走实。

一是高度重视廉洁文化建设，系统谋划统筹推进。将廉洁文化建设作为一项重要政治任务抓细、抓实、抓到位。制定下发《关于加强新时代鞍钢矿业廉洁文化建设的实施意见》（以下简称《实施意见》），使廉洁文化建设有章可循、有据可依。《实施意见》对组织架构、责任分工、考核追责进行了明确，构建起主体明晰、有机协同、层层传导、问责有力的责任落实机制。同时，为确保《实施意见》落实落地，鞍钢矿业纪委进一步细化工作内容，形成重点任务安排，将 16 项任务细化为 44 项具体措施，确保廉洁文化建设有计划实施、有步骤推进。

二是抓好思想教育，夯实理论基础。强化党的创新理论武装，以党委理论学习中心组学习、党支部"三会一课"、党员政治轮训为抓手，引导党员干部深入学习贯彻习近平总书记关于全面从严治党、党风廉政建设、廉洁文化建设的重要论述，切实提高政治判断力、政治领悟力、政治执行力。切实抓好纪法教育，将新《中国共产党章程》《中国共产党廉洁自律准则》《国有企业领导人员廉洁从业若干规定》等党纪国法纳入党员干部专题培训，促进党员干部知纪懂法、遵纪守法。以开展"重温两书、坚守初心"党性教育活动为抓手，引导广大党员领导干部重温入团志愿书、入党志愿书，鼓足踔厉奋发、干事创业的昂扬斗志。

三是健全组织机构，建立长效机制。坚持高起点开局、高标准开展、高质量推进廉洁文化建设，党委书记亲自挂帅担任组长，各党群部门各司其职、分工配合，清单化、制度化、常态化推动廉洁文化建设向全域迈进。将廉洁文化建设纳入年度党风廉政考核，压实廉洁文化建设主体责任。同时，定期总结工作情况，交流推广基层、部门有益经验，及时解决存在问题，切实把加强廉洁文化建设作为一项长期性工作抓常、抓长、抓出实效。

2. 制度固文化，夯实廉洁之基

习近平总书记强调，"把权力关进制度的笼子里，形成不敢腐的惩戒机制、不能腐的防范机制、不易腐的保障机制。"鞍钢矿业党委、纪委不仅注重通过监督发现问题，更注重健全规章制度，夯实廉洁之基。

一是注重制度"有没有"。把权力关进制度的笼子，必要首先建好笼子。鞍钢矿业纪委在巡视巡察、审计反馈问题整改、廉洁风险点排查和对照上级各项规章制度的基础上，坚持问题导向、深挖根源、举一反三，梳理、修订、新建各项全面从严治党制度，堵塞漏洞、扎好笼子。

二是注重制度"好不好"。廉洁文化制度建设的科学性、有效性是促廉的基础。鞍钢矿业纪委注重制度衔接、配套、联动和系统集成，维护制度权威、保障制度执行，通过监督检查、专项治理、跟踪问效，查找制度和管理漏洞，在执行制度、落实制度的同时，发现问题、整改落实、完善制度，形成制度建设闭环体系。

三是注重制度"用不用"。制度的生命力在于执行。鞍钢矿业纪委通过日常监督、专项监督、专项治理等形式，强化制度执行，有效发挥制度的规范约束作用。同时，加大制度执行的监督检查力度，严肃问责有令不行、有禁不止、随意变通、恶意规避等行为，切实维护制度的严肃性、权威性。

3. 监督强文化，紧绷廉洁之弦

习近平总书记强调，"要有效防止腐败滋长，把反腐防线前移，加强日常管理监督，精准运用'四种形态'，抓早抓小、防微杜渐、层层设防。"鞍钢矿业纪委始终聚焦纪检工作主责主业，完善监督保障机制，紧绷廉洁之弦，如图4所示。

一是强化"一盘棋"思想。坚决扛起政治责任，牢记"国之大者"，真正做到党中央重大决策部署到哪里，政治监督就跟进到哪里。不断推进政治监督实化细化，强化对落实习近平总书记重要讲话和指示批示精神、全面从严治党重点任务等工作监督，对照《2022年鞍钢廉洁文化建设重点任务安排》，制定廉洁文化建设重点任务安排责任单，建立时间表、亮出责任人，推动党中央决策部署和鞍钢集团有限公司（简称鞍钢集团）工作安排在鞍钢矿业不折不扣落实落地。

二是聚焦"一把手"监督。把廉洁要求贯穿日常教育管理监督。加强对"一把手"的监督，纪委参与集体决策，对"一把手"依法用权、秉公用权、廉洁用权和执行民主集中制的情况开展监督。严格落实《鞍钢集团党委贯彻落实〈中共中央关于加强对"一把手"和领导班子监督的意见〉责任清单》要求，将上级监督、同级监督、

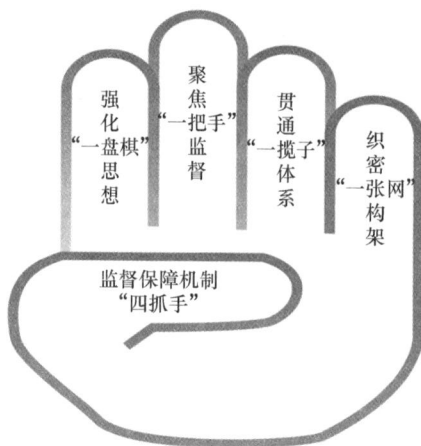

图 4　监督保障机制"四抓手"

群众监督和自我监督四个方面有机结合、共同发力，既"拎耳朵"又"扯袖子"，既纠问题又提要求，严明了廉洁纪律，催生了担当作为，实现对"一把手"的有力有效监督。

三是贯通"一揽子"体系。坚持"不敢腐、不能腐、不想腐"一体推进。"三不腐"一体推进的关键在于协同贯通各类监督，实现同步推进、同向发力。鞍钢矿业纪委以政治监督为根本，做实做细日常监督，加强专项监督、专业监督等各类监督，构建大监督体系，完善权力监督制约体系，一体推进"三不腐"体系建设。

四是织密"一张网"构架。坚持一张蓝图绘到底，始终以系统思维和钉钉子精神统筹推动、久久为功。构建"党委纪委领导推动、职能部门协同联动、基层支部具体执行"的三级"一张网"工作体系，既突出压实各级党组织管党治党政治责任，又充分汇集调动各方资源力量，打出廉洁理念体系建设的"组合拳"。

4. 执纪促文化，彰显廉洁之威

习近平总书记强调，要把纪律建设摆在更加突出位置。鞍钢矿业党委、纪委始终以零容忍的态度正风肃纪，构建严惩机制，彰显廉洁之威。

一是坚持抓早抓小。监督执纪"四种形态"是落实全面从严治党的具体部署，是管党治党的重大创新，必须深入精准动作，把监督执纪问责做深做细做实。鞍钢矿业纪委综合运用"四种形态"，尤其是将精准运用"第一种形态"作为监督、管理、教育党员干部的有力抓手，切实将问题解决在萌芽状态。对信访举报、干部考核、监督检查中发现的苗头性、倾向性问题，坚持抓早抓小、防微杜渐。

二是坚持从严落实中央八项规定精神。中央八项规定精神是一场攻坚战、持久战，是推动党员干部守纪律、讲规矩的重要抓手。鞍钢矿业纪委深入贯彻落实中央八项规定精神，在春节、中秋节等重要时间节点印发提醒，采取警示提醒、突击检查、专项抽查等方式，强化对领导人员值班制度、公车使用管理等情况的监督检查。深挖对鞍钢矿业重点工作落实不力背后的形式主义、官僚主义根源，对"不作为""假作为"

"走过场""不担当"等问题严肃问责，对典型问题进行通报，以良好作风确保鞍钢矿业改革发展各项任务取得突破。

三是坚持风腐同查同治。不正之风和腐败是一体两面，是党面临的最大风险、最大威胁、最大挑战，必须作为监督执纪问责的重要环节，同频共振，同向发力。鞍钢矿业纪委聚焦"关键少数"，紧盯矿产资源、工程管理、招标采购等重点领域和关键环节，坚持全链条发力、全系统整治、全周期管理，深入开展专项整治和专项治理。实施"清廉工程"专项整治，聚焦工程立项八方面，建立督导推进例会制度，推进专项整治有力深化。2023年在往年专项整治的成功经验基础上，深入开展"清廉矿业"专项整治，聚焦近年来征地动迁、招投标采购、矿产资源管理等七个领域，查摆产生问题的根源和存在的廉洁风险点，对发现的问题线索快查快办、深挖细查，营造"带电""长牙"的高压态势。

四是坚持打造纪检铁军。执纪者必先守纪，律人者必先律己。面对新时代、新任务、新要求，鞍钢矿业纪委不断推进纪检干部队伍专业化建设，通过参加纪检业务专业培训、理论研讨交流、参加"以案代训"、违纪案例分析模拟测试等，提升纪检干部执纪办案能力、有效监督能力、敢于斗争能力和勇于担当能力。开展鞍钢矿业纪检系统技术大练兵，每季度对违纪案例分析模拟测试，有力提升了纪检干部的专业水平和综合素质。同时，坚持刀刃向内，自觉接受组织和群众的监督，从严从实加强纪检干部队伍建设，督促纪检干部既要做到政治过硬、本领高强，又要做到忠诚、干净、担当，以高素质队伍护航鞍钢矿业高质量发展。

5. 教育兴文化，弘扬廉洁之美

习近平总书记强调，在全社会培育清正廉洁的价值理念，使清风正气得到弘扬。鞍钢矿业党委、纪委把鞍钢英模文化、红色基因与廉洁教育相结合，营造廉洁从业的文化氛围，弘扬廉洁之美。

一是赓续鞍钢集团红色基因。铭记光辉历史、传承红色基因，才能在新的起点上把革命先辈开创的伟大事业不断推向前进。鞍钢矿业纪委充分利用长子鞍钢集团的红色文化资源优势，开展"赓续红色血脉、建设廉洁文化"主题读书活动，广大党员干部通过"读、忆、听、写"多种形式，涵养清廉自守的精神境界，培育风清气正的文化土壤。选派优秀共产党员参加专题诵读会，诵读红色经典著作、先烈家书遗书、鞍钢集团英模故事，谈心得、谈体会、谈畅想，使鞍钢矿业廉洁好声音传到基层、响在厂矿。

二是正面典型示范引领。学好用好正面典型案例，有助于增强干部主动作为的底气。鞍钢矿业纪委充分发挥"时代楷模"精神引领、典型示范作用，组织参观鞍钢集团党风廉政教育展览馆、孟泰纪念馆、王崇伦纪念馆，深入开展跟郭明义学雷锋、重走抗联路、矿业楷模典型选树等活动，深挖依规履职、廉洁自律、主动作为的正面典型，讲好新时代矿业人廉洁从业的生动故事，让广大干部职工学有榜样、行有示范、赶有目标。

三是负面典型警示教育。反面教材具有强大的震撼力，更能有力推动广大党员干部明是非、辨真伪、养正气、祛邪气。鞍钢矿业纪委持续用好用活《中央企业靠企吃企案件警示录》，组织领导干部开展研读，达成以廉洁为荣、以贪腐为耻的廉洁共识。定期召开警示教育大会，通报典型问题、剖析典型案件，用身边事教育身边人。

四是培育崇清尚廉养分。廉洁文化是正本清源、固本培元，涵养求真务实、团结奋斗的时代新风。鞍钢矿业纪委持续增强党员干部的拒腐防变意识，在春节前夕组织全体领导人员观看警示教育片《零容忍》，及时打好"预防针"。年中开展"8·16"系列警示教育活动，以案为鉴、以案促改、以案促治，切实发挥查处一案、教育一家、警示一片、治理一域综合效应。同时，在全年每个月圆之夜，对鞍钢集团刊发《每月一鉴》廉洁文章对标对表、自省自照，建好中途"加油站"。在贯穿全年的廉洁文化建设过程中，始终突出工作的协同性、有序性、耦合性、联动性，既体现纪律的硬度，也体现组织关怀的温度，使鞍钢矿业廉洁文化建设与案件综合效应得到了有机结合。

三、国有企业"五聚焦五共创"廉洁文化体系建设的主要成效

（一）把廉洁文化建设转化为从严管理的具体实践，推动从严治党持久深入

通过加强廉洁文化体系建设，构建起适用于国有企业的内涵丰富、功能完备、科学规范、运行高效的全面从严治党体系，使全面从严治党各项工作更好地体现时代性、把握规律性、富于创造性，推动了各类监督有机贯通、统筹协调、形成合力。鞍钢矿业纪委2019年以来立案查处数量和质量逐年创最好水平，政治生态持续向好。

（二）把廉洁文化建设转化为党员干部清廉从业的自动自觉，营造风清气正良好氛围

通过加强廉洁文化体系建设，使各级领导干部将廉洁作为从业底线，将严以用权作为核心岗位要求，汇聚起企业改革发展的磅礴力量。尤其是在国家"基石计划"推动过程中，广大党员干部知重负重、真抓实干，鞍钢矿业入选"基石计划"的12个项目，6项已开工，其中，国内最大单体地下铁矿山、年产铁精矿千万吨级的西鞍山铁矿项目六大类40多个要件办理时间刷新了国内新建矿山项目最快纪录。

（三）把廉洁文化建设转化为优异的经营业绩，护航企业高质量发展

鞍钢矿业通过加强廉洁文化体系建设，为坚决落实鞍钢集团"双核"战略、加快建设世界一流资源开发企业、推动新鞍钢集团高质量发展、维护钢铁产业链和供应链安全奠定了坚实基础。2022年，鞍钢矿业经营管理各项工作提档升级、业绩显著，生产铁精矿2272万吨，实现利润58.7亿元，铁精矿成本降幅10.8%，铁精矿产量、利润、成本降幅为近三年最好水平。

关于加强国有企业新时代廉洁文化建设的探索与思考

鞍钢股份有限公司鲅鱼圈钢铁分公司纪委

王玉鑫　徐　强　李朝全

反对腐败、建设廉洁政治，是我们党一贯坚持的鲜明政治立场，是党自我革命必须长期抓好的重大政治任务。党的二十大报告指出，"加强新时代廉洁文化建设，教育引导广大党员、干部增强不想腐的自觉。"2022 年，中共中央办公厅《关于加强新时代廉洁文化建设的意见》，指明了廉洁文化建设的具体思路和工作举措。鞍钢集团有限公司（简称鞍钢集团）党委高度重视廉洁文化建设，下发《关于加强新时代鞍钢集团廉洁文化建设的实施意见》，作为加强企业政治建设、涵养企业政治生态的有效举措。加强新时代廉洁文化建设，是深化全面从严治党纵深发展的必要举措，是筑牢"不敢腐、不能腐、不想腐"的基础工程，是推动高质量发展新鞍钢集团建设的重要课题，必须高度重视、一以贯之。

一、加强新时代廉洁文化建设的重要意义

（一）加强新时代廉洁文化建设是深化全面从严治党的必要举措

习近平总书记指出，"反对腐败、建设廉洁政治，保持党的肌体健康，始终是我们党一贯坚持的鲜明政治立场。"全面从严治党，既要靠治标，猛药去疴；也要靠治本，涵养文化。在向纵深推进全面从严治党和党风廉政建设的过程中，推进新时代廉洁文化建设，是国有企业落实落细全面从严治党责任的重要组成部分和迫切需要，必须不遗余力、持续发力予以探索与完善，务求廉洁文化建设实起来、强起来。

（二）加强新时代廉洁文化建设是培育高素质人才队伍的发展需要

党的二十大报告指出，要"建设堪当民族复兴重任的高素质干部队伍"。当前，中国共产党正领导全国各族人民阔步迈进第二个百年奋斗新征程，锻造"铁一般信仰、铁一般信念、铁一般纪律、铁一般担当"可堪大任的新时代干部队伍，是推动高质量发展的必要条件。以廉洁文化建设涵养干部队伍培育土壤和风清气正的社会风尚，是锻造政治本领过硬、纪律作风优良、履职能力高强干部队伍的必由之路。

（三）加强新时代廉洁文化建设是实现"三不腐"一体推进的基础工程

党的十八大以来，经过坚决斗争，反腐败斗争取得压倒性胜利并全面巩固，党员、干部廉洁自律意识明显增强，但个别党员干部顶风违纪、甘于被"围猎"的现象依然存在，"三不腐"一体推进仍需持续发力。大力推进企业廉洁文化建设，是深入践行习近平新时代中国特色社会主义思想、推进"不想腐"建设的治本之策，是提升思想境界和升华廉洁灵魂的基础工程。

（四）加强廉洁文化建设是丰富完善鞍钢集团企业文化的重要内容

鞍钢集团是共和国钢铁工业的摇篮，多年来形成了独具鞍钢集团特色的红色企业文化，凝练成了《鞍钢集团文化宪章》，其中就蕴含着崇廉尚洁的价值取向。廉洁文化内核根植于鞍钢集团红色企业文化之中，是反腐倡廉工作在文化层面的延伸，是鞍钢集团企业文化的重要组成部分。加强新时代廉洁文化建设，是对鞍钢集团企业文化的进一步丰富和完善，对于引导教育广大干部职工、凝聚发展共识有着至关重要的作用。

（五）加强新时代廉洁文化建设是推动高质量发展新鞍钢集团建设的重要保障

当前，钢铁行业进入高质量发展的关键时期，要提升高质量发展水平，离不开廉洁文化建设的支撑与保障。加强鞍钢集团新时代廉洁文化建设，有利于营造遵章守纪、和谐稳定、清正廉洁的企业内部环境，有利于引导广大干部职工树立廉洁自律意识、增强担当作为责任感、激发干事创业的热情，为鞍钢集团高质量发展贡献取之不竭、用之不尽的源源动力，提升鞍钢集团核心竞争力。

二、构建"4442"新时代廉洁文化建设模式

（一）建立"四维"责任机制，共同发力压实责任链条

（1）深入压实党委主体责任。建立党委统一领导、纪委组织推动、部门各负其责、职工积极参与的廉洁文化建设工作机制，党委书记作为第一责任人，亲自部署、亲自过问、亲自协调，党委领导班子其他成员按照"一岗双责"要求，对分管部门和单位党员干部从严进行教育管理。将廉洁文化建设融入党建品牌创建、基层组织建设、党员教育管理，同谋划、同部署、同推进、同考核，通过年度考评、日常检查、巡视巡察等层层压紧压实廉洁文化建设政治责任，形成党委统筹抓、纪委全面抓、支部具体抓、职能部门协同抓的工作格局。

（2）深入压实纪委监督责任。始终把加强廉洁文化建设作为一体推进"三不腐"的基础性工程，深入抓好廉洁文化建设组织推动工作，监督推动党员领导干部带头遵规守纪、廉洁用权；监督推动将廉洁文化建设列入监督检查、巡视巡察和专项检查的重要内容，抓紧抓实抓好；监督推动党建、巡视巡察、组织人事、宣传等部门协同联动，有效形成廉洁文化建设工作合力。经常性开展党章、党规、党纪教育，强化理想

信念教育、政德教育、形势教育、纪法教育，弘扬家风建设，不断增强不想腐的思想自觉。充分运用执纪问责工作成果开展警示教育，加强通报曝光力度，放大不敢腐的震慑作用。

（3）深入压实支部执行责任。充分发挥党支部"战斗堡垒"作用，扎实做好一线廉洁文化建设工作，把学习掌握党的最新理论、党章、党规、党纪作为党员日常教育的基本内容，列入"三会一课"，促进党内法规学习常态化、制度化；召开处分决定宣布会，用身边事教育身边人；突出党支部身处一线、了解一线的群众优势，党支部书记带头讲授廉洁党课，养成尊崇党章、遵守党纪的良好习惯。

（4）深入压实职能部门协同责任。组织部门将廉洁文化建设作为干部教育"必修课程"，筑牢党员干部思想防线；严把干部选拔任用政治关、品行关、能力关、作风关、廉洁关，将干净担当作为干部选拔任用的刚性指标。宣传部门抓好廉政理论学习教育，将习近平总书记关于全面从严治党、廉洁文化建设等方面的重要论述列入党委理论中心组学习计划，利用微信公众号、报刊等多种方式抓实党风廉政宣传教育，营造崇廉尚洁的文化氛围。群团组织充分发挥桥梁纽带作用，通过开展新入厂青年廉洁座谈、廉洁警句评选等活动，不断推动廉洁文化建设向深处延伸。各类业务主管部门聚焦自身业务特点，系统梳理内部管理流程，厘清风险点、找到关键人，有针对性地开展教育培训，在本领域营造清廉干净的良好氛围。

（二）构建"四学"文化机制，多维分层夯实思想根基

（1）坚持多类竞赛比着学。创新廉洁教育方式，建立政治理论"竞赛"督学机制，发展积极健康的党内政治文化，引领廉洁文化建设。开展"学习强国"App"比积分、晒成绩"活动，根据学习累计积分评选"学习标兵""学习能手"；定期组织政治理论线上+线下竞赛，通过微信公众号开展全员党史理论知识竞赛答题活动，组织各单位开展线下对抗抢答赛，形成比学赶超的良好学习氛围。

（2）坚持红色文化沉浸学。深入开展革命文化教育，传承红色基因，组织参观鞍钢集团博物馆、孟泰纪念馆、雷锋纪念馆、关向应纪念馆、日俄监狱等爱国主义教育基地，淬炼公而忘私、甘于奉献的高尚品格。深入开展"赓续红色血脉　建设廉洁文化"主题读书活动、"重温两书　坚守初心"党性教育活动，挖掘孟泰、雷锋、王崇伦、郭明义等鞍钢集团英模的典型事迹，组织学习《雷锋在鞍钢的423天》《钢铁意志》《走在时间前面的人——王崇伦》等鞍钢集团英模故事，将鞍钢集团企业文化、廉洁文化融入革命文化教育当中。

（3）坚持言传身教带动学。充分发挥领导干部"思想教导员""政治辅导员""工作研究员"作用，大力推行领导干部讲党课，通过"关键少数"带动"绝大多数"；强化交流研讨，鼓励大家学进去、讲出来，充分利用"三会一课"等渠道，组织党员谈感悟、讲体会，通过思想交流碰撞，凝聚行动共识，着力把"三会一课"打造成理论宣讲的高地、干部培训的课堂、知识分享的平台、传授真经的现场，形成人人想学、人人想讲的良好氛围。

（4）坚持"重要节点"专题学。在元旦春节、五一端午、中秋国庆等重要节假日前和每年"8·16"警示教育日前后，围绕党纪、刑法、监察法、民法典、企业相关法律、鞍钢集团典型案例开展专题学习，促进党员干部增强法制意识、党规意识、制度意识、纪律意识，充分发挥反面典型的警示、震慑、教育作用。

（三）聚焦"四类"人员管控，以人为本铸就清廉本色

（1）聚焦"关键少数"抓廉洁。把学习贯彻习近平新时代中国特色社会主义思想及党的二十大精神作为重大政治任务，将习近平总书记关于党风廉政建设、廉洁文化建设、国有企业改革发展等方面的重要论述，列入各级党委理论学习中心组学习计划，通过网络授课、邀请专家现场讲座等方式，以理想信念强基固本，不断补足精神之钙。同步抓好纪律规矩意识建设，发放党内规章制度、法律法规等教育书籍，组织领导人员深入学习，增强其知纪、懂纪、守纪意识；开展常态化"预警教育"，充分运用"第一种形态"，对出现苗头性、倾向性问题的领导人员及时进行谈话提醒；认真做好领导干部，尤其是年轻领导干部任前廉洁谈话，做到全面谈、精准谈，切实扣好"第一粒扣子"。

（2）聚焦关键重要岗位抓廉洁。坚持教育重心前移，实现教育入区域、进班组、到岗位。实施"五个一教育"，每周利用基层生产调度会，循环播放廉洁警句；每月集中组织观看廉洁教育微电影，实施主体与相关方一体化廉洁教育；每季度对自身查处及鞍钢集团通报的典型案例进行曝光，用身边事教育身边人，推动警示教育入脑入心；每半年组织对关键重要敏感岗位人员开展一次廉政谈话，时刻敲响廉洁警钟；每年组织关键重要敏感岗位人员签订廉洁承诺，并在办公室、操作室等不同场所实施风险岗位预警提示上墙，进一步营造清廉氛围。

（3）聚焦相关方人员抓廉洁。近年来，随着国有企业的快速发展以及国有企业改革不断深化，相关方在国有企业生产建设中呈现出人员越来越多、岗位越来越重要的特点，随之带来的是相关方廉洁风险激增、管理难度升级、违纪违法案件频发问题。要以打造相关方廉政共建新格局为目标，创建"相关方一体化管理，实施廉洁教育同步、管理标准同步、监督检查同步、追责问责同步"的相关方"1+4"廉洁风险防控机制，有效促进相关方廉洁从业意识提升。

（4）聚焦干部队伍作风建设抓廉洁。坚持发扬斗争精神，勇于推进自我革命，持续把纠"四风"树新风作为厚植廉洁文化建设的一项重要内容。深入开展形式主义、官僚主义专项整治，建立重点项目整治任务清单，开展基层减负满意度测评问卷调查，在作风问题上精准施治，不断推动干部作风转变；强化"四风"纠治，紧盯节假日、升学季等重要时间节点发布廉洁提醒，印发《中央八项规定精神学习参考资料》等，进一步增强政治自觉；开展作风建设专项监督，突出目标导向、问题导向、结果导向，重拳打击贯彻落实上级重大决策部署不作为、慢作为、乱作为等问题，切实提升干部队伍工作执行力，打造勇于担当、敢于负责的良好干事创业环境。

（四）打造"两极"宣传载体，以宣造势筑牢廉洁阵地

（1）打造移动端廉洁文化平台。突出时代特征，聚焦核心内涵、表现形式、传播

方式，充分发挥新媒体优势，搭建音视频宣传与图文宣传相结合的廉洁文化传播模式，用好微信公众号、企业内刊等平台，建立强党性（党章、党规、政德）、守底线（纪律意识、作风建设、警示教育）、树新风（红色故事、家训家风、清新文化、清风窗）等多个模块专栏，定期发布廉洁教育文章，真正让清廉文化浸润人心。

（2）打造工作场所廉洁文化平台。强化一线教育培训阵地建设，建设一批廉洁文化场所和景观，安装楼宇电视、操作室电视、LED显示屏，更新现场PPT学习宣传文件、视频文件，用图文并茂的方式将抽象的学习教育内容具体化、通俗化，让职工群众抬眼可见，在不知不觉中受到教育、增进认同，受到廉洁文化熏陶。

三、廉洁文化建设几点思考

（一）切实做到党委纪委高位推动，增强廉洁文化建设的引领力、组织力

廉洁文化建设是一项长期性、系统性、全局性工作，高位推动是关键。党委要牵头抓总、顶层设计、营造氛围，领导班子要靠前指挥、亲自督促、逐级落实，层层压实责任。纪委要统筹协调、组织推进、严格执行，注重集中开展与分散开展相结合、传统方式与新型手段相结合、实际需要与效果需要相结合，确保规定动作不走样、自选动作有创新；要以责任落实推动重点任务落实，确保廉洁文化建设有计划、有监督、有评价、有成效。

（二）切实做到不断创新方式方法，增强廉洁文化建设的吸引力、感染力

创新丰富多彩的教育模式是廉洁文化建设取得实效的重要保证，既要坚持传统学习教育方式按部就班地开展，也要丰富形式方法、根据新的实践拓展具体的工作手段。要充分发挥党委纪委领导表率作用、党支部战斗堡垒作用、党员先锋模范作用，积极建立"集中式"与"网络式"相结合、"课堂式"与"实践式"相结合、"讲授式"与"互动式"相结合的创新廉洁文化实践模式，最大程度地激发职工群众参与积极性，增强廉洁文化建设教育的亲和力、吸引力和感染力。

（三）切实做到全面融入中心任务，增强廉洁文化建设的实操性、服务性

廉洁文化建设要把握好服务生产经营、服务改革发展的落脚点，坚持以高质量廉洁文化建设引领高质量发展的工作思路。通过廉洁文化建设进一步砥砺初心使命，强化责任担当，注重汲取廉洁文化中蕴含的丰富精神营养，滋养职工群众的主观世界，切实将廉洁文化建设教育成果转化为高质量发展的具体举措，促进生产经营再创新高。

关于在企业高质量发展进程中如何做好专项监督工作的探讨

鞍钢集团朝阳钢铁有限公司纪委

修立伟　徐丽娟　刘金生

一、开展专项监督工作的重要意义

（一）监督企业发展之责

中共中央办公厅《关于中央企业在完善公司治理中加强党的领导的意见》，对中央企业进一步加强党的领导和完善公司治理统一起来、加快完善中国特色现代企业制度作出部署并提出要求，强调各中央企业党委（党组）要加强分类指导，鼓励探索创新，强化党委（党组）在执行、监督环节的责任担当，凸显监督在企业治理中的重要地位。专项监督是指企业纪委对某个领域、某个专业、某个单位或某个人的特定问题进行常规监督的一种监管方式和方法。开展专项监督工作并取得成果，是企业纪委遵循党的指挥，坚持党对一切工作领导的政治属性内在的本质要求和应尽职责。

（二）铸牢企业管理之盾

国资央企是中国特色社会主义的重要物质基础和政治基础，是我们党执政兴国的重要支柱和依靠力量。当前，随着经济体制改革的全面深化，企业在生产经营、投资决策、工程建设、市场营销、财务管理等领域仍然存在着廉洁风险。企业重要部门和关键岗位，很容易成为别有用心者和投机者挖空心思寻租的"目标"。开展专项监督工作，能够有效地聚焦企业发展短板瓶颈，专注于企业运行的难点、堵点和痛点，督促部门和单位限权明责、优化流程、完善管理、堵塞漏洞、提升效率，提高企业拒腐防变能力的同时，把监督力切实转化为治理效能，从而促进企业实现真正的高质量发展。

（三）助力企业发展之路

《中共中央、国务院关于深化国有企业改革的指导意见》中指出，坚持增强活力和强化监管相结合是深化国有企业改革必须把握的重要关系。增强活力是搞好国有企业的本质要求，加强监管是搞好国有企业的重要保障，要切实做到两者的有机统一，进一步强调了强化国有企业监督的重要性。与企业常态化的日常监督相比，专项监督具有与生产经营同步性、管理行为协调性、方式方法灵活性的特点，能够紧盯企业生产经营活动过程中随时存在和发生的关键问题、难点问题，与企业管理部门履行管理职责同步联动，统筹协调各职能部门的管理力量，履行针对管理行为"监督的再监督"，坚持"治""防"一体推进，建立信息共享、情况互通的工作机制，真正实现强化各职能部门责任担当的系统化监督。通过开展专项监督，持续构建企业系统完备、科学规范、运行有效的监督制度体系，有助于推动企业高质量发展各项目标任务落到实处，保障企业在正确的轨道上健康发展。

二、开展专项监督工作存在的现实问题

专项监督是企业纪委在企业生产经营过程中，对内部控制的某个管理流程和方面存在的问题，进行有针对性的监督的一种工作方法。党的十八大以来，以习近平同志为核心的党中央，以彻底的自我革命精神，坚定不移推进全面从严治党，持之以恒正风肃纪反腐，自上而下的组织监督得到大力发展和全面推广。但相对于组织监督来说，着眼点相对较小、作用面相对不宽的专项监督工作在国资央企中仍属于探索阶段，主要问题体现在以下几个方面。

（一）对专项监督责任和部门构成认识不清

一说起"监督"，企业中很多部门和人员都认为只是纪检部门自己的事情，纪检部门独立完成就可以了，与其他管理部门和人员没有关系。

《中国共产党党内监督条例》规定，"建立健全党中央统一领导，党委（党组）全面监督，纪律检查机关专责监督，党的工作部门职能监督，党的基层组织日常监督，党员民主监督的党内监督体系"。党内监督是全党的任务，任何党组织和党员都不能置身事外，专项监督亦同。企业党组织既是受监督对象，又是监督责任主体。企业纪检监察机构既要督促各监督主体履职尽责，将政治监督与日常监督有机结合、相互促进，又要引导企业内部监督力量同频共振，发挥各自专业特长，共同参与监督工作。

（二）对专项监督工作作用和重要性认识不清

一方面，作为专项监督主责部门的纪检部门存在畏难情绪，认为在开展专项监督过程中与其他管理部门联动存在障碍，尤其是针对生产经营单元和行政管理部门存在的不愿监督、不敢监督、监督流于表面的消极心理，不知从何入手，甚至有时自身也存在不管监督谁都是吃力不讨好、得罪人的心理。另一方面，生产经营单元和行政管理部门抵制专项监督情绪也时有存在，职能部门觉得常态化的日常监督是例行工作安排，在心理上习惯了，尚好接受，但对专项监督工作的认知，存在"有目的有计划而来，给工作挑刺找茬"的认识，对有关本身管理行为开展的专项监督工作存在抗拒心理。

国有企业管理的是国家的资产，企业的管理行为和经营运作要对国家和人民负责。

专项监督工作是针对企业管理行为中突出存在的难点、痛点和堵点问题开展专项监督和检查，充分发挥纪检部门善于对管理人员履职行为进行系统性监督的特点和优势，坚持监督、管理、惩戒同时发力、同向发力、综合发力，在管理流程上严格开展监督并形成坦诚接受监督氛围、打造"一切管理皆在监督之下"的工作机制，从而促进企业高质量发展。总之，在其位要谋其职，监督是国有企业纪检监察和所有管理职能部门的岗位职责、工作本分和光荣使命。

（三）对专项监督工作内容和性质认识不清

在开展专项监督工作过程中，部分行政职能部门认为，监督的工作内容就是就事论事、抓早抓小，纪检监察部门开展专项监督就是要派员参与经营采购、工程施工、行政事务等存在经济价值输入输出性质的所有管理行为的过程监督，也就是要事事监督。在认识上等同于纪检监察部门的日常监督行为，这是工作内容上的认识不清。另外，对专项监督工作目标上，认为纪检监察部门的监督行为都是为了线索、为了办案，这是对专项监督工作性质认识存在误区。

专项监督工作，正是要将纪检监察部门从事无巨细参与各个过程监督的被动工作中抽离出来，按工作主导性和问题针对性相结合的原则，集中精力组织相关监督部门和力量，开展系统化、专业化、深层次的专项监督，提高发现管理缺失苗头性、倾向性问题的能力和效果，最终实现提升管理质效的目的。

三、开展专项监督工作的实践与思考

鞍钢集团朝阳钢铁有限公司（简称朝阳钢铁）在2010年投产之初，受经济危机以及钢铁产能过剩和企业自身问题等诸多因素影响，投产后即处于连年亏损状态，2015年企业已到了濒临关停的境地，被列为国务院国有资产监督管理委员会（简称国资委）挂牌督导的"僵尸企业"。2016年起，朝阳钢铁实施深度变革，完善市场机制，创新激励机制，激发内生活力，狠抓管理提升，实现"凤凰涅槃，浴火重生"，标杆地位得到行业认可，市场化改革升级经验在国资委、行业和鞍钢集团等多层次改革工作会议做经验汇报，获评国资委"中央企业先进党组织"和"管理标杆企业"两项殊荣。

在朝阳钢铁的改革实践过程中，朝阳钢铁纪委立足于强化企业内部监督，净化企业政治生态，促进各级经营管理者正确履行职责，以提高企业治理效能为目标，将专项监督工作作为一项常态化工作来抓紧抓实，尤其是2020年以来，专项监督工作取得了丰硕成果，充分发挥了专项监督工作对朝阳钢铁国有资产保值增值和高质量发展的促进和保障作用。

（一）筑牢专项监督工作的制度基础和组织保障

鞍钢集团有限公司（简称鞍钢集团）对专项监督工作高度重视，在集团公司层面印发了《鞍钢集团有限公司纪委专项监督实施办法》，对专项监督工作的体制、责任、权限、方式方法和奖惩都作出了明确规定，成为鞍钢集团各级纪委开展专项监督工作的制度基础；同时，将专项监督工作开展情况作为年度纪委工作考评的重要内容。从制度体系和履职机构两个维度上，为朝阳钢铁纪委开展专项监督工作提供了坚实的制度和组织保障。

（二）打造并实践与企业管理融会贯通的专项监督工作理念

专项监督是纪检机构围绕企业生产经营管理各项业务事项或活动过程，监督检查相关经营管理者履行职责行为，发现失职失责问题和管理缺陷，使企业管理更加规范的综合性监督工作。在工作中发现，各级管理者履职与企业生产经营是全程伴随关系，履职行为贯穿于生产经营全流程，生产经营的每个节点或者发生的每个里程碑事件也正是监督的重点环节；同时，经营管理者履职行为的定性与判断都需要对管理行为的细节和环节进行分析、研究，与管理行为的发展脉络密不可分，定性与判断有时等同于对管理行为的评审。

鉴于上述分析，朝阳钢铁纪委在专项监督工作开展过程中形成了"24字"工作理念，即"坚守主责主业，随动生产经营，联动管理评审，同步线索处置"。具体内容就是：立足于纪律审查主责主业，随着企业生产经营的发展过程，随时发现苗头性、倾向性问题，第一时间协同相关管理部门，统筹各方监督力量，对问题发展轨迹进行全程合规性评审，拓展可能形成线索的渠道，基本上实现了线索发现、纪律审查与管理行为监督的同频共振。

（三）"球团矿验收管理专项监督项目"案例探讨

1. 项目立项背景

球团矿是炼铁生产的主要原料，朝阳钢铁每年对球团矿需求量巨大，朝阳钢铁坚持"低成本、高效益"战略，球团矿采购以辽宁省朝阳市当地自产球团矿为主、其他区域为辅的方式，因为生产原料和工艺的不同，所以外购球团矿质量参差不齐，质量波动大会给高炉稳定带来一定的不利影响。

2. 随动生产经营

朝阳钢铁每周两次的生产调度会是生产组织和信息沟通的重要形式，会上通报的重要采购环节，尤其是大宗原燃材料的采购、使用和需求信息，朝阳钢铁纪委都会高度关注，随时研究管理细节和各类数据信息，充分做好拓展问题线索的启动准备工作。2021年初的一次生产调度会上，炼铁厂通报了球团矿质量波动问题，朝阳钢铁纪委敏感地发现了管理问题甚至廉洁问题存在的可能性，组织力量第一时间对球团矿使用情况和数据进行收集分析，发现个别检验数据存在不符合现象，管理环节中出现失控现象。

3. 联动管理评审

为了能够在第一时间掌握生产真实情况，朝阳钢铁纪委组织采购和质量管理部门、三家基层单位成立管理评审工作组，由质量管理部门牵头，纪委全程参与，对球团矿采购、存储、验质验收、使用四个环节开展全流程管理制度评价和制度执行情况审查。

2020年4月至10月，历时半年，在纪律审查震慑和质量管理专业督查同向发力下，球团矿存储、验收和使用三家基层单位共同配合，经过自检自查、整改落实"回头看"、疑似线索核实和失职问题立案四个阶段，采取与其他单位对标、大数据对比分析、现场检查抽查、重新制样化验、实际操作还原等方式开展监督核查工作。通过管理评审，共发现管理问题7个，分别是：

（1）球团矿性能检验数据人工录入处于"三无"状态，无制度、无审核、无监管；

（2）烧结全自动筛分系统关于球团矿检验无相关管理制度；

（3）《不合格品管理程序》和《原燃材料异议管理办法》等管理制度执行不到位；

（4）取样作业由1人操作，没有监督，存在换样风险；

（5）夜间取样存在安全风险；

（6）采购技术条件存在漏洞，存在以次充好的风险；

（7）当地自产球团矿合格率偏低。

上述管理问题全部得到整改，生产管理效能得以提升。

4. 同步线索处置

取制样班长王某某因个人工作失职失误，造成结算系统6次数据错误，经济损失73.64万元，负有直接责任，给予党内严重警告处分。主管技术、质量、原燃材料的胡某某，对上述行为失察失管，负有管理责任，给予党内警告处分。同时，责成物资采购部门对73.64万元的经济损失予以追缴。

（四）工作理念的应用成果

2020—2023年，朝阳钢铁纪委贯彻专项监督工作理念，工作取得了良好成绩，"球团矿验收管理专项监督"和"地精矿取样专项监督"两个项目得到上级公司好评。共计组织相关部门开展管理评审9项，完善制度并实施管理整改措施32项，形成问题线索3个，给予相关人员党纪处分8人，政纪处罚1人，追回直接经济损失170万元，避免经济损失61万元。

四、结语

新时期，国有企业深化全面改革的历史使命任重道远，在推动国有企业深化改革、提高经营管理水平、加强国有资产监管、做强做优做大的道路上，积极探索深化国有企业专项监督工作的有效机制，创新方式方法，丰富工作内容，充实队伍力量，发挥专项监督的刚劲助攻和灵活推手作用，有助于推动和促进国有企业监督体系效能的强化与提高。

推进国有企业政治监督
具体化、精准化、常态化的实践和思考

河钢集团有限公司纪委

董士党　卢耀豪　张月鹏　贾鸿霞　宇海丽　李文彬

习近平总书记在二十届中央纪委第二次全体会议上强调，"政治监督是督促全党坚持党中央集中统一领导的有力举措，要在具体化、精准化、常态化上下更大功夫。"习近平总书记的重要讲话为推进政治监督提供了方向指引和根本遵循。新时代强化政治监督的根本任务是"两个维护"，要在四个方面着力，即坚持中国特色社会主义制度不动摇，推动党中央重大战略部署落实见效，督促落实全面从严治党责任，保证权力在正确的轨道上运行。国有企业强化政治监督，必须完整、准确、全面贯彻新发展理念，牢牢把握高质量发展首要任务和构建新发展格局战略任务，充分发挥监督保障执行、促进完善发展作用。强化政治监督是纪检监察机构的首要职责使命，河北省纪委办公厅《关于推进省管企业纪检监察体制改革的实施意见》，明确企业纪检监察机构要"强化监督第一职责，把政治监督摆在首位，确保党的路线方针政策和党中央、河北省委重大决策部署在企业落到实处"。政治监督是具体的、实践的，重在精准，也难在精准，必须落细落实，持之以恒，才能有的放矢、精准施治。

一、河钢集团开展政治监督的现状和做法

深入河钢集团有限公司（简称河钢集团）各子分公司现场或书面听取汇报，与不同层次112名党员干部座谈交流或个别谈话，组织303名党员无记名问卷调查，听取了基层党员群众意见。河钢集团纪检监察系统紧密围绕贯彻落实党中央、河北省委省政府重大决策部署开展政治监督，突出"四个聚焦"，为河钢集团转型升级和高质量发展提供保障。

（一）聚焦提高"政治三力"强化监督，坚持以党的创新理论凝心铸魂

紧密结合主题教育，将监督学习贯彻党的二十大精神、习近平新时代中国特色社会主义思想、习近平总书记对河北省、对河钢集团工作的重要指示批示精神，作为当前和今后一个时期首要政治任务，督导检查各级党委理论中心组学习、"第一议题"制度落实等，推动党员领导干部切实提高政治判断力、政治领悟力、政治执行力。通过

参加各级班子民主生活会、年度绩效考核、党建核查等，多维度研判企业政治生态。通过"室组"联动监督、巡察监督、效能立项监督等，运用党的创新理论武装头脑、指导实践、推动工作。

（二）聚焦践行"国之大者"强化监督，保障党中央决策部署和河北省委工作安排落地见效

河钢集团四个钢铁企业退城搬迁，从宣化钢铁集团有限责任公司（简称宣钢）开始，河钢集团纪委迅速制定《河钢集团产业升级及宣钢产能转移项目廉政建设实施方案》，开展"嵌入式""联合式""贯通式"监督，督促工作落实。在邯郸钢铁集团有限责任公司（简称邯钢）退城搬迁中，河钢集团和邯钢两级纪委组成联合监督组，驻守现场、跟踪督导，每周参加项目会议、每月总结调度。唐山钢铁集团有限责任公司（简称唐钢）纪委针对退城搬迁，全面加强党委常委会研究讨论、董事会研究决策过程监督，强化重大事项前置把关。石家庄钢铁有限责任公司纪委针对新基地项目建设，出台《廉政工作管理办法》《招投标监督工作办法》等多项监督制度，开展项目资金管控、招标管理、工程物资管控、项目进程四个专项监督。河北张宣高科科技有限公司（简称张宣科技）纪委针对企业赋能绿色低碳转型，制定《廉洁建设督导方案》，监督防范风险，推进廉洁共建。同时，密切关注河钢集团同类业务归集和结构性重组强化监督，在新组建大河系产业公司中同步建立党委纪委，监督迅速理顺业务管理机制。加强中央环保督察指出问题的整改监督，对相关人员严肃问责，确保中央环保督察严肃性。

（三）聚焦管好"关键少数"强化监督，确保各级"一把手"和领导班子其他成员履职尽责

突出对"一把手"和领导班子其他成员"关键少数"监督，以"头雁领航"带动"群雁齐飞"。河钢集团纪委成立专组督导子分公司领导班子民主生活会、全程参与子分公司领导班子年度考核，全面掌握各企业政治生态状况。以监督为"笔"，对河钢集团领导班子成员进行"画像"评价，开展子分公司年度政治生态报告和领导班子成员"画像"评价。健全《企业领导人员违规插手干预企业重要事项记录报告制度》《纪委报告领导班子会议研究重大问题有关情况的规定》等制度，形成较为完善的党风廉政建设制度体系，有效防范化解各类风险。

（四）聚焦落实"两个责任"强化监督，推进全面从严治党向纵深发展

制定《党风廉政建设责任制实施细则》《党风廉政建设"两个责任"实施意见》《党风廉政建设"两个责任"清单》，通过《落实全面从严治党"两个责任"考核方案》《"两个责任"追究办法（试行）》进行量化考核和责任追究。发挥各级反腐败协调领导小组作用，严格落实党委与纪委定期会商制度，落实《监督工作联席会议暂行办法》，释放"大监督"协同合力。将内部巡察与上级巡视整改"回头看"相结合，

运用"审、听、谈、查、访、评、反馈"七步工作法，对履行"四责"情况深入监督。

二、开展政治监督存在的问题不足及原因

河钢集团纪检监察系统在落实政治监督方面取得了一定进展，但与具体化、精准化、常态化要求相比，仍存在一些问题和不足。

（1）对政治监督内容把握还不够精准。有的企业对政治监督具体监督内容不明晰，监督目标不明、措施不硬、效果不佳；有的企业在监督中突出政治属性不够，将政治监督常态化等同于日常监督或专项工作等。

（2）开展政治监督的工作方法还比较单一。在检查方式上，运用看会议记录、查基础资料等面上的方式多；对"一把手"、对领导班子成员监督还存在畏难情绪，"友情提醒"多，批评指正少；在界定问题性质时浅尝辄止，没有挖掘深层次的政治原因。

（3）开展政治监督的重点还不够突出。在河钢集团区位调整、转型升级和推进战略性新兴产业发展等重点工作中，聚焦重点开展跟进监督还不够到位，有的企业在政治监督方面针对性不强、尚缺乏经验，监督工作开展还不平衡。

（4）开展政治监督的有效载体还不够丰富。面对河钢集团国际化战略和多元化产业发展格局，适应企业需要、有针对性的监督模式还不够多，综合性的监督手段还比较缺乏，巩固放大监督成果、推动解决体制机制问题的效果还比较有限。

（5）纪检监察队伍素质能力需进一步提升。面对新形势新问题，政治理论和业务学习跟进还不够到位，有的存在一定的本领恐慌和路径依赖；有的精准发现问题、推动解决问题的能力有所不足，尤其在透过业务看政治、挖掘业务问题背后政治风险的能力有待提升。

三、采取的对策措施、取得成效和下一步工作思考

进入新发展阶段，必须从战略和全局高度深刻认识开展政治监督的极端重要性，牢牢把握职责定位，找准政治监督具体切入点、关键点，强化精准监督、常态化监督，更好发挥监督保障执行、促进完善发展作用，为河钢集团转型升级和高质量发展保驾护航。

（一）细化《政治监督清单》，推动监督具体深入

针对调研发现的政治监督内容不够精准问题，一是细化完善三级《政治监督工作清单》。做到自上而下163家单位全覆盖。其中，河钢集团纪委《政治监督工作清单》细化为4个方面18类55项政治监督具体内容。协助和督导各子分公司及下属单位，编制完成《政治监督工作清单》。二是开展全覆盖式督导检查。以"室组"联动监督为抓手，对照三级《政治监督工作清单》，对河钢集团19家二级单位、143家三级单位政治监督情况进行督导，对发现的问题及时指出并限期整改，推动政治监督更加具体化、精准化。三是动态调整完善政治监督清单。根据上级部署要求和本单位重点工作安排，持续细化政治监督的任务、对象、内容、标准，更加明晰监督谁、监督什么、怎么监

督，着力破解同级监督难题，以有效监督把"关键少数"管住管好。

下一步，一是逐步建立政治监督推进台账。将纳入《政治监督工作清单》的每项监督内容逐项建立台账，定期更新工作进展，进行监督效果评价分析，总结提炼政治监督工作经验，对同类工作开展政治监督形成指导和借鉴。二是打造政治监督的完整链条和工作闭环。对政治监督实践经验进行规律性总结，从监督重点、方式方法到监督合力发挥，探索打造政治监督完整链条和工作闭环的路径，形成具有河钢集团特色的政治监督经验做法。

（二）完善"大监督"运行机制，凝聚长效监督合力

针对政治监督工作方式方法比较单一的问题，探索研究和实施更好融入企业治理体系的监督机制，不断丰富新时代国有企业"大监督"机制的有效做法。一是发挥监督工作联席会议机制作用。修订完善《监督工作联席会议制度》，推进多部门、多角度监督信息共享、监督资源共用、监督力量共调，监督有效覆盖。构建党委巡察、纪检监察、财务稽核、独立审计、法务合规和职工民主六类监督有机贯通、相互协调的监督格局，有效防范化解经营管理风险。在河钢集团党委2023年第一轮巡察中，纪委机关、审计、党办、人力资源等部门两次召开联席会议，就巡察的六家单位收集审计、党建核查、干部考核、巡视整改等相关问题情况，为更好开展巡察提供有力支撑。二是探索运用片区协作单元交流互查机制。借鉴河北省纪委"室组"联动监督机制做法，河钢集团纪委抽调人员组成四个督导组，以交叉互查的方式，对照《政治监督工作清单》，对主题教育检视整改工作和教育整顿工作推进情况开展专项监督检查，通过"展示、查验、观摩、互评"，促进各单位横向之间的交流对标、取长补短，相互学习提高，推进主题教育、教育整顿进一步走深走实。三是规范"三书一函"工作机制。根据相关党内法规、法律法规及河北省纪委监委文件规定，制定河钢集团《纪检监察机构"三书一函"工作办法》，统一规范和推行"三书一函"的适用形式、工作程序、整改落实和文书模板。四是贯通运用集中联合交叉办案机制。针对河钢集团纪委人员少、子分公司纪委人员相对充实的实际，制定《集中联合交叉办案暂行办法》，充实河钢集团查办案件人才库，有效发挥两级纪委整体执纪审查力量，对重点案件采取集中办案方式，根据不同单位的实际需要，采取联合、交叉办案方式，提升案件查办质量。

下一步，在用足用好体现河钢集团自身特色监督机制的同时，持续发挥传统监督机制作用，持续探索新的有效的监督机制。一是发挥党内监督机制作用。推动党委全面监督、纪委专责监督、党的工作部门职能监督、党的基层组织日常监督、党员民主监督等贯通融合。二是发挥党风廉政建设和反腐败工作协调机制作用。由河钢集团纪委牵头，适时召开协调会议，通过协调成员单位监督检查、信息共享、风险预警、移交问题线索等，协助党委强化党风廉政建设和反腐败工作合力。三是发挥政治生态分析研判机制作用。每年一次对本单位政治生态和发展环境现状进行综合分析，认真查找本单位存在的突出问题。对企业领导班子成员逐一"画像"评价，形成专题报告，更好掌握企业政治生态情况，强化对"关键少数"的监督。四是探索建立全面从严治

党"四责协同"机制。按照河钢集团党委《落实全面从严治党责任清单》，梳理重点工作要求，细化分解责任，严格督责考责，构建党委主体责任、纪委监督责任、党委书记第一责任人、领导班子其他成员"一岗双责"有机协同、合力运行机制，推动形成同频共振、同向发力工作局面。

（三）聚焦工作重点，促进监督精准有力

针对开展政治监督重点不够突出问题，紧密围绕党的二十大精神和习近平总书记视察河北重要讲话和指示精神，与时俱进开展政治监督。一是督导推进党的二十大精神落实落地。将学习贯彻党的二十大精神纳入《政治监督工作清单》首要内容，以落实河钢集团纪委《关于认真学习宣传贯彻党的二十大精神的通知》为依据，在党委巡察、"室组"联动监督和主题教育督查中，督促各级党组织和党员干部把党的二十大精神，特别是党的二十大关于国有企业改革发展的要求落到实处。二是推进习近平总书记视察河北重要讲话精神贯彻落实。推动两级班子围绕"学习习近平总书记视察河北重要讲话精神，着力推动河钢集团高质量发展"主题开展专题学习研讨，两级班子成员紧密围绕区位调整、转型升级、绿色发展等重点，对照检视问题，实施推进措施，把学习成果转化为推进河钢集团高质量发展的具体行动。三是撬动主题教育走深走实。河钢集团纪委负责主题教育整改整治工作，以专班形式督导推动问题整改，汇总审核两级领导班子成员《问题清单》，协助确定河钢集团及子分公司层面专项整治方案，持续推动整改整治取得实效。

下一步，紧密围绕河钢集团重点工作落实。一是政治监督与主题教育深度融合。聚焦践行习近平新时代中国特色社会主义思想，聚焦党的二十大精神和战略部署在河钢集团的学习宣传贯彻，聚焦河钢集团党委贯彻党中央、河北省委决策部署所安排重点工作落实开展跟进监督。二是紧盯河钢集团"四个更加关注"和"两个结构"优化跟进监督。紧盯"关键少数"，特别是"一把手"和领导班子，紧盯全面从严治党责任落实，把政治监督贯穿到企业经营管理全过程各方面，以强有力的政治监督助推企业转型升级和高质量发展。

（四）运用多种模式载体，推进监督有形有效

针对开展政治监督有效载体不够丰富问题，及时跟进企业改革发展重点举措，灵活运用多种模式载体开展监督，提升监督质效水平。一是贯彻总体国家安全观开展"系统式"监督。聚焦海外事业板块，监督贯彻落实《中华人民共和国国家安全法》等法规制度情况，与相关部门共同研判境外投资和经营廉政风险，督导推进海外廉洁合规管理和海外反腐工作。聚焦新兴产业板块同类业务归集和结构性重组，督导严格落实"四同步四对接"，监督调整产业布局、打造稳固产业链体系发展安全情况。聚焦安全生产，监督企业安全风险管控能力，对矿山瞒报安全事故问题跟进监督，对相关责任人员严肃问责。聚焦优化经营环境，针对窗口单位工作作风情况开展明察暗访，及时发现纠正问题，营造企业良好发展环境。二是深度融合经营管理实施效能立项

"点穴式"监督。借鉴项目管理的思路方法，开展效能立项监督。2023年以来，完成立项监督77项，提出监督建议191项，反馈整改措施351项，修订完善制度84个，整改流程55个。三是聚焦工程建设领域开展"跟进式"监督。在唐钢新区1580mm产线搬迁、邯钢新区二期工程等重点项目监督中，发挥纪检机构监督能动性，与重要岗位人员签订《廉洁从业承诺书》，与工程建设单位签订《项目廉洁合作协议》，实施项目合同和廉政合同"双合同"制等全过程、全方位监督措施，针对制约点、关键点问题及时提出监督建议，全程跟进项目建设过程。四是聘任基层特约监督员开展"流动式"监督。制定《特约监督员管理办法》，从基层操作、技术、营销、管理等干部职工以及离岗、退休的子分公司中层干部中选聘首批特约监督员，实行每季定期反馈制度，推动各类监督贯通融合和上下联动，在推进河钢集团全面从严治党和严格依法治企中更好发挥监督保障执行、促进完善发展作用。五是交流晾晒制度，提高监督质效。通过调研，接受基层党员干部意见建议，集合纪检监察系统在政治监督、廉政建设、风险防控等方面制度，编辑了《集团纪委基础制度清单》《廉洁从业党纪法规制度汇编》《子分公司纪委特色工作制度汇编》，涵盖各类制度125项，在系统内交流学习，强化资源共享、互学互鉴，取长补短、互促互进。

下一步，一是进一步强化对"关键少数"的监督。探索制定《关于对"一把手"和领导班子的监督意见》，督促"关键少数"带头做到"两个维护"、带头遵守政治纪律和政治规矩、履行管党治党政治责任、落实"三重一大"制度、贯彻执行民主集中制、落实中央八项规定精神。二是加强对政治生态的监督。加大对《政治生态报告和"画像"评价制度》等成果的运用，谋划建立河钢集团层面《政治生态监测评估和考核评价体系的实施办法》，全面准确掌握各单位政治生态。三是推动运用监督成果常态化。以问题为导向、以问责为抓手，综合运用专项检查、党建核查、巡察整改、年度考核、审查调查等手段，在发现问题，精准问责的同时，做好"后半篇文章"，强化履责评价考核，作为推先评优的重要依据，对履责不力的严肃问责。四是推进运用信息化手段助力政治监督。积极探索"智慧监督"，推进"制度+科技"监察体系建设。积极促进完善无人值守、物联平台、财智云等技术性监督制约手段，针对重点职权运行风险点制定防控方案，探索创新廉洁风险防控途径，提升企业运营水平。

（五）以教育整顿锻锋利剑，激发纪检监察队伍活力

针对监督队伍素质能力需进一步提升问题，一是与主题教育相统筹深入开展教育整顿。落实"1+4"学习模式和"8+N"教育方式，做到"学习内容细化到篇、学习任务计划到天"，组织学雷锋、"弘扬廉洁家风"等系列教育活动，各级纪委领导班子成员亲授主题党课和廉政报告，开展党规党纪测试、撰写学习心得体会晾晒学习成果。纪检监察干部自查自纠问题，逐项制定整改台账并落实整改措施，开展谈心谈话，扎实推动检视整改走深走实。二是以干代训促监督队伍充电赋能。制发《河钢集团纪委、监察专员办公室以干代训实施办法（试行）》，活用"以干代训""交叉办案"促进纪检监察干部学习实践锻炼。通过在干中学、在学中干，助力"打铁人"锤炼内功，强

化监督能力。三是锤炼监督干部过硬作风。坚持打铁必须自身硬，纪检监察干部率先参加"格言警廉——河钢职工岗位格言作品展览"等"清廉河钢"主题廉洁文化活动，提高"不想腐"的思想觉悟。

下一步，继续把锤炼忠诚干净担当纪检监察队伍、提高监督效能作为系统工程抓实抓好。一是持续推进教育整顿见行见效。深入开展检视整治，做好自查自纠销号管理，认真进行党性分析，落实好"四必谈"，并在深入学习上持续下功夫，夯实做好政治监督工作的基本功和必修课。二是全面提升业务能力和素质。深化全员培训，推荐纪检监察干部参加上级培训，邀请专家学者开设"砺剑讲堂"，组织课题调研和论文研讨，推进常态化以干代训工作，开展业务练兵，提升业务能力。三是持续练就敢于斗争、善于斗争真本领。推进作风纪律建设，强化政治学习、业务交流、典型引领、成果检验和管理考核，加强监督队伍思想淬炼、政治历练、实践锻炼和专业训练，切实提高履职能力和监督本领。

清廉国有企业建设在柳钢的实践与探索

广西柳州钢铁集团有限公司纪委

文和贵 何 俊 梁柳群 古曦婷 潘思竹

党的十八大以来，国有企业按照习近平总书记关于国有企业改革尤其是加强和改进国有企业党建的总体要求，扎实推进全面从严治党，持续打响清廉国有企业建设攻坚战持久战，营造和维护了国有企业改革发展的良好环境。但是，由于国有企业资金流动密集、贸易往来频繁、项目建设量大，也让国有企业比其他领域存在着更多的廉洁风险，国有企业党风廉政建设和反腐败斗争形势依然严峻复杂。党的二十大报告指出，全面从严治党永远在路上，党的自我革命永远在路上，推进清廉国有企业建设意义重大、责任重大。

一、推进清廉国有企业建设的重要意义

国有企业是国民经济的主导力量，是社会主义经济的重要支柱。党的十八大以来，以习近平同志为核心的党中央大力推进全面从严治党，不断将党风廉政建设和反腐败斗争引向深入，各地国有资产监督管理委员会也相继出台推进清廉国有企业建设的实施意见，以建设清廉国有企业为重要载体，切实推动国资国企全面从严治党。各个地方国有企业积极行动，不断探索，总结出以清廉建设增强党的生命力、提升企业竞争力、催生企业凝聚力的诸多成功经验。

总体来说，推进清廉国有企业建设，具有以下重要意义。

（一）有助于促进国有企业健康发展

保持国有企业稳定健康发展，需要正确的经营思路、规范的运作机制和强大的精神动力。加强清廉建设，有利于促进企业广大干部员工树立正确的人生观、价值观和世界观，树立廉洁从业意识，从而自觉遵守企业经营规则和坚持正确经营方向。通过加强清廉建设，强化干部员工廉洁教育，促进干部员工廉洁从业；同时不断加强建章立制，推进制度规范建设，确保国有企业依法经营、规范运作，才能有效防范各类风险，促进国有企业健康有序发展。抓好清廉国有企业建设，也有助于充分调动企业干部员工的积极因素，促进干部员工认真履职、担当作为，从而促进国有企业生产经营健康有序发展。

（二）有助于增强国有企业的凝聚力

凝聚力是国有企业可持续发展的重要推力，是国有企业实力的一种体现。通过大力推进清廉国有企业建设，不断强化领导班子队伍建设，改进领导作风，密切党群干群关系，减少内部矛盾纠纷，化解企业不稳定因素，可以增强企业向心力凝聚力，干部员工团结一致、齐心协力，为国有企业在激烈的市场竞争中取得优势提供坚强保障，促进国有企业和谐健康发展。

（三）有助于提高国有企业良好形象

国有企业的形象和声誉会直接影响到自身的市场竞争力。一个政治生态污浊的国有企业，对外形象和声誉很差，就会导致难以开拓业务，难以立足于激烈的市场竞争中。因此，要想树立国有企业良好形象，提高国有企业信誉度，推动国有企业和谐发展，不断提升国有企业市场竞争力，就必须高度重视清廉建设，让国有企业清廉正气充盈，营造风清气正良好发展环境。

二、柳钢集团推进清廉建设的做法经验

广西柳州钢铁集团有限公司（简称柳钢集团）党委积极按照广西壮族自治区党委部署要求，多措并行推动清廉柳钢建设走深走实，为柳钢集团多基地高质量协同发展营造了良好环境、提供了坚强保障。

（一）强化组织领导，夯实组织保障

广西壮族自治区党委、广西壮族自治区国有资产监督管理委员会（简称自治区国资委）党委部署推进清廉广西和清廉国有企业建设工作以来，柳钢集团党委高度重视，班子成员及时学习传达上级部署要求，统一思想认识，提高政治站位，组织印发《关于大力推进清廉柳钢建设的实施方案》，提出推进清廉柳钢建设指导思想、基本原则、目标任务，制定四个方面15项具体措施，成立工作领导小组，建立工作专班，召开动员部署会，柳钢集团党委书记、董事长做动员讲话，党委副书记、副董事长、总经理对实施方案进行解读，全体高中层领导干部参加会议，全面部署清廉柳钢建设。制定落实清廉柳钢建设实施方案责任清单，对15项具体措施进行详细分解，明确责任部门、责任人及完成时限，要求抓好贯彻落实。下发《关于认真落实〈关于大力推进清廉柳钢建设的实施方案〉的通知》，对推进落实清廉柳钢建设实施方案提出指导意见，要求各级党组织压实主体责任，健全工作机制，加强组织领导，大力营造氛围，推动清廉柳钢建设工作落地落细。柳钢集团党委组织召开清廉柳钢建设工作推进会，传达学习自治区国资委党委清廉国有企业建设工作推进会精神，交流基层单位清廉建设工作经验，柳钢集团党委书记、董事长对下一步清廉建设工作提出要求，压实清廉建设政治责任。

按照柳钢集团党委统一部署，各单位、部室党组织纷纷结合工作实际，出台清廉建设实施方案，组织召开动员部署会，学习传达柳钢集团党委部署要求，层层压实责

任，健全工作机制，加强宣传引导，将清廉柳钢建设与生产经营管理工作同谋划、同部署、同推进、同检查、同考核，普遍性开展清廉机关、清廉车间、清廉班组等清廉单元创建，切实把清廉柳钢建设工作落到实处。

（二）依托有效载体，提升工作成效

确保清廉国有企业建设取得实效，载体是重要依托。柳钢集团近年来通过开展"廉洁文化季"廉洁主题教育活动，强化日常警示约谈等，促进广大党员干部不断增强廉洁从业意识，为推进清廉柳钢建设提供了有效依托。

1. 持续强化廉政教育

柳钢集团党委、纪委充分发挥"廉洁文化季"主题教育活动在清廉建设中的主阵地作用，深入开展内容丰富、形式多样、职工群众喜闻乐见的党风廉政教育，打造成了柳钢廉洁文化建设的优质品牌。2022年，结合清廉柳钢建设，将原来每年四季度开展的"廉洁文化季"主题教育活动延伸至全年各季度开展，分为"思廉篇""倡廉篇""守廉篇""学廉篇"等四个方面进行，在全集团内营造了良好的学廉守廉倡廉氛围。在二季度典型案例警示教育中，各单位组织党员干部集中学习剖析《信念缺失，必入歧途——柳钢集团2021年以来违纪违法典型案例剖析警示》，通过以案为鉴、以案明纪，形成强大震慑。三季度，柳钢集团纪委、工会、党工部等单位联合举办"喜迎二十大·传承好家风"职工经典朗读大赛，引导广大干部职工积极投身柳钢集团改革攻坚行动，大力推进清廉柳钢建设。四季度，柳钢集团纪委、团委联合开展"守初心·颂清廉·绽青春"年轻干部廉政建设主题辩论赛，广大年轻干部围绕"廉洁建设自律比他律更重要，廉洁建设他律比自律更重要"等12个辩题，通过初赛、复赛、决赛等阶段展开激烈辩论，促进年轻干部走稳"第一步"、扣好"第一粒扣子"，自觉加强清廉建设。各单位党组织还通过举办"清廉大讲堂"、举行"颂清风·扬正气"演讲比赛等形式，多措并行推进清廉建设，营造出浓厚的清廉氛围。如：动力厂党委举办"清廉大讲堂"，邀请柳钢集团纪委人员给广大党员干部讲授廉洁党课，引导大家不断加强党性修养、增强自律意识、养成清廉之风；十一冶公司开展"清风徐来'廉'花盛开"廉洁宣教活动，通过歌舞、情景剧等形式，引导党员干部职工听"廉"歌、看"廉"剧，讲好廉洁故事、弘扬廉洁文化；合金公司党委、纪委组织开展清廉家庭建设主题活动，合金公司党委书记、纪委书记带队分别到各科级干部家中开展廉洁家访活动，全面了解干部职工的工作思想、家庭生活状况等，着力强化家风建设，探索家庭监督新路径，延伸"八小时之外"的监督。通过与干部及其家属拉家常，向干部家属告知被访干部在单位中的工作表现，了解掌握干部职工的家庭表现、社会交往等情况，听取其家庭成员的意见和建议，送去组织的关心和问候，并对其家属支持干部工作表示感谢，同时还向每位干部家属发放《一封清廉寄语》和《家庭助廉倡议书》，鼓励家属当好"廉内助"，守住"幸福门"。

2. 深入推进效能建设

柳钢集团党委把效能建设作为清廉柳钢建设重要抓手，在近两年组织开展"效能建设看机关"专项整治行动和"效能建设提升年"活动的基础上,把2022年定为"效能建设攻关年",打造清廉建设新亮点。对柳钢集团梳理出的3大类13项堵点效能问题,分解落实到5个牵头部门近20个责任单位进行重点攻关整改。同时要求各单位开展效能建设再检视再梳理,对再检视梳理发现的难点堵点问题开展攻关,全面整治党员干部职工中存在的推诿扯皮、效率低下、不作为慢作为等突出问题,推动柳钢集团工作作风再改进、工作效能再提升、发展环境再优化,为清廉柳钢建设添砖加瓦。通过强化效能建设,各单位在流程改造上自我革新,压缩审批层级、程序,提高办理时效,柳钢集团公文处理去年总平均耗时同比下降55.51%,2022年以来柳钢集团公文处理总平均耗时下降至2.61个工作日,文件均能在1个工作日内上传下达。

3. 用好用足约谈利器

咬耳扯袖、警钟长鸣,是促进党员干部清正廉洁的重要利器。近年来,柳钢集团党委、纪委充分利用廉政约谈等形式,采取"日常常态提醒+节日重点提醒"方式强化对党员干部的监督提醒,督促大家筑牢拒腐防变思想防线,扎实推进清廉建设,营造风清气正、干事创业良好环境。近三年柳钢集团党委、纪委负责人对80余名新提拔中层干部开展任职前廉洁谈话,对领导干部提醒谈话31人次、函询35人次、约谈及诫勉谈话56人次,组织开展集体廉政约谈20余场次。2022年7月份,柳钢集团纪委组织招投标、销售、物资采购业务单位主要科级干部以及与柳钢集团有业务往来的招标代理、造价咨询等第三方机构主要负责人80余人召开廉政集体约谈会,给大家打免疫针、敲警示钟。对各单位党政"一把手"和领导班子成员开展"一对一"约谈,督促落实主体责任和"一岗双责",持续推进党风廉政建设。

(三)强化监督检查,推动工作落地

监督检查是推动各项工作落实的有力抓手。大力推进清廉建设,必须把监督挺在前面,推动工作落地,大兴清廉之风。柳钢集团纪委始终扛牢监督专责,健全监督体系,一体推进各类监督贯通协同,夯实专项监督,做细日常监督,确保清廉柳钢建设取得实实在在的效果。

1. 始终突出政治监督

认真落实党中央关于加强政治监督重大决策部署,紧盯贯彻落实习近平总书记视察广西壮族自治区"4·27"重要讲话精神,组织开展政治监督专项行动及"回头看",推动重要讲话精神落实落地,确保各项目标任务全面完成。通过开展专项行动及"回头看",各单位梳理发现并督促整改问题132项,对推动企业深化改革、科技创新、项目建设、生产经营目标任务完成发挥了积极作用。结合柳钢集团改革攻坚工作,组织开展改革攻坚行动推进情况督导督查,采取听取单位工作汇报、走访调研、查阅资料等形式,深入了解掌握各单位改革攻坚工作推进情况,督促整改改革攻坚行动中存在的工作重视不够、推进不力、质量不高、弄虚作假等问题,扎实推动柳钢集团改革攻坚工作落地见效。

2. 探索实践专项监督

近年来，柳钢集团纪检监察机构深入贯彻习近平总书记和党中央关于强化党的监督的战略部署，不断创新监督手段，积极探索实践专项监督，以专项监督新成效推动纪检监察工作高质量发展，全力护航柳钢集团多基地高质量协同发展。结合清廉柳钢建设，集团纪检监察机构组织开展"三公"经费使用情况专项监督检查，各单位围绕公务出差、公务接待、公务用车费用使用工作中，是否存在违规违纪行为等开展自我检查，柳钢集团纪委组织专项监督检查组进行重点抽查，促进各单位、部室进一步规范管理，驰而不息推动中央八项规定精神落实，切实助推清廉柳钢建设。通过检查，目前没有发现重大问题，对5单位自查发现15项一般性问题督促整改落实，为警醒各单位及各级领导干部严守纪律规矩发挥了积极作用。组织开展清廉柳钢建设推进工作督查督导，要求柳钢集团组织机构调整后的6个二级党组织围绕"贯彻落实集团公司清廉柳钢建设动员部署会议精神"等10方面工作落实清单开展督查自查，柳钢集团纪委深入各二级党委及所属单位开展督查督导，对督查发现的五个方面问题不足强化整改落实，督促各级党组织和领导干部进一步压实政治责任，把大力推进清廉建设工作做实做深。

3. 做深做细日常监督

聚焦"关键少数"，紧盯重点人群、重点领域、重要岗位和重要时间节点做实做细日常监督，充分发挥监督促进源头预防作用。强化日常提醒，严明规矩纪律。紧盯清明、五一、中秋、国庆等重要时间节点，下发加强作风建设有关通知，各单位层层传达学习，督促各级党员干部增强廉洁自律意识，切实遵守"十严禁"，严防"四风"问题反弹，坚决杜绝节日腐败，确保清廉过节。深化以案为鉴，促进廉洁自觉。充分发挥查办案件治本功能，在柳钢集团范围内开展身边典型案例警示教育活动，敲警钟、常震慑。党员干部职工、关键岗位人员积极围绕典型案例开展学习讨论，剖析问题根源，举一反三查补漏洞，有效防范风险，共有52个单位开展案例学习活动，10000多名党员干部职工、关键岗位人员受到警示教育。扎牢制度笼子，促进监督落地。在去年出台《关于加强党员干部、重要岗位人员"八小时以外"监督管理的意见》《关于加强对"一把手"监督的意见（试行）》等制度规定基础上，柳钢集团党委2022年出台《关于加强年轻干部教育管理监督的意见》，深入贯彻习近平总书记关于加强年轻干部监督的重要指示精神，充分发挥制度管人管事作用，督促年轻干部上好"第一课"、走稳"第一步"、扣好"第一粒扣子"。修订完善《关于加强对"一把手"和领导班子监督的意见》，积极破解"一把手"和同级监督难题，从制度上保障对"一把手"和领导班子的监督落地。用好用足约谈利器，推动警钟长鸣，对新提拔的中层领导干部进行任职前集体廉洁谈话，对各单位、部室党政"一把手"和领导班子成员开展"一对一"约谈，对存在苗头性倾向性问题的干部及时约谈提醒，2022年以来柳钢集团纪委约谈相关领导干部53人次；紧盯招投标、销售、物资采购等关键领域廉洁风险防控，柳钢集团纪委对该领域单位主要科级干部以及与柳钢集团有业务往来的招标代理、造价咨询等第三方机构主要负责人80余人召开廉政集体约谈会。严查干部职工违反中央八项规定精神问题，对不收敛、不收手顶风违纪的从严处理，对违规吃喝、违规收受礼品礼金的坚决查处。2022年以来，柳钢集团纪委严肃查处违规收受礼品礼金等问题2件，处理2人。

（四）促进贯通协同，增强监督合力

建立健全监督体系，促进纪检监察、巡视巡察、审计等各类监督贯通协同，形成监督合力，才能不断增强监督治理效能，发挥监督保障执行、促进完善发展作用。

1. 夯实纪律监督基础

始终坚持有腐必反、有贪必肃、有案必查，持续释放正风肃纪反腐不松劲、不停步的强烈信号。2022年以来，柳钢集团纪委深化运用监督执纪"四种形态"，妥善处置各类问题线索，共收到信访举报等72件次，运用"四种形态"批评教育、帮助和处理47人次。其中，运用第一种形态谈话函询、提醒批评35人次，占总人次的74%；运用第二种形态给予轻处分、组织调整5人次，占11%；运用第三种形态给予纪律重处分、职务调整6人次，占13%；运用第四种形态处理严重违纪违法、触犯刑律的1人次，占2%，其中涉嫌职务犯罪、移送检察机关的1人。截至2022年12月，柳钢集团纪委共立案26件，给予党（政）纪处分12人，追缴违纪款共计389.89万元，不敢腐的震慑进一步巩固。

2. 强化派驻监督探头作用

2022年7月29日，广西壮族自治区纪委监委派驻柳钢集团纪检监察组挂牌成立。派驻试点改革后，纪检监察组认真落实《纪检监察机关派驻机构工作规则》，围绕纪检监察工作重点，找准着力点和切入点强化监督执纪，与柳州市监委联合查办了柳钢环保公司一名党员干部严重违纪违法案，该干部受到开除党籍、开除公职（解除劳动合同）处分，其涉嫌受贿犯罪问题移送检察机关依法审查起诉，挽回经济损失317.81431万元，起到强烈震慑作用，充分发挥了"室组地"协调联动作用，为推进清廉柳钢建设夯实了派驻监督职能。

3. 发挥巡察监督利器作用

柳钢集团党委组织开展2022年常规巡察和巡察"回头看"，采取"一托三"方式，对3个二级单位党组织开展常规巡察，对6个二级单位党组织开展巡察"回头看"，共发现问题112个，提出意见建议38条，向柳钢集团纪委和有关部门移交问题线索10条。至本轮内部巡察结束，本届柳钢集团党委共对41个单位党组织进行了常规巡察，对21个单位党组织进行了巡察"回头看"，实现了本届柳钢集团党委巡察全覆盖目标。同时，认真落实广西壮族自治区党委第一巡视组向柳钢集团党委反馈巡视意见建议整改工作，目前已全部完成整改，整改完成率100%。积极配合自治区国资委党委专项巡察，对巡察组反馈的6大类16个突出问题细化分解为28个具体问题，截至目前，已完成整改19个，基本完成9个，整改完成率达到100%，巡察利器作用不断凸显。

4. 不断延伸监督触角

柳钢集团纪委修订《柳钢党风政风厂风监督员工作办法》，继续聘请100名党风政风厂风监督员，并健全"日常监督必须有监督员参与、执纪审查调查工作必须征求监督员意见、开展巡察工作必须跟监督员见面"的"三必须"工作机制，解决一线监督难、监督不到边、不到底问题，切实推动监督向基层覆盖，不断增强监督合力，提升监督质效，做实日常监督。柳钢集团各级纪检监察机构通过开展廉洁家访、召开家风建设座谈会、邀请职工家属共同参加传承好家风朗读比赛、组织党风政风厂风监督员开展各类明察暗访等，凝聚家庭监督、基层监督力量，共同推动清廉柳钢建设向基层延伸、向纵深推进。

三、清廉国有企业建设存在的问题不足

清廉国有企业建设仍处于初探阶段，各项制度机制还不够健全，构筑一体推进不敢腐、不能腐、不想腐的"三不腐"机制仍需不断加大力度，清廉国有企业建设还存在一些困难和问题。以柳钢集团为例，清廉国有企业建设存在的问题和不足主要体现在以下几方面。

（一）认识还不够深入，成效还不够明显

在思想观念上，仍有少数干部对全面从严治党、清廉建设的重要性和必要性认识不足，以会议落实会议，以文件贯彻文件的现象不同程度存在，工作停留在"口头上""纸面上"；部分基层企业"两个责任"落实不到位，全面从严治党压力层层递减，清廉建设"上热中温下冷"现象依然存在，党内政治生活不认真不严肃，深化运用"四种形态"进行有效监督的力度不足，虚化、弱化问题还比较突出；部分企业工作落实的主动性、创新性不强，习惯于"等靠要"，主动谋划并结合单位特点开展形式多样的创建活动较少，亮点不突出，成效不明显。

（二）融合还不够紧密，整改还不够彻底

一些企业清廉建设与生产经营中心工作深度融合不够，重业务轻党风廉政建设或者工作脱节"两张皮"的现象还不同程度存在。对存在的问题在整改中敷衍了事、流于形式，未能从根源上遏制问题发生。甚至一些问题反复出现，如制度执行不彻底、合同风险把控不严格等问题，在一些国有企业中普遍存在。

（三）重点问题仍突出，廉洁风险仍较高

目前，国有企业党风廉政建设和反腐败斗争形势依然严峻复杂。比如，一些重点领域和关键环节监管机制尚未健全，仍然存在漏洞；有的国有企业"三重一大"议事决策程序不严格不规范，容易造成决策风险；有的企业工程项目建设、招投标、财务管理等关键领域和环节腐败风险依然较高，一些国有企业领导干部在廉洁自律方面还存在侥幸心理，置身于廉洁风险之中。如柳钢集团，2021年查处的工程建设领域腐败窝案，涉及中层领导、科级干部等各层级干部达16人，2022年又查处好几起这方面的案件，严重损害企业的利益和形象。

以上问题和不足，需要更多的国有企业认识到清廉建设的意义和重要性，认识到清廉国有企业建设对于营造良好的改革发展环境，促进国有资产保值增值，推动国有资本做强做优做大，有效防止国有资产流失具有重要意义。要全力投身到清廉国有企业全面建成实践中，使清廉成为国有企业新风尚，促进干部职工树立以清为美、以廉为荣的价值取向，推动国有企业清廉程度显著提升。

四、推进清廉国有企业建设的对策建议

打造清廉国有企业、推进全面从严治党，是新形势下国有企业加强党风廉政建设的重要举措。结合党的二十大对党风廉政建设提出的新要求，对推进清廉国有企业建设提出以下几点对策建议。

（一）持续压实责任，层层传导压力

习近平总书记在党的二十大报告指出，要坚决打赢反腐败斗争攻坚战持久战，只要存在腐败问题产生的土壤和条件，反腐败斗争就一刻不能停，必须永远吹冲锋号。这标志着我们党对坚持党要管党、全面从严治党规律的认识达到新的高度。清廉国有企业建设是企业党风廉政建设的有力抓手，清廉建设是政治工程，也是书记工程、系统工程，关键是要压实政治责任。国有企业党组织要把清廉建设作为深化全面从严治党的重要载体，细化任务、明确责任，统筹稳步推进。要认真落实党委主体责任、书记第一责任、班子成员"一岗双责"、牵头单位主抓责任的"四责"协同联动，切实发挥好专班统筹督导、牵头部门组织实施、参与部门协同联动作用，形成有目标、有举措、有考核、有反馈的工作闭环。纪检监察机构要强化清廉建设日常监督、专项检查，对工作落实不力、搞形式走过场的，督促整改、追责问责。组织部门要将清廉建设纳入领导班子和领导干部考核评价重要内容，强化考核结果运用。要以加强党内监督为重要抓手，以层层传导压力为关键点，以正风肃纪反腐为突破口，以更大力度、更高标准、更实举措推进清廉国有企业建设工作，形成一级督一级、层层抓落实、责任全覆盖、全员皆参与的抓清廉国有企业建设良好局面，推动国有企业清风正气不断充盈。各级领导干部要坚持以上率下、示范引领，将清廉建设工作与业务工作一起研究、一起安排、一起落实，做到管理工作拓展到哪里、党风廉政建设责任就延伸到哪里，既严于律己管住自己，也严格要求管好部下，保证清廉国有企业建设得到有效推进，清廉务实氛围历久弥新。

（二）抓长抓常抓细，提升工作成效

党的二十大报告指出，全面从严治党永远在路上，党的自我革命永远在路上。面对依然严峻复杂的反腐败斗争形势，企业作为社会的一个经济细胞，应时刻保持高度的警觉，把清廉建设作为常态化工作抓紧抓实。要把廉洁从业教育作为一项基础性工作，通过开展党性教育、警示教育等，使党员干部不断增强政治意识、纪律意识、敬畏意识、红线意识，增强推进清廉建设的政治自觉、思想自觉、行动自觉。要加强正

面引导，始终把教育作为预防腐败的治本之策，分层分类开展清廉教育，持续打造清廉品牌，选树勤廉典型，营造崇尚清正廉洁、勤勉敬业氛围；要强化反面警示，加大违纪违法案件剖析通报曝光力度，增强警示震慑效果，以身边人、身边事、身边案警醒企业党员干部职工始终警钟长鸣，知敬畏、明底线，深刻吸取腐败典型案例教训，始终保持头脑清醒，规范从业行为，推动"以案示警、以案明纪、以案促改"取得实效。要完善制度机制，通过信息化管理，健全规范权力运行机制、风险防控机制，不断提升工作制度化、制度流程化、流程标准化，织密扎牢不能腐的制度笼子，推进权力在阳光下运行，坚持"三不腐"一体推进、同向发力、综合发力。

（三）健全监督体系，增强监督合力

强化监督是推进国有企业清廉建设的有效手段。国有企业要加强纪检监督和职能部门监督的有效融合，精准发力、同向发力，充分调动企业内外部监督资源功能，构建纪检监察监督、组织监督、法律监督、民主监督、审计监督、监事会监督、巡视巡察监督等全方位的监督体系，切实形成"目标同向、上下联动、信息共享、手段互补"的大监督格局，做实做细日常监督，不断增强监督治理效能，以强有力的监督推进清廉建设。要深化运用监督执纪"四种形态"，不断提高一体推进"三不腐"的能力和水平，在做到防微杜渐、抓小抓早的同时，坚持"严"字当头、严的主基调不动摇，进一步强化问题意识、问题导向，紧盯物资采购、产品销售、项目建设、招投标、"三重一大"事项、"关键少数"等重要领域、薄弱环节加强监管，特别是要强化对"一把手"和领导班子监督，始终抓住限权管权治权这条主线，以强有力监督规范权力运行，坚决查处违纪违规违法行为。要积极推动党内监督与各类监督贯通协同、与公司治理深度融合，注重利用信息化手段，实现权力运行监督近距离、常态化。组织、宣传、审计、财务、巡察、工会等部门要探索建立联席会议、信息交流、会商通报等机制，强化过程监督、前置监督，构筑执纪监督、职能监督、民主监督"三道防线"，搭建柳钢集团纪委、二级单位纪委、基层党支部纪检委、党风政风监督员四级监督体系，形成横向到边、纵向到底的"大监督"工作格局，不断增强监督合力，提升监督质效。

（四）强化队伍建设，打造纪检铁军

推进清廉国有企业建设，离不开一支政治过硬、本来高强的纪检监察队伍。国有企业纪检监察机构要坚持打铁必须自身硬，结合企业实际，不断加强自身建设，争做建设清廉国有企业的主力军。要带头加强党的政治建设，坚持底线思维，不断增强忧患意识，发扬斗争精神、练就斗争本领，践行"三严三实"，敢于斗争、善于斗争，在全面从严治党革命性锻造中接受考验。要不断加强规范化正规化建设，完善纪检监察规章制度，健全自身权力运行机制和管理监督体系，主动接受党内和社会各方面监督，坚决防止"灯下黑"，确保执纪执法权正确使用，以实际行动践行忠诚干净担当。要加强纪检监察工作理论和规则制度的学习贯彻，主动钻研工作业务，不断提升工作水平，持续推动纪检监察工作高质量发展，为推进清廉国有企业建设提供坚强保障。

推进海外机构廉洁建设的"3323"模式 加强新时代国有企业海外机构 廉洁建设的探索与实践

中国宝武中钢集团有限公司纪委

吴维皓　常　芽

党的十八大以来，以习近平同志为核心的党中央深刻把握新时代中国和世界发展大势，实行更加积极主动的开放战略，推进高质量共建"一带一路"，并提出加强国际反腐合作，让"一带一路"成为廉洁之路。中共中央纪律检查委员会（简称中央纪委）中华人民共和国国家监察委员会（简称国家监委）积极参与全球反腐败治理，推动"一带一路"廉洁建设，加强企业境外廉洁风险防控和合规建设。作为国内最早"走出去"开展国际经济技术合作的大型国有企业，中国宝武中钢集团有限公司（简称中钢集团）党委、纪委坚决落实中央要求，积极探索实践，初步形成了推进海外机构廉洁建设的"3323"模式。

一、加强新时代国有企业海外机构廉洁建设的重要意义

（一）加强国有企业海外机构廉洁建设是推动构建国际反腐新秩序的必然要求

当前，世界百年未有之大变局加速演进，党中央创造性地提出人类命运共同体理念，把反腐败国际合作和追逃追赃纳入外交工作格局，为解决腐败这一世界性难题提供了"中国方案"。从 2014 年主导制订《北京反腐败宣言》，2016 年推动通过《二十国集团反腐败追逃追赃高级原则》，2018 年形成"腐败资产追缴国际合作十条倡议"，到 2019 年发起《廉洁丝绸之路北京倡议》，党的十八大以来，我国积极推动构建国际反腐新秩序。倡廉者必先守廉，国有企业作为中国企业"走出去"的"排头兵"和"国家队"，应当带头加强廉洁自律、防控廉洁风险，在海外廉洁实践中落实"两个维护"。

（二）加强国有企业海外机构廉洁建设是推动全面从严治党向纵深发展的应有之义

二十届中央纪委第二次全体会议强调，反腐败斗争必须统筹国际国内两个战场，要深化"一带一路"廉洁建设，加强反腐败国际传播。全面从严治党是党中央对各级

党组织一以贯之的要求，"全面"就是管全党、治全党，覆盖党的建设各个领域、各个方面、各个部门。国有企业海外机构承担着国有资产经营管理的重要使命，国有企业海外机构党组织是全面从严治党的组成部分，必须落实管党治党政治责任，不断加强廉洁建设，力戒"境外特殊论"，坚定不移把全面从严治党引向深入。

（三）加强国有企业海外机构廉洁建设是推进企业高质量发展的基本保障

"十三五"期间，中央企业"走出去"取得明显成效，央企实现的海外营业收入超过 24 万亿元，利润总额接近 6000 亿元，对外投资收益率达到 6.7％。近年来，国务院国有资产监督管理委员会（简称国资委）、国家发展和改革委员会（简称发改委）等部门出台了《企业境外投资管理办法》和《中央企业境外投资监督管理办法》等多项政策法规，进一步规范对境外投资的全过程监管，为国有企业海外机构投资运营划出了底线红线。国有企业应当按要求加强投资管理和风险管控，加强海外机构廉洁建设，坚决抵制商业贿赂行为，防止国有资产流失，为提高国有资本效率、实现国有资本保值增值提供保障。

二、推进海外机构廉洁建设的"3323"模式

中钢集团党委、纪委坚决贯彻落实党中央决策部署，不断加快"走出去"步伐，积极参与"一带一路"建设，加快搭建国际化经营网络的同时，积极推进海外机构廉洁建设，总结形成"3323"工作模式：以"三坚持"推动党的领导贯穿海外机构廉洁建设组织体系，以"三聚焦"推进海外机构廉洁风险防控工作，以"两手抓"推进海外常驻人员教育培训，以"三强化"推动海外机构廉洁文化建设，以组织体系、风险防控、教育培训和文化建设四大支柱构建海外机构廉洁建设基本模式。

（一）以"三坚持"推动党的领导贯穿海外机构廉洁建设组织体系

在构建海外机构廉洁建设组织体系方面，中钢集团坚持加强顶层设计，抓好领导机制、党组织和外派人员三层要素，推动以可靠的人员组建可靠的党组织，通过党组织发挥政治功能和组织功能，推动国内母公司的廉洁风险防控要求在海外机构落地。

1. 坚持海外廉洁风险防控三级领导机制

制定《中钢集团党委关于加强境外机构廉洁风险防控的实施意见》，明确了"中钢集团——二级企业——海外机构"廉洁风险防控三级管控体系。中钢集团对海外廉洁风险防控工作重点环节进行统一领导；二级企业根据业务类型梳理廉洁风险点，将廉洁风险防控要求嵌入制度流程并推进落实；海外机构执行上级廉洁风险防控制度和管理要求，做好廉洁风险内部防控。中钢集团和二级企业分别成立以党委书记为组长的境外廉洁风险防控工作领导小组，层层压实廉洁风险防控责任。

2. 坚持加强海外党组织建设

中钢集团在海外设立了 33 家公司，主要由中钢海外资源有限公司（以下简称中钢海外）和中钢设备有限公司（以下简称中钢设备）两家二级企业负责管理。两家企业

不断加强海外机构的党组织建设，中钢海外党委设立4个海外党支部，中钢设备在符合条件的海外分支机构中，设立1个海外临时党支部（联合）和8个党小组。中钢集团党委印发《关于加强海外机构党建工作的指导意见》，二级企业跟进落实党建工作责任制，结合企业实际、区域特点和业务特征，有针对性地开展党建考核，加强对海外党组织、派驻党员的管理，推动海外党组织在廉洁建设方面发挥战斗堡垒作用。

3. 坚持加强外派人员选用把关

外派海外人员往往承担重要职责使命，有的外派人员一人多岗、权力相对集中。中钢集团及所属企业坚持对外派人员选拔任用进行严格把关，尤其把好政治关、品行关、作风关、廉洁关，优先筛选政治可靠、业务过硬的干部到海外机构任职，派出前由派出单位党委、纪委主要负责人进行廉洁谈话。外派人员中，党员比例逐步提升，目前共有外派常驻人员50人，其中中共党员46人，占比92%。

（二）以"三聚焦"推进海外机构廉洁风险防控工作

腐败的本质是权力出轨、行为越轨。识别和防控廉洁风险，最根本的就是要完善权力运行和制约的工作机制。中钢集团认真梳理海外投资运营管理中的权力运行机制，聚焦重点领域、关键环节深化日常监督，聚焦重点岗位、关键人员加强监督管理，推动以制度建设进一步扎紧"不能腐"的笼子。

1. 聚焦重点领域、关键环节深化日常监督

一是分层分类加强对重大事项决策的监督管理。中钢海外结合所属海外企业较多的特点，推动完善公司治理结构，母公司及海外企业均制定"三重一大"决策制度，按授权开展决策。中钢设备则结合工程项目特点，将海外机构（项目）"三重一大"事项均提级至母公司决策，破解海外机构常驻人员少、决策人员数量不足和高度集中于特定人员的难题，以提级决策实现权力制约，降低廉洁风险。

二是利用信息化手段加强海外财务监管。通过财务快报、信息化平台监控等形式加强对海外机构财务状况、经营情况和资产状况的监督，二级企业制定《海外机构管理办法》和《海外企业财务管理办法》等制度，不断提升掌握全局、动态分析和风险管控的能力。

三是深入推进海外机构专项治理。围绕境外佣金管理、境外合规管理等方面开展多次专项检查。纪委会同相关职能部门对2017年以来境外佣金事项开展验证检查，重点对116个项目进行抽查验证（抽查比例48.94%），推动规范整改。

四是创新方法探索形成监督合力。探索对海外企业开展内部巡视巡察、专项审计和海外企业负责人离任经济责任审计，推动二级企业和海外企业党组织上下联动查摆问题、推进整改、深化改革、健康发展。

2. 聚焦重点岗位、关键人员加强监督管理

一是加强对海外常驻人员的监督。中钢集团纪委印发《关于加强对境外关键少数人员教育、管理和监督的通知》，建立《中钢集团境外机构常驻人员信息台账》并动态更新。连续2年组织对海外常驻人员本人及亲属移居国（境）外情况和经商办企业情

况开展专项排查，在排查同时加强纪法教育，督促提升"红线"意识。

二是加强对海外机构领导班子尤其是"一把手"的监督。建立海外负责人归国述职述廉工作机制，海外机构党政主要负责人在回国后向母公司党委、纪委汇报工作，还要向中钢集团纪委书记述职述廉。

三是加强对海外机构财务总监的监督。印发专门通知，建立外派海外财务负责人每半年一次书面述职、汇报监督发现问题情况的工作机制，推动财务总监发挥监督探头作用。

3. 聚焦制度建设强化对权力运行的制约和监督

基本形成了以《中钢集团境外国有资产监督管理暂行办法》为核心，规范资产财务、海外投资、海外业务、机构设置、人力资源、行政办公和党建管理等 15 项海外投资运营管理专项制度、以及其他相关制度配套细化条款的海外管理制度体系，其中针对党建工作、廉洁风险防控工作制定的专门指导意见，有力推动了海外机构和驻外党员领导干部落实全面从严治党责任。二级企业紧密结合海外机构和业务实际，在投资管理、合同管理、采购管理、客户供应商管理、资金管理、资产管理等方面进一步完善管理制度，细化海外业务具体流程。利用 ERP 等信息化系统，通过线上审批、动态监控等方式，实现母公司对海外企业业务流程的管控。

（三）以"两手抓"推进海外常驻人员教育培训

教育培训是引导海外常驻人员增强"四个意识"、坚定"四个自信"、做到"两个维护"的重要途径，也是推动国内母公司战略意图、廉洁理念和管理手段在海外机构落地的重要举措。中钢集团在教育培训对象上坚持对党员和非党员教育培训"两手抓"，在教育培训内容上坚持党建培训和合规经营培训"两手抓"。

1. 坚持党员和非党员教育培训"两手抓"

海外党组织因地制宜加强党员教育管理，落实"三会一课"等组织生活制度，进一步加强思想武装。海外党组织积极参与当地中国使领馆党组织活动，海外党组织负责人到任离任均及时向驻在国（地区）机构报到报告。国内母公司加强对海外常驻人员教育培训，以线上培训、廉洁提醒、通报案例等方式，及时将党中央重大决策部署和廉洁自律要求传达到海外员工。开展归国教育，组织海外员工回国参加系统学习，组织海外党支部新任书记参加支部书记培训班，组织归国人员开展谈心谈话、廉洁责任谈话等。

2. 坚持党建培训和合规经营培训"两手抓"

紧密结合工作实际开展形势教育和法规政策学习，针对国际形势、出口管制、驻在国法律法规、商业贿赂行为等方面开展合规经营专题培训，指导海外常驻人员树立法治意识、合规意识、廉洁意识。二级企业结合国际形势，内部发布《特殊国别出口管制和经济制裁的报告》，组织专题培训解析美国《反海外腐败法》中规定的会计规则和其所禁止的贿赂行为，推动海外机构合规经营、规避风险。

（四）以"三强化"推动海外机构廉洁文化建设

在廉洁文化建设方面，中钢集团坚持区分对象、多措并举，以海外常驻人员为重点开展纪律教育和警示教育，以海外党组织及领导人员为重点开展全面从严治党责任落实情况的监督，并面向海外企业当地员工加强构建廉洁从业管控机制。

1. 强化对海外常驻人员的常态化纪律教育和警示教育

中钢集团纪委在公司内网建立"党风廉政建设"专栏，发布党章党规党纪解读和学思践悟文章，通报典型违规违纪案例。二级企业纪委坚持每年在重要节假日前向海外常驻人员发布廉洁提醒和警示案例，及时将党风廉政建设和反腐败工作要求传达到海外机构，持续强化廉洁文化氛围。在新冠疫情严重期间，中钢设备纪委书记亲赴相关项目现场开展督导检查。中钢海外纪委书记坚持每年对公司全体党员（包括海外常驻人员）进行集体廉洁谈话，常态化与海外常驻人员远程谈心谈话，谈思想政治建设、谈廉洁建设，也谈重点工作推进等内容，2022年谈话50余人次。

2. 强化对海外党组织及领导人员全面从严治党责任落实的监督

二级企业党委每年与海外机构负责人签订《党风廉政建设责任书》，督促带头落实廉洁从业有关规定，自觉接受监督。纪委坚持每年对海外机构全面从严治党情况开展调研检查，着力检查落实党中央重大决策部署、履行全面从严治党责任情况。灵活运用巡视巡察、审计、调研、监督检查和专项整治等方式，加强对责任落实情况的监督，对违规违纪问题严肃追责问责。

3. 强化对海外企业聘用员工廉洁从业的管理

结合驻在国国情，中钢海外印发《关于建立境外企业聘用员工廉洁从业管理机制的通知》，推动海外企业员工劳动合同中包含廉洁从业条款或者规范履职方面的要求，同时定期梳理汇总员工违规违章违法情况及处理结果，严肃廉洁从业管控机制。

三、工作成效

中钢集团坚持以廉洁建设为企业经营管理提供坚强政治保障，不断推动国际化经营水平再上台阶，获得多方认可。

（一）以廉洁建设为战略落地提供坚实政治保障

通过构建海内外贯通、上下联动执行的廉洁建设组织体系，中钢集团努力推动党的领导在海外机构运营管理中如身使臂、如臂使指，推动战略目标在海外机构落地。中钢集团坚持以服务国家安全发展为导向，突出"战略性"需求，目前已实现在南部非洲地区控制铬资源量超过10亿吨，铬铁产能约260万吨/年，资源量及产能位居世界第一，积极保障产业链供应链安全。2022年，两家二级企业营业收入超过230亿元，净利润近11亿元，中钢设备新签海外合同近11亿美元，其中"一带一路"沿线国家项目占比超95%。

（二）以廉洁建设推动海外党建研究取得成果

2017 年，中钢集团纪委积极参与中央纪委驻国资委纪检组组织的"一带一路"建设中南非腐败风险国别研究。同年，中央纪委驻国资委纪检组在南非中钢大厦主持召开境外国有资产投资运营风险和廉洁风险防控工作座谈会，对中钢集团 2010 年就出台加强海外机构党建的意见等工作给予了充分肯定，对中钢海外党总支建立实施党员会议前置决策制度进行了高度评价。

（三）以廉洁建设筑牢与驻地使领馆的紧密纽带

以互学互鉴廉洁建设经验为主题，海外党组织多次参加中国驻当地使领馆党组织活动。某海外党支部被中国驻该国大使馆评为 2022 年度优秀党组织。2022 年，某国当地政治势力开展舆论攻击和游行示威，中钢海外紧紧依靠当地政府、中国驻该国大使馆和我方当地职工群众果断应对，平息负面舆情，保住了约 6 亿吨的磁铁矿资源。

（四）以廉洁建设擦亮海外社会责任亮丽名片

中钢集团积极推动海外机构树立廉洁诚信、互利共赢的社会责任理念。中钢集团于 2008 年发布的《中钢集团可持续发展非洲报告》是第一份中国企业面向非洲的可持续发展报告。近年来，中钢集团海外社会责任实践案例获评《中央企业海外社会责任蓝皮书（2021）》优秀案例。中钢萨曼可铬业有限公司改造升级矿热炉烟气余热发电工程，减少烟气排放和碳排放 5%左右，并为南非当地村庄投资建设电力基础设施，相关案例入选中国在非企业社会责任联盟《"百企千村"国企力量蓝皮书》。中钢集团下属多家海外机构积极参与当地新冠疫情防控、志愿服务、公益捐赠等工作，获得当地群众广泛赞誉。

党的二十大对坚决打赢反腐败斗争攻坚战持久战、加快构建新发展格局作出了决策部署，中钢集团党委、纪委将坚持以习近平新时代中国特色社会主义思想为指导，心怀"国之大者"，持续抓好海外机构党风廉政建设和反腐败工作，不断完善推进海外机构廉洁建设的"3323"模式，以廉洁建设新成效为高质量国际化经营保驾护航。

建立健全大数据监督平台 推进公司治理体系和治理能力现代化

中国宝武新疆八一钢铁有限公司纪委

冯 义 杨文清 周 灵

党的十八大尤其是党的十九大以来，党中央高度重视信息化工作，中国宝武新疆八一钢铁有限公司（简称八钢公司）党委、纪委积极探索"数字赋廉"监督模式，提升权力监督效能，积极运用大数据促进监督下沉落地、融入基层治理。

一、推动大数据监督的意义

2017年12月8日，习近平总书记在中共中央政治局第二次集体学习时强调："大数据发展日新月异，我们应该审时度势、精心谋划、超前布局、力争主动""要充分利用大数据平台，综合分析风险因素，提高对风险因素的感知、预测、防范能力"。十九届中央纪委五次全会工作报告提出："扎实推进纪检监察信息化工作"；十九届中央纪委六次全会工作报告提出"要善于运用信息化手段提升监督水平、规范化水平"。

八钢公司在实践中发现，传统监督存在面宽点弱、力量分散，监督手段不多且缺乏持久性，熟人社会监督缺乏力度，岗位（频繁）变动新手能力不足等问题，要想让党风廉政建设和反腐败斗争更好地适应新时代变化，就必须积极主动探索创新监督方式，而信息技术的飞速发展和广泛应用正好为做好新时代党风廉政建设和反腐败斗争带来了重大机遇和深刻挑战。八钢公司将信息化监督作为新时代具有创新特性、极具发展潜力的监督手段，围绕全面从严治党、党风廉政建设和反腐败工作，在政治监督、日常监督、专项监督中进行了积极实践。

二、八钢公司开展大数据监督的做法与成效

（一）积极应对创新大数据监督模式面临的问题

一方面，大数据监督需要大量"数据"，八钢公司数字化钢厂建设刚刚迈上新台阶，各业务系统还存在"先天不足"，一些关键数据、信息不全。八钢公司党委全面发挥信息化驱动、保障作用，促进风险防控有效融入基层治理，进行自上而下的统筹建设，包括智能门禁、自动扫描设备、废钢自动检验、原料自动取样等设备投用；不断

推动生产管控、合同管理、薪酬监督（一贯制绩效"一键发薪"发薪、智慧考勤）、协力管理、营销DSP、工程管理等信息化系统的开发完善。

另一方面，信息化手段可以对数据不断进行全方位"扫描"，但没有可应用的知识图谱以及廉洁风险防控策略知识库，不会对风险点进行充分的辨识、分析和评价。八钢公司纪委对近年来典型案例、廉洁风险防控成果、巡视巡察发现的问题等进行分析，与业务归口部门沟通，打开业务流程，分析风险点，推动设计多个防控模型，制定廉洁风险防控策略，并植入信息化系统，让系统通过"自学习"学会"辨识"、实时"监控"、强化监督。

（二）建立健全大数据监督推进机制

坚持统筹领导、系统谋划。一是加强组织领导。八钢公司党委领导挂帅，定期召开推进会，积极发挥领导、协调、推动作用。二是强化统筹谋划。突出顶层设计与各业务端统筹策划，推动探索大数据监督运用，做到统分结合、有序推进。三是完善各项机制制度和保障措施。在党委统一领导下，纪委牵头定期组织汇报、整理问题、协调服务，建立健全各部门参与配合机制，增强大数据监督的系统性、整体性和协同性。

八钢公司大数据监督坚持"一盘棋"部署。一方面是基于八钢公司大数据中心，建立智慧监督系统平台，开发模型上线测试、功能验收、投入应用；另一方面是各业务端以规范权力运行为根本，打造若干个智慧监督项目和子模块，建立"监督数据池"，实现探查功能、阻拦功能、报警推送功能。各业务系统"监督数据池"数据供纪委智慧监督平台抓取，实现监督数据关联互动，形成持续发展、整合提升态势。

（三）强化数据驱动，提升监督工作智慧化水平

发挥数据要素活力是监督工作高质量发展的必然要求。将数据资源跨部门、跨层级汇聚融合和深度利用，能够使监督更有力量、更有智慧。如：纪委协调推动职工福利发放与人力资源信息实时关联，解决了多发、冒领福利问题；推动八钢公司智慧就餐系统与人力资源信息实时关联，杜绝了人工发放饭卡模式下倒卖饭票行为的发生；推动职工考勤与门禁系统（出入情况）关联筛查，信息核实便捷化，某基层单位反映"优亲厚友"给职工多打加班的倾向性问题得到有效防范；设计并推动"报废轧辊处置"在线监督模块，实现数据关联、信息留痕，钝化了废旧轧辊被内外勾结倒卖的廉洁风险；推进劳保用品发放上系统并与人力资源信息关联，防范劳保用品被倒卖的廉洁风险等。此外，各单位对建立健全监督数据、共享数据认识不断提高，利用"数据"监督自觉性不断提高。一些大包业务结算（金额较大）与产量息息相关，以往结算凭纸质单据（月）结算，现在相关单位主动要求业务上线，读取生产管控系统产量数据后结算。生产单位主动提出协力业务结算与产量数据、门禁系统数据关联，从工作量、协力考勤工时等多维度考虑业务结算。

（四）明确监督重点，完善平台功能

聚焦钢铁主业重点领域、关键环节，八钢公司充分发挥数据资源价值，将监督工

作数字化、模型化，建立了大数据监督平台（2022 年 9 月 30 日完成上线）。"门户"页面完成 18 个模块，各业务系统完成 90 个模块。对不相容职责分离、靠企吃企治理、采购、竞招投标、供应商管理、原料供应链、财务结算等关键环节实现实时在线监督，不断加强平台与其他业务系统的数据共享交换，推动监督信息化不断连点成线、织线成面，提升监督工作的系统性、整体性、精准性、实效性。

（五）强化数据安全，完善智慧监督系统平台管理规则

八钢公司严格控制数据使用范围，严防数据泄露。推动数智办构建数据存储、传输、应用等全链条安全防线。制定下发了《智慧监督系统运行管理办法（试行）》，坚持归口管理、分级负责，明确监督数据分级分类、依权依规使用、监督制衡等事项。

三、融入公司治理的实践经验

健全党统一领导、全面覆盖、权威高效的监督体系，是实现国家治理体系和治理能力现代化的重要标志。习近平总书记指出："要运用大数据提升国家治理现代化水平。"监督是治理的内在要素。利用信息化可以实现监督工作常态化、近距离、多角度、可视化、规范化，为权力监督提供新途径，推动形成"发现—整改—检视—完善"的监督治理闭环。

（一）促进日常监督有效开展

不相容岗位分离监督模块建设期间，因财务报支人和审批人相同触发预警 400 余条，纪委要求限期整改，每月与《重要业务领域及关键环节岗位人员设置和重要资产保管人情况表》动态比对，发现异常进行核查，引起各单位高度重视，规范了业务授权流程，截至目前未发现异常数据。

"靠企吃企"监督模块健全了领导、管理者、关键岗位人员亲属经商信息数据库。该信息库建立之初，筛查出 2 名基层管理者亲属经商办企业、且违规与八钢公司发生业务往来问题，已立案处置。目前"靠企吃企"监督模块已录入 202 条信息，该模块和八钢公司相关客商系统实时自动关联比对，及时在各业务系统中进行预警、阻断后续业务流程。

加强中央八项规定精神落实情况监督。新增业务招待监督模块，实现对各类业务接待数据的查询、搜索、定期分析。针对新疆旅游景点多的特点，严格公车管理，新增公务用车电子围栏预警监督，2022 年底，处置了 3 条电子围栏预警信息。紧盯员工福利发放、劳保发放、饭卡充值、履职待遇报销等业务，不断推进数字卡控和监管。

（二）突出"数据利用"，解决公司治理难题

八钢公司充分运用大数据和信息化技术，用科技的力量提升监督实效，努力实现由被动监督、事后监督向主动监督、精准监督转变。

加强了采购供应商、物流承运商的准入监管，防止个别供应商充当"中间人"转

包业务，或指定让其过手，完成"抽点子、吃回扣"实行新型的舞弊、贿赂，增加业务范围筛查功能，合理选择供应商。如，供应商在欧贝平台报价时，制造商信息为必填，非制造型或生产加工企业，"上一级供应渠道"必填，系统自动对比、筛查、预警异常信息。

检修、工程建设实现供应商线上评价、自动生成评价结果，杜绝人为干预评价结果；备修供应商按照类别、业绩自动排序优先推送，防范不正当竞争和舞弊行为。物流承运商评价环节设计多维度指标打分，完成服务商得分等级对接模块。季度评价与合同挂钩，并自动带出考核扣款金额。实现年度报支金额系统自动取数和年度评价结果系统自动汇总计算，防范不正当竞争和舞弊行为。物流运输系统还建立统一日常违章信息库，建立全公司范围内统一的违章考核标准，实现月违章考核扣款与结算挂钩功能，系统上线至今已对各类违章问题扣款累计 35.1 万元。

寻源、招标、核价、执行等环节实现互联互通，防范人为操作风险。询价单发询增加供应商报价等信息反馈采购系统，开标后可以看到供应商所报原料的来源地、付款方式和付款期限，核价拟签单中增加付款方式、付款期限字段，并带入合同中，且不能在合同中修改，实现寻源模块互联互通。实时接收物流系统运费，获取实时物流运费信息、增加查询页面，根据运输方式、执行时间、起运地、运到地等字段自动取物流管控系统对应期间执行运价，为采购原料定价的准确性提供依据。合同中带入的拟签单信息，拟签单中标数量和中标单价，在合同提交时检索，若有改动将无法提交审批。原料合同自动获取成分计价公式，系统自动转换中文，并自动填写到合同中技术验收要求里，避免了采购人员手动错误填写，同时避免了与供应商由于质量扣款而产生的业务纠纷。对不合格品入库实现智慧管控，通过预警提示及时处置不合格品，目前平台报警 2829 次，处理结算价与合同价相比价差扣款累计 4400 多万元。

利用互联网和信息技术防范招标业务风险。完成投标单位关联分析、招投标书比对分析、竞价 IP 地址相同预警等模块，对经常成对出现的投标供应商进行数据统计分析，自动查找招投标文件中的异常相似点，防止招投标领域出现陪标、串标等共性问题。平台对 3 条招标竞价 IP 地址相同情况预警，最终 1 条流标，另 2 条信息在核查中发现其他业务执行问题，督促招标执行规范化，把不法供应商及时"过滤"出去。

采购时间窗口卡控，避免随意修改带来的串标、个人倾向、利益输送等廉洁风险。规范了紧急采购流程，目前已实现在业务系统上把招投标时间窗口按文件规定锁定，业务人员无权限修改，紧急采购设置预警提示，便于各级审批监控。

原料过磅优化。针对原料拉运司机在水箱放水、车底焊钢板，车头车厢设置不同牌号等问题，集成车牌自动识别、视频监控、电子围栏监控等系统，精确判断车辆是否符合过磅规范。通过远程监控与管理实时对过磅现场情况进行监控，不允许司机下车，有效避免车辆超载、乱收费、信号干扰、更换车牌和套牌等情况。使用系统后，过磅流程更加清晰透明化，有效减少人为操作造成的错误或误差，与客户间的纠纷也将随之减少。在计量系统中增加汽车衡日常单件数据管理，压秤过后可自动记录期间核查（压秤）信息。计量系统对所有异常磅单数据进行标注，大数据系统在计量系统中获取标注为异常磅单的数据并进行统计分析。

原料自动取样系统完成投用，钝化了人工取样的廉洁风险，原料采样、制样系统自动屏蔽供应商，随机生成一级和二级密码；实现对车辆扫描随机布点取样、自动密封。对进厂原料检测数据及提出质量异议后检测数据进行自动比对及统计，对超预设标准的品种、供应商发出警报、实施监督。

财务系统支付业务进行了公式设置、逻辑校验预防错付风险。在资金计划模块AYAY05/合同信息画面增加合同文本调阅功能，便于把关是否开口合同或者无合同、无协议支付，防止重复支付、合同过期仍在执行等风险，杜绝违规付款。实现资金线上分配、审批，防范人情分配、舞弊行为。按照用户报支清单到期时间先后顺序，系统自动排序进行分配，目前平台发出提示12次；设定日付额度资金池，分类排队，目前平台发出提示8次；在资金计划模块增加二次平衡审批功能，由线下纸质报送转为线上审批推送；付款待办事项自动推送，减少用户排队等候，提升服务质量。

物流运输业务监督实现质的飞跃，新增物流服务商（承运商）引入、竞争性采购、合同电签、服务商评价、业务结算五个功能模块，防范了面对面答疑可能存在的串标围标风险、评标记录无法追溯、人工计算计划完成率的错误率高、人工统计清退清单过程中可能存在徇私舞弊等各类风险。

台机具模块新增合同签订及合同备案功能，按照权限进行逐级审批。所有合同备案信息、维护履历、合同文本等信息均在系统中可查阅，避免线下手工合同保存不当造成丢失。台机具（吊车类使用）"同车牌号完成时间互斥"模块提醒260次，提醒用车时间区间重复；台机具完工时间同步比对门禁系统出入厂时间预警59次，提醒完工时间与门禁系统用车时间区间比对有误，避免重复或多计算工时。

四、结束语

八钢公司积极探索运用大数据监督推进公司治理体系和治理能力现代化，统筹推进各部门监督数据整合、程序契合、工作配合，在提升监督质效的基础上，持续推动职能部门切实履行职责，形成由监督推动问题整改、由整改倒逼制度完善、由制度巩固监督成果的良性循环。大数据监督模式下，基本实现了数据自动抽取、自动计算、自动留痕，自动筛查，并及时对异常情况进行拦截及预警，既节省了人力又避免了人为干预，为及时发现问题、准确分析问题、精准解决问题提供了便利。八钢公司纪委针对大数据监督发现的问题，组织相关人员系统分析，研转问题线索5条，其中2条已完成核实并对相关人员立案严肃查处。同时，深挖各类问题背后隐藏的管理问题，监督推动职能部门聚焦关键环节、重点问题，不断升级优化业务监管模式、堵牢管理漏洞。如，聚焦工程、采购领域发现的问题，推动相关部门修订完善《工程采购管理办法》《工程合同管理办法》等制度，围绕原料验收过程中暴露出的问题，推动修订《八钢公司原料进厂管理办法》《理化检验中心工作质量抽查管理办法》等制度，不断扎紧制度笼子。

虽然八钢公司在大数据监督工作上面取得了一定成效，但是过程中也暴露出一些问题。在厘清梳理权力运行的全部环节、查找可能存在的权力监管"盲区"、健全完善规范权力运行的体制机制等方面，还需要付出更多的努力。廉洁风险防控工作会在"堵、破、立、建"中面临更多的挑战，如"靠企吃企"可能更加隐蔽，成为供应商的"背后供应商"，排查难度会加大。

目前国家推动中央企业与其他政务部门之间实现数据共享和业务协同，建立服务央企高质量发展新模式，我们应当深思一层、深挖一尺，借助更多的数据分析、找准风险点，把握好整体和局部、主要矛盾和次要矛盾、既整体推进，又突出重点，抓好弱项、补齐短板，运用大数据监督实现廉洁风险防控换挡提速，巩固"不敢""不想"的成果，为企业高质量发展营造风清气正的政治生态。

坚定不移深化政治巡察　助力国有企业高质量发展

——酒钢集团党委巡察工作的实践与探索

酒泉钢铁（集团）有限责任公司党委巡察办公室

2019 年以来，酒泉钢铁（集团）有限责任公司（简称酒钢集团）党委巡察工作始终坚持以习近平新时代中国特色社会主义思想为指导，深学笃用习近平总书记关于巡视工作的重要论述，全面贯彻巡视工作方针，认真落实甘肃省委巡视巡察工作会议精神，围绕酒钢集团中心任务，聚焦"两个维护"根本任务，围绕"四个紧盯"，突出"关键少数"，持续推进政治巡察走深走实，巡察工作质效不断提升，震慑治本作用不断彰显。

一、具体做法

（一）坚持"三级"聚势，纵向联动"一盘棋"

酒钢集团党委扣紧巡察监督的责任链条，把巡察作为履行政治监督职责的重要抓手，切实担负起统筹领导责任，通过强有力的组织领导，扎实推动酒钢集团党委巡察工作向纵深发展。一是党委高位谋划，对标看齐扛责任。酒钢集团党委认真落实巡察工作主体责任，通过理论中心组学习会、领导小组会议、专题会议、动员部署会等多种方式，学习习近平总书记关于巡视工作重要论述，中央、甘肃省委巡视工作会议、巡视动员部署会上的讲话等 29 次，在把握政治巡察定位、落实政治监督要求上学思践悟、改进提升，真正把准政治巡察正确方向。酒钢集团党委常委会专题研究部署巡察工作任务、集中通报巡察发现共性问题、听取巡察整改情况汇报 21 次，切实发挥统揽全局、协调各方作用。酒钢集团党委书记全面落实第一责任人责任，坚持靠前领导、靠前指挥、亲力亲为主持召开每轮巡察动员部署会，讲任务提要求；主持召开书记专题会议听取每轮巡察情况汇报，旗帜鲜明点人点事点问题，要求相关部门跟踪督办，切实传导责任压力；22 次就巡察规划、工作要点、制度建设等工作作出批示，以高站位推动巡察工作高质量开展。二是小组统筹部署，担当负责抓实施。巡察工作领导小组主动作为、积极谋划，稳步推进巡察任务。先后召开 18 次会议传达学习中央、甘肃省委巡视动员会精神等，不断深化对政治巡察的运用和实践。每轮巡察前研究巡察工作方案；巡中听取巡察组阶段性情况汇报，研判问题（线索）、明确下阶段巡察重点；

巡后推动巡察整改验收评价及成果运用，全流程、整链条统筹部署巡察工作。领导小组副组长亲自审定巡察方案、参加动员反馈会、过问巡察进度、督办问题整改等，确保巡察工作有力有序开展。小组其他成员结合分管领域和部门职能职责，在情况通报、人员力量、专业协助上予以支持，参加巡察动员反馈，督促抓好巡察整改落实等工作，确保巡察工作协同高效推进。三是巡察办协调服务，全力保障抓落实。酒钢集团党委巡察办公室主动思考谋划、积极建言献策、全力推动落实，有效发挥了统筹协调、指导督导、服务保障作用。对内服务协助领导小组工作，指导巡察组开展工作，及时请示汇报，落实各环节具体工作。对上严格落实巡察工作重要事项报告报备制度，截至2023年7月，报告报备重要会议、工作规划、年度工作要点和工作总结等32次96项重要事项。

（二）坚持"四维"聚焦，横向贯通"一张网"

酒钢集团党委巡察着眼于围绕中心、服务大局，以强有力的监督确保党中央、甘肃省委、酒钢集团重大决策部署不折不扣贯彻落实。一是聚焦监督重点，深化政治巡察。坚持把发现问题作为巡察工作的生命线，把精准发现问题作为检验巡察成效的重要标尺。围绕各阶段生产经营和疫情防控等中心任务，聚焦"四个对照"，围绕"四个紧盯"，突出党中央、甘肃省委、酒钢集团党委重大决策部署落实，开展了8轮28家单位党委的常规巡察，实现巡察全覆盖的57.1%，坚持从业务看政治、从客观看主观、从现象看本质，发现党委党的领导弱化、党的建设缺失、全面从严治党不力的各类问题。二是聚焦统筹谋划，优化工作思路。酒钢集团党委以甘肃省委巡视工作五年规划为指导，结合工作实际，研究制定了《集团公司党委巡察工作规划（2022—2026年）》。坚持每年研究制定《巡察工作要点》和《年度巡察工作计划》，并全力抓好贯彻落实。对标习近平总书记和党中央要求，借鉴中央和甘肃省委巡视做法，紧扣被巡察党组织职责使命，结合巡察对象特点开展前期调研，详细梳理监督重点，吃透政策依据，科学合理制定酒钢集团党委每轮巡察工作方案，将政治监督的要求细化成具体监督重点，确保打好提前仗。三是聚焦同题共答，持续同向发力。巡察组进驻前，充分运用见面沟通会、巡察动员会等方式，向被巡察单位主要负责人讲清楚巡察的重大意义，形成同题共答的政治自觉和思想自觉。通过个别谈话、集体谈话、调研座谈、与主要负责人沟通等多种方式，调动被巡察党组织和领导干部配合巡察监督的积极性、主动性。在审核把关汇报材料过程中，巡察组与被巡察单位一起研究分析，找差距症结、难点共性问题，及时校准监督方向。四是聚焦创新方式方法，提升巡察质效。坚持规定动作不走样、自选动作有创新，在严格遵循7个步骤28个环节开展巡察的同时，结合实际创新方式方法。巡察准备阶段，坚持早入手、早了解，向纪委、组织、信访、审计等7个部门征集被巡察单位有关信访反映、问题线索及存在的突出问题和风险点，形成问题清单和巡察"路线图"供各巡察组参考。巡察了解阶段，牢牢抓住查阅资料、受理信访、个别谈话、听取汇报、深入了解、下沉调研等关键环节，逐项对照巡察重点"按图索骥"查找问题。将延伸巡察、专项巡察融入常规巡察中，进一步提升巡察质效。

（三）坚持"三抓"聚能，规范建设"一条链"

牢固树立制度意识和法治思维，坚决贯彻党章党规和巡视工作条例，健全制度、规范流程、细化标准，切实把实事求是、精准科学、依规依纪依法贯穿巡察工作全过程。一是抓实巡察过程管控，强化一体推进。成立由党委巡察办公室牵头的指导督导组，深入各巡察组驻地指导巡察组准确发现问题、把好时间进度、解决具体问题等；撤点后及时召开组办会商会议，督促撰写组内工作总结、逐一审核问题底稿、对照清单一一盘点移交资料等，确保进驻到撤离各个环节不遗漏，各项程序规范有序；巡察报告阶段，组办一体共同审阅修订报告，合力研究政策适用问题、工作推进难题、工作程序要求等共性和难点问题。二是抓牢制度体系建设，持续规范完善。2019 年、2020 年，酒钢集团党委认真梳理制度方面的短板，加快制度体系建设步伐，制定了《公司党委巡察工作实施办法》等 11 项制度，初步构建起了以规范工作流程为主要内容的巡察制度；2021 年，制定了《巡察工作六大主体责任清单》等 10 项制度，进一步厘清了巡察机构职责边界，形成了较为完善的巡察整改评价考核体系；2022 年，制定了《公司党委巡察成果运用办法》等 5 项制度机制，横向对巡察重点环节进行了细化、对工作内容进行了深度拓展；纵向对相关部门担负的整改责任进行了进一步明确。三年多来，逐步构建起了职责清晰、依规操作、多方联动的巡察制度体系。三是抓好干部队伍建设，汇聚人才力量。每轮巡察，酒钢集团党委按照"一轮一授权、一次一组建"的要求组建 2~3 个巡察组，每组抽调 10 人左右，组长分别由酒钢集团党群部门负责人、基层党委专职副书记、纪委书记担任，副组长一般由党委巡察专员担任。截至2023 年 7 月，累计组建巡察组 19 个，抽调专职党委副书记、纪委书记等中层干部 23 名，抽调巡察干部 163 人。同时，酒钢集团党委积极选派优秀干部参加甘肃省委巡视共 18 人次，形成了由组织、人事、审计、财务等 235 名较为固定的"巡察组长、巡察干部、专业人才"三支队伍，每轮巡察前邀请组织、纪检、宣传等部门专业人员开展为期 2~3 天的巡前培训，进一步提升巡察人员的业务素质和履职水平。巡察期间，纪律监督组对巡察组履职履责情况进行了监督检查，督促巡察组以更高标准、更严要求及过硬素质维护巡察干部良好形象。

（四）坚持"三联"聚力，做深做实"整改账"

深入落实习近平总书记关于"巡视发现问题不整改，比不巡视的效果还要坏"的指示要求，始终把推动问题整改作为巡察工作的落脚点，围绕"三联"工作法，着力做好"巡察整改账"，切实将监督优势转化为治理效能。一是工作机制联建，刚性约束促整改。以《公司党委关于巡察整改成果运用办法》为指引，督促相关责任主体知责明责、守责担责、履责尽责，防止责任"空转"、任务"甩锅"。以《被巡察党组织落实巡察整改工作考核办法》为依据，建立《公司党委巡察工作约谈机制》，将对以被巡察党组织为主体的考核机制拓展为涵盖巡察机构、有关部门的较为完备的约谈体系，切实将巡察整改的"认识"形成齐抓整改的"共识"。建立"工作联络、会议联席、报告联审、察督联合，信息共享互动、整改评估互动、线索处置互动、队伍建设互动"的"四联四动"整改监督工作机制，以"外在压力"倒逼被巡察党组织将整改抓到位、抓到底。二是工作过程联动，日常监督促整改。巡察反馈后，纪委监察专员办公室及时跟进移交问题（线索），将整改落实情况纳入日常监督范围，持续跟踪督办，充分运用发函督办、现场了解、联席会议会商、纪委会研判等方式，做深做细做实日常监督。党委组织部对巡察移交的选人用人、党组织建设、干部作风等方面的问题，通过专项检查、每周联动督查等方式进行日常监督，以"监督常在"促进巡察整改常态化、长效化。党委巡察办公室聚焦"建账、交账、清账、核账"四个环节，对被巡察党组织的整改过程进行跟踪督办，形成"把关、整改、督查、评估、问责、长效整治"的整改监督链条。坚持每轮梳理典型共性问题，督促各基层党组织未巡先改。三是成果运用联动，压力倒逼促发展。进一步抓实整改评估，每轮巡察集中整改结束后，对被巡察单位党组织落实巡察整改情况进行评估，三年来，完成了对 8 轮巡察的 28 家单位党委、5 个职能部门的巡察整改验收评价工作，整改率达 98.5%，及时跟踪督办移交的重点人、重点事，清退各类费用 28.15 万元，追责问责 194 人次，经济考核 17.99 万元。各单位立足主责主业，主动增强主体责任意识，坚持把整改工作和落实酒钢集团重点工作任务有机结合，建章立制、堵塞漏洞，共修订完善制度 700 余个。纪委监察专员办公室、党委组织部、党委宣传部等部门切实把整改工作与全面从严治党、领导班子建设、意识形态工作等相结合，高屋建瓴从酒钢集团管理角度、制度层面健全完善体制机制、开展专项治理、堵塞"跑冒滴漏"。

二、取得的成效

一是营造了"讲政治"的工作环境。巡察是政治巡察，是以"两个维护"为根本任务，以"四个意识"为政治标杆，开展的政治监督，八轮巡察发现了 33 个基层党组织存在的党的领导弱化、党的建设缺失、全面从严治党不力等问题，通过巡察整改，各单位党委"把方向、管大局、保落实"作用不断发挥；基层党支部组织基础不断夯实，战斗堡垒作用充分显现；各级领导干部职工担当履责意识、广大党员先锋模范作用不断增强，开展内部巡察监督的环境和氛围已然形成。

二是树立了"知敬畏"的规矩意识。始终坚持"严"的基调，在巡察期间，及时移交群众反映强烈、违反中央八项规定精神和"四风"方面的问题及损害群众利益的普遍性、突出性问题及信访举报等，督促即知即改查处有关人员，在现场巡察期间形成有效震慑；巡察结束后，及时移交问题（线索），充分运用发函提醒、现场了解、联席会商、纪委会研判等方式，深化以案促改、以案促治，以发现一个警醒一片为手段，党员领导干部懂规守纪意识明显增强，"不敢腐"的震慑持续强化，"不能腐"的笼子持续扎牢，"不想腐"的自觉持续增强。

三是夯实了"长效化"的治理体系。梳理巡察发现的普遍性、倾向性问题，在酒钢集团范围内通报，要求未被巡察的单位对标自查、举一反三、提前自我体检，找病因、祛病根，逐步形成了"未巡先改"的前置监督机制；已巡察单位针对巡察反馈的各类问题，通过完善议事规则、捋顺风险管控机制、规范制度运行机制等，从源头上堵塞漏洞，充分发挥制度的治本固源作用；联合审计法务、组织人事、纪委宣传、工程管理等部门，开展选人用人、全面从严治党"两个责任"、意识形态、工程项目领域等方面的专项整治，从酒钢集团层面深化以巡促改、以巡促建，不断提升企业治理能力和治理水平，有效推动了企业健康有序发展。

四是增强了"高质量"的发展动力。立足酒钢集团生产经营实际和年度中心任务，细化巡察监督重点，围绕酒钢集团"提质增效、转型升级"攻坚行动、安全生产专项整治三年行动、国有企业改革三年行动等各阶段重点工作开展监督，不断通过巡察发现被巡察单位存在的问题，推动以巡促治。如巡察意见反馈后调整兰州长虹焊材公司管理权限，由二级单位托管模式提级直属集团公司管理，有效提高了资源配置效率和运营服务能力；及时终止紫轩酒业公司民勤葡萄酒项目投资，列入处置计划，推动历史遗留问题解决等。

三、存在的问题及下一步打算

酒钢集团党委巡察工作在实践探索中取得了一定的成效，但与上级的要求和酒钢集团高质量发展相比，还存在一些不足和差距，主要表现在：一是巡察政治定位还需进一步强化，从政治高度分析业务问题、透过业务问题查找政治偏差方面还有不足；二是巡察方法运用还需进一步拓展，谈话方式较为单一，谈话中，职工群众对巡察的信任度不高，谈话效果不明显，发现的问题大多数来源于查阅资料，多渠道发现问题手段还不多；三是巡察成果运用还需进一步深化，个别单位巡察整改举一反三、以点带面解决问题的能力还不够；四是巡察队伍建设还需进一步加强，巡察组部分人员专业水平不高，在了解问题、发现问题、研究问题等方面还存在一定差距，影响了巡察工作效果。

下一步，酒钢集团党委将持续以习近平新时代中国特色社会主义思想为指导，认真学习贯彻党的二十大会议精神，深入落实习近平总书记关于巡视工作的重要论述和中央、甘肃省委关于巡视巡察工作的新部署新要求，立足新发展阶段，贯彻新发展理念，构建新发展格局，以巡察规划为指导，加快推进巡察全覆盖任务，强化经验总结，不断查漏补缺，巩固深化巡察成果，促进企业治理水平和治理能力不断提升。

加强国有企业"一把手"监督工作的思考

广西柳州钢铁集团有限公司纪委

文和贵 雷应科 覃哲捷 韦创昱 覃 慧

2021 年 3 月，党中央印发了《关于加强对"一把手"和领导班子监督的意见》。这是党中央首次聚焦对"一把手"和领导班子监督制定的专门文件，集中体现了党的十八大以来强化自我监督的理论、实践和制度成果，彰显了党中央破解党内监督难题的坚定决心。国有企业是中国特色社会主义的重要物资基础和政治基础，是我国国民经济的支柱，加强对国有企业"一把手"的监督，确保"一把手"正确规范用权，是新时代推动全面从严治党向纵深发展的必然要求，也是企业高质量发展的迫切需要。

一、加强对国有企业"一把手"监督的重要性紧迫性

国有企业"一把手"在企业领导班子和企业全局中处于核心地位，起着关键作用，负有全面责任。"一把手"权力运用的好坏，绝不仅仅是个本人的能力与形象问题。

（一）关系到党的事业兴衰成败

据有关资料统计，2021 年，全国纪检监察机关共立案 63.1 万件，处分 62.7 万人，其中处分国有企业 5.9 万人，案件占比居高不下。近年来，在领导干部违法犯罪案件中党政"一把手"案件约占总数的三分之一，而国有企业涉及"一把手"的案件占 45% 以上。2023 年以来，广西壮族自治区各级纪检监察机关惩腐不停步，查处了一大批领导干部，国有企业"一把手"不在少数。"一把手"腐败，严重损害了领导干部形象，损害了共产党作为执政党的形象，损害了党风和社会风气，损害了民心。

（二）关系到企业的生存发展

企业"一把手"的违法犯罪案件，绝大多数是经济案件，往往是吃里爬外、中饱私囊、损公肥私，他们谋取的是自己、家庭及身边圈内人员的私利，损害的却是一个企业以及广大职工群众的根本利益，甚至会搞垮一个企业的生产经营，严重阻碍企业和谐稳定健康发展。

（三）关系到企业基层民主政治建设

少数国有企业"一把手"把人民赋予的权力当作牟取私利的工具，不受任何监督，

独断专行、胡作非为，肆意破坏民主集中制，践踏职工民主权利，把一个企业变成"一把手"天下，不仅损害社会主义民主法制的尊严，而且极大地破坏企业基层民主政治，剥夺了职工民主监督、民主管理、民主参与的权利。

二、柳钢集团加强对"一把手"监督的主要做法经验

近年来，广西柳州钢铁集团有限公司（简称柳钢集团）党委深入贯彻以习近平同志为核心的党中央关于加强对"一把手"监督的重大部署要求，切实扛牢主体责任，柳钢集团纪委认真落实监督责任，抓住"关键少数"，坚定不移推进全面从严治党，为柳钢集团高质量发展提供了坚强保障。

（一）压实主体责任，强化政治担当，层层落实全面从严治党政治责任

柳钢集团党委坚持深入学习习近平总书记重要讲话精神，持续提升领导班子政治领悟力、政治判断力、政治执行力，坚决扛牢管党治党政治责任。2023 年以来开展"第一议题"学习 8 次、议题 20 个，理论学习中心组学习 3 次；主持召开 2 次党委会，专题研究制定党建、党风廉政建设工作重点任务、推进措施；制定年度全面从严治党任务清单，明确 6 个方面 53 项举措，严格落实党组织书记"第一责任人"责任，班子其他成员履行"一岗双责"，把加强对"一把手"监督政治责任扛在肩上、抓在手上。

（二）强化教育培养，抓实班子建设，着力锻造高素质的领导干部队伍

持续保持对干部人才尤其"一把手"培养的投入，进一步丰富干部知识储备、拓宽思维视野、提升素质能力，凝心聚力投身企业改革发展。2023 年以来，共组织 55 人前往广西大学参加学习培训，并外聘专家教授到企业授课，着力锻造高素质干部队伍。持续强化两级班子建设，推行集团经理层成员任期制和契约化管理，充分激发经理层成员活力。科学调整二级领导班子，进一步选齐配强党组织领导班子，为多基地高质量协同发展提供坚强的干部人才保障。

（三）坚持严格管理，完善考核机制，激励各级领导干部积极担当作为

进一步完善干部考核评价机制，探索干部差异化考核，设置个性化考核指标，增强考核的科学性、针对性、可操作性，充分发挥考核"指挥棒""风向标"作用。单位"一把手"全面承接单位组织绩效考核指标，班子副职成员除设置共性指标外，根据分管工作及专业特长等设置 3~5 个个性化指标，考核结果直接与干部绩效薪酬挂钩，多劳多得、优绩优酬，真正体现"业绩是干出来的，薪酬也是干出来的"价值导向。

（四）强化制度建设，扎牢制度笼子，充分发挥制度管人管权管事作用

1. 严格落实任职谈话制度

对提拔担任"一把手"的，由柳钢集团党委负责人进行谈话，说明岗位的重要和关键，提醒潜在风险挑战，绷紧"思想之弦"；同时肯定成绩，直言缺点短板，提出改

进意见建议，帮助其清醒认识自身不足与局限。柳钢集团纪委负责人进行任前廉政谈话，筑牢拒腐防变思想防线。

2. 严格执行请示报告制度

要求"一把手"带头遵守政治纪律政治规矩，严格执行《中国共产党重大事项请示报告条例》，按规定及时报告个人及家庭重大情况，工作日离开岗位或者节假日离开常住地的要事先请示报告等。对不按照规定报告或不如实报告的，依规依纪严肃追责。

3. 坚持年度述职述廉制度

严格落实"一岗双责"，切实当好全面从严治党"带头人"。每年组织下属各单位召开领导干部述职述廉及民主测评会，要求"一把手"在会上述职述廉，接受干部职工评议监督，听取干部职工意见建议。

4. 坚持工作绩效讲评制度

每季度召开中层干部会，柳钢集团主要领导对各单位尤其是"一把手"在安全生产、技术质量、设备运行、内部管理等方面的履职表现进行通报点评，肯定成绩、鼓励先进，同时指出不足、督促改进。受到批评及以上处理的，按情况进行提醒、函询和诫勉；受到警示及以上处理的，还需限期填写《工作讲评整改表》。

5. 健全权力运行约束制度

柳钢集团党委出台《关于加强对"一把手"监督的意见（试行）》，从九方面具体措施落实对各级"一把手"的监督。制定全面从严治党责任清单，柳钢集团领导班子成员每年带队检查全面从严治党"两个责任"落实情况，推动各级"一把手"认真落实主体责任和"一岗双责"。完善"三重一大"民主决策制度及其配套议事决策机制，制定"一把手"权力清单和负面清单等，从制度上约束"一把手"权力运行。

（五）夯实监督专责，落细日常监督，促进领导干部严守纪律廉洁从业

柳钢集团纪委夯实主业主责，加强对各级"一把手"和领导班子的监督，促进各级领导干部规范用权、正确履职。

1. 强化监督检查，推动监督下沉

柳钢集团纪委、党办、党工部等部门联合开展"三重一大"制度执行情况监督检查，加强对各单位"一把手"执行民主集中制情况的监督。2020年对下属49个单位开展专项监督检查，2021年柳钢集团所有二级单位进行自查，发现问题60项，提出改进措施40条，制度执行力不断提升。组织开展工程建设领域腐败问题专项治理、区直企业融资性贸易腐败问题专项整治、"三公"经费使用情况专项监督，加强对各级"一把手"利用职权违规插手和干预工程建设、违反"三公"经费管理制度等行为的监督。认真落实巡视巡察制度，对柳钢集团二级党组织开展巡察工作，重点巡察各级"一把手"落实党风廉政建设政治责任、执行民主集中制等情况，充分发挥巡察利剑作用。

2. 落细日常监督，促进自我约束

柳钢集团领导班子成员每年分别参加分管领域民主生活会，柳钢集团纪委全程监

督，推动各级"一把手"认真落实民主生活会制度。抓住重要时间节点，组织纪检监察干部和党风政风厂风监督员开展明察暗访，有效防范各级"一把手"发生"节日病"。

3. 加强审计监督，促进贯通协同

充分有效构建"大监督"格局，对各单位行政"一把手"开展离任或任中经济责任审计，强化对行政"一把手"贯彻执行经济方针政策、决策部署以及重大生产经营事项的决策、执行和效果等情况的监督。对审计发现问题线索，审计部门及时移交柳钢集团纪检监察机构进行处置。

三、当前国有企业"一把手"监督工作的困难与不足

党的十八大以来，党中央、各级党委高度重视对国有企业"一把手"的监督，但仍然存在监督难、监督不到位等问题。

（一）企业班子成员之间的监督"软"

企业领导班子成员对"一把手"的工作作风、生活作风和廉洁自律等方面情况较为熟悉，应该说班子副职对"一把手"的监督比其他监督形式要更加直接有效。但事实上，由于现有体制原因，班子副职的升迁奖励往往掌握在"一把手"手中，使得一些班子成员不愿监督、不敢监督、不能监督的现象普遍存在，使得班子成员间的监督很软。如，有的企业党委会对董事会、经理层的生产经营等经济工作不敢过多过问与干预，对"一把手"存在的问题听之任之。

（二）企业内部监督机构的监督"弱"

一般而言，国有企业大都设立了内部监督机构，比如纪检监察、监事会、职代会、审计、财务、法律事务等，但由于这些监督机构分属于不同的领导主体，监督功能分散，难以形成强有力的监督合力。同时，这些机构的人员、经费等都受制于企业"一把手"，从而使得企业内部监督机构的监督很弱。企业纪检监察机构作为党内专门监督机构，具有监督企业"一把手"的权力，但由于同时受到同级党委和上级纪委的领导，独立性和权威性缺失，难以发挥出应有的监督作用。

（三）基层职工群众的民主监督"空"

知情权是职工参与监督的前提和基础，但由于广大职工远离企业权力中心，对企业经营状况、财务状况等难以知晓，加上有些企业"一把手"缺乏民主意识，在"三重一大"事项等方面"暗箱操作"，不征求职工意见或不愿意向职工公开，从而使职工失去了"知情权""话语权"，更谈不上对"一把手"进行监督。同时在目前民主监督权力缺乏保障的情况下，一些职工由于害怕打击报复而不敢监督，从而使得职工的监督成了一种摆设。

四、加强对国有企业"一把手"监督的对策措施思考

对"一把手"监督难的原因复杂多样，要解决这些问题不可能一蹴而就，需要不

断夯实工作基础，创新工作方法，探索和完善对"一把手"监督管理的有效机制。

（一）强化思想教育，促进"一把手"自觉接受监督

从丰富学习内容入手，不断强化企业"一把手"的政治理论学习，要求他们深入学习党章党规党纪、法律法规和企业规章制度，强化党性修养，坚定理想信念，牢记使命宗旨，补足精神之钙，把握思想之舵，永葆共产党人的政治本色。加强以重大案件为反面教材的警示教育，引导各级"一把手"牢固树立正确的世界观、人生观、价值观，切实增强自重、自省、自警、自励的自觉性，模范遵守党纪党规，自觉接受监督，强化自律意识，避免无知犯错现象发生。

（二）完善监管制度，促进"一把手"做到规范用权

加强制度建设，发挥制度管人管事作用，是规范权力正确运行的重要保证。要健全"一把手"选人用人制度，严格执行有关干部选拔任用管理规定，扩大考核和选用领导干部的公开、民主程度，把那些严格执行党的路线、方针和政策，政绩突出、清正廉洁、群众公认的优秀干部选拔到"一把手"岗位上来；健全用人失察责任追究纠错机制，明确干部推荐、考察、讨论决定等各环节责任内容、责任主体和责任追究方式，杜绝"一把手"出了问题无人负责、无法追究的情况发生。要建立"一把手"决策制度，完善以落实民主集中制为重点的事前、事中监督机制，健全党委会议事规则和运行机制，凡属"三重一大"事项都要经领导班子集体讨论决定；严格落实党务、厂务公开等制度，加强对"一把手"落实民主生活会、"三重一大"决策制度等制度情况的监督，确保"一把手"权力在阳光下运行。

（三）健全监督体系，促进"一把手"得到有效监督

紧紧抓住主体责任这个"牛鼻子"，压实各级党组织管党治党政治责任和党组织负责人"第一责任人"责任，班子其他成员履行好"一岗双责"，认真落实《党委（党组）落实全面从严治党主体责任规定》等制度规定，强化上级党组织特别是上级"一把手"对下级"一把手"的监督。坚持"谁管理、谁监督"的原则，按照干部管理权限，强化层级监督、日常监督，严格落实上级对下级的廉政谈话等制度，及时发现和督促纠正各种苗头性倾向性问题。下级"一把手"出现严重违纪违规问题的，要严肃追究上级党组织和"一把手"失察失管责任。

发挥专门监督机关监督主导作用，加强相关监督部门协调配合，形成对"一把手"监督的强大合力。通过开展巡视巡察、明察暗访、工作检查和考核等形式，加强对各级"一把手"的监督检查，促进工作落实。深入推进纪检监察派驻机构改革，建立纪检监察垂直领导体制，企业纪委仅受上级纪委直接领导，进而强化纪检监察机关的监督权力。

充分发挥职工群众监督作用，以聘请基层党风政风厂风监督员等形式，不断扩大和保证职工群众对"一把手"行使权力的"知情权""发言权"和"评判权"，拓宽职工群众民主监督渠道，强化对"一把手"履职用权、工作生活等方面的日常监督，切实将各级"一把手"置于职工群众有效监督之下。

（四）强化惩戒震慑，促进"一把手"不越轨不逾矩

持续保持对"一把手"违规违纪惩戒工作态势，在注重标本兼治、预防为主的同时，针对"一把手"违纪违法问题进一步强化治标工作。坚持法律面前人人平等、纪律面前没有特权，加大对"一把手"违纪违法行为的查处力度，形成惩治腐败的强大声势，充分发挥惩治震慑作用，让"一把手"不敢轻视监督、拒绝监督、躲避监督，确保"一把手"不擅权、不谋私。

"全周期管理"方式一体推进"三不腐"体制机制建设的探索与实践

酒泉钢铁（集团）有限责任公司纪委

杨　波

一、课题背景

"全周期管理"是习近平总书记为基层治理现代化建设提出的重要理念。用"全周期管理"方式一体推进"三不腐"，充分体现了以习近平同志为核心的党中央对党风廉政建设基本规律、反腐败斗争实践经验的深刻把握和科学总结，彰显了党中央把反腐败斗争进行到底的坚定决心。

"全周期管理"就是要通过有效的系统管理、动态管理、闭环管理，把不敢腐的强大震慑效能、不能腐的刚性制度约束、不想腐的思想教育优势融于一体，让不敢腐、不能腐、不想腐三者同时发力、同向发力、综合发力。在"不敢腐"的惩治中，要始终坚持严的主基调不动摇，坚决查处政治问题和经济问题交织的腐败案件，着力整治职工群众身边的腐败和作风问题；落实中央八项规定其实施细则精神，对顶风违纪者严肃查处、通报曝光；开展巡察工作，精准发现问题、持续高悬利剑，坚决遏制增量、削减存量。在"不能腐"制度创建中，要以问题为导向，补短板、强弱项，开展以案促改，扎牢制度笼子，完善监管措施；织密职工群众监督网、健全改进作风常态化制度；抓好巡视巡察整改和成果运用，推动改革发展，不断完善反腐败制度体系建设，增强制度刚性，贯通执纪执法，强化综合效能，确保各项法规制度落地生根。在"不想腐"思想教育中，要推进党性教育、法治教育和道德教育；引导党员干部增强党性修养，严明公私界线；通过整改落实严肃党内政治生活，持续修复净化政治生态，用理想信念强基固本，用党的创新理论武装全党，用优秀传统文化正心明德，补足精神之"钙"，铸牢思想之"魂"。

二、具体做法和实践

（一）坚持系统观念，发挥全面从严治党引领保障作用，夯实"两个责任"扛起政治担当

酒泉钢铁（集团）有限责任公司（简称酒钢集团）破除"一体推进仅仅是纪检监

察组织事情"的观念,将"三不腐"的要求一体谋划、一体推动。建立落实党委主体责任、纪委监督责任、党委书记第一责任、班子成员"一岗双责"责任体系机制,统筹四大责任,协力推进"三不腐"体制机制建设。

一是强化工作领导。酒钢集团深入贯彻落实党的二十大、中央纪委全会、甘肃省纪委党风廉政建设和反腐败工作会议等重要会议精神,将党风廉政建设和反腐败工作作为党委重点工作项目持续推进。坚持定期召开党委会、党风廉政建设领导小组会,专题研究党风廉政工作,每季召开党委书记例会总结推进工作,研究审议重大问题。

二是明晰工作责任。酒钢集团党委压紧靠实管党治党政治责任,推动各级党组织和主要负责人切实担负起全面从严治党的政治责任和第一责任人职责,确保决策落实到位、制度执行到位、履职尽责到位、权力规范运行。制定《酒钢集团公司党委落实全面从严治党主体责任实施细则》和责任清单,明确党委10项主体责任、党委书记第一责任人9项责任、纪委7项监督责任;每年酒钢集团党委主要负责人都与基层党委、班子成员签订党风廉政建设责任书,与关键岗位人员签订廉洁从业承诺书,进一步形成纵向到底、横向联通的管党治党责任体系。

三是推进责任落实。酒钢集团常态化召开党委常委会研究谋划部署党风廉政建设工作,党委主要负责人一针见血指出部分单位管党治党责任落实不力的现象,明确要求主要负责同志对本单位本区域全面从严治党负全责、负总责、负首责。酒钢集团领导班子定期听取联系点党支部工作专题汇报,检查联系点党支部党风廉政建设工作推进落实情况,督促全面从严治党要求在基层落地生根。领导班子成员运用集体约谈、任前廉政谈话、年度考核结果反馈谈话、调研座谈等方式,督促领导干部明责知责,发挥"头雁作用",推动"两个责任"和"一岗双责"有效落实。

四是建立考评机制。酒钢集团纪委坚持"少、准、精、重"原则,按照监督日常化、落实具体化、考核精准化、评价科学化的目标要求,制定《酒钢集团公司党风廉政责任制考核评价细则》,通过优化指标设置,突出被考核单位重点任务,科学合理确定分值权重,量化阶段任务,充分发挥了考核工作"指挥棒"和"风向标"作用。坚持以责任制考核为契机,不断完善日常监管措施,将责任制考核与领导班子和领导干部年度考核相结合,提高考核实绩运用效果,协同组织人事部门将考核结果存入廉政档案,作为党政领导班子及其成员业绩评定、选拔任用的重要依据之一。酒钢集团两级党委扎实开展年度述责述廉工作,领导干部围绕遵守党的纪律、履行党风廉政建设责任、廉洁从业情况等向党组织进行述职,纪检监察组织及时跟进监督指导,督促基层单位认真准备、规范开展述责述廉工作,严防形式化、走过场,确保述得实、评得真,让领导干部接受深入"政治体检"。

(二)强化动态管理,准确把握新时代反腐败斗争形势,充分释放治理腐败综合效能

酒钢集团纪委准确把握反腐败斗争的特征和变化趋势,聚焦重点领域和关键环节,动态组织实施监督检查、执纪问责、协调联动等工作,以零容忍态度统筹推进反腐败

斗争，通过强有力的监督检查和对违规违纪行为的严肃查处，筑牢拒腐防变第一道防火墙，持续强化不敢腐的震慑。

一是发挥治本功能。坚持以案促改、以案促治，实现查处一案、警示一片、治理一域的综合效应，持续修复净化政治生态。以王三运、虞海燕、宋亮等人的腐败问题为鉴，对照"不讲政治不守规矩、党性观念缺失、违反中央八项规定精神"等7个方面突出问题扎实召开专题民主生活会，认真查摆不足和差距，建立肃清流毒影响问题整改清单，确保流毒和影响全面查清、全部整改。深刻认识陈春明案件极其严重的性质和极为恶劣的影响，制定切实可行的整改措施和责任清单，坚决从政治、思想、组织、作风、纪律等方面彻底肃清了陈春明流毒和影响。酒钢集团公司党委聚焦全面从严治党突出问题，研究制定《进一步修复净化党内政治生态的实施方案》和相关评估办法，一以贯之推进酒钢集团政治生态、政治生活、政治文化一体净化、一体培育、一体建设。

二是抓实监督主责。充分把握监督执纪特点，发挥纪检监察建议书主动、灵活、适用广泛等优势，结合日常监督、信访举报、巡察反馈和审查调查中发现的苗头性、倾向性问题，下发纪律检查建议书，针对性提出整改建议和风险提示。2020年以来，酒钢集团纪委共发出纪检监察建议书33份，为避免纪检监察建议书"一发了之"，酒钢集团纪委还加强对建议书的跟踪问效，建立问题跟踪台账，通过电话跟踪、书面报告、现场检查、开展"回头看"等方式全程督办，实行挂号销账管理，强化"再监督"，确保纪检监察建议书"件件有着落，事事有回音"。

三是做深"一把手"监督。认真贯彻《中共中央关于加强对"一把手"和领导班子监督的意见》，完善"分级分类、责任到人"的监督网络，制定《关于加强对"一把手"和领导班子监督的方案》《上级纪委监督下级党组织实施细则》等制度，加强"一把手"和领导班子落实全面从严治党责任、执行民主集中制、遵守党委会议事规则和支委会议事规则情况、依规依法履职用权等情况的监督。综合运用听取汇报、考察考核、监督检查、谈心谈话、指导民主生活会、督促问题整改等方式，深入基层单位了解掌握领导班子特别是"一把手"的思想、工作、作风、生活状况，了解职工群众的反映和口碑。

四是聚焦工程监督。制定工程建设项目监督专项工作方案，加强对工程建设项目的论证决策、招标投标、预算管控、设备采购、财务管理、安全生产等事前、事中、事后全程全链条监督，采取细化监督内容方式、靠实监督责任、分层分级包抓等方式，推进工程建设项目监督制度化、规范化，防范项目廉洁风险。近三年来，酒钢集团纪委组织开展高质量发展督察项目102个，开展项目党风廉政建设调研和专项检查4次，向7号高炉改造、1号和2号焦炉优化升级等甘肃省重点项目派驻巡察专员5人，切实把日常监督、驻点监督、专项监督融入项目建设全过程。

五是深化作风建设。紧盯重要节日节点，通过教育引导、警示提醒、明察暗访等方式，持续纠治"四风"。2020年至今，共查处28起违反中央八项规定及其实施细则精神的问题，对17起典型问题进行通报曝光。深入开展"四学四比四提升"深化作风建设活动，聚焦政治素养、思想观念、担当精神、严格自律等作风突出问题进行整治。扎实开展"作业长、班组长作风建设专项整治"活动，着力整治基层作业长和班组长形式主义官僚主义、基层权力"微腐败"、工作作风简单粗暴等问题。深入开展"酒杯中的奢靡之风"整治工作，深挖酒驾醉驾案件背后的违规公务接待、违规接受管理服务对象宴请等问题。紧盯精文简会、督检考、调查研究、重迹留痕、指尖上的形式主义等整治重点，切实做好基层减负工作。

六是构建联动机制。充分发挥"大监督"体系作用，建立党委统一领导、纪检监察、监事会、财务、审计、法务、巡察协调联动的"六位一体"大监督格局，每季度牵头召开监督委员联席会议，切实发挥主管监管部门力量和优势，前移监督关口，保障企业各项决策部署落地见效。制定《酒钢集团公司纪检监察监督巡察监督审计监督贯通协同实施细则》，坚持把纪检监察监督、巡察监督、审计监督作为发现问题、推动整改、提高治理效能的重要路径，每季度召开一次会商协调会，分析研判工作形势，协调解决重要问题，统筹推进有关监督工作，形成了同频共振、相互支撑，衔接顺畅、配合高效的大监督工作格局。

（三）突出闭环管理，切实筑牢拒腐防变的政治根基，营造新风正气良好发展环境

酒钢集团纪委不断探索推进惩防衔接一体化的工作方式，通过建好一套制度、警醒一群干部、形成一种文化构成了反腐败的系统闭环。每年编制党风廉政教育实施计划，大力开展党员理想信念、党章党纪党规、日常管理提醒、节日风险提示、干部职工法制意识、岗位风险预防、典型案例警示、廉洁文化示范等教育模块，引导党员干部从"他律"逐步走向"自律"，持续增强不想腐的自觉。

一是建立健全制度。积极探索源头预防腐败的方式方法，督促酒钢集团不断健全完善制度体系，实现用制度管权管事管人，切实把权力关进制度的笼子。规范法人治理，完善决策机制，酒钢集团董事会办公室、资本资源国际部先后制定了《董事会授权管理办法》《董事会议检查督办管理办法》《外派董事监事管理办法》《履行股东职责管理办法》《子公司法人治理规范》等10余部制度。加强风险管控，提升合规经营能力，酒钢集团审计风控法务部、预算财务部先后制定《全面风险管理制度》《内部控制管理制度》《风险预警处置管理办法》《风险评估管理办法》《债务风险管理办法》等制度。规范考核问责管理，健全责任追究机制，酒钢集团党委、人力资源部先后制定《专业管理考核办法》《问责管理制度》《违规经营投资责任追究管理暂行制度》《违规经营投资责任追究工作规定》《离职退休人员违规责任追究处理工作规定》等制度。2020年至今，酒钢集团制定修订完善制度290部，废止与管理要求不相适宜的制度84部，通过立规修规、完善规章制度，真正把制度的权威性、严肃性树起来，酒钢集团全面从严治党更加制度化和规范化。

二是深化廉政警示教育。酒钢集团纪委坚持向新入职党员、新提拔和进一步使用的领导干部赠送一套廉政学习资料、举行一次廉政约谈、开展一次专题警示教育、进行一次廉政知识测试、邮寄一封家庭助廉信"五份廉政礼物"，传递组织期望，明确纪

律要求。常态化利用会议、微信、短信、谈话提醒等形式，大力宣贯《国有企业领导人员廉洁从业若干规定》《酒钢集团公司领导干部"八小时之外"行为规范》以及重点领域负面行为清单等制度规定。坚持每年初召开党风廉政建设大会，通报党纪政纪处分情况，剖析典型案例。依托酒钢集团展览馆、中国工农红军西路军纪念馆、玉门铁人干部学院等红色基地开展党员领导干部党性教育。开展"清廉讲堂"活动，明确基层单位党政主要负责人每年带头讲廉政党课不少于 1 次，逐步使党员干部增强纪律规矩意识，把党章党规党纪印在心上，形成尊崇党章，遵纪守法的良好习惯。

三是加强廉洁文化建设。制定《酒钢集团公司党委关于加强新时代廉洁文化建设的实施方案》，提出了以"着力推动廉洁文化进机关、进支部、进班组、进项目、进培训、进家庭，倾力打造政治生态清明、干事风气清朗、权力运行清廉、干部队伍清正的'廉洁酒钢'，着力构建廉洁文化融入现代企业治理体系、融入企业愿景使命和价值理念、融入企业合规管理和员工行为规范"为主体架构的"六进四清三融入"新时代酒钢集团廉洁文化体系，细化分解出 12 个方面 28 项具体落实举措，逐一明确牵头部门、责任分工，解决"干什么""怎么干"的问题，做到工作任务化、任务进度化、进度可视化，确保廉洁文化建设责任落在实处。充分运用新技术、新机制、新模式，持续增强廉洁文化宣传的广度；每季度编印《酒钢纪检》，并常态化通过图文、视频、H5 等形式发布廉洁新闻宣传报道，构建了纵向畅通、横向联通的宣传格局，着力营造和弘扬崇尚廉洁、抵制腐败的良好风尚。

四是零容忍态度惩治腐败。酒钢集团纪委坚持严的主基调不动摇，坚持反腐败无禁区、全覆盖、零容忍，坚持重遏制、强高压、长震慑，坚持不懈把全面从严治党向纵深推进。2020 年以来，共查办各种违法违纪案件 62 件，给予党纪处分 73 人，政纪处分 51 人，组织处理 112 人，其中撤销党内职务处分 7 人次，党内警告 24 人次，党内严重警告 27 人次，行政警告 4 人次，行政撤职 9 人次，行政记过 9 人次，开除党籍 9 人次，解除劳动合同 2 人次，移送司法机关 3 人次。酒钢集团纪委在案件查处工作中，认真把握政策，严格按程序依法办案，确保办案质量，使每个案件的调查和处理都能做到事实清楚、证据确凿、定性准确、处理恰当，经受住历史的检验。

三、结束语

用"全周期管理"方式一体推进"三不腐"体制机制建设凝结着对腐败发生机理、管党治党规律和当前形势任务的深刻洞察，是适用于全面从严治党各方面的科学思路和有效方法。2020 年以来，酒钢集团纪委一体推进"三不腐"体制机制，坚持"惩中治、治中惩"，既重拳出击、正风肃纪，又以案促改、完善制度、强警示教育，确保惩治同向、同步、同进，巩固发展反腐败斗争压倒性胜利。

一是坚决打赢反腐败斗争攻坚战，重在惩治和震慑。面对更加复杂的内外环境，反腐必须知难而进，零容忍的态度不能变、猛药去疴的决心不能减、严厉惩处的尺度不能松。酒钢集团纪委将始终坚持严的主基调不动摇，以零容忍态度反腐惩恶，更加有力遏制增量，更加有效清除存量，坚决查处政治问题和经济问题交织的腐败，坚决防止领导干部成为利益集团和权势团体的代言人、代理人，坚决治理政商勾连破坏政治生态和经济发展环境问题，绝不姑息，形成持续的高压震慑，以不敢腐促进不能腐、不想腐，不断释放全面从严强烈信号。

二是坚决打赢反腐败斗争攻坚战，重在制约和监督。腐败不是权力活动的必然产物，而是权力失去制约和监督的直接结果。许多党员干部从"好干部"沦为"阶下囚"，一个很重要的原因就是制度不完善、管理不严格，权力过大、过于集中，同时又得不到有效制约和监督。酒钢集团纪委将持续深化整治权力集中、资金密集、资源富集领域的腐败，坚决惩治职工群众身边的"蝇贪"，严肃查处领导干部配偶、子女及其配偶等亲属和身边工作人员利用影响力谋私贪腐问题，坚持受贿行贿一起查，惩治新型腐败和隐性腐败，通过扎紧扎牢制度笼子，用刚性的制度约束管权管事管人、监督制约权力，铲除一切"污染源"，让意欲破纪破法者在严格的制约和监督中无机可乘，为不敢腐、不想腐提供有力支撑。

三是坚决打赢反腐败斗争攻坚战，重在教育和自律。无论惩治和震慑多么大，制约和监督多么严，抵制诱惑的最后防线，还是在于不想腐。酒钢集团纪委将积极构筑拒腐防变的思想堤坝，不断探索创新工作方法，用理想信念强基固本，用党的创新理论武装全党，用优秀传统文化正心明德，教育引导广大党员干部增强不想腐的自觉，清清白白做人、干干净净做事，使严厉惩治、规范权力、教育引导紧密结合、协调联动，不断取得更多制度性成果和更大治理效能，为一以贯之、坚定不移全面从严治党写下鲜明的注脚，通过不懈努力换来海晏河清、朗朗乾坤，以廉赋能护航酒钢集团行稳致远。

推进政治监督具体化、精准化、常态化的探索与实践

包头钢铁（集团）有限责任公司纪委

班彩雯　刘智光　周小丽　高　华　陈　旭

政治监督是保证党的领导在国有企业得到全面落实的根本要求。国有企业是中国特色社会主义的重要物质基础和政治基础，是我们党执政兴国的重要支柱和依靠力量。党的十八大以来，习近平总书记关于国有企业改革发展和党的建设工作，作出了重要论述和重要指示批示，为深化国有企业改革发展指明了方向、提供了根本遵循。做深政治监督，确保党中央决策部署在国有企业不折不扣落实落地是国有企业纪委职责所在。特别是习近平总书记在二十届中央纪委第二次全体会议上发表重要讲话强调，政治监督是督促全党坚持党中央集中统一领导的有力举措，要在具体化、精准化、常态化上下更大功夫。

一、对国有企业推进政治监督具体化、精准化、常态化重要性和必要性的认识

（一）政治监督具体化、精准化、常态化是"两个维护"的应有之义

新时代强化政治监督的根本目的是坚持和加强党的全面领导，政治监督的根本任务就是"两个维护"。"两个维护"不是抽象的而是具体的，要落实到具体行动中，要加强对坚持中国特色社会主义制度、落实党中央重大决策部署和习近平总书记重要指示批示精神、落实全面从严治党责任情况的监督检查，严明政治纪律和政治规矩，确保党中央政令畅通，确保权力在正确轨道上运行，就离不开具体化、精准化、常态化的政治监督。

（二）政治监督具体化、精准化、常态化是在企业改革发展中发挥监督保障执行、促进完善发展作用的必然要求

监督保障执行、促进完善发展，是党的十九大以来管党治党经验的深刻总结，为新时代国有企业纪检工作指明了路径方向。要把监督工作与企业履行职责使命、实现高质量发展的内在要求贯通融合起来，就要找准服务党和国家工作大局、服务企业改

革发展的切入点着力点，推动破解体制性障碍、机制性梗阻、政策性创新等方面的具体问题，以具体化、精准化、常态化的政治监督，保障习近平总书记重要指示批示精神和党中央决策部署在企业落地落实，推动国有企业改革发展取得高质量成果。

（三）政治监督具体化、精准化、常态化是完善企业监督体系的要求

政治监督在党内监督中居于根本和统领地位。要完善现代国有企业监督体系，必须坚持党的集中统一领导，建立健全党中央统一领导，党委全面监督，纪律检查机关专责监督，党的工作部门职能监督，党的基层组织日常监督，党员民主监督的党内监督体系，推动各监督主体把"讲政治"与具体化、精准化、常态化的政治监督工作统一起来，推动企业党建、纪检、巡视、组织人事、财务、审计、法律等监督力量形成合力，为企业高质量发展保驾护航。

二、推进政治监督具体化、精准化、常态化的探索与实践

（一）推进政治监督具体化、精准化、常态化的路径与方法

1. 着眼具体化，切实增强对标对表的政治自觉

坚持党中央决策部署到哪里、政治监督就跟进到哪里，紧密结合实际，找准政治监督的着力点，做到心中有数、有的放矢。聚焦贯彻落实习近平总书记重要指示批示精神，在深入学习领会的基础上找准监督方向、把握监督重点、制定监督措施，实行清单式推进，层层压实责任。坚持把推动党的二十大精神落实和推动落实自治区"两件大事"作为首要的政治任务，通过重点提醒、主动约谈、发函督办等方式，压实各级党组织政治责任，紧盯党中央提出的重大战略、重大任务、重大举措，强化全程监督、跟进监督，推动包头钢铁（集团）有限责任公司（简称包钢集团）各部门、各单位把学习宣传贯彻党的二十大精神和办好"两件大事"落实到具体责任、具体规划、具体政策、具体措施、具体成效上。深入开展专项监督、专项整治，及时发现和纠正政治偏差，对各种偏离、背离正确方向的现象精准用好问责利器，促进形成自觉对标对表、积极履职尽责的良好氛围。坚持把生态环境、安全生产等"国之大者"作为政治监督重点，梳理、分析过往查处违纪违法案件中暴露出的风险问题，准确把握问题性质、程度、责任，主动举一反三、系统推进整改。注重发现问题和解决问题并重，及时提出纪检监察建议，把正风肃纪反腐与深化改革、完善制度、推动发展贯通起来。截至 2023 年 7 月底，制定下发了《包钢纪委（监察专员办公室）政治监督台账、日常监督台账、专项监督台账》，实行台账式跟进、项目化监督，提升监督实效。持续开展对各单位学习贯彻党的二十大精神、落实上级各项决策部署，包钢集团"两会精神"、高质量发展重点任务等情况进行监督检查，发现苗头性、倾向性问题 2 个，及时进行了提醒纠偏。特别是针对黄河流域生态环境突出问题整改工作开展专项监督，重点整治整改工作中行动迟缓、不听招呼、虚假整改、表面整改等问题，确保总排废水综合整治项目和总排废水中水提质项目整体工期扣网推进。

2. 聚焦精准化，树立见人见事的监督靶向

紧盯关键人、关键事和关键领域，精准聚焦影响党中央决策部署在包钢集团贯彻落实的重要领域和关键环节，找准找实监督的切入点和突破口，综合施治、精准发力，确保执行不偏向、不变通、不走样。加强对"一把手"和领导班子成员监督，督促包钢集团各部门、各单位把党的领导落实到生产经营全过程各方面。以"一把手"责任落实带动主体责任、监督责任和"一岗双责"协同联动、一贯到底。深入分析包钢集团重点环节、关键领域的信访举报问题，向问题集中的部门单位主要负责人"点对点"通报有关情况，督促开展专项治理，推动管党治党责任落细落实。始终盯紧关键事，聚焦各项工作执行情况，加强跟进监督、精准监督，确保各项政策措施化为具体实践。聚焦包钢集团资金密集、资源富集、权力集中、问题易发的领域环节腐败治理，以专项监督为抓手，坚决清理风险隐患，推动包钢集团政治生态持续向好。加强对"一把手"和领导班子落实全面从严治党制度等的情况监督，受理各单位"三重一大"事项事前报告 1654 项，各级纪检监察机关参会 205 次，提出有关建议 40 条。

3. 立足常态化，健全完善长管长严的监督机制

在常态化上，要坚持从政治上看、从政治上查，对涉嫌违纪违法的问题，发现一起坚决查处一起，通过查处一个一个典型案例，推动包钢集团党委不断完善党中央重大决策部署落实机制。健全清单管理、动态跟踪、限期办结、督查问责、"回头看"等制度，构建监督闭环，确保抓在经常、融入日常，使监督常在、形成常态。把政治监督贯穿包钢集团生产经营全过程，严肃查办里勾外连、吃拿卡要等突出问题，全面纠治不作为、慢作为、乱作为等典型问题。围绕包钢集团廉政风险点、管理薄弱点、问题易发点，实行事前酝酿决策、事中执行落实、事后评价问效的全过程监督、全周期管理，真正形成有效的监督闭环。要持续完善包钢集团政治生态分析研判工作机制，重点把握、精准刻画突出政治问题，摸清"树木""森林"情况，形成年度政治生态报告，充分发挥政治生态分析研判的预警、纠偏、修复作用。以落实党风廉政建设责任制为抓手，紧盯资金密集环节、财务管理、工程建设等重点领域和关键环节，深入基层单位以调研方式开展常态化监督。同时结合问题线索处置工作，对部分单位的财务管理、物资采购工作、项目承包、合同管理等进行了专项监督检查。

（二）推进政治监督具体化、精准化、常态化的成效及当前存在的问题与不足

（1）调研过程中发现部分单位存在政治监督与包钢集团生产经营中心工作融合的还不够、政治监督过程中不能提出切中要害的意见，指导性不强的问题。

（2）调研过程中发现做实做细政治监督还有待加强，特别是针对包钢集团高质量发展资金政策、资源接续、转型升级等任务的推进情况，实行台账式跟进、项目化监督方面做得还不够。

（3）在调研工作中发现职能部门主动监督、发现问题的意识不够强，沟通效率不高，相互协同、融合的监督意识还没有形成，沟通协调、协作配合、信息互通等工作机制有待强化，各类监督贯通协调力度还有待提升；监督机制落实不够到位。

（4）在调研工作中发现大数据监督发挥作用不充分，各类监督协同贯通信息化平台建设有待进一步加强。

三、推进政治监督具体化、精准化、常态化的启示与思考

全面从严治党永远在路上，党的自我革命永远在路上。二十届中央纪委第二次全体会议深入阐述了全面从严治党新形势新要求，为新征程上高质量推进政治监督工作指明了方向。推进政治监督具体化、精准化、常态化，必须明确具体监督的任务、对象、内容、标准；必须聚焦影响党中央决策部署落实的关键环节，精准发现问题、精准分析问题、精准反映问题、精准推动解决问题；必须着力推进制度机制建设，让监督全覆盖，做到监督全链条，使监督贯通协调成为常态。结合当前工作中存在的不足，下一步还需在以下几个方面持续发力。

（一）必须要持续强化培训指导

要举办"包钢集团纪检监察干部队伍教育整顿专题培训班暨2023年第一期纪检监察业务培训班"，有针对性地开设"做实做细做深监督工作的思考与实践""重点领域、关键环节监督理论与实践"等课程，有效提升纪检监察干部开展政治监督的理论能力和工作水平。同时要在持续举办纪检监察审计巡察综合业务培训班的基础上，深化分级分类监督业务培训，提升专责监督效能。

（二）必须要积极探索提升政治监督效果的有效途径

加强对政治监督具体化、精准化、常态化的具体执行、落实的指导，细化量化监督工作清单，使监督更加具体、更具有可操作性。定期召开"室委"座谈会，将各板块纪委在日常工作中发现的问题和好的工作经验进行交流，各室针对板块纪委发现的问题提出可行性意见建议，强化监督信息共享，做到横向联通纵向联动，更好地推动政治监督具体化、精准化、常态化。

（三）必须要强化纪委监督的协助引导推动职能

纪委在履行好协助职责和监督责任的同时，需更加注重推动监督主体责任层层压实、上下贯通，推动完善监督统筹贯通、协作配合机制，以联合开展专项监督和专项治理为抓手，加强监督贯通协调实践探索，对年度和阶段协同监督工作进行系统深入的研究，制订协同监督计划，明确监督重点。聚焦企业深化改革相关政策落实情况，扩大监督覆盖面，增强监督力量，督促推动职能部门梳理亟须破解重难点项目，通过定期会商、情况通报、线索移送等方式做好沟通衔接，采取有力措施集中攻坚。

（四）必须要做好问题整改的"后半篇文章"

持续提升问题整改质效，将巡察和审计等各类监督发现的问题结合起来，在日常监督中统筹推进整改，强化对整改措施、整改结果的检查力度，协同发力抓整改主体

责任落实，实现问题整改落地见效。完善审计整改长效机制，加强同纪检监察、党委巡察、法务等监督管理部门的协作配合，通过问题协查、线索移送、专项检查等措施，推进问题改彻底、改到位。

（五）必须要充分发挥大数据监督作用

按照数字化、智能化转型要求，需推动企业投资和项目管理、财务和资产、物资采购等管控平台建设。要坚持线下监督与线上监督，对关键风险点和异常情况实时预警、重点筛查，促使各项经营管理决策和执行活动可控制、可追溯、可检查。充分运用信息技术和"大数据"分析等手段，扩大监督覆盖面，提高监督实效性，推动监督体系全面升级。坚持业务流程标准化、监督检查可视化，将管控措施嵌入各类业务信息系统，对物资出入、质量检验等关键领域、关键环节，全方位实施电子监控，切实保障国有资产安全。

攀钢"清风反腐预警系统"赋能高质量监督的实践与成果

鞍钢集团攀钢集团成都积微物联集团股份有限公司纪委

赖轶众　　陈　嘉

一、引言

鞍钢集团攀钢集团有限公司（简称攀钢集团）是依托攀西地区丰富的钒钛磁铁矿资源，依靠自主创新建设发展起来的特大型钒钛钢铁企业集团。建设攀钢集团是党和国家为开发攀西资源、改变我国钢铁工业布局、建设大三线作出的重大战略决策。经过五十多年的建设和发展，攀钢集团在钒钛磁铁矿资源综合利用方面已处于世界领先水平，是引领全球的产钒企业，掌握我国核心的钛原料和拥有完整产业链的钛加工企业，保证我国重要的铁路用钢、汽车用钢、家电用钢、特殊钢生产基地。经过多年的深化改革、持续发展，攀钢集团经营范畴从单纯生产扩大到自主投资、电商、融资、制造、贸易和服务等多个领域和产业，新兴产业领域成为公司新的经济增长点，也变成了违纪问题的多发、高发、易发区，而这些新兴产业领域也展现出缺乏监督无线索、违纪手法隐蔽、海量业务数据不利于查找关键信息等特点。

党的十八大以来，以习近平同志为核心的党中央不断深化对反腐败斗争的规律性认识，作出了一体推进"三不腐"的重大战略部署，在加强顶层设计和统筹部署的同时，更加突出了纪检工作"监督主责、科学监督"的重要性。习近平总书记强调，现在我们不断完善党内监督体系，目的都是形成科学管用的防错纠错机制，不断增强党自我净化、自我完善、自我革新、自我提高能力。为实现监督主责的高质量发展，形成科学的监督管理体系，攀钢集团纪委将大数据技术与纪检监督业务需求相结合，全方位多角度深层次地侦测案源、寻找证据，节省核查和取证时间，自主开发建设"清风反腐预警系统"，对大数据赋能高质量监督模式进行了有益实践，构建出一套行之有效的"线上+线下"高质量监督新模式并取得显著效果。

二、深刻理解把握"大数据"赋能高质量监督的时代脉搏

（一）运用"大数据"赋能是攀钢集团落实全面从严治党、实现高质量监督向基层延伸的政治要求

习近平总书记强调，大数据给人们的生产生活带来巨大变化，对很多领域的创新

发展起到很强带动作用，我们要用好大数据，深入实施创新驱动。《中央纪委国家监委信息化工作规划（2018—2022 年）》中再次强调，在反腐倡廉的道路上，各级纪检机构需要进一步发挥科技的辅助作用，将纪检监察工作与现代化信息技术有机结合，积极探索利用人工智能、大数据延伸监督范围、拓展监督领域，促进审查调查和监督检查工作高质量发展，为纪检监察机关依法履行职能提供有力的技术支持。

坚持全面从严治党是统筹推进"五位一体"建设、协调实施"四个全面"战略布局的根本保证，纪检机构主动履行监督第一职责，不仅要有"零容忍"的态度，更需要"明察秋毫"的手段。利用"大数据"赋能监督推进全面从严治党向基层延伸，成为加强监督的政治要求。攀钢集团纪委将互联网技术、人工智能技术、大数据思维等信息化手段运用到主动监督全流程、各环节工作中，建立"清风反腐预警系统"监督防控平台，用科技的力量提升监督质效，努力实现主动监督、精准监督、全覆盖监督，确保监督不留死角、不留空白，真正把权力关进制度的笼子，确保攀钢集团健康快速发展，做优做大做强。

（二）运用"大数据"赋能是攀钢集团推进全面从严治党、实现高质量监督向基层延伸的现实需要

习近平总书记指出，长期以来，党内存在的一个突出问题，就是不愿监督、不敢监督、抵制监督等现象不同程度存在，监督下级怕丢"选票"，监督同级怕伤"和气"，监督上级怕穿"小鞋"。从攀钢集团实际来看，业务模式多元，管理幅度宽广，涉及人员众多，腐败风险点多面广。而一些单位在监督过程中，由于监督力量、监督人员配置的参差不齐，不会监督、不敢监督、不善监督、不愿监督的问题依然突出。因此，攀钢集团纪委秉持高质量监督理念，建立"清风反腐预警系统"监督防控平台，搭建统一的数据库，打通数据屏障，消灭数据孤岛，让各种独立的数据在保密情况下互融互通。同时，通过数据自动识别、自动比对，异常变化自动预警，监督机构根据自动预警情况即时跟踪分析，准确预测廉政风险点、容易滋生腐败的重点环节、制度盲区以及伴随腐败产生相关信息，让大数据织密监督之笼，避免"牛栏关猫"，助推全面从严治党向基层延伸。以此有效遏制作风不严不实、事项弄虚作假等现象，让党员干部形成"不敢腐、不能腐、不想腐"的自觉意识，实现党风廉政建设的"惩防并举""防控在前"，提升各级党组织全面从严治党能力及纪检组织监督水平，为攀钢集团高质量发展提供重要保证。

（三）运用"大数据"赋能是攀钢集团强化全面从严治党、实现高质量监督向基层延伸的必由之路

党的十九大以来，习近平总书记多次强调各项工作要主动适应信息化要求、强化互联网思维。攀钢集团通过全面从严治党向基层延伸的工作实践，反映出在招标采购、业务外委、废弃物处置等环节的事前、事中嵌入式监督亟待加强等客观问题。同时，也暴露出违纪违法行为逐步复杂化、隐蔽化等新的时代特点。随着近年来攀钢集团推

进信息化建设，越来越多的信息、业务实现数字化变革，通过数字化系统和网络平台的使用提升了运行效率，积累了经营管理中大量重点领域和关键环节的信息化数据。这些变化为利用大数据技术拓宽问题线索来源渠道，拓展监督手段，由"坐等上门"变为"主动出击"，推进嵌入式监督提供了新机会。强化全面从严治党向基层延伸，由大数据推动权力运行的制约和监督，有效地防止权力失控、决策失误、行为失范，使教育的基础作用更牢固，使制度的保证作用更可靠，使监督的关键作用更有效，从而推动大数据赋能监督工作成为必由之路。

三、"大数据"赋能高质量监督的总目标及主要架构

（一）总目标

依托"大数据"技术，建立更高效更广泛的高质量监督模式，一体推进不敢腐、不能腐、不想腐。

（二）高质量监督的核心指标

习近平总书记指出，分析这些年来查处的典型腐败案件，都有一个量变到质变、小节到大错的过程。要把党内监督体现在时时处处事事上，敦促党员、干部按本色做人、按角色办事。因此，监督是否高质量，必须坚持系统观念，整体地而不是零散地、普遍联系地而不是孤立地认识反腐败斗争，推动不敢腐、不能腐、不想腐三者同时同向发力，需要精准制定监督核心指标，才能有针对性地开发"大数据"监督系统。

1. 有效监督

有效监督是高质量监督的重要评判标准，线索成案率是重中之重。富有成效的监督，要与业务同步部署，同步完善，并且与业务形成互为支撑、互为补充的重要格局，无效监督的业务终将成为无效益的业务，也无法形成成案线索。

2. 广泛监督

广泛监督是高质量监督的重要组成部分，监督参与度是评价标准。监督工作不是纪检人员独有的职能，通过整合党内监督、舆论监督、群众监督、社会监督等各种监督形式，运用新技术形成大监督体系，将有力促进"三不腐"工作格局。

3. 动态监督

动态监督是高质量监督的重要支撑指标，发案时长、涉案金额大小都是体现监督及时性、动态性的关键。传统监督模式受业务、人员、工作方式的影响，很难对腐败苗头、工作错误及时发现、及时纠正，导致贪欲、腐败"发酵""蔓延"，运用新技术要有利于及时发现、查处、提醒问题，有利于遏制腐败的进一步扩大。

攀钢集团纪委在研发和调研中发现，"大数据"技术具有"运算能力强大、快速融合多方信息、不受外界干扰、长期持续执行"等特点，高度契合高质量监督"有效、广泛、动态"三个核心指标要求。

（三）"清风反腐预警系统"的设计架构

1. 全要素闭环管理

按照全生命周期理论，腐败问题成因错综复杂，具有顽固性、反复性的特点。反腐败是一项艰巨复杂的系统工程，涉及多方面、多要素，不同工作之间往往相互交织，必须准确研判、科学谋划、统筹安排，因此，"大数据"要形成"惩防教治问"全要素齐备、统筹各方划区治理、各司其职分兵把守的总体设计。

2. 预警信号集中管理

《中国共产党纪律检查机关监督执纪工作规则》规定，问题线索处置保密规范、科学高效，对保证纪检监察机关依规依纪依法履职具有重要意义。面对"大数据"提供更广的线索来源，如果管理无序，难免造成底数不清、易于流失、处置混乱等问题，也可能给泄露线索、抹案销案以可乘之机。因此，必须坚持集中统一管理，使线索管理有序受控。

3. 监督模型精准

以"违规者心态"深度研究业务开展模式及业务管理规定，模拟腐败实施手法，以合理设置预警策略作为底层逻辑，编辑比对、筛选、漏斗、融合等数学模型，形成违纪违法具体实施后的可视化数据表现，将问题线索立体和完整的进行呈现，实现"及时"捕捉业务违规违纪线索，"快速"查找违纪违规构成原因，"有效"确定触犯风险规则路径，"准确"选择管控措施。

四、"清风反腐预警系统"赋能高质量监督的"三个效果"

习近平总书记指出，"要建立腐败预警惩治联动机制，加强对腐败手段隐形变异、翻新升级等新特征的分析研究，提高及时发现、有效处理腐败问题的能力"。自2021年"清风反腐预警系统"在攀钢集团成都积微物联集团股份有限公司（简称积微物联公司）试点运行以来，查实问题线索8件，收缴违纪款290余万元，该公司部分重点领域发案情况从"三多三重"（发案人员多且职位重要、发案点位多且金额重大、发案涉及面多且违纪情况重大）转变为"二轻一小"（违纪情节轻微的多、轻微职位的多、发案金额变小），充分印证了"大数据"赋能高质量监督更有助于降低系统性风险的成效。

（一）实现了对隐蔽腐败行为的强烈震慑

自"清风反腐预警系统"运行以来，攀钢集团纪委发扬斗争精神与斗争本领，对预警信息进行"三筛二转"，即通过对预警信息筛查廉洁问题、筛查业务问题、筛查系统漏洞，转问题线下、转业务问题，达到线下规范流程对线上发现问题解决和整改的有力支撑，实现"线上+线下"贯通衔接，"大数据"赋能监督的震慑作用。

例如，在废旧物资处置预警子系统中，某单位在废旧物资历史处置价格与底价一致或十分接近（38次预警信号中，12次中标价与底价完全一致，26次中标价与底价十分接近，最高溢价未超过 0.5%），触发"底价泄露监控"预警信息；同时，"客户指向性关联"预警进一步提示该公司废旧物资中标单位指向性异常集中（废旧物资的中标单位集中在重庆市会某商贸有限公司等 6 家公司），"常胜将军"问题十分明显；同时，后台预警处置业务经办人员全部为该公司销售业务员曾某。

攀钢集团纪检部门迅速调取分析相关预警关联数据，经集中研判后认为：该公司物资处置存在泄露底价风险，业务员曾某具有重大嫌疑。经批准后立即将该问题线索转涉事单位纪委予以处置，由于预警系统提供数据精准，从发现问题、锁定证据、谈话突破仅用时 4 天，即锁定曾某利用负责初定该公司处置底价的职务便利及该公司定价核准流程流于形式的管理漏洞，通过暗示向重庆市多家公司泄露底价，事后中标单位以"业务麻将"的形式向曾某送上好处费数万元的违纪事实。

（二）实现了对重点、关键领域监督难的有效根治

紧扣重点领域监督难点，一直是攀钢集团"大数据"赋能监督工作的重点。纪检人员以"违规者心态"，站在腐败发生机理的角度，深度研究业务开展模式及业务管理规定，构建违规违纪大数据监督应用场景，并以此设计数据模型，保证大数据监督全时全程"在线"，突出重点领域监督与整治。

例如，2021 年，鞍钢集团开展"影子公司、影子股东"专项治理，攀钢集团及时抓住治理契机，根据历年来查办"影子公司"贪腐表现，锁定"影子公司"违纪手法，迅速搭建"违规经商办企业"数据分析模型。该数据分析模型首先按照业务规模形成排查名单；其次利用公司企业信息库汇总来往客商股东、高管人员名单，抓取关键人员信息，形成"客商名单池"；再次利用专项治理过程收集的"关键、敏感业务人员"近亲属信息形成靶向档案；最后，通过大数据比对手段进行沙漏筛选，成功查办某单位二级事业部副经理违规经商办企业侵害公司利益数十万元的典型案例。

案件查办后，攀钢集团纪委坚持透过"树木"看"森林"，充分运用"两书一函"，要求该公司针对共性问题，立即开展专项再治理工作。通过以案说法宣传教育，讲清治理目的，说明处理政策等方式，该公司 31 名同志主动报告本人、本人直系亲属开办公司或入股公司情况，主动向公司退赔相关款项累计人民币 29 万余元。同时，对隐瞒不报，继续顶风违纪的 1 名关键岗位人员，给予政纪重处分，收缴违纪款 20 万元，督促相关单位退赔公司损失 40 万元。此举有效解决了该公司社会化员工长期存在的违纪痛点难点问题，使"影子公司"这项"久治不愈"的顽疾在积微物联公司得到深度清理，充分实现了查处一案、警示一片、治理一域的综合效果。

（三）实现了对不良政治生态环境状态的明显改善

攀钢集团"清风反腐预警系统"的成功建设与应用，为国有企业大数据反腐走出了实质性一步。通过系统不断迭代升级，国有企业纪检部门外调手续的时间长、不易审批，翻阅涉案资料时间长，谈话前证据收集不全面不易突破、早监督早预防难度大等新老问题，得到较好解决，强震慑、固防线效果逐步显现，部分重点领域信访举报

量同比下降 50%，员工主动报告、主动上交接受业务合作对象年节礼品等情况已蔚然成风。通过 App 程序对员工主动向纪检部门上交年节礼品 200 余件开展内部认购，实现创效 5 万余元，员工底线思维、红线意识得到了有效提升，"洁身自爱、风清气正、干事创业"的浓厚氛围正在逐步成形。

五、"清风反腐预警系统"赋能高质量监督实现"三个转化"

（一）由"被动型"监督向"主动型"监督转化

大数据赋能监督，是有效纠治基层"微腐败"的杠杆和支点。通过对大数据监督发现问题保持零容忍态度，以严肃查处、严肃问责倒逼作风转变和责任落实，将监督发现的问题、漏洞反馈给被监督单位，推动监管体系权力运行进一步完善。以"清风"预警系统试点单位为例，2021 年前，该单位问题线索 100% 来源于传统的信访举报渠道。2021 年系统投运之后，通过大数据监督平台发现问题线索占该单位接收问题线索总额的 47%，传统信访举报占比下降至 11.7%，有效地实现了"被动型"监督向"主动型"监督的转化。

（二）由"纠错型"监督向"预防型"监督转化

监督职责是纪检部门的基本职责，将大数据运用嵌入日常监督、专项治理、执纪审查各环节，能让数据成为会说话的监督员，不断推进大数据赋能监督具体化、精准化、常态化。"大数据"赋能监督，坚持以人为点、以业务为线、以权力运行为轴，针对公司生产经营过程中的堵点、难点、风险点，充分依托海量数据，坚持问题导向、动态建模原则，实现对人、事、权、物的全方位监督，以业务建模带动数据建模，发挥数据要素活力，让数据活起来，改变以往只注重"治"而忽视"防"，防治脱节问题，建立起以防为主、防治并重、标本兼治的监督预警机制。如：在公务车使用监督中，通过安装定位设备、整合企业 OA 系统用车审批功能，充分运用电子围栏技术，实现全面、快速、准确地记录和存储公车的行驶轨迹、停车地点和停车时间，实时公开公车的运行情况，并对违规用车行为零时差报警，使公车驾驶员直接感受到 24 小时在线的"大数据"监督的压力。"预防型"监督成功解决了公务用车监督集中在事后、人为查询车辆 GPS 数据工作量巨大、存在监督盲点、倒查时间过长违规用车证据容易灭失等突出问题，实现了事后"亡羊补牢"向事前"防微杜渐"的转化。

（三）由"问责型"监督向"效益型"监督转化

"大数据"赋能监督的最终目的是实现权利的规范运行，"清风反腐预警系统"始终坚持"全周期管理"开展工作，系统管理是第一要义，动态管理是关键所在，闭环管理是重要保障。坚持同步问责，同步分析问题产生的机理原因，找准同类问题风险点，形成"监督检查—查处通报—教育警示—完善治理—建章立制"的工作闭环，推动形成"惩、防、教、治、问"的全闭环管理，以高质量监督推动企业高质量发展。

如：废旧物资挂网销售预警子平台查办问题线索后，通过及时发布"两书一函"，试点单位重新完善修订相关制度，实现销售物资处置均价平均增幅86%，同比实现销售增利272万余元。

六、后记

攀钢集团"清风反腐预警系统"的有效运用，为"大数据"赋能高质量监督探索出了一条全新道路。实践证明，"大数据"赋能高质量监督精准把握了时代内涵和党中央对纪检工作提出的新使命、新要求，构建了具有攀钢集团特色的"大数据"赋能高质量监督之路。

抓实六个"从严"推动八钢公司
纪检工作高质量发展

中国宝武新疆八一钢铁有限公司纪委

《中国共产党章程》规定,党的各级纪律检查委员会是党内监督专责机关,职责是监督、执纪、问责。十九届中央纪委向党的二十大做的工作报告中提出,坚持不懈用党的创新理论凝心铸魂,认真履行监督执纪问责职责,保障党的二十大战略部署落地见效。各级纪检组织必须聚焦主责主业,坚持严的基调,一以贯之地全面从严、一严到底,依规依纪依法开展监督执纪问责工作,确保实现政治效果、纪法效果、社会效果相统一。中国宝武新疆八一钢铁有限公司(简称八钢公司)纪委以习近平新时代中国特色社会主义思想为指导,深入贯彻中国宝武和八钢公司党委全面从严治党部署安排,找准职能定位,突出主责主业,以严的基调构建和完善一体推进监督、执纪、问责全链条,推动纪检工作高质量发展,为八钢公司改革发展提供坚强政治保障。

一、坚持严的基调是新时代纪检工作的必然要求

全面从严治党十年磨一剑,取得了显著成效,反腐败斗争取得压倒性胜利并全面巩固,但形势依然严峻复杂,铲除腐败滋生土壤任务依然艰巨,还远未到大功告成的时候。要深刻认识党风廉政建设和反腐败斗争长期性、复杂性、艰巨性,一以贯之地保持忧患意识和冷静清醒,一以贯之坚持严的基调推进各项工作,推动八钢公司全面从严治党不断向纵深发展,切实助力企业改革发展。

(一)反腐败斗争进入了攻坚战、持久战,需要一以贯之坚持严的基调

反腐败斗争是一场输不起也绝不能输的重大政治斗争。党的二十大报告对"打赢反腐败斗争攻坚战持久战"作出战略部署,强调"只要存在腐败问题产生的土壤和条件,反腐败斗争就一刻不能停,必须永远吹冲锋号",释放出坚决打赢反腐败斗争攻坚战持久战的鲜明态度与坚定决心。一是腐败问题的解决不可能一蹴而就。腐败问题有着复杂的经济、社会、历史文化背景,在不同时期、不同阶段呈现出不同特点,腐败问题长期积累,解决起来也非一日之功。从八钢公司近年来查办的违纪违法案件看,还存在权力制约监督不到位,对党员干部教育管理不严不实等问题,铲除腐败滋生土壤、压缩腐败问题生存空间,依然任重道远。二是反腐败斗争走向了深水区。反腐败

斗争呈现出新的阶段性特征，政治问题和经济问题交织、领导干部成为利益集团和权势团体的代言人代理人、政商勾连破坏政治生态和经济发展环境等情况还不同程度存在。权力集中、资金密集、资源富集领域的权力运行还存在不规范现象，区域性、行业性、系统性廉洁风险仍然存在。如工程建设领域，从项目审批、招标投标到物资采购等各个环节都还可能有腐败发生。形势决定任务，也决定着工作的方针和方法。所以反腐败斗争攻坚战持久战还需要坚持严的基调，以零容忍态度反腐惩恶，完善动态清除、常态惩治工作机制，更加有效清除存量以及更加有力遏制增量。

(二) 部分基层单位反腐败斗争出现了疲劳综合征，需要一以贯之坚持严的基调

党的十八大以来，反腐败工作取得了显著成效，但随着时间和战线的拉长，部分基层单位出现了"疲劳综合征"，这是危险的信号，应引起高度重视。一是疲劳综合征根源在于思想认识偏差。有的单位和个人对作风建设依然严峻复杂的形势认识不到位，认为中央八项规定抓了很长时间，纠治"四风"也取得了一定的成效，可以松松劲、歇歇脚了；有的单位和个人对作风问题的顽固性和反复性理解不深，对作风建设的长期性和艰巨性估计不足，认为纠治"四风"已经取得决定性胜利，盲目乐观、丧失警惕。从八钢公司查处的违纪案件看，有些党员干部思想认识还不到位，对一些问题觉得无所谓，一不小心就踩踏了红线。所以强化思想意识，防治疲劳综合征的任务还依然艰巨。二是疲劳综合征在党组织和纪检工作中都有所显现。有的党组织负责人主体责任压得不紧、落地不力，认为抓作风就是纪委的事情，出了问题还习惯一推了之。有的基层党组织缺乏纠治"四风"的有效抓手，发现和纠治"四风"问题的定力不够、能力不足；有的纪检组织监督动力不足、能力不强，不敢监督、不会监督、不愿监督问题依然存在；有的只会紧盯节点、通报曝光、暗访督查，主动发现问题能力存在差距；有的纠治"四风"职能职责发散，信息沟通不畅，纠治合力不足。所以防治疲劳综合征是一项长期的艰巨任务，必须坚持严的基调，认真落实党委主体责任、纪委监督责任、党委书记第一责任人责任，班子成员"一岗双责"的"四责协同"机制，持续创新监督执纪方式方法，坚守重要节点防反弹，盯住薄弱环节补短板，加紧制度建设强弱项，持续强力纠治"四风"。

二、坚持严的基调，积极拓展方法路径，推动纪检工作高质量发展

八钢公司纪委按照习近平总书记提出的"三个务必"，结合"艰苦奋斗 创建八钢"新时代内涵，大力弘扬严实作风，坚持严的基调不动摇，强化监督执纪问责，充分发挥全面从严治党的政治引领作用，为推动企业高质量发展提供坚强保障。

(一) 从严推进政治监督，筑牢监督堤坝

一是项目化推进政治监督。制定下发《八钢公司 2023 年做深做实政治监督重点工作实施方案》，确定三方面 13 个重点监督项目，清单化管理、项目化推进、责任化考核，实现政治监督与业务推进有机统一。截至 2023 年 4 月，发现问题 36 项，督促制

定、落实整改措施 39 条。二是强化对"关键少数"的监督。督促班子成员坚持抓早抓小，对分管领域领导班子成员履职情况进行针对性约谈、谈话。领导班子成员与分管领域管理人员履职谈话 132 人次。对下级"一把手"及领导干部开展新任职谈话、定期监督谈话，及时发现苗头性、倾向性问题，倒逼"一把手"切实扛起政治责任，推动政治监督可视化、具体化。三是围绕重点领域开展专项督查。牵头组织相关部门，围绕近三年公司存货管理的组织体系、库存控制等管理流程、责任分工及相关人员履职情况等方面，通过查阅资料、访谈等方式深入被检查单位开展专项检查，梳理出 7 个廉洁风险点，并逐项制定管控措施，持续强化对关键岗位、重点人员的监督。

（二）从严推进作风建设，强化监督执纪问责

一是紧盯关键节点，持续开展专项监督检查。通过节前教育提醒、节中明察暗访、节后严查快处，重点围绕"四费"及公车管理使用等开展专项检查 28 次，发现 3 个方面 7 项问题，约谈相关负责人 1 名，要求相关单位认真制定整改措施并对整改落实情况进行跟踪督导。二是持续开展不担当不作为专项整治。与组织部联合开展领导人员形式主义、官僚主义专项整治，形成负面清单，定期跟踪整改情况，推进问题解决，确保整治成效。4 名中层管理者因在环保工作中履职不力被严肃追责问责。

（三）从严推进线索挖掘，提高主动发现问题能力

一是探索建立基层纪检干部履职评价体系，提升发现问题主动性。制定下发《八钢公司纪检监督员管理办法》，从任职资格、履职评价等全过程加强对纪检队伍的管理，选优配强纪检干部，从主动发现问题、主动参与查办案件等方面建立考评机制，提升监督主动性，部分二级单位纪委自办案件实现"零的突破"。二是探索建立"纪巡审"联动监督新模式。纪委靠前行动，协同党委巡察办、审计部，就发现的问题进行集体讨论，推动三类监督优势互补、贯通融合，提高主动发现问题线索能力。截至2023 年 4 月，巡察移交问题线索 3 件，同比增加 50%。三是融合监督力量。通过梳理归纳重点任务并结合各单位 27 个党风廉政倾向性问题，针对性地明确监督事项清单，实现监督内容的融合。四是打通信访举报"最后一公里"。在厂区三个职工服务区设置信访举报箱，畅通职工举报途径，加强对信访举报分析，梳理群众反映强烈、问题集中、性质严重的问题线索，集中"会诊"研判，分类处置、对症施策，集中力量逐一突破。五是强化智慧监督赋能。聚焦重点领域、关键环节，智慧监督平台对接运用六大业务平台，通过对"大数据"采集、对比、分析，实现自动预警，提高发现问题及时性，并结合实际运行情况不断优化智慧监督平台功能，持续更好发挥大数据监督作用。

（四）从严推进自主办案，提升监督执纪效能

一是交叉办案、握指成拳。打破基层纪委传统的各自为战、"独立"办案方式，探索"交叉式"办案，快速有效整合监督执纪人力资源，集中优势，高效完成线索查办工作。2023 年 3 月，在办理关于某驻村人员的问题线索时，指派驻村经验丰富的少数

民族纪检干部阿某加入审查组,凭借其对村里情况较为熟悉的优势,快速调取证据,在一个月内完成了初核。二是以干代训,提高质效。在问题线索初核及案件查办过程中,由八钢公司纪委指派经验丰富的纪检干部全程跟踪督导,二级单位纪检干部共同参与,对相关工作流程和要求进行实战培训,提升查办案件能力。2023年4月,在办理关于炼钢厂某党员的问题线索时,八钢公司纪委督导炼钢厂纪委初步核实工作,后对该党员立案审查,通过办案督导,以干代训,提升炼钢厂纪检人员办案能力。

（五）从严推进纪律教育,打牢清廉思想根基

2023年以来,八钢公司深入开展"5+1"廉洁文化建设,强化纪律教育,推进干部职工筑牢思想防线,为营造风清气正的政治生态奠定坚实基础。一是任职第一课。八钢公司纪委书记为新任职、调整领导干部150余人讲授廉洁教育专题党课《领导干部要扣好廉洁从业的"第一粒扣子"》。二是入职第一课。对新入职大学生进行廉洁教育,帮助新入职员工树立规矩意识,切实做到遵章守纪。三是上岗第一考。组织主管上岗前考试,提升政治素质、履职能力,把好"政治关、廉洁关"。四是一次廉洁宣讲。各级纪委书记以习近平新时代中国特色社会主义思想为指导,积极宣贯二十大精神,以保持党的纯洁性为根本,在职工中多形式开展廉洁文化宣讲,组织廉政党课134场,3700余人参加;组织廉政专题学习讨论活动200余场,4700余名党员干部参加,以讲促学、以学促用,营造"班子廉洁奉公、干部勤廉从业、职工遵章守纪"的浓厚氛围。五是一次廉洁谈话。各级党组织通过任职谈话、日常谈话等方式,先后对500余名年轻干部进行廉洁谈话,教育引导其树立"知敬畏、存戒惧、守底线"的思想意识。六是一事一提醒。在"精"字上下功夫,针对违规违纪易发多发的重点领域、关键环节,下发专项廉洁提示函。

（六）从严推进队伍建设,夯实监督执纪力量

一是以坚决的态度和有力的行动开展教育整顿。八钢公司纪委成立工作组,组长牵头直接抓、负总责,工作组成员认真履行职责。对标对表中国宝武纪委部署要求,起草制订推进计划,结合实际列出任务清单、措施清单、责任清单和时间表,确保严肃认真、抓细抓实各环节任务。二是坚持以学铸魂,坚定信念,增强本领。利用"周周讲、人人讲"等方式,及时跟进学习习近平新时代中国特色社会主义思想,1人领学,2~3人结合实际谈心得体会,从党的创新理论中汲取精神力量,增强全面从严治党的自觉性、坚定性;纪委机关工作人员立足本岗,结合实际工作,轮流相互讲党纪法规及相关纪检专业知识,并集体讨论交流执纪办案的经验方法,在一次次充分交流中,增强专业本领,推动纪检队伍规范化、法治化、正规化水平迈上新台阶。三是以评促建、以评促改,推动整体能力提升。每季度对二级单位纪委书记进行评价,重点围绕专项检查、主动发现问题、主动查办案件、突破"双零"等方面进行评价,对在工作中担当意识不强、履行职责不到位的3名纪委书记进行了调整,推动能者上、庸者下、劣者汰的用人导向。

三、思考与启示

习近平总书记在二十届中央纪委第二次全体会议上强调，反腐败斗争形势依然严峻复杂，遏制增量、清除存量的任务依然艰巨。必须深化标本兼治、系统治理，一体推进不敢腐、不能腐、不想腐。二十届中央纪委第二次全体会议工作报告中，"严"共出现69次，贯穿全篇，充分彰显一严到底的鲜明导向，再次释放全面从严治党永远在路上的强烈信号。

（一）"严"是鲜亮底色和独特优势，必须坚持严的基调，推动全面从严治党向纵深发展

我们党是靠革命理想和铁的纪律组织起来的马克思主义政党，"严"是党与生俱来的内在禀赋，是党的光荣传统和独特优势。党的十八大以来，以习近平同志为核心的党中央以前所未有的勇气和定力推进全面从严治党，推动管党治党宽松软状况得到根本扭转，只有一以贯之持续从严，才能永葆党的先进性和纯洁性，不断推动全面从严治党向纵深发展。纪检机关是推进全面从严治党的重要力量，要切实把党的二十大精神学习成果转化为深入推进新时代新征程纪检工作高质量发展的强大奋进力量，转化为坚定不移正风肃纪反腐的具体行动，转化为坚定维护党的先进纯洁、永葆党的生机活力的实际成效。

（二）"严"是有效措施和有力保障，必须坚持严的基调，保证正风肃纪有效性

党的十八大以来，党中央发扬钉钉子精神，持之以恒纠治"四风"，刹住了一些过去被认为不可能刹住的歪风，纠治了一些多年未除的顽瘴痼疾，风清气正的政治生态也不断形成，但无论是作风问题还是纪律问题，都具有顽固性、反复性，只有扭住不放、久久为功才能收到实效。党的二十大报告指出，"坚持以严的基调强化正风肃纪"。一是要保持严的基调不动摇，锲而不舍落实中央八项规定精神，持续纠治"四风"问题，坚决防反弹回潮、防隐形变异、防疲劳厌战。二是要把握作风建设地区性、行业性、阶段性特点，针对普遍发生、反复出现的问题深化整治，以严的基调，推进作风建设常态化长效化。三是要全面加强党的纪律建设，完善制度体系，督促领导干部严于律己、严负其责、严管所辖，对违反党纪的问题，发现一起坚决查处一起，以严的基调深化监督执纪问责，持续释放越往后执纪越严的强烈信号，确保正风肃纪有效性。

（三）"严"是紧箍咒和护身符，必须坚持严的基调，打造新时代纪检铁军

二十届中央纪委第二次全体会议报告指出，要锻造堪当新时代新征程重任的纪检监察铁军。纪检监察机关作为党的"纪律部队"，斗争是天然的品格、工作的常态。一是要发扬斗争精神，以党性立身，以报党报国的境界情怀做事，切实把对"两个确立"决定性意义的深刻领悟转化为"两个维护"的自觉行动。要坚定斗争意志，不患得患失，在攻坚战持久战中始终冲锋在最前面。二是要增强斗争本领，加强纪检专业知识

培训和实战训练，深化理论研究，不断提高依规依纪依法履职能力，练就善于斗争的硬脊梁、铁肩膀、真本事。三是要带头自我革命，打铁必须自身硬，坚持从严从实，自觉接受最严格的约束和监督，严守权力边界，严查"灯下黑"，打造政治过硬、本领高强、纪律严明、作风优良的新时代纪检铁军。

打造廉洁从业教育品牌　助力清廉京唐建设

首钢京唐钢铁联合有限责任公司纪委

王会静

党的二十大报告指出，坚持以严的基调强化正风肃纪，全面加强党的纪律建设，从思想上固本培元，加强新时代廉洁文化建设。中共中央办公厅印发的《关于加强新时代廉洁文化建设的意见》，对夯实清正廉洁思想根基、发挥廉洁教育基础作用等提出了具体要求。首钢京唐钢铁联合有限责任公司（简称首钢京唐公司）纪委紧密结合企业特点和工作实际，倾力打造"清廉课堂"教育品牌，以"三聚焦、三强化"开展廉洁从业教育，以"小切口"推动"大变局"，全力推进"清廉京唐"廉洁文化建设，厚植"不想腐"的土壤，促进企业稳定、健康、可持续发展。

一、深刻认识加强廉洁从业教育的重要意义

（一）加强廉洁从业教育是落实落细全面从严治党政治责任的必然要求

习近平总书记指出，现实生活中，一些党员、干部出这样那样的问题，说到底是信仰迷茫、精神迷失。对照全面从严治党新形势新任务和新要求，首钢京唐公司反腐倡廉教育还存在薄弱环节，如个别基层党组织对加强党员的理想信念教育、纪律教育重视不够，少数党员及领导人员廉洁从业思想根基不牢，纪律规矩意识不强，抵制腐朽思想侵蚀、腐蚀能力不足，甚至走上违纪违法道路。因此，必须坚持教育在先、警示在先、预防在先，把党的纪律教育、理想信念教育抓在经常、融入日常，开展廉洁从业教育，强化纪律震慑和正向引导，筑牢信仰之基，补足精神之钙，始终保持党的先进性和纯洁性，打造高效、廉洁、和谐的干部职工队伍。

（二）加强廉洁从业教育是推动国有企业高质量发展的现实需要

2022年以来，钢铁行业市场形势严峻复杂，原材料价格居高不下，企业效益大幅下滑，新冠疫情反复冲击，钢铁行业进入寒冬。为保生产、促发展，要切实增强危机感、紧迫感和使命感，以党的二十大精神为指引，把全体干部职工的思想和行动统一到党中央决策部署上来，统一到夯实企业高质量发展基础上来，努力开创高质量发展新局面。加强廉洁从业教育，有利于锤炼"忠诚、干净、担当"的政治品格，有利于

提振干部职工干事创业精神，立足本职岗位，同心同德、凝心聚力，有利于营造依法合规、公平公开、风清气正的干事创业氛围，为企业高质量发展护航。

（三）加强廉洁从业教育是丰富新时代廉洁文化建设的重要举措

廉洁从业教育是新时代廉洁文化建设的重要一环，有助于宣传廉洁思想、文化，助力全面从严治党、反腐败斗争和党的自我革命，从源头上预防和治理腐败，提升廉洁文化建设的实效性。首钢京唐公司品牌化、体系化打造廉洁文化"大宣教"格局，构建"清廉京唐"廉洁文化体系，前移廉洁教育关口，将廉洁从业教育融入全员业务培训，以严明纪律规矩，正本清源、固本培元，崇德尚廉、涵养文化，进一步丰富廉洁文化内涵和价值意蕴，构筑起"不想腐"的思想堤坝，涵养企业政治生态。

二、"三聚焦"打造"清廉课堂"廉洁从业教育品牌

国有企业开展廉洁从业教育要面向全体干部职工。首钢京唐公司打造"清廉课堂"教育品牌，将纪律教育与理想信念教育、警示教育、职业道德教育融为一体，把廉洁从业教育培训作为职场的必修课，聚焦不同教育对象，分层分类，精准施教，推动廉洁从业教育进一线、全覆盖，不断夯实"不想腐"的思想根基。

（一）聚焦全体党员开展纪律教育

党的纪律是党的生命线。中国共产党党员是中国工人阶级的先锋战士，更要加强党性教育，严明组织纪律，坚决反对腐败，才能长期保证队伍的先进性、纯洁性和凝聚力、战斗力。

首钢京唐公司纪委根据不同层次、不同岗位、不同对象、不同时间节点，围绕提高党员党性意识，增强党性修养，强化使命担当，通过"三会一课"、主题党日、主题教育等组织生活，以及专题培训等，常态化开展党的政策理论教育，强化理想信念教育，经常性开展党章党规党纪和法律法规教育，广泛开展优秀传统文化和家规家训家风教育，促使党员干部树牢纪律意识，明确纪律要求，强化纪律约束，严守纪律规矩，养成纪律自觉。

加强日常廉洁从业教育，防微杜渐"治未病"。强化正向典型引领，固本培元，每月组织全体党员集中观看清廉教育片，以短小精悍的视频代替长篇文字学习，使学习内容更加聚焦，学习成效更加显著。加强重大节日、重要节点警示教育，关口前移，以案明纪，集中教育宣贯，开展提醒谈话，架起纪律"高压线"，提升广大党员干部廉洁从业的认同感和坚定性，增强"不想腐"的思想自觉和行动自觉。

（二）聚焦重点人员开展廉洁用权教育

各级领导人员、监察对象和有业务处置权人员作为行使公权力的重点人群，要切实做到为民用权、依法用权、秉公用权和廉洁用权。

首钢京唐公司坚持以上率下，将纪律教育、法治教育纳入党委理论学习中心组月

度学习计划，发挥"关键少数"的示范和表率作用。结合内外部出现的苗头性倾向性问题，精心选取对应主题的教育材料，会同党委宣传部，纳入首钢京唐公司两级党委理论学习中心组月度学习内容，通过观看警示教育片、学习纪法条规、剖析典型案例等多种形式，分析研判党风廉政建设情况，切实增强"一把手"纪律规矩意识，强化班子成员"一岗双责"职责，督促时刻做到自律、自警、自省、自重，加强对分管领域党员干部的经常性教育、管理和监督，以深化落实"两个责任"，纵深推进全面从严治党。

精准开展重点人员警示教育，每年召开"以案为鉴、以案促改"警示教育大会，举办重点人员廉洁从业警示教育培训班，组织参观唐山市警示教育基地等廉政体验活动，重要时间节点逐级开展约谈提醒，利用部门论坛、讲座，或融入专业培训等形式开展"清廉课堂"教育培训，学习案例通报，引领党员干部确立思想上的"定盘星"、坚定理想信念的"主心骨"，做到学思用贯通、知信行统一，切实筑牢信仰之基、补足精神之钙、把稳思想之舵。

加强对年轻干部的教育，强化日常监督，做实廉政教育。扣好年轻干部廉洁用权的"第一粒扣子"，举办"青春有为 廉洁同行"年轻干部警示教育培训班，为 200 余名年轻干部拧紧"廉洁弦"。对新提职干部、新调整岗位人员开展任职廉政谈心谈话，结合职务变化及岗位特点，深入分析廉政风险，有针对性地进行廉洁提醒教育，提出廉洁用权要求，上好任前"第一课"，打好岗前"预防针"。发放《年轻干部廉洁教育案例读本》《公职人员纪法禁令 200 条》等廉政教育书籍，传递清廉能量，用清风正气滋养心田，不断提升年轻干部对树牢为民宗旨、严守党纪国法和勇于自我革命的新的认识，进一步强化廉洁自律意识，筑牢拒腐防变的思想道德防线。

（三）聚焦职工群众开展廉洁从业教育

加强廉洁从业教育是企业防范廉洁风险，助力企业高质量的有效手段。首钢京唐公司各基层党组织加强对全体职工遵纪守法、合规管理、职业道德和品德品行等方面的教育，倡导廉洁从业，强化"洁在心·廉在行"廉洁理念，规范廉洁从业行为，对全体干部职工廉洁从业教育的覆盖面达到 100%。

加强廉洁从业宣教，通过讲解廉洁文化的起源，学习廉洁典故，品读廉洁诗词，剖析"微腐败""软腐败"行为以及社会群体对"廉洁"一词的不同解读等，使职工群众认识到廉洁从业不仅是领导人员应遵守的行为规范，也是对普通岗位职工的基本要求，是社会对所有公民的道德要求，是每一位公民最基本的行为准绳，"践行廉洁从业、严守职业操守"思想更加入脑入心。

推进"清廉京唐"廉洁文化体系建设，增强企业廉洁文化的亲和力和感染力。适应融媒体时代受众需要，在首钢京唐公司企业微信"党风廉政"版块打造廉洁从业教育传播阵地，富集学习资源，开设"一点思·享""警钟""名人家风""家庭倡廉""漫画说纪""廉洁提醒"等教育栏目，开辟党员职工"指尖"教育平台，方便快捷、润物无声，让廉洁从业教育"触手可及"。坚持以文化人，会同政工部门搭建清廉文化创作平台，征集廉洁主题作品，推出一批廉洁文化精品力作。培育清廉文化教育基地，组织基层单位结合实际，打造特色廉洁文化长廊，形成"人人思廉、人人倡廉、人人促廉"的良好氛围。

三、"三强化"深化"清廉课堂"廉洁从业教育培训

开展廉洁从业教育培训要坚持因人施教、对症下药、注重预防的原则，把纪律和规矩挺在前面，抓早抓小、防微杜渐。围绕"讲什么""怎么讲""谁来讲"，首钢京唐公司纪委精心设计"清廉课堂"教育培训课程，由"大水漫灌"向"精准滴灌"转变，更好满足不同领域和教育对象的需求，切实增强廉洁从业教育的匹配度、针对性、感染力。

（一）强化按需下单，嵌入培训见实效

1. 坚持"因人施教"

将"清廉课堂"廉洁从业教育纳入首钢京唐公司年度重点培训计划，列入"必修课"清单，在重点人员业务培训中开展嵌入式教育。针对教育培训对象按需下单，制订"分众式差异化"廉洁教育方案，设定教学目标，拟定学习任务，设计培训内容，合理安排不同环节，如视频教育、专题讲座、分组讨论、心得交流、成果验收等，使培训课程更具吸引力。

2. 强化"共情"教育

创新"清廉课堂"教育形式，深入推进职工亲属参与亲情助廉工作，聚焦"共情"，寓教于乐，携手守望良好家风。组织录制家庭倡廉视频，开展亲子活动、社区宣教、廉政体验等，让"清廉课堂"走出会议室，在潜移默化中引导强化廉洁意识，发挥家庭在反腐倡廉教育工作中的重要作用，共同构筑起拒腐防变的家企防线。

3. 打造精品课程库

避免同质化教育，紧盯关键对象、关键领域、关键节点，整合教育资源，编制实用的培训课件群，建立警示教育资源库，设置10余个培训主题"套餐"，教育对象涵盖新职工、一线班组长、关键领域业务人员、党小组长、党支部书记、青年骨干、外派高管、年轻领导人员、基层"一把手"以及廉洁共建单位等，极大提高了与受众教育需求度的匹配性，增强了廉洁从业教育品牌的规范性与生命力。

（二）强化送课上门，深入一线筑廉洁

1. 纠治"节日病"

"节点"就是"考点"，元旦春节、五一端午、中秋国庆是阖家欢庆的美好时刻，往往也是"四风"问题易发多发期。每逢重大节日，首钢京唐公司纪委不仅组织各基层纪委强化节前警示教育，同时也为基层单位提供"送课上门"服务。基层单位只需提前联系预约课程，首钢京唐公司纪委按照区域分工选派专员进行上门授课。节前教

育课程以开展"以案为鉴、以案促改"警示教育为主，重点围绕落实中央八项规定精神，结合基层单位廉洁从业教育"洼地"以及近年来违纪问题多发领域，以案为鉴明法纪，以案促改固根本，督促自警自查，用身边事教育身边人，深化"洁在心·廉在行"廉洁理念，确保廉洁过好节。

2. 开展纪律"扫盲"

首钢京唐公司纪委每年以"纪律教育宣传月"系列活动为载体，明确教育主题，开展集中教育，一体推进廉洁用权教育、纪律教育和廉洁从业教育，严明党的纪律规矩。在第四届纪律教育宣传月期间，组建"清风宣讲团"，开展"党规党纪巡讲"教育16场，推动全面从严治党不断向基层延伸。宣讲团深入基层单位、合资单位广泛宣讲，围绕六大纪律、"四种形态"以及防"围猎"、纠"四风"等内容进行深入浅出地讲解，进一步强化遵章守纪意识，让"纪盲""半纪盲"知禁区、明底线，让"望风者"知敬畏、存戒惧，切实筑牢廉洁防线。

（三）强化上台授课，精准宣教提素质

1. 加强宣讲实践

首钢京唐公司纪委人员作为廉洁从业培训教学的专业人员，必须清楚掌握全面从严治党的新形势、新任务，具备丰富的相关理论知识和纪检专业素养，才能把自己对廉洁从业教育内容的理解，转化为教育对象自身的知识，有效地解决在加强党风廉政建设和反腐败工作中出现的问题。首钢京唐公司纪委强化纪检干部培训交流，持续提高纪检干部知识储备，纪检干部主动进一线、上讲台，在反复授课实践中总结经验、改进不足，不断提升宣讲能力，增强宣讲质效。

2. 拓展宣教队伍

加大对基层纪检人员的教育培训力度，提高履职能力，扩大廉洁从业宣讲队伍，增强宣教力量。基层纪检人员最了解本单位实情，可以因地制宜、精准宣教，通过宣讲党的精神、明晰党纪法规、讲述廉洁故事、剖析典型案例等，及时答疑解惑，拧紧思想"总开关"，实现宣教"岗哨"前移。基层单位纪检人员积极开展部门宣教，争做廉洁从业教育的宣讲员，力做践行廉洁从业的护航员，传播廉洁从业好声音，有效推动廉洁从业教育培训常态化、全覆盖。

首钢京唐公司精心打造"清廉课堂"教育品牌，守正创新加强廉洁文化建设，引导全体党员干部职工树牢"洁在心·廉在行"廉洁理念，不断提高对"清廉京唐"廉洁文化的认同感，推进廉洁从业意识入脑入心、形成共识，廉洁从业成为工作习惯、行动自觉，让求真务实、清正廉洁的新风正气不断充盈，为首钢京唐公司高质量发展和党的建设提供了纪律和作风保障。

"六坚持"推进政治监督
具体化、精准化、常态化

——新时代国有企业推进政治监督的探索与实践

中国宝武宝山钢铁股份有限公司纪委

周坚松

在习近平新时代中国特色社会主义思想"十个明确"中，党的领导居于首位。新时代坚持党的全面领导，最根本的是坚决维护党中央权威和集中统一领导，深刻认识"两个确立"的决定性意义，不断增强"四个意识"、坚定"四个自信"、做到"两个维护"。纪委是党内监督专责机关，在"两个维护"上肩负重大使命、重大责任，必须主动融入大局、服务大局，聚焦"国之大者"找准切入点和着力点，持续强化政治监督，坚决维护党中央权威和集中统一领导，有力保障党中央决策部署落实见效。党的二十大和二十届中央纪委第二次全体会议明确要求：推进政治监督具体化、精准化、常态化。中国宝武宝山钢铁股份有限公司（简称宝钢股份）纪委落实中央要求，结合国有企业特点，积极探索实践，形成了新时代国有企业"六坚持"推进政治监督具体化、精准化、常态化的有效做法。

一、新时代国有企业开展政治监督的重要意义

（一）开展政治监督是新时代国有企业落实"两个维护"的有力保障

党的二十大报告强调，坚持和加强党的全面领导，坚决维护党中央权威和集中统一领导，把党的领导落实到党和国家事业各领域各方面各环节。国有企业是中国特色社会主义的重要物质基础和政治基础，是我们党执政兴国的重要支柱和依靠力量。新时代坚持和发展中国特色社会主义，统筹推进"五位一体"总体布局和协调推进"四个全面"战略布局，全面建设社会主义现代化国家，实现中华民族伟大复兴的中国梦，国有企业肩负着重大历史使命。因此，国有企业必须坚持党的领导，必须坚决落实"两个维护"。具体到宝钢股份，就是要紧紧围绕习近平总书记重要指示批示和党中央重大决策部署，结合公司钢铁强国的使命担当，聚焦绿色低碳发展、科技自立自强、创建世界一流企业等具体目标任务开展政治监督，有力保障习近平总书记重要指示批

示和党中央方针政策、决策部署在宝钢股份贯彻执行、落实见效。

（二）开展政治监督是新时代国有企业落实全面从严治党的有力保障

党的二十大报告指出，全面从严治党永远在路上，党的自我革命永远在路上，对坚定不移全面从严治党，深入推进新时代党的建设新的伟大工程，作出新部署，提出新要求。坚持党的领导、加强党的建设是国有企业的"根"和"魂"，是我国国有企业的独特优势，是重大政治原则。宝钢股份作为国有企业，就是要紧紧围绕"坚持党的领导、加强党的建设"开展政治监督，推动各级党组织以党的政治建设为统领，落实"坚定不移全面从严治党，深入推进新时代党的建设新的伟大工程"新部署、新要求；督促广大党员干部严守政治纪律和政治规矩，提高政治判断力、政治领悟力、政治执行力，切实担当起全面从严治党的政治责任，严于律己、严负其责、严管所辖，有力保障全面从严治党的各项任务要求落实见效。

（三）开展政治监督是新时代国有企业高质量发展的有力保障

党的二十大提出，高质量发展是全面建设社会主义现代化国家的首要任务。风清气正的政治生态是新时代国有企业规范健康运营、高质量发展的政治保障。作为国有企业的宝钢股份，紧盯关键少数开展政治监督，就是为了促使领导干部严守政治纪律、政治规矩，提高思想政治素养，增强党性修养，做到忠诚、干净、担当，团结带领广大员工廉洁从业、勤勉敬业，奋进新征程，建功新时代，涵养风清气正的政治生态，营造崇尚廉洁、诚实守信、依法合规、公开公正的良好氛围，并将监督成效转化为完善企业治理体系、提升企业治理能力的质效，有力保障公司健康运营和高质量发展。

二、宝钢股份开展政治监督存在的短板和薄弱环节

习近平总书记在二十届中央纪委第二次全体会议上发表重要讲话强调，政治监督是督促全党坚持党中央集中统一领导的有力举措，要在具体化、精准化、常态化上下更大功夫。宝钢股份纪委全面梳理、系统分析公司近年来开展政治监督的实际情况，对照"推进政治监督具体化、精准化、常态化"要求，发现存在以下短板和薄弱环节。

一是政治监督事项不够系统、具体、明晰。主要表现为：对政治监督具体化要求把握不准，对需监督的具体事项缺乏系统梳理，没有形成系统、完整、具体、明晰的监督事项清单，推进政治监督具体化存在不足。

二是开展政治监督缺少有效抓手和载体。主要表现为：对于贯彻落实中央决策部署与国有企业生产经营、改革发展中心任务紧密结合方面，系统深入思考不够，开展政治监督缺少有效抓手和载体，开展政治监督存在一定程度的泛化、虚化。

三是联动协同开展政治监督存在不足。主要表现为：在开展政治监督的过程中，往往是纪检队伍冲锋在前，单独监督，"专责监督"与"专业职能监督"联动协同不够，专业职能监督的优势未能有效发挥，开展监督过程中，一些涉及专业的问题难以精准发现，推进政治监督精准化存在不足。

四是推动问题整改存在不足。主要表现为：监督更多着力于发现问题，存在"一查了之"的情况，后续跟进指导、督促、推动问题整改较为薄弱，政治监督成果转化不够及时有力。

五是常态化日常监督体系不够完善。主要表现为：对政治监督常态化要求把握不准，将政治监督融入常态化监督的体系不够完善，推进政治监督常态化存在不足。

六是现有纪检监督机制与"一公司多基地"生产经营模式适应性存在不足。主要表现为：公司总部纪检机关与下属纪检组织上下联动不够紧密；各二级纪委各自在所在单位的狭窄范围内开展监督，监督资源整合不够；基层纪委的纪检干部与工作范围内的人员相互熟识，客观上存在"熟人社会监督难"，监督的精准性和有效性受到制约。

三、"六坚持"推进宝钢股份政治监督具体化、精准化、常态化

针对上述六方面问题，宝钢股份纪委积极探索实践，形成了新时代推进政治监督具体化、精准化、常态化的有效做法，概括为"六坚持"。

（一）坚持"清单式"明确监督事项

宝钢股份纪委坚持党中央决策部署到哪里、政治监督就跟进到哪里，紧密结合公司实际，找准政治监督的着力点，清单式明确监督事项，做到有的放矢。围绕落实党风廉政建设责任，制定《党委的主体责任清单》《纪委的监督责任清单》《党委书记履行"第一责任人"责任清单》《领导班子其他成员"一岗双责"责任清单》；围绕开展同级监督，制定《各级纪委对同级党委及其成员监督的重点内容清单》；每年聚焦习近平总书记重要指示批示和党中央重大决策部署，紧密结合宝钢股份生产经营和改革发展中心工作，推动制定《公司党委重点工作任务清单》。上述的一系列清单，结合宝钢股份实际情况，具体、清晰地确定了政治监督的具体事项，为推进宝钢股份政治监督具体化、精准化、常态化奠定了坚实基础。

（二）坚持"项目化"推进重点工作

宝钢股份纪委坚持每年围绕习近平总书记重要指示批示和党中央重大决策部署，紧密结合宝钢股份生产经营和改革发展重点工作，系统思考，找准监督方向、把握监督重点，针对性确定政治监督重点项目，使得政治监督有了具体项目作为抓手和载体，推进政治监督更加聚焦精准、有力有效。2023年，宝钢股份纪委贯彻党的二十大决策部署，落实二十届中央纪委第二次全体会议要求，结合公司生产经营和改革发展重点工作，聚焦绿色发展，确立了"绿色低碳发展重点工作举措落实情况专项监督检查"项目；聚焦乡村振兴，确立了"乡村振兴重点工作举措落实情况专项监督检查"项目；聚焦高水平科技自立自强，确立了"关键核心技术项目攻关专项监督检查"项目；聚焦创建"产品卓越、品牌卓著、创新领先、治理现代"世界一流企业的目标任务，确立了"'营销端、采购端、制造端'重点工作落实情况专项监督检查"项目。

（三）坚持"协同式"凝聚监督合力

宝钢股份纪委建立监督会商机制，将纪检、组织、财务、审计、巡察、专业职能等监督力量贯通融合，协同式凝聚监督合力。对于每一个政治监督项目，均成立由公司纪委书记和业务分管领导任"双组长"，纪检、组织、财务、审计、巡察、专业职能等相关人员参加的监督检查组，坚持"专责监督+专业监督"模式，有效凝聚监督力量，大家各展所长，群策群力，会商确定最优监督方案，合力开展现场监督，共同分析诊断监督检查发现的问题，协同指导推进问题整改，形成了监督合力，提升了政治监督发现问题和解决问题的能力和水平，推动政治监督更加精准、有效。

（四）坚持"回头看"推动问题整改

开展政治监督既要精准发现问题，又要有力推动问题整改，从而将监督成效切实转化为治理效能。宝钢股份纪委坚持开展政治监督问题整改情况"回头看"，全覆盖验证问题整改情况，抽查验证整改措施落实情况，访谈验证整改责任落实情况，访谈了解、查阅资料、实地查看"三结合"评估整改成效，有力推动各级党组织紧盯责任促落实、紧盯问题纠偏差、紧盯隐患防风险、紧盯短板抓整改，推进政治监督发现的问题得到及时整改、有效整改、彻底整改，推进"当下改"与"长久立"相结合，健全制度机制，巩固整改成效。

（五）坚持"体系化"推动日常监督

宝钢股份纪委坚持体系化推动日常监督，确保抓在经常、融入日常，使监督常在、形成常态。通过纪检、组织、财务、审计、巡察、职能等监督部门共同会商，梳理研究分析近年来政治监督过程中发现的典型问题，转化为日常监督的重点事项。具体而言，就是聚焦管党治党责任，围绕公司改革发展任务，把政治监督嵌入权力运行全链条，围绕权力运行关键点、廉洁风险点、问题易发点，确定了6方面、18项监督内容、32个关注重点、100条日常监督的重点事项，形成了《日常监督核心事项清单》，每项监督内容都明确了主责部门，以此为纽带，建立起各类监督贯通融合的日常监督体系。

（六）坚持"三突出"提升监督质效

宝钢股份纪委适应"一公司多基地"生产经营模式，分析研究，确立以合理划分的区域为协同管理单元、突出"上下联动""区域管理""交叉监督"的全新思路，探索建立"上下联动、区域管理、交叉监督"纪检监督机制，提升监督质效。具体而言，就是以区域相邻、业务相近、优势相补的"三相"原则，划分区域，建立六个区域协同组，推行板块式管理；区域协同组由同区域内各单位现有专兼职纪检干部组成，公司总部纪检机关专人分别对接协调区域工作；区域协同组采取组长负责制，设立轮值组长单位，该单位纪委书记为轮值组长，每家单位交替轮值半年；区域协同组以专项监督检查项目为载体，协同开展日常监督检查，督促问题整改。公司总部纪检机关与各区域纪检协同组上下联动,构筑起覆盖各区域、各单位的监督体系;以区域为单位系统整合原来零散的监督资源,开展协同监督,高效统筹监督力量;区域内各单位相互交叉监督或跨区域交叉监督,有利于破解熟人社会"碍于情面"的监督难题,监督更显威力,更加科学有效。

四、宝钢股份推进政治监督的实践经验启示

（一）必须坚持系统思考,统筹安排

开展政治监督是国有企业落实"两个维护"、深化全面从严治党、实现高质量发展的重要工作,必须提高政治站位,系统思考,统筹安排,把政治监督融入国有企业肩负的政治责任和使命担当中,融入国有企业全面从严治党的全局工作中,融入公司治理体系中,融入一体推进不敢腐、不能腐、不想腐的党风廉政建设和反腐败工作中,科学部署,精心组织。为此,宝钢股份纪委从落实"两个维护"的政治要求出发,从公司肩负的"钢铁报国"政治责任和使命担当出发,从公司全面从严治党全局工作出发,结合公司治理体系建设和重点工作推进,系统明确监督事项,系统谋划监督项目,统筹凝聚监督力量,扎实推进监督检查,系统推进问题整改,系统构建日常监督体系,保障政治监督具体化、精准化、常态化。

（二）必须建立体系机制,一体推进

推进政治监督具体化、精准化、常态化,必须建立有效的体系和机制以及具体合适的载体和抓手,把监督有效融入企业的日常工作体系,体系化运作,确保及时精准、常态长效。为此,宝钢股份纪委贯彻党中央精神,结合宝钢股份实际情况,分层分类制定履责清单,清单式明晰具体监督事项;确定政治监督的重点项目,以具体项目作为抓手和载体,项目化开展政治监督;建立健全"专责监督+巡察监督+职能专业监督"监督机制,同向发力提升监督质效;建立问题整改"回头看"机制,推动监督发现的问题闭环整改、长效整改;建立"各类监督贯通融合的日常监督体系"和"上下联动、区域管理、交叉监督"纪检监督机制,推动监督融入日常。以完善的体系机制,保障政治监督具体化、精准化、常态化。

（三）必须贯通各类监督,凝聚合力

推进政治监督具体化、精准化、常态化,提升政治监督的质效,必须贯通各类监督,发挥各类监督的长处,凝聚监督合力。为此,宝钢股份纪委以监督会商机制为平台,将纪检、组织、财务、审计、巡察、专业职能等监督力量凝聚起来,会商确定监督方案,联合组成监督工作组,合力开展政治监督,共同分析诊断监督发现的问题,协同指导推进问题整改,合力构建日常监督体系。以各类监督贯通融合的监督合力,保障政治监督具体化、精准化、常态化。

国有企业"三不一体"廉洁合规监督体系的构建与实施

河钢集团有限公司纪委

董士党　卢耀豪　李　嘉　张月鹏　杨小楠

一、构建"三不一体"廉洁合规监督体系的背景

(一) 强化监督体系建设是落实全面从严治党的必然要求

持续深化党内监督,是坚持和加强党的领导,推动党自我净化、自我完善、自我革新、自我提高,实现党科学执政、民主执政、依法执政的重要保障。党的十八大以来,以习近平同志为核心的党中央坚持无禁区、全覆盖、零容忍,坚持重遏制、强高压、长震慑,坚持有案必查、有腐必惩,以刮骨疗毒、壮士断腕的勇气,以猛药去疴、重典治乱的决心,解决了许多长期没有解决的顽瘴痼疾,管党治党宽松软状况得到根本扭转,反腐败斗争取得压倒性胜利并全面巩固。但从现实来看,仍有不少人在党的十八大乃至十九大之后仍然不收敛不收手,这说明腐败这个党长期执政的最大威胁仍然存在,反腐败斗争形式依然严峻复杂。新形势下,仅靠纪检部门开展专项监督工作已无法满足监督全覆盖的要求,必须构建组织合理、制度完善、运转顺畅、监管有效的"三不一体"监督体系,织细织密监督网络,才能确保管党治党责任层层压紧压实,将全面从严的要求一贯到底,才能始终以高度的政治责任感和使命感构建企业风清气正政治生态,持续提高应对挑战、抵御风险、克服阻力、化解矛盾的能力水平,以全面从严治党新成效推动构建企业改革发展新格局。

(二) 强化监督体系建设是提升企业治理能力的治本之策

习近平总书记在全国国有企业党的建设工作会议上指出,国有企业要做到坚持党对国有企业的领导和建立现代企业制度"两个一以贯之"。国有企业要肩负起建设世界一流企业的重任,必须具备世界一流的治理能力和治理体系。加强监督体系建设,是构建权责边界更加明晰、流程运转更加顺畅、监督制衡更加有效的公司治理体系的需要;是引导公司各监督主体强化制度意识,带头维护制度权威,做制度执行表率的需要;是带动各级干部职工自觉尊崇制度、严格执行制度、坚决维护制度,提高规范治

理水平的需要。"三不一体"监督体系能够把各类监督有机贯通起来，推动相互协调，既从职能角度又从专业角度，调动各类监督资源、运用多维监督手段，压实职能部门监督职责，推动职能部门强化联动协同，聚焦生产经营重点领域、关键环节、关键人，扎实开展监督检查工作；围绕权力运行，盯住重点人、重点事、重点问题，发现企业存在的风险和不足；采取有针对性的措施，防范、化解、规避各类风险，全方位提升企业的治理能力和水平，从而提高企业的竞争力、控制力和抗风险能力，确保企业持续稳定健康发展。

（三）强化监督体系建设是推动高质量发展的现实需求

发展是企业永恒的主题，但企业在经营管理过程中的战略风险、经营风险、财务风险和廉洁从业风险等各种风险随时存在，而企业的发展需要有一个健康稳定的内外部环境，因此，必须建立好企业内部监督体系。传统的监督既不成体系也不够健全，重大风险防范化解能力有限，内部监督资源分散，监督乏力、监督缺位以及重复监督等现象亟须解决。企业内部工作不协同、资源难整合、成果无法有效利用，不仅影响工作效率、增加管理成本，也给企业发展埋下了各种风险隐患。"三不一体"监督体系能够最大限度地促进各类监督的协同化效应，把党和国家的决策部署及工作要求贯穿于企业治理的全过程，把改革发展、经营管理中的重点难点作为大监督工作的着力点，不断增强企业可持续发展能力、综合盈利能力和市场竞争能力，有效实现企业治理目标，确保企业沿着正确方向高质量发展。

二、"三不一体"廉洁合规监督体系的内涵

随着全面从严治党的深入发展，以钢铁企业为代表的国有企业风险防范机制逐步完善，传统的设备采购、原辅料采购以及工程项目招投标等高风险领域，权力寻租空间逐渐被压缩。但从公开的中央巡视央企通报情况来看，这些现象并未完全禁绝，而且呈现的形式更加隐蔽，对企业净化营商环境带来更大挑战；此外，在国际国内双循环的行业发展新业态下，钢铁产业上下游企业联系更加紧密，利益交集更广泛且更加复杂，伴随产生的潜在廉洁合规风险更加突出。河钢集团有限公司（简称河钢集团）依托于习近平总书记提出的一体推进不敢腐、不能腐、不想腐战略思想，坚持"不敢、不能、不想"一体推进，立足"使监督更有制衡力、惩治更有威慑力、干事创业精气神更有动力和活力"的目标导向，将监督执纪问责融入企业生产、经营、管理、改革、发展、安全、稳定的全过程，一是通过机制、监督铺设"防护网"，筑牢不能的堤坝。瞄准健全系统集成、协同高效监督体系，牢固树立系统观念，在履行监督专责的基础上加强统筹协调，推动各单位各部门同题共答、优势互补，努力实现工作再强化、力量再融合、效果再提升。二是通过执纪、惩处架设"高压线"，强化不敢的震慑。坚持以法治思维和法治方式正风肃纪反腐，建立完善依规依纪依法履行职责、行使权力的具体程序和行为规范，严把事实关、程序关、纪法适用关，做到纪法双施双守。三是通过教育、管理构筑"防火墙"，增强不想的自觉。大力构建党员理想信念、党章党纪

党规、日常管理提醒、节日风险提示、职工法制意识、典型案例警示、廉洁文化示范等教育模块，引导党员干部从"他律"逐步走向"自律"，实现"不想"的升华。打造符合党的政治要求、适应时代潮流、破解企业发展瓶颈的廉洁合规监督新体系，发挥监督约束力、督促力、纠正力、推动力，实现清弊除障与赋能护航的高度融合，形成廉洁激发内生动力、监督促进改革发展的全新监督赋能模式，为高质量转型发展稳步向前提供了坚强有力的纪律保证和监督促进，形成了国有企业新旧动能转换的河钢作法，构建起了具有河钢特色的监督品牌，如图1所示。

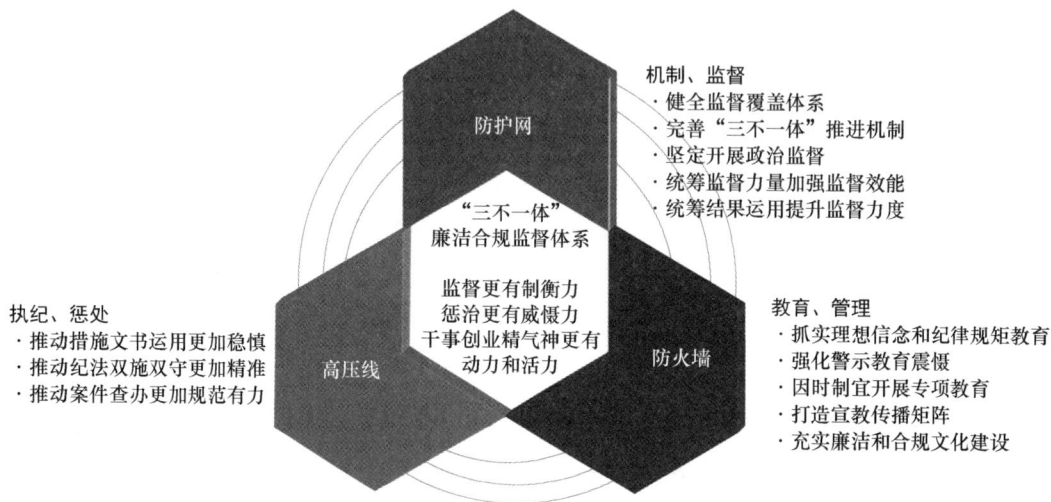

图1　"三不一体"廉洁合规监督体系

三、构建实施"三不一体"廉洁合规监督体系的具体做法

（一）通过机制、监督铺设"防护网"，筑牢不能的堤坝

瞄准健全系统集成、协同高效监督体系，牢固树立系统观念，在履行监督专责的基础上加强统筹协调，推动各单位各部门同题共答、优势互补，努力实现工作再强化、力量再融合、效果再提升。

1. 健全监督覆盖体系

健全完善以党内监督为主导的监督机制，推动党委全面监督、纪委专责监督、党的工作部门职能监督、党的基层组织日常监督、党员民主监督等有机结合、融为一体。推动巡视巡察、纪检监察、财务稽核、独立审计、法务合规、职工民主等各类监督贯通融合、一体发力，构建上下协调联动，决策权、执行权、监督权既相互制约又相互协调的"六位一体"监督体系。发挥好监督工作联席会议作用，构建监督体系信息平台，持续健全完善监督力量联动、监督信息共享、监督成果运用等工作机制，形成权力运行和风险防控监督贯通体系。以"提升企业管理、提高经济效益，促全员廉洁从业"的"两提一促"为目标，结合企业实际创新开展效能监督，探索把监督融入企业发展全过程，聚焦体制性障碍、机制性梗阻、政策性创新，通过监督发现问题、督促整改、完善制度机制，推动企业全面从严治党和严格依法治企制度优势转化为治理效能。

2. 完善"三不一体"推进机制

把一体推进"三不"理念融入廉洁合规监督全过程各方面，坚持整体把握、一体谋划，同向发力、同时发力，系统施治、标本兼治。突出惩治功能，持续释放"不敢"的强力震慑，坚持把"严"的主基调贯穿始终，重点查处政治问题和经济问题交织的腐败案件，着力整治职工群众身边腐败和作风问题，精准运用"四种形态"，净化政治生态。加强监督制约，织密压实"不能"的制度机制，完善权力配置、运行、监督和责任追究的制度机制，构建齐抓共治工作格局，积极探索对一把手监督和同级监督的有效办法，完善重点领域监督机制改革和制度建设，形成靠制度管权、管事、管人的长效机制。通过实施查结典型案件的通报、剖析、警示、建议、回访工作，做实监督执纪和审查调查"后半篇文章"，深化以案为鉴、以案促改，从正反两方面典型中汲取经验教训，筑牢思想防线，推动查处、整改、治理贯通融合，形成"三不"互相支撑、共同推进的局面。

3. 坚定开展政治监督

制定政治监督重点工作清单和纪检监察监督清单"两份清单"，政治监督重点工作清单准确把握政治监督目标和职责，抓牢抓实政治监督重点任务，推动河钢集团各级党组织落实政治监督主体责任、纪检监察机构落实政治监督工作专责，党委工作部门立足职能职责履行政治监督责任，多渠道构建政治监督网络，推进政治监督具体化、常态化。在政治监督手段上通过强化日常监督、加大违反政治纪律和政治规矩问题查处力度、加强专项监督检查和集中整治、推进政治巡察和问题整改，把开展政治监督情况作为全面从严治党"两个责任"和党风廉政建设责任制重要内容，着力发现和纠正政治偏差，推动政治监督科学精准有效开展；纪检监察监督清单贯通融合政治监督、日常监督、专项监督和整改监督，明确54项监督内容并动态更新，通过任务和目标具体化，督促监督责任人定期与所监督事项涉及单位、部门负责人和相关人员见面沟通，采取走访、问询等方式了解情况，掌握工作进展，达到以落实监督专责撬动党委落实主体责任的目标。聚焦"两个维护"开展监督。通过参加或列席有关会议，提出监督意见和工作提示等方式，督促各级党组织和领导干部切实把习近平总书记对河北工作，以及国有企业有关重要讲话和指示批示精神落实到实际工作中。聚焦"国之大者"跟进监督。紧紧围绕国有企业改革三年行动、"三年上、五年强"专项行动、环保督察发现问题整改问责、安全事故瞒报问责、"疫情要防住、经济要稳住、发展要安全"等工作开展专项监督，有效推动监督走深走实。

4. 统筹监督力量加强监督效能

制定特约监督员管理办法，明确了特约监督员的聘任管理、任职条件、职责、权利和义务。2023年初聘首届监督员47名，涵盖总部机关和子分公司基层干部职工以及离岗、退休的子分公司中层以上干部，监督员实行定期反馈制度，每季度至少反馈一次监督信息。为解决监督员在开展监督工作中了解掌握有关情况可能会遇有困难的情况，创新建立授权监督机制，按照有限必要原则，监督员可在报请河钢集团纪委、监察专员办公室同意后，持河钢集团《授权通知书》查阅、获得有关文件和资料，参加或列席有关会议，有效统筹了监督力量，推动了监督贯通融合和上下联动。此外，结合子分公司纪委未被授予监察权的实际，在落实纪检监察建议有关规定的基础上，创新监督建议、监督提示等手段，将纪律检查建议书、监察建议书、监督建议书及监督提示函完善为"三书一函"，立足监督检查、审查调查、巡视巡察等工作中所发现突出问题的督促整改落实，充实了措施手段，增强了工作灵活性，发挥了纠偏、促改、促建、促治功能，有效提升了监督效能。

5. 统筹结果运用提升监督力度

系统性完善政治生态分析研判和政治"画像"办法，结合两年来组织开展政治生态报告和"画像"评价中发现的问题和不足，经系统调研和深入研究，进一步健全完善了具体办法，明确 100 余项政治生态分析研判和政治"画像"指标要素，通过历史和现实结合、写实和写意结合、距离和归纳结合等方式，推动纪检监察机构精准描述政治生态情况，精准刻画领导干部政治"画像"，认真查找领导班子和领导干部自身存在的突出问题，提出加强改进意见和措施，抓好组织落实，增强监督的针对性和有效性。着眼于防范谈话函询"一谈了之""一函了之"，选准切入点开展抽查，让谈话函询"长牙""带电"，针对谈话函询后掌握的不同情况，视情况进行"背对背"了解核实，个别函询件在了结后再次对照新情况分析研判，充分发挥监督提示函促改促治作用，既有效避免了因简单采信导致的违规违纪干部逃避惩处，也推动了有关单位的管理问题整改。在干部进退留转关键时期审慎稳妥开展党风廉政意见回复工作，对收到的信访举报以高度的政治责任感和精准的研判处置，严把意见回复关，既防止干部"带病提拔"，也防止干部被诬告陷害而影响进步。

（二）通过执纪、惩处架设"高压线"，强化不敢的震慑

持续强化"不敢"的震慑，严格把握纪律和法律"两把尺子"，注重纪法贯通、法法衔接，做到纪法双施双守。重点是坚持以法治思维和法治方式正风肃纪反腐，建立完善依规依纪依法履行职责、行使权力的具体程序和行为规范，严把事实关、程序关、纪法适用关，确保每一起案件都经得起检验。

1. 推动措施文书运用更加稳慎

系统梳理《中国共产党章程》《中国共产党纪律检查委员会工作条例》《中国共产党纪律检查机关监督执纪工作规则》《监察机关监督执法工作规定》《中华人民共和国监察法实施条例》《纪检监察机关处理检举控告工作规则》《中华人民共和国公职人员政务处分法》等法规制度，以及中央纪委、河北省纪委有关制度规定，编发《河钢集团监督检查审查调查工作指引》（以下简称《工作指引》），涵盖执纪执法流程图 7 个，"第一种形态"文书模板 7 份，常用措施文书模板 63 份，笔录模板 10 份，决策和程序文书模板 81 份，"后半篇文章"文书模板 2 份。《工作指引》编发过程中，编辑组在充分吸收其他省管企业纪检监察机构和地方纪委监委的经验做法基础上，先后两次

与专业管理部门沟通请教，针对河北省省管企业纪委与河北省监委派驻监察专员办公室合署办公的实际情况，分别明确了执纪和执法的审批权限程序，并规定同时开展执纪执法时按照最高权限审批，实事求是解决了"标准统一、尺度统一"方面问题，既推动了审批权限、审批程序、文书使用、协作配合等方面工作更加规范化开展，又以程序倒逼的方式，推动执纪执法权限依法依规审批使用。

2. 推动纪法双施双守更加精准

部署纪检监察检举举报平台，以信息化手段推动监督执纪执法全业务流程一体化监管，既充分利用平台检查督办功能，建立信访举报信息录入常态化监督检查机制，推动信访举报办理统一规范，又借鉴学习平台的统计分析逻辑，定期对河钢集团纪检监察系统信访举报受理情况进行综合分析，做到数据有出处、论点有佐证、案例有关联、对策有针对。例如对 2021 年的信访数据分析，不仅从方式、内容、署名量和初次量几个维度分析，更结合不同单位的业务特点，分析出各单位反映集中的问题类型，以精准化、高质化的信访数据分析和对策建议提供前瞻性信息参考，推动了相关问题的靶向治理。制定《子分公司纪委向集团纪委报告线索管理立案审查和处分工作指引》，增强子分公司纪委监督权的相对独立性和权威性，明确报告原则、报告内容、报告方式，对子分公司纪委依规报告的线索处置、初核、立案、处分等有关事宜加强审核把关，特别是坚持"事实清楚、证据确凿、定性准确、处理恰当、程序合法、手续完备"原则加强审理把关，切实维护了纪法严肃性。

3. 推动案件查办更加规范有力

将纪检监察措施程序内容纳入纪检监察系统专项业务培训，增强干部在监督执纪执法工作中的法治意识、程序意识和证据意识，提高业务能力和水平。坚持以严的基调强化正风肃纪，聚焦重点领域、关键环节强化监督，在不敢腐上持续加压，依规依纪依法推进信访受理、线索处置和审查调查各项工作。探索室组联动办案，以监察专员办公室名义对涉嫌职务违法犯罪的典型案件开展初核，严格按照程序开展调取、询问，及时高效推进案件查办。提升审理把关作用。既强化审理政治责任，自觉把案件放在全面从严治党和严格依法治企大局中考量和把握，将严明政治纪律和政治规矩做到"见案见人见事"，又贯彻落实二十四字方针，加强实践和实务研究，推动"查审分开""查复分开"等工作要求落实落地，充分考虑被审查人态度变量和精准运用政策策略，在运用"四种形态"中实事求是审核把关。牢牢守住安全底线，全系统开展安全风险对照查摆，防风险、保安全意识进一步强化。针对办案安全、措施使用和涉案财物管理等三个方面，明确 60 余个检查要点，采取不定具体时间、不定具体顺序、不提前打招呼的实地检查方式开展检查，督导各单位举一反三消除安全风险隐患。每月整理汇总"走读式"谈话台账，系统掌握各子分公司谈话开展情况，落实执纪审查安全标准，进一步增强办案人员的政治意识、规矩意识、纪律意识和法治意识。

(三) 通过教育、管理构筑"防火墙"，增强不想的自觉

大力构建党员理想信念、党章党纪党规、日常管理提醒、节日风险提示、职工法

制意识、典型案例警示、廉洁文化示范等教育模块，引导党员干部从"他律"逐步走向"自律"，实现"不想"的升华。

1. 抓实理想信念和纪律规矩教育

从开展党的群众路线教育实践活动、"三严三实"专题教育、"两学一做"学习教育、党史学习教育到深化各项教育常态化长效化，全面深入推进习近平新时代中国特色社会主义思想主题教育，通过环环相扣的理想信念教育，筑牢信仰之基、补足精神之钙、把稳思想之舵。坚持党规党纪"学、讲、答"同向发力，"学"是指河钢集团各级党组织都要组织对党纪党规的专题学习，从各级党委理论学习中心组带头学，到党支部组织集中学，从专家学者领着学，到每名党员自主学，党员一个都不能少；"讲"包括各级党组织书记上党课要讲党纪党规，纪检监察系统围绕党纪党规进行专题宣讲，集团和子分公司各类培训开设党纪条规解读和案例警示教育课；"答"是组织开展覆盖全体党员的党规党纪闯关答题活动，目前，河钢集团党建智慧云平台网络门户端和手机 App 端均常设党规党纪应知应会答题板块，供全体党员干部自测练习和闯关答题，优胜者予以平台积分奖励。此外，在发展对象培训、干部轮训、党组织干部培训、干部提职等活动和环节中均设置党规党纪知识教育和知识测试，促使党纪党规成为各级党组织行为规范，成为全体党员的自觉遵循。河钢集团各级纪委书记、副书记每年至少上一次专题党课，党总支、党支部纪检委员每半年至少上一次专题"微党课"已经纳入常态化管理，作为纪检领导履职的重要考评依据。

2. 强化警示教育震慑

着力抓好对"关键少数"的警示教育，开展政治性警示教育活动，把中央纪委《永远在路上》《国家监察》《零容忍》等警示教育专题片作为警示教育中主要抓手，组织各级党员领导干部受教育、写心得、谈感悟。每年组织河钢集团和子分公司两级班子成员集体观看河北省纪委监委摄制的警示教育专题片。编印廉洁从业警示教育读本——《镜鉴》，选取河钢集团内部 24 个典型案例，用身边事教育身边人，不仅通报案情，还总结教训、提出警示。突出廉洁文化园地的警示功能，河钢集团各层级廉洁文化园地均涵盖警示教育主题，总部机关专门依托执纪审查标准谈话室建立了警示教育微基地，河钢集团内部查处典型案例公开上墙展示。各子分公司纪委通过举办"以案为鉴，警钟长鸣""以案明纪，学习贯彻新准则条例"展览，组织参观地方监狱、警示教育基地，进行"拒腐防变、廉洁从业""质量至上、廉洁在心"签名承诺等一系列警示教育活动，进一步让党员干部思想上受到震撼、心灵上得到洗礼，知敬畏、存戒惧、守底线。

3. 因时制宜开展专项教育

针对新任职干部推出履新廉洁套餐，即实施"七个一"专项教育：一次廉洁勤政谈话、一次制度学习、一次廉洁测试、一次警示教育、一份廉洁承诺、一本廉洁书籍和一封亲情助廉书信，促进新任职干部勤廉履职。以"五廉"举措把好节日廉洁关，瞄准重要节日节点，下发一份"廉文"划设纪律红线、运用 H5 技术举办一次线上"廉展"强化提醒、开通一条举报"廉线"强化震慑、依托廉洁党课、微党课组织一次"廉课"强化线下教育，和进行一次"廉查"监督约束干部行为，确保节日风清气正。

在项目建设、原燃料物流、质量检验、营销采购等系统人员中，通过廉洁从业和预防职务犯罪专题讲座、展览座谈、签名承诺等形式，增强关键岗位干部职工的遵纪守法意识，向供应商发送"廉洁共建一封信"，提醒原燃料、备品备件等供应商诚实守信经营，与企业一起共筑廉洁防线、共建廉洁工程。在纠正形式主义、官僚主义，专项整治酒驾醉驾，为职工群众办实事等专项活动中，充分发挥文化教育教化作用，精准推送法规条例、警示案例等宣教内容，打出了内容组合拳，助力活动取得预期成效。

4. 打造宣教传播矩阵

打造线上传播平台，分别组建了涵盖河钢集团党委、子分公司党委、子分公司二级厂矿党委、基层党支部四级的"清廉河钢"微信矩阵和河钢在线 App 矩阵，形成了自上而下一贯到底的宣教通道。打造网络展示平台。委托河钢数字开发的智慧党建云平台建有"清廉河钢"网络门户和手机 App，设有"要闻关注""以案示警""廉闻荟萃""清风影音"四个栏目，及时宣传展示工作动态和廉洁文化，发布警示案例，每季度评选"清廉河钢"好新闻，主要子公司均建有党风廉政建设和纪检监察网络门户，促使广大党员干部学廉知廉崇廉尚廉。打造报刊宣教平台。河钢集团两级纪委分别与河钢报、子分公司自办报纸密切配合，设立"清风苑"等固定栏目，定期发布党风廉政和纪检监察工作动态、廉洁美文和职工原创文化作品，主要子公司定期编发《纪检监察》《纪检简讯》等刊物，将廉洁文化宣教贯穿到基层班组。打造视话媒体平台。借助企业自建电视台、广播站，适时播放廉政动态、党纪法规知识，进一步巩固宣教阵地。打造新技术展播平台。结合智能手机的普及化，运用 H5 等新的编辑展示技术，制作图文并茂的微信小程序端、公众号端，以及 App 端的廉洁文化宣教电子刊物，及时用健康向上、先进的廉洁文化占领新的思想"阵地"。

5. 充实廉洁和合规文化建设

制定河钢集团党委《关于加强新时代廉洁文化建设的责任清单》，开展书画、漫画、格言警句、小小说、家风家教故事书信征集等"清廉河钢"主题廉洁文化活动，编印"清廉河钢"廉洁文化丛书。评选命名廉洁文化示范园地、示范点40余个，在区域上涵盖了总部及主要子公司所在的石家庄、唐山、邯郸、承德、张家口等城市，所属企业类别上涵盖了冶金、矿山、制造等主营主业，共同绘制了相互联系又有所侧重的河钢集团廉洁地图，成为河钢集团廉洁宣传教育的重要阵地、探索创新廉洁从业教育方式方法的重要渠道、展示党风廉政建设和反腐败工作的重要窗口。征集推选廉洁文化微电影微视频、"书记话作风""作风纪律大家谈"微视频，在河北省纪委、河北省国有资产监督管理委员会等微信公众号展播，廉洁文化活动作品在党建云平台"清廉河钢"专栏发布，让党员干部和职工群众不断接受廉洁文化熏陶。设立风险管理委员会（合规委员会），建立总法律顾问制度，推进纪检、法律、合规、内控、风控一体化体系建设，建立问题线索规范移交制度，全面提升风险防控能力。发布了合规管理体系建设三年行动方案、合规行为准则、合规审查、合规检查与评价、合规举报、合规体系评审标准、风险管理实施细则等系列制度，印发员工合规管理手册，为深入推进风控管理落地提供了基础保障。

四、"三不一体"廉洁合规监督体系构建实施的效益效果评价

（一）风清气正的政治生态更加彰显

监督体系构建实施，建立了对权力运行和合规履职的监督制约机制，逐级压实了主体责任、监督责任，促进了监督意识的强化和责任的落实，消减问题存量、遏制问题增量，促进了政治生态进一步优化。专项巡视巡察、环保督察、安全督察、专项审计等发现问题即知即改，第一时间启动问责，即知即改问题完成率基本达到100%。"以案为鉴，查问题、防风险、促整改"专项整治对照8个方面深入检视剖析问题，聚焦目标任务抓细整改落实，2022年新立或修订《投资管理办法》《涉密技术信息管理办法》《境外派出人员管理办法》等相关制度14项，并将全部现行有效的133项制度编印成册，强化制度有效性和系统性，对子公司开展合规评审，共发现缺失重要制度8项，违反法律法规强制性规定8项，制度之间相互冲突21项，内容不完善44项，均已完成整改。

（二）规范高效的治理效能显现

国有企业改革三年行动主要任务基本完成。纳入国有企业改革三年行动的120家企业，中国特色现代企业制度建设得到进一步加强。河钢集团管理创新工作获评国家级企业管理最高荣誉——"袁宝华企业管理金奖"。河钢新材入选国家"科改示范企业"最新名单；河钢数字改革专项评估被评为"优秀"。全面推行市场化用工，实施经理层成员任期制和契约化管理，建立管理人员竞争上岗、末等调整或不胜任退出制度，子企业实施了超额利润分享机制，为激发基层活力积累了经验。加大法务审核力度，探索风险管理、内部控制、合规管理、法务管理的"一体化运行"管控模式，强化风险隐患排查化解，全力"压存量、控增量、提质量"，严惩"新发生"、严控"新发现"，确保了各领域风险可防可控。

（三）独具特色的监督文化初步形成

树牢了管理就是监督的理念，监督是管理的应有之义，"人人都是管理者，人人都是监督者"的理念根植职工思想，已逐渐内化于心，外化于行。明确了监督重在实效的导向，监督的目的是发现问题，追根溯源，对症整改，堵塞漏洞，防患于未然。形成了在监督下工作的习惯，加强对权力的监督已经成为常态和共识，制约监督权力是企业基业长青的重要保障，深入开展监督"进班子、进岗位、进家庭"，党员干部职工充分感受到"阳光是最好的防腐剂，监督是最好的净化剂""监督是关爱，被监督是幸福"，习惯在监督和约束的环境中工作生活。

（四）促进企业核心竞争力大幅提高

2022年，克服新冠疫情、环保压力、外部市场等多种不利影响，生产经营保持稳定顺行，综合竞争力保持行业一流水平。蝉联我国国际化程度最高钢铁企业；连续14年上榜世界500强，2022年位列第189位，比2021年前移11位。

上下联动 协同贯通
以高质量监督助力公司高质量发展

——酒钢集团甘肃东兴铝业有限公司协同贯通
监督机制的探索与实践

酒钢集团甘肃东兴铝业有限公司纪委

王　强

习近平总书记强调，健全党统一领导、全面覆盖、权威高效的监督体系，是实现国家治理体系和治理能力现代化的重要标志。推动全面从严治党向基层延伸，充分发挥监督在基层治理中的作用，国有企业作为其中重要一部分，只有坚定不移地推进全面从严治党，提升监督质效，才能推动国有企业稳定、健康发展。酒钢集团甘肃东兴铝业有限公司（简称东兴铝业公司）作为酒钢集团全资子公司，下辖一个分公司和三个全资子公司，近年来着力打造"酒钢新型能源与铝产业融合"的产业集群，形成了"氧化铝—煤电—电解铝—铝加工"完整产业链。在岗职工近5000人，年营业收入300亿元，年工业总产值400亿元，成品端产销年发运量210万吨以上，原料端年购入量350万吨以上，延链补链强链施工项目10余项，生产单元点多面广，对外交往合作的环节多，对应带来的是廉洁风险因素多，每个业务环节都可能存在廉洁风险，纵观近年来发现并查处的问题，反映出传统监督方式存在监督主体各自为政、监督资源分散、监督范围不全面、监督效率低下等弊端。"十四五"期间，随着东兴铝业公司经营体量持续扩大，廉洁风险防控压力较大，传统监督方式越来越不能适应新形势，新要求，构建上下联动、协同贯通的监督机制刻不容缓。

一、监督工作面临的问题

东兴铝业公司在2012年以来，全面进入快速发展阶段，随着装备水平提升、生产规模扩充、经济效益增大，逐步暴露出一些弱项、短板，主要体现以下方面。

（一）监督力量不强

伴随着监察体制改革的逐渐深化，必须对东兴铝业公司生产经营进行全方位的监督，才能实现真正抓住关键，但公司在过去很长一段时间内的监督手段、方法单一有限，纪委的专责监督，基层党支部纪检支委监督以及纪律作风监督员的监督力量不强、专业知识欠缺，在腐败手段隐形变异、翻新升级等问题方面，发现和解决的能力不强，不能很好适应实际监督需要。

（二）信息互通不畅

东兴铝业公司各职能部室相对独立开展工作，监督信息、经营信息更多地局限于部分领域，信息公开不到位、监督信息不对称现象较为常见，阻碍监督工作的高效开展，导致监督不聚焦、不精准，也容易产生监督盲区，使得监督重点发散、靶向偏离，失去了"准星"，不利于公司提升内部管理水平。

（三）作用发挥不足

全面从严治党要求党内监督全覆盖，而东兴铝业公司每个职能部室都有各自职能划分，在没有形成工作机制前，无法同步考虑多个部门职能，各部室作为一个监督主体，监督对象和监督内容有交叉重复，在一定程度上影响公司监督效率与成效，致使监督作用尚未完全发挥。

二、探索实践的主要做法

随着国有企业改革不断深入，东兴铝业公司在业务拓展和生产经营规模不断扩大的同时，各领域、各环节的风险随之增加，监督工作面临更大的挑战，及时有效地实施精准监督和上下联动的开展协同监督，充分发挥监督的再监督作用变得尤为重要。

（一）健全工作机制，夯实内部监督

在东兴铝业公司党委的领导下，建立协同贯通的监督工作机制，既是深化国资国企改革的要求，更是防范和化解公司经营风险的创新手段，对保障公司健康持续发展具有重要的意义。纪委专责监督方面，重在落实教育预防措施，把好"事前关"，推动落实党风廉政建设责任制、廉洁教育培训、廉洁风险防控排查、廉洁从业承诺等措施。贴合东兴铝业公司中心任务列出"督查表"，根据2023年初讨论制定的监督检查重点，把专项督查与生产经营结合起来，积极动员基层党支部纪检支委和聘请的纪律作风监督员，全面参与东兴铝业公司各单位主要负责人履职尽责、廉洁从业的监督。强化监督共识入心，上好"廉洁课"，下发《加强新时代廉洁文化建设的实施方案》，结合开展正反面案例教育、建设廉洁文化阵地、参观廉政警示教育基地、加强纪检业务知识宣传、开展"廉洁大讲堂"活动、发放干部家属廉政家书，着力推动廉洁文化融入现代企业治理体系、融入企业合规管理和员工行为规范，打造"清风东铝"品牌。部室职能监督方面，按照"有管理就要有监督，没有监督就没有管理"的理念，职能管理部门增强职能监督意识，发挥职能部室专业优势，推动监督工作更高效。近年来，与行政业务部室共同完成了东兴铝业公司生产管控一体化系统，梳理了93项业务流程。针对上级巡察组反馈问题，东兴铝业公司细化5大类32个具体问题制定93项整改措施，各部室的协同配合，整改率100%，并形成工作机制。下发《关于深入推进廉洁风险防控工作的安排意见》，明确防控重点及责任主体，将职能监督嵌入到经营管理、风险管控的全过程，强化对权力运行的监督和制约。业务监督方面，按照"业务谁执行、监督谁负责"的原则，以监督促执行，把监督寓于业务执行之中，对重点业务领域和关键环节实施全过程监督。围绕廉洁风险防控措施的完善，督促建章立制、优化工作流程，推动东兴铝业公司各单位以谈心谈话为载体，及时进行提醒和纠正，有效避免小问题演变成大问题。另外，紧盯侵害职工群众切身利益问题，依规依纪处理，增强主动参与监督后的获得感。职工民主监督方面，强化"主动监督和主动接受监督"的主人翁意识。近年来，坚持每年从各基层单位聘请纪律作风监督员，配置了"前沿哨兵"，并配套下发了纪律作风监督员工作管理办法，在重点岗位配制纪律作风监督联系牌190个，便于职工群众监督。职工民主监督是保证公司职工主人翁地位的重要举措，东兴铝业公司始终坚持拓宽职工反映意见和发现问题的渠道，充分保障员工的监督权。

（二）促进信息共享，增强监督实效

通过深化东兴铝业公司内部业务沟通，搭建监督成果共享机制、意见反馈机制，搭建多部室联合监督平台，搭乘信息及成果共享，利于监督工作的整体协调与闭环管理。形成监督责任链条，不断提高监督效果。定期召集各职能部室进行信息沟通，建立"一月一例会""一月一研判""一月一督改"机制，对年度任务计划和重点工作安排完成情况进行跟踪，依据实际情况调整监督工作重点。事后惩处向事前预防转变，每季度召开警示教育会议，先后编发《纪检监察工作制度汇编》电子书、《纪检知识1000题》、每月两期《党风廉洁学习教育简报》，并在每周两期的微信公众号上开辟了廉洁教育专栏推送廉洁教育内容，近年来持续为新任转任干部赠送"5份廉洁礼物"。建立沟通协同机制，切实提高监督成效。两年来，东兴铝业公司纪委针对上级审计整改问题、低效无效资产处置和历史遗留问题共65项，督促建立周工作例会督办、月度管理信息通报机制，协助并参与专项工作推进专班，协同行政、法务、生产、营销、财务等部室，督促涉及单位、部门改进具体措施，持续推进问题整改工作，实现问题整改完成率100%。过程中，各监督主体对监督工作中存在的问题或困难及时交换意见，分析研究，避免因政策解读、专业知识等方面的因素造成判断偏差，提高公司整体监督质量。深入推进"三不一体"，由里到外深度重塑。严肃查处违规违纪问题，强化"不敢腐"的震慑。东兴铝业公司纪委准确把握并运用好监督执纪"四种形态"，坚持思想教育、政策感化、纪法威慑相结合，让干部习惯在受监督和约束的环境中工作生活，三年来共受理问题线索举报27件，问责12人、考核59人，党纪处分2人。加强制度约束，扎牢"不能腐"的笼子。坚持不定时监督与日常监督相结合，对资金审批、工程建设招投标等方面加强监管，东兴铝业公司结合实际先后下发《固定资产投资项目管理制度》等169项制度，形成以制度管权、管人、管事的长效机制。加强思想引导，增强"不想腐"的自觉。巩固"学思想、强党性、重实践、建新功"主题教育成果，坚持把学习贯彻习近平新时代中国特色社会主义思想作为必修课，组织东兴铝业公司管理技术人员参观廉政教育基地，组织各基层作业长、班区组长围绕4大类17个方面51项表现形式定期自我整治、自我排查，干净干事氛围日益浓厚。

（三）坚持服务中心，推动治理监督

随着中国特色现代企业制度更加成熟定型和实施落地，协调运转、有效制衡的公司治理监督在企业内部监督中发挥了越来越重要的作用。聚焦东兴铝业公司改革发展的中心工作，对公司"三重一大"等进行监督。优化各治理主体决策权限。督促制定《重大事项决策管理实施细则》及"三重一大"事项决策清单，在重大事项决策、重要人事任免、重大项目安排、大额资金运作等方面，对112项具体事项决策程序进行了明确。目前，已对160余项重大事项进行了审议决策，并对决议执行情况进行了跟踪督办，保障了决议的有效执行。规范法人治理结构运行。根据《甘肃省国有独资公司章程指引》等，结合东兴铝业公司经营管理实际，督促对原章程相关条款进行了修改，对相关事项进行了细化，新增了对外投资及限制、对外投资与经营方针的匹配、风险投资控制等10项内容，并对《股东会议事规则》等进行了制定和修订。紧盯东兴铝业公司重大事项合规管理。督促健全完善《党委会议事规则》及相应议事清单，明确了党委会17项研究决策事项和25项参与决策事项，确保公司法人治理结构符合党内法规和政策的最新要求，充分协助党委发挥党组织"把方向、管大局、保落实"的领导作用。在监督方式上融合，在实践运行中通过各部室联合开展监督检查等方式，统筹推进各项监督工作，减少和避免对公司经营管理的影响。

（四）覆盖业务领域，运用法治监督

运用法治思维和法治方式治理企业，构建合规、内控、风险管理"三合一"的依法治企体系和有针对性的监督机制。强化重点领域红线底线管控，会同东兴铝业公司行政部室，对标酒钢集团《法人人格混同合规红线底线清单》等，对公司在销售定价、产量销量、市场划分等进行摸排，同步要求公司各部室，在开展相关业务过程中要严格遵守"红线底线"，确保公司各项生产经营工作依法合规开展。借力风险管理提升防控能力，将风险管理与内部控制体系、合规管理和制度体系有机融合，建立"四位一体"全面风险管理体系，先后完成了《风险管理目录》《重大风险管理与应对方案》等一系列重要指导性文件，形成了科学完善的风险管理体系。找准切入点打通内部监督通道。构建东兴铝业公司党委领导、纪委牵头主抓，财务、行政、法务部室协同监督工作机制，在OA办公系统业务流程中实现对项目建设、采购销售等重点招标工作事前备案，制定下发《加强项目监督防范廉洁风险专项工作方案》，梳理重点工程建设项目监督清单共计47项。制定《监督重点工作落实清单》《日常监督工作细化清单》，通过开展廉洁风险防控体系建设，加强重点领域风险防控，着力构建"事前、事中、事后"闭环监督链条，切实提升监督实效。建立责任追究工作体系和机制。制定违规经营投资责任追究制度，成立违规经营投资责任追究工作领导小组，加强工作组织和领导，对采购、工程项目、资金等方面违规经营投资行为设定底线红线，明确了责任追究情形和考核。对照甘肃省国有资产监督管理委员会100种经营投资违规行为多发易发事项，逐一对照查摆。将风险控制和监督要求嵌入业务流程，建立业务、风险和监督等要素之间的有机联系，促使东兴铝业公司依法开展各项经营活动，形成全面、全过程、全体系的监督机制，推动公司高质量发展。

（五）规范工作遵循，促进高效运行

东兴铝业公司内部实施有效的监督，一定是建立在运行稳定、科学可行的规章制度基础之上的，让监督工作有据可依。注重内防和外防相结合。近年来先后制定《员工从业限制管理办法》《干部重要事项请示报告制度》等规定，同时对酒钢集团制度文件进行内部转化，相继下发了《接待管理办法》《出差管理办法》等制度，保证事项遵循。规范重大事项审核工作。先后制定《关于规范重大事项会审机制的通知》，对各部门涉及的重大事项议案内容、随附材料、会审职责进行了明确规定。实施嵌入式监督管理。督促在OA管理系统中增加了"各部门会审"环节，并将合规、法务审核节点进行了分离，要求各部室参照工作职责会审清单就重大事项提交风险评估报告，有效促进了公司合规管理工作。高质量开展督察工作。要求各单位紧盯重点项目、关键环节、重要领域，每年度至少申报一个高质量发展督察项目，涵盖奖金分配、指标优化、项目建设等方面，促进东兴铝业公司经营管理活动规范有序，助力创造良好的经济效益和显著的综合管理效果。切实做到权力相互制约和监督，使"以制度管理，以规则约束，以机制赏罚"成为常态管理机制。

（六）抓实三项工作，推动长效管理

将廉洁文化与监督工作有效融合，拓宽监督渠道，提升监督人员素质能力，从而形成真正意义上的推动东兴铝业公司规范管理、高效运作的长效机制。注重文化导向，营造氛围。把干部职工群众的人生价值取向与公司价值取向相统一，构建"六进四清三融入"为主体架构的廉洁文化体系，持以理想信念强基固本，以先进文化启智润心，用廉洁文化来规范指导职工的行为。积极推进由"我受监督"到"我要监督"理念变革，着力打造"清风东铝"的廉洁文化氛围，做到文化渗透和职工行为相辅相成，互相促进。实施综合管控，无缝衔接。通过互联网和微信、抖音快手等方式，将东兴铝业公司各级人员都拉入加强廉洁自律、相互监督、防治腐败的"监督网"中来，紧盯招标审批、销售处置、劳务外包业务等重点环节，加强对相关方的管理，与相关方签订《项目管理廉政责任书》，《廉洁合作关系协议书》，营造清清爽爽的合作关系。在公司内部公开举报电话、设立意见箱，严格按照《纪检监察机关处理检举控告工作规则》受理处置，切实增强职工群众监督积极性。强化建设队伍，提升能力。打铁必须自身硬，在纪检工作人员的管理和培养中，不但要注重日常的纪律教育和人才培养，更要用先进的知识和贴近实战的锻炼来提升纪检人员整体的业务素质，及时发现违规违纪的苗头，破除东兴铝业公司各种廉洁、漏洞问题的隐蔽性。监督说到底还是要落到监督主体上，要从"质"和"量"两方面入手，改善人少事多的现状。

三、实践取得的效果

东兴铝业公司实施延链补链强链打造产业集群，实现快速高质量发展的过程，正是始终坚持党的领导、全面从严治党不断走深的过程，也是监督工作不断深入、作用不断发挥的过程，使东兴铝业公司不断发展壮大。

（一）党的领导得到全面加强

协同贯通监督机制探索实践以来，建立了对权力运行的监督制约机制，逐级压实了主体责任、监督责任，促进了监督意识的强化和责任的落实，聚焦党委把方向、管大局、保落实，制定公司重大决策事项清单，明确党委会前置研究重大事项，厘清各治理主体权责边界，构建形成了科学高效的决策制度和运行机制。

（二）全面从严治党成效显著

东兴铝业公司纪检工作坚决按照酒钢集团党委、纪委的部署安排落实推进，我们认真学习贯彻习近平新时代中国特色社会主义思想，不断研究新情况、探索新途径、总结新经验，加强教育、强化监督、严肃问责、挺纪在前，全面落实监督责任，营造了全面从严治党、从严治企的良好氛围，"三不"一体得到全面落实，不敢腐的震慑作用有效发挥，不能腐的堤坝得到巩固，不想腐的意识显著增强，监督效果不断放大。

（三）职工监督意识明显提升

东兴铝业公司纪委通过聚焦重点工作，按月细化监督检查重点，常态开展"四不两直"明察暗访，组织分层分级对关键岗位人员谈心谈话活动，坚决查处群众反映强烈的吃拿卡要、奖金分配不公、不正确履职等侵害职工切身利益的"蝇贪蚁腐"问题，对顶风违纪、不收敛不收手、屡查屡犯的从严查处，对违反中央八项规定精神的问题快查快办，不断提升职工群众"获得感"。

（四）干事创业氛围日益充盈

东兴铝业公司坚持"三个区分开来"，不断完善容错纠错机制，厘清失职与失误、敢做与乱为、负责与懈怠、为公与为私的界线，让干部既"胆子大"又"步子稳"。深化三项制度改革，坚持"赛马"机制，健全能上能下的选人用人机制，推进各级人员能上能下常态化，广大干部职工能干事、想干事、敢干事的干事创业氛围日益形成。

四、结束语

监督工作是一项综合性、系统性的工作，不仅仅是纪检部门的事，更是整个公司的头等大事，只有公司各级组织、各职能部室形成上下联动的监督网络，才能真正把监督工作做好。构建协同贯通监督机制，要坚持党的领导，及时调整监督工作的不足，提高监督工作的实效，才能为东兴铝业公司高质量发展和做优做活铝产业提供有力监督保障。

四度促四合　全面提升监督质效

——浅谈宝武资源"大监督"体系建设实践

宝武资源有限公司纪委

陈　华

一、开展"大监督"体系建设的意义

党的十八大以来，以习近平同志为核心的党中央坚持从全局和战略高度加强监督体系顶层设计，把监督贯穿管党治党、治国理政各项工作中。随着全面深化改革向纵深推进，健全完善党和国家监督体系进入新阶段，按照党统一领导、全面覆盖、权威高效的要求，统筹安排、精准施策、一体推进，推动监督制度优势更好转化为治理效能。

党的二十大报告指出，要深化国资国企改革，加快国有经济布局优化和结构调整，推动国有资本和国有企业做强做优做大，提升企业核心竞争力。国有企业是中国特色社会主义的重要物质基础和政治基础，是我们党执政兴国的重要支柱和依靠力量。以高质量监督推动建立高质量公司治理体系和治理能力，护航国有企业高质量发展，各级党委、纪委、党的工作部门、职能业务部门等各个监督主体都责无旁贷。在实现党内监督与公司治理有机融合探索过程中，仅仅依靠纪检监督、审计监督等单一的、相对独立的监督，从时效性和实效性上来看，是远远不够的。当前，国有企业新发展、新机遇和新挑战并存，现代化进程加速，既要确保国有企业又好又快发展，又要提高防范化解重大风险能力，还要实现国有资本保值增值，构建以党内监督为主导，以落实责任为关键，不断健全完善党委全面监督、纪委专责监督、部门职能监督的工作格局，推动各类监督贯通协调的国有企业"大监督"体系显得尤为重要。

二、"大监督"体系建设的现状

近年来，宝武资源有限公司（简称宝武资源）坚持"抓住敏感点，盯住一把手、关注关键人，严惩违纪者，激励清廉者"工作思路，通过建立"四责协同"的责任机制，整合各类监督力量，构建"总部—区域—矿山"三级联动格局，探索运用智慧监督新的监督手段，进一步提高了"大监督"工作质效。

2022年以来，宝武资源召开"大监督"联席会6次，重点组织开展14项职能监督项目和11项专项监督项目，发现并推动问题整改52项，完善制度流程115项，推动敏感岗位交流188人次，对39家单位实施禁入管理，严肃追责问责37人，批评教育76人次，绩效考核4万余元，为实现公司高质量发展提供了坚强的纪律保障。

一直以来，宝武资源不断在完善"大监督"体系建设，在提升监督能力、拓宽监督领域、创新监督方式、提高监督实效等方面积极探索实践，但仍然存在一些问题和不足：如个别职能部门主动监督意识不强，部分基层单位监督界限不清；监督人员业务知识掌握较为单一、综合能力有待提升；监督成果在绩效考评、选拔任用、评先评优等方面应用不充分等。研究解决这些问题和不足，正是深入推进"大监督"体系建设的现实需要。

三、"大监督"体系的运行机制

建立健全有形有效的工作机制，是推进"大监督"体系运行的基本保障。

（一）健全协同联动机制

搭建以"大监督"体系领导小组和工作小组为核心的协同联动平台，统筹党委全面监督、纪委专责监督、部门职能监督、基层组织日常监督、党员民主监督。年初，发布年度"大监督"工作任务清单，明确监督内容、监督目标、监督措施、实施时间、责任部门以及责任人，推动监督任务主动认领。通过协同平台，重点对职能监督进行统筹、协调、督促，推动职能部门履行监管责任，有效发现问题、及时报送问题、牵头处置问题。着力解决解决监督缺位问题，不断强化职能部门自觉监督意识。

（二）健全监督会商机制

建立"大监督"联席制度，统筹监督力量，发挥互补优势，坚持每月会商一次监督推进情况、每季度研讨交流一次监督发现问题、每半年专题汇报一次"大监督"工作整体情况，充分发挥党委统一领导、纪委监督协调、职能部门牵头主抓作用。通过"监督再监督、检查再检查"，及时解决工作难点、处理发现问题、追查相关责任，有效推动"大监督"工作做深、做实、做细。着力解决监督乏力问题，激发监督活力，让职能监督也"长牙""通电"。

（三）健全信息共享机制

强化监督信息报送和闭环管理，凡是有检查就要发现问题、反馈问题、整改问题和问责考核，及时反馈检查信息，淡化专业界限，发挥协同优势，做到信息共享、责任共担。建立"大监督"动态实时报告制度，打通部门、层级之间的信息通道。推行"大监督"工作联络员机制，完善监督记录台账，定期报送监督检查发现问题、处置问题、追查责任的动态信息。着力解决监督分散问题，聚合监督发现，厘清问题根源，全面做好制度的"废、改、立"工作，及时将监督成果转化为治理效能。

（四）健全线索移送机制

坚持主责部门负责制，对监督发现的问题实行即查即报、快查快报，对问题线索及时分析研判、分类处置，对监督发现的一般性问题、重要性问题及违规违纪性问题，建立相对应的处置措施及追责问责机制。着力解决监督失效问题，既做好监督的"前半篇文章"，又做好处置的"后半篇文章"，坚决防止"提醒式""免责式"监督，坚决防止监督只打"消炎针"、不去摘"病灶"等倾向。

四、"大监督"体系建设的主要方法

坚持聚焦权力集中、资金密集、资源富集、资产聚集的重点领域和关键环节，持续拓展"大监督"的纬度、经度、深度、广度，有序有力推进"大监督"体系建设工作融合、力量整合、程序契合和协作配合。

（一）横向到边织纬度，促进"专业+专责"监督工作融合

1. 推行"三协同"模式

为实化监督工作，加大监督力度，增强监督实效，推动职能监督和纪检监督之间协同高效运转，推进监督工作项目化。每年，职能部门立足职责定位，聚焦一体推进"三不腐"，同步策划"三个一"，即：每年至少推进一个专项监督项目，每季度至少报告一个苗头性和倾向性问题，每年至少向纪委移交一条问题线索。

2. 执行"一站式"监督

由宝武资源纪委统筹协调，在合同管理、财务管理、合规性管理等核心业务的职能监督项目中，同步开展纪检监督和巡察整改监督检查，同步编制"大监督"检查方案，明确监督重点和事项，同步进驻现场、同步开展检查，引导推动各类监督同时发力、同向发力、形成合力，推进多位一体的"一站式"监督，杜绝同类事项重复检查、分散检查等问题。

3. 实行"亮灯式"管理

加强职能监督发现问题的应用管理。对监督发现的一般性问题，实行黄灯警示，并下发《管理改善建议书》，督促职能部门和责任单位落实整改；对监督发现的重要问题，实行红灯约谈，视情节下达《纪律检查建议书》，责令相关部门和单位限期整改处置；对监督发现的群众反映强烈、可查性强等违规违纪问题，依纪依规处置，对履职不力、监督不力的严肃追责问责。

（二）纵向到底织经度，提高"上级+下级"监督力量整合

1. 建立"三级梯队"

进一步完善总部、区域公司和矿山三级监督队伍建设，加强监督力量整体统筹、上下联动，选优配齐监督力量，打造一支敢监督、敢执纪的"百人团"，打造一支能监

督、能执纪的"侦察连"，打造一支善监督、善执纪的"尖刀班"，实现策划部署能力强、人员业务能力强、单兵作战能力强。不断做严总部监督，使监督更严格、协同更严紧、联动更严密，做精区域公司监督，让策划更精准、任务更精细、效果更精彩；做实矿山监督，确保结合实际、措施实在、注重实效。

2. 优化"三类项目"

监督是纪检部门基本职责、第一职责，宝武资源坚持问题为导向，把管理者履职行为的合法性、合规性作为监督重点。围绕宝武资源核心业务和监督过程中发现的共性问题，通过"菜单式"方式发布年度专项监督清单任务，各单位按照清单"照单点菜"开展立项；围绕本单位重点领域和廉洁风险的个性问题，各单位"自选式"自主开展专项监督立项；围绕问题线索核查、巡视巡察和审计反馈的突出问题，宝武资源通过点对点"命题式"的方式指定专项整治项目，增强了精准点穴、靶向监督实效。

3. 发挥"三个优势"

聚焦执纪核心职责，针对重点问题线索，发挥总部、区域公司和矿山三级纪委的优势。发挥总部纪委监督执纪的专业优势，通过查询、调取有关材料，并深入分析数据，明确核查方向和重点，增强"领"的权威；发挥区域公司纪委熟悉人员、业务的管理优势，做细业务梳理和人员谈话，做实证据证言，增强"管"的效用；发挥基层矿山纪委熟悉环境的地域优势，实地勘查，快速研判问题线索，高效锁定违纪事实，增强"查"的震慑。

（三）区域互动织深度，加强"区域+板块"交叉协作配合

1. 量化"三个指标"

按照区域相邻、业务相近、优势互补原则，划分区域板块，建立协同组，对所属区域的各单位探索实施板块式区域管理。日常管理上，推行协同组组长负责制，定期轮值，主持轮值期内监督工作策划、组织推进区域重点工作。协同方式上，以深化"区域管理"为支撑，以强化"交叉监督"为重点，整合监督资源，丰富监督手段，各区域公司原则上每年承接一项任务、输出一项成果、组织一次经验交流，重点解决熟人社会监督难的问题，增强监督威力。

2. 细化"三种方式"

以专项监督、巡察整改等作为载体，推进区域内监督检查工作。按照年度监督检查计划和各单位重点监督事项，综合运用巡察"回头看"、年度重点监督、"专项整治"等方式，开展区域板块间交叉检查，坚持做到瞪大眼睛找问题，拉下脸来指问题，狠下心来查问题，高质量完成各类监督检查。必要时由总部纪委统一调配各协同组开展跨区域监督检查工作。

3. 固化"三类处置"

以重点问题为导向，推进区域内问题线索核查。按照集中管理要求和集体研判结果，重点问题线索由总部纪委直查直办，总部纪委统筹调度、组织指挥，抽调相关协

同组骨干力量协同配合；对问题线索具体、可查性强的，结合区域板块人员、业务特点，以协同组为班底，以"一件一组"的方式交办给协同组或有关单位办理；对涉及"关键少数"、重要岗位的问题线索，指派督办人员跟踪指导督办，确保核查质效。

（四）智慧监督织广度，完善"线上+线下"监督方式程序契合

1. 激活"三个抓手"

智慧监督是纪检监督推动"业务驱动"的创新实践，核心是制约和监督权力运行，以加强制度建设、优化流程设计、岗位风险防控为抓手，强化廉洁风险辨识、分析及预警应对工作。围绕采购、销售、工程、物流和境外投资等重点业务领域，系统策划开展廉洁风险识别。聚焦客商管理、授信管理、合同管理、物流管理、招投标管理和资金管理等核心业务，进行主流程及分支流程梳理及评估，结合岗位职责和人员行为，运用 FMEA、LEC 评价法等，评级、定岗，形成廉洁风险信息库，针对性制定防控措施，建立廉洁风险防控档案（廉洁风险防控指引表），做到风险清楚、岗位清晰、措施明了。

2. 赋能"四个所有"

以"向信息化要资源，向大数据要效率"为导向，充分利用好组织经营管理系统（BRMS）等信息化基础设施和应用平台建设的优势，贯通共享审计监督、财务监督、风控监督等数据信息，强化对业务数据流的挖掘分析，打造全面、科学、严密、高效的信息化监督。以廉洁风险为抓手，在系统中建立健全廉洁风险研判分析模型，把风险点植入业务流程，通过全方位、全覆盖、全天候在线监督，凝聚监督合力、拓宽监督渠道、开展精准式监督，把监督防范措施嵌入治理体系，让所有权力在系统中体现、所有交易在系统中运行、所有资源在系统中受控、所有行为在系统中留痕，实现对潜在风险的早发现、早预警、早处置。

五、提升"大监督"体系建设实效的思考和策略

（一）加强队伍建设，提升监督业务水平

将学习培训与提高监督质效相结合，制订培训计划，采取专题学习、业务培训、以干代训、上挂下派等多种形式，重点加强专业岗位法律法规学习和规章制度、业务流程的实践运用，不断提高监督队伍的业务能力。加强体系人才库建设，充实纪检监督、财务审计、巡视巡察、内控法务等专业人才，优化队伍结构，提升队伍整体综合素质。

（二）规范工作流程，提升监督工作成效

建立健全"大监督"体系建设规章制度，完善"大监督"体系建设指导手册，优化工作流程，梳理各职能部门监督清单和专责部门的再监督清单。"大监督"体系建设中的各成员部门，按照职能定位，落实监督主体责任，制定监督职责具体内容，以清

单化管理推动监督工作的落实，着重解决权责交叉、边界不清、遇事推诿、执行不力等问题。

（三）深化绩效考核，推进监督成果转化

"大监督"体系建设作为一项系统性工程，重视监督成果考核运用，才能确保工作落到实处。必须结合党风廉政建设责任制考评要求，融入企业管理，建立可量化考核制度，并将结果纳入绩效考核和干部考核评价、选拔任用、评先评优等方面。

六、结束语

宝武资源致力成为世界一流的矿产资源供应商，需要一流的"大监督"体系保障。宝武资源始终坚持推动完善各类监督贯通协调机制，充分发挥党内监督主导作用，有机贯通各类监督，形成监督合力，及时有效预判企业内部潜在风险隐患，多举措处置风险，优化管理机制，消除管理的不合规状态、人员的不廉洁行为，提升企业防范和化解重大风险能力，为宝武资源改革发展创新保驾护航。

"切片式监督+系统施治"推动公司生产经营重点领域绩效提升

山东钢铁集团有限公司纪委

秦立彬　董思慧　吕金桥　汪　娟

近年来，钢铁行业充满挑战，宏观经济困难、钢铁市场多变、新冠疫情延宕，"黑天鹅""灰犀牛"事件对生产经营造成不同程度冲击，不确定性增加，"做好自己的事"就尤为重要。"切片式监督+系统施治"推动山东钢铁集团有限公司（简称山钢集团）生产经营重点领域绩效提升论文课题组勇于担当，全力应变，极致作为，践行高站位，严真细实快工作作风，广泛运用信息化系统，开创了管理监督工作新局面，实现了较好效益。组织切片式监督18次，创造效益、避免和挽回直接经济损失500多万元；组织18类50项问题进行深度整改，通过切片式专项监督，整改提升效益案例实现经济效益3000多万元；促进辅助物料类采购成本年度下降10%；促进修订完善制度9项；完善信息化系统6项；形成较高水平的专题报告18篇；下达监督检查建议5份。需求计划平衡法形成典范借鉴案例，在山钢集团推广。本文论述了通过提升ICT切入纪检战线定位，融入工作实践，为生产经营跑赢大盘，关键指标追赶标杆，在历史罕见的全行业困局中继续保持了逆势上扬的良好发展态势发挥了保驾护航作用，为不断强化政治生态和运营生态建设，山钢集团高质量发展先行示范区建设贡献了力量。

一、选题背景

（一）"五期交织"缠绕

"切片式监督+系统施治"课题组（简称课题组）深刻认识到山钢集团"走在前列"进入攻坚时期，根据山钢集团党风廉政建设"五期交织"工作规律分析，问题积累突破期呈现量变到质变新特征；不法分子侵入期活跃程度近期频繁；反腐斗争胶着期违规违纪手段更隐蔽；立规立矩关键期阻塞漏洞更迫切；政治生态建设期任务更艰巨。

（二）"黑匣子"频现

不同领域的工作中还不同程度存在一些"黑匣子"，只有切开项目前期论证考察的黑匣子，才能打开"埋雷"的浮土；只有切开计划的黑匣子，才能打开"盲提""盲审"的因由；只有切开招采的黑匣子，才能揭开"劣币驱除良币"的谜团；只有切开验收检化验的黑匣子，才能打开"指鹿为马、数据倒挂"的悬疑。

对切片式监督工作中发现的问题和山钢集团近期发生的系列案例，开展对山钢集团重点领域、关键环节的切片式嵌入穿透监督检查，积极探索科技监督、数智监督，课题组在 ERP 企业资源计划系统、TMS 物流管理系统、LIMS 检化验管理系统、项目管理系统、招投标系统、MES 制造执行系统、EMS 能源管理系统、车辆管理系统等相关信息系统查询、监督手段渠道越发畅通，工业互联网、大数据、人工智能等新一代 ICT 技术在山钢集团广泛应用，课题组积极借鉴宝钢经验，运用监督账号推进加快企业数智化转型的步伐时不我待。坚持问题导向，以监督检查发现问题为基础，运用系统思维，形成发现问题、落实责任、堵塞漏洞、完善制度、提升管理、建立模型的工作闭环，与监督、治理、改进的良性循环，以取得较好的纪法效应、社会效果、经济效益。

二、论文创新内涵

"切片式监督+系统施治"推动山钢集团生产经营重点领域绩效提升，是一种新的监督管理方式，切片，通俗讲，比如说就像大西瓜，不知内部怎么样，抽样切一片看看。本项目借用到管理监督中，导入信息系统切片诊断，某一环节工序的切片诊断，现场的切片诊断，检验环节的切片诊断，制度的切片诊断，每次只剖开一个片段，并用好互联网、数据资源，推进"智慧监督"，把典型性的问题放在一起对比，然后发现问题，总结规律，系统施治，指导实践，提升绩效。

（一）研判重点，精选切面

在分析山钢集团经营环境基础上，聚焦了资金密集、资产聚集、资源富集区域，梳理管控的重点、难点、痛点、堵点问题，提炼出软管类物料、油脂润滑液类物料、物流、检化验、销售等切面。

（二）精益方案，甄别工具

在精益管理思想指引下，优化完善软管采购与使用、框架协议执行、物流整治等切片式专项监督方案，选择运用数据分析、轨迹研判、因果树、图表分析等工具。

（三）瞄准靶标，精细切片

进行材料、数据搜集与分析，结合问题线索，融会贯通，找准病灶，精细切片，潜心研究，深入分析病灶机理。

（四）梳理短板，发力现场

根据分析情况，深入生产现场，仔细求证，寻"根"问"源"，查究问题背后的问题。形成理论、数据结合现场的第一手资料。

（五）结合病灶，系统施治

梳理体制短板、制度漏洞、管理弱项和工作盲区，及时采取措施，止血止漏，监督细化完善制度并强化执行；对于失职失责，严肃追究，堵塞漏洞，避免、挽回损失，创造效益。

（六）绩效提炼，集腋成裘

一方面从项目立项开始，逐步形成数据、文字积累，每月进行小结；另一方面阶段性提炼，不断优化，提升绩效。

（七）持续优化，良性互动

提升 ICT（information and communication technology）战略定位，融入毛孔。数字化水平越高的地方，就越容易聚合资源。在资源越丰沛的地方，当然就越能做成事。在数字化系统中工作，每一个动作都被记录在案，每一次努力都被系统奖赏，这就像鞭子一样，抽得人根本就停不下来。把这种现象，称为"数字化勤奋"。典范企业华为技术有限公司据说花费数亿美金用了 5 年时间引入 IBM 公司 ICT 数字化模型，解决了其创始人任正非"经常睡不着"的企业管控问题，形成了令美国政客焦虑的核心竞争力；宝钢通过六、七代 ICT 迭代，其自主开发的以 PSCS 为代表的信息系统，奠定了其行业内一流地位的基础。丘吉尔曾说：看得见多远的过去，就能看到多远的未来。优化管理模型，定期评估信息流发力"走在前列"。

三、创新监督模型，精准切入内核

（一）精益切片，精准监督，效益明显，形成需求计划平衡法范例

通过软管类物料、油脂润滑液类、物流 3 项切片式专项效能监督，从总体情况来看，现阶段管理水平与 2020 年度、2021 年度设备物资验收专项效能监督时相比较进步明显，综合管理水平发生了从粗放到精益的跨越，初步实现从量变到质变的积累，形成需求计划平衡法范例。

软管类物料切片式专项效能监督（见图 1），从山钢集团 ERP 等信息系统导出了2018 年至 2021 年 4 个采购年度相关数据；其中，备品备件类专用胶管采购金额 4000多万元，近期采购金额降幅明显。

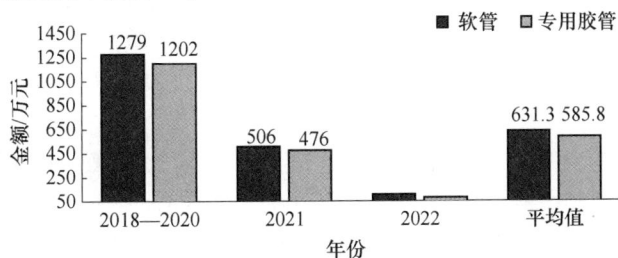

图 1   软管类物料票据匹配

抽查的部分生产厂相关工作人员，不会使用编码在 ERP、设备管理中追溯计划执行情况等系统信息重要功能。

ERP（企业资源计划）、设备管理系统是本次软管专项效能监督检查的重点，课题组采取了监督账户系统查询、现场抽查相关计划人员账户运用情况，以信息为管理监督的重要依据，充分发挥其特殊作用，抽查了 12 名与计划提报相关的工作人员，只有少数人会用编码在 ERP 中全程追溯计划执行情况系统信息，存在需求计划"盲提"现象。设备管理系统物料跟踪也存在类似情况。

油脂润滑液类物料切片式专项效能监督课题组从山钢集团 ERP 等信息系统导出了 2017 年至 2022 年上半年相关数据。近期吨钢消耗润滑液压油脂金额总体下降明显。

切入计划综合平衡，成效明显。生产厂计划提报时，大部分能统筹考虑库存数、计划在途数以及已采购未到货的数量；避免出现前面计划未到货，后面计划继续提报情况的意识增强。

某厂进行厂级需求计划平衡法效果良好，课题组建议给予了奖励，经验在山钢集团推广。某厂部通用件通过库存清单，明确安全库存量，统筹提报计划。费用控制比较严谨，出库领用制度明确；周转库存相对合理。逐步建立物资合理库存清单。为避免各作业区重复填报材料计划，造成库存积压浪费，某厂针对常规消耗的通用类物资，由设备管理室梳理常规通用材料清单，摸索最低安全库存数量。现已完成第二版更新，已经梳理了油品、钢材、油漆、杂品、密封垫片、滤芯等共计 20 个大项，150 种物资。安全库存清单内的物资，计划数量及库存数量由设备管理室统一管控，库存数量低于安全库存后，由设备管理室提报计划补齐，作业区使用时直接凭某厂内部料单领取，作业区不需要再提报计划，减少了中间环节，取得比较好的效果。

（二）精准切口，做实走深问题整改，促进管理水平持续提升

把脉政治站位，切准压紧压实问题整改政治责任。课题组按照财务及资金管理、大监督体系建设、阳光购销、合同管理等巡察检查情况的反馈意见，组织专题研究部署整改落实工作，制定整改措施，逐条研修分析，制定配档表，确保所有反馈问题应改尽改"颗粒归仓"。把反馈问题作为改进管理的"金钥匙"。以更高的政治站位和责任担当，深刻剖析，既解决具体问题，更解决问题背后的制度问题、深层次系统性问题，推动建立标本兼治的长效机制。

切准中心任务，勇立潮头直面问题点。课题组坚持问题导向，树牢"一盘棋"意识，强化极致思维、系统思维、有解思维、创新思维，加强沟通协调，高效解决问题，全面强化检化验管理，引进优质供应商，把好质量关，为实现高质量发展目标提供坚强保障。

加密抽查。抽查烧结矿、球团、精粉、硅铁、铝锰铁、煤、石灰石等样品进行室内比对和室间比对，其中室内比对准确率为 100%，室间比对作业区已对超差原因进行分析并采取整改。

强化比对。对球团、钒铁、硅铁、铝锰铁、球团、块矿、增碳剂、石灰石、铌铁

等进厂物料检验数据的准确性进行比对验证，通过验证，发现个别检验项目比对结果超差，作业区已对超差原因进行分析，并采取整改措施。

规范流程。对焦炭检验流程规范性进行监督检查，内容包括岗位操作规程的适用性、原始记录、标准样品的验证及抽查比对，并对挥发分检验能力进行试验评价，以保证检验系统稳定顺行。通过检查发现，存在岗位操作规程不够细致、检验数据处置不合理等问题。对问题进行分析整改，实现把关经济效益100多万元。

注重实效。进厂原辅料把关工作成效显著，尤其是针对合金、焦炭、炼焦煤、辅料等重点物料的把关。其中外购焦炭主要把关项目为水分、冷态强度、硫分等；实现把关经济效益合计90余万元。

切入信息系统，高效运用，提升物料寿命周期管理，堵塞漏洞。ERP、设备管理系统运用水平参差不齐，在计划提报环节的把控能力不尽相同，部分分厂在班组、作业区提报同品类欠缺总体平衡，对在途、库存等情况了解不细致。存在提报计划后，未到货，提报单位再次重复提报计划的情况。这些问题与信息系统运用不充分关系密切。

切开经验交流，即查即改成效明显。课题组检查过程中，要求即查即改进一步完善：生产厂在建立设备台账时，记录好更换时间及更换依据，形成大数据，摸清各生产部位设备需要更换物料的规律，预防性周期更换，与提报计划形成闭环的寿命周期管理，逐步导入设备管理系统；根据使用单位提供的更换周期数据，结合单价与同行业进行对标，找出性价比更好的物料品牌。

（三）切入管-监联动，为专业部门提供信息支持，实现双促进

3月下旬，发现1辆外运"尾渣"的车辆，实为外运矿石，接到该信息后，课题组当即进入山钢集团计量系统查询，发现该车与另一车辆都高度存疑，运用大数据分析，车辆涉嫌盗运山钢集团矿石。同时在山钢集团车辆管理管理平台查询到轨迹，这些车辆从山钢集团原料大棚运料到R号门外的一社会存储场地，后经公安侦办，盗矿分子退还公司货款200多万元。

（四）切入机动设备领域查找问题

开展机动设备领域存在问题自查自纠，以压实管党治党责任落实，强化制度建设和执行，规范权力运行制约，提升综合治理效能。课题组组织山钢集团各单位党委通过自查自纠，发现15类问题102项，整改完成，直接创效300多万元。修订完善制度6项。完善信息化系统2项。在机动设备领域提高政治站位，旗帜鲜明反腐倡廉，堵塞漏洞，正本清源，完善公司治理体系治理能力等方面，取得较好效果。

切入监督炉卷产线卷筒采购，该卷筒为德国西马克制造，受技术保护，厂家不提供制造图纸，无法实施招标采购，原计划和西马克公司议标，但考虑采购额度比价大，我们的议价能力弱，很容易造成价格虚高，利用年修时间对卷筒进行了测绘，基本能够满足招标采购的要求，通过公开招标，德国西马克中标，但两套卷筒采购价大幅压

缩，在合金原料大幅上涨的情况下，还比工程采购价降低了 300 万元。

（五）切入重点工作督察成效超出预期

切入重点工作督察卓有成效。2022 年某厂 KH 产线在线探伤机调试取得超预期效果，KH 产线在线探伤机的调试意义重大，价值 1000 多万元，关键是影响中厚板在线探测，山钢集团专项督办，纪委巡察办纳入切片式监督。协调解决调试过程中遇到的困难。在线探伤机自 2019 年 8 月以来，一直处于停用状态，而且各项设备功能还未调试，且由于疫情等原因，外方专家不能到现场进行调试指导，只能通过微信、Teamviewer 等载体进行沟通交流，各方密切配合沟通，2022 年影响调试问题全部解决。某厂复合制坯提效重点工作督察管理模式从去年一直沿用至今。脱硫石膏处置、智能制造项目减员优化、烧结脱硫脱硝风机故障等重点工作督察取得较好效果。

切准焦点难点，绩效明显提升。通过切入优化销售模式、强化客户寻源、加大扫浮财、完善制度流程，促进业务部室四季度实现增效。优化销售模式，防控含铁物资外流风险。受铁水含硫量和炼钢品种钢冶炼要求的影响，脱硫渣全铁含量波动较大，季度招标定价的方式存在含铁物资流失的风险。"后结算"模式的运行，进一步丰富了销售方式，同时避免成分的波动对山钢集团造成损失。强化客户寻源工作，提升销售竞争性。积极开发终端或有存储能力的客户资源，稳定销售量，提升节假日等特殊时期保产能力的同时，提高销售价格。全面梳理，持续推进，加大扫浮财清理工作。逐项推进现场审查拟定标书回收货款和组织发运，提升创效。修订制度，打通流程，堵塞管理漏洞。为提高物资竞卖招标效率，修订了作业文件，对现场竞卖过程中的加价幅度进行优化，大大提升了开标效率。

四、取得优异绩效

取得需求计划平衡法典范借鉴案例。通过切片式专项效能监督，综合管理水平发生了从粗放到精益的跨越，初步实现从量变到质变的积累。提炼需求计划平衡法，取得良好效果，形成典范借鉴案例，在山钢集团推广。精准切口，做实走深问题整改，促进管理水平持续提升。通过切片式过程监督，定期对作业区进行工艺纪律监督；提高原料样品的抽查力度，送至第三方检测机构进行比对，以发现问题，堵塞漏洞。对异常数据进行日监控、周分析、月总结，提供降本数据支撑。切入管-监联动，实现双促进。切入机动设备领域开展自查自纠查漏补缺。堵塞漏洞，正本清源，完善公司治理体系治理能力等方面，取得较好效果。切入重点工作督察成效超出预期。切入重点工作督察卓有成效。切准焦点难点，绩效明显提升。通过切入监督优化销售模式、强化客户寻源、加大扫浮财、完善制度流程，促进业务部室四季度实现增效 3000 多万元。促进优化销售模式，防控含铁物资外流风险。脱硫渣结合化验数据"后结算"的销售模式，强化客户寻源工作，提升销售竞争性。关键修订制度，打通流程，堵塞管理漏洞，形成了长效机制。

切入信息化系统，效率几何级别提升。切片式监督广泛运用信息化系统工具包，山钢集团的项目管理系统、招投标系统、ERP企业资源计划系统、TMS物流管理系统、LIMS检化验管理系统、MES制造执行系统、EMS能源管理系统、RMS科研管理系统等。山钢集团重点工作部署到哪里，监督工作就跟进到哪。

用实际行动去践行专项监督，做深做细做实监督，促进企业管理提质增效，为山钢集团高质量发展保驾护航。牢牢围绕企业发展任务大局，以专项监督检查为抓手，针对山钢集团生产经营重点领域和职工群众切身利益等问题，发现深层次矛盾、挖掘普遍性问题，强化监督震慑效果。从严执纪动真碰硬，持续强化纪律意识。坚持执纪必严、违纪必究。维护制度刚性执行以严格监督执纪持续强化对违规违纪和失职失责行为的高压震慑，维护纪律规矩和企业规章制度的严肃性，促进山钢集团政令畅通、令行禁止。开展好回头看，促进工作质量提升。带头执行从严治党。全面从严治党是党永葆生机活力、走好新的赶考之路的必由之路。以伟大自我革命引领伟大社会革命，要认真贯彻落实新时代党的建设总要求，健全全面从严治党体系，全面推进党的自我净化、自我完善、自我革新、自我提高，使我们坚守初心使命，始终成为国有企业的坚强战斗核心。

创新实施"六合一"模式
推进正风肃纪反腐向纵深发展

中国宝武太原钢铁（集团）有限公司纪委

汪　震

"要把全面从严治党作为党的长期战略、永恒课题，始终坚持问题导向，保持战略定力，发扬彻底的自我革命精神，永远吹冲锋号"。习近平总书记在二十届中央纪委第二次全体会议上的重要指示要求，为深入推进新时代新征程纪检工作高质量发展，一刻不停推进全面从严治党向纵深发展指明了前进方向，提供了行动指南。中国宝武太原钢铁（集团）有限公司（简称太钢集团）纪委坚持以习近平总书记重要讲话和指示批示精神为指导，聚焦职责定位，围绕"六合一"，着力提升监督执纪质效，为公司在新时代新征程高质量发展提供坚强保障。

一、创新正风肃纪反腐路径的必要性

（1）推进正风肃纪反腐，是贯彻落实习近平总书记关于自我革命重要论述以及党的二十大和二十届中央纪委第二次全体会议关于全面从严治党重大决策部署的必然要求。习近平总书记在党的二十大报告中强调"反腐败是党最彻底的自我革命"，在党的二十届中央纪委第二次全体会议上提出"深化整治金融、国有企业等权力集中、资金密集、资源富集领域和粮食购销等行业的腐败"工作要求。纪检监察机关作为开展反腐败斗争的专门力量，必须深化对企业管党治党和反腐败斗争的规律性认识，加强对新型腐败、隐性腐败的分析研究，提高正风肃纪反腐的能力和水平，以有效方式推进全面从严治党向纵深发展，保障党的二十大各项战略部署落实落地。

（2）推进正风肃纪反腐，是企业实现高质量发展的现实需要。习近平总书记在党的二十大报告中指出：推动国有资本和国有企业做强做优做大，提升企业核心竞争力。国有企业作为社会主义市场经济第一主体，肩负着重大使命任务，各级党组织能否发挥好"把方向、管大局、保落实"的作用，党员干部能否坚定理想信念、抵住诱惑，做到履职尽责、廉洁从业，这些都关系到党的执政基础是否牢固，我们必须要准确把握国有企业反腐败的新形势、新情况、新要求，创新有效手段应对隐形变异、翻新升级的腐败行为，全力营造风清气正的经营环境。

（3）推进正风肃纪反腐，是太钢集团加快创建世界一流不锈钢企业的内在需要。

作为中国宝武不锈钢板块发展使命的承担者、中国宝武不锈钢产业一体化运营的旗舰平台，近年来随着各项规划的迅速落地，太钢集团已形成了"一总部+四沿海基地"的产业格局，开启了从内陆走向海外的新征程。面对企业的快速发展，我们必须坚定不移扛牢抓实全面从严治党政治责任，在政治站位、思想认识、责任担当、方法举措上及时跟上企业的战略部署和工作需要，以严的基调，坚决查处侵害企业和职工利益的行为，确保权力的正确使用，为太钢集团打造世界一流不锈钢企业保驾护航。

二、创新实施"六合一"模式的实践做法

（一）把"讲政治"作为根本原则，以习近平新时代中国特色社会主义思想统领监督执纪问责工作

作为推进公司全面从严治党的重要力量，太钢集团纪委始终把"讲政治"贯穿于工作始终，围绕中心任务履职尽责。

1. 思想引领、强化认识，找准职责定位

习近平总书记在党的二十大报告中深刻提出了两个"永远在路上"的新要求，具体阐述了"健全全面从严治党体系"的新思路，提出了"坚持党性党风党纪一起抓"等一系列全面从严治党新观点，为深入推进纪检工作提供了基本遵循和根本方向。太钢集团纪委坚持用习近平新时代中国特色社会主义思想武装头脑、指导工作，自觉从讲政治的高度谋划、部署和推进正风肃纪反腐工作，全力保障落实、服务大局。

2. 加强协助、强化统筹，推动"两个责任"协同发力

习近平总书记强调，"各级纪委要履行好监督责任，既协助党委加强党风建设和组织协调反腐败工作，又督促检查相关部门落实惩治和预防腐败工作任务"。太钢集团纪委认真履行协助职责，会同党委召开党风廉政建设和反腐败工作专题会议，协助制定贯彻落实党风廉政建设责任制的实施细则，逐级夯实党风廉政建设责任，推进"四责协同"。就履行全面从严治党责任、案件查处等重点事项，主动与党委交换意见、报告有关情况，党委书记坚持"四个亲自"，多次向纪委批转直管干部的信访举报和问题线索，过程中主动听取查办进展情况并作出重点指示，推动了"两个责任"贯通协同、一体落实。

3. 围绕监督专责、凝聚思想共识，以行动践使命

太钢集团纪委坚持深入贯彻落实习近平总书记在二十届中央纪委第二次全体会议的重要讲话精神，坚持"多轮驱动"强化监督执纪问责工作。对照上级精神编制下发《监督执纪检视卡》，时刻提醒各纪检干部开展自我检视，牢记监督执纪职责；将全年工作清单化管理、项目化推进，进一步明确目标任务统一行动。动态召开推进会、开展执纪审查调研督导和"面对面"约谈提醒，不断把准工作航向、传导责任压力；充分发挥绩效考评引导推动作用，通过点对点下发季度评价提示卡，督导各纪检组织不断明确目标、找准差距、履职尽责。

（二）把"辟案源"作为重大前提，主动出击发现问题线索

坚持问题导向，经过不断探索实践，形成了"寻""挖""拓"三字做法，进一步

扩大案件来源。

1. 主动监督"寻"案源

把专项监督作为主动发现问题线索的有效手段，太钢集团纪委为了破解坐等举报的难题，将执纪工作融入业务过程，探索出以规范权力运行为主线，运用制度、智慧、惩治为手段，聚焦六个方面，按照八个步骤落实的、具有太钢集团特色的"12368"专项监督方法。同时，注重在抓早抓小中发现和查找问题线索，在生产组织和经营管理中，主动发现基层单位擅自修改生产数据、履行管理审核职责不到位等问题线索，切实把做深做实日常监督作为发现问题线索的长效手段。

2. 逆向思维"挖"案源

把深挖细查作为拓展案件来源的主要手段，在案件核查中，坚持"以逆向思维为主、逆向思维和顺向思维相结合"的思维方式，紧盯岗位关联性、工作密接性，不放过任何蛛丝马迹。在核查废钢问题线索时，深挖问题背后的根源，从中发现履职不力的问题；在核查某单位原经理违规领取加班费时，倒查发现该单位财务负责人违规领取奖金的问题，做到从单个线索捕捉连带线索，深挖案中案。

3. 协同联动"拓"案源

把巡察和审计监督作为拓展案件来源的有力手段。建立完善了纪巡审联动工作机制，采取巡审先行，纪检跟进的查办方式，有效拓展问题线索来源。其中，在巡察过程中发现了某单位将混合废油违规处置、备件采购招标混乱等问题；在审计过程中发现了某单位"一把手"违规领取薪酬等问题，经核查立案 5 人，挽回损失及收缴违纪款 20.66 万元。

(三) 把"善斗争"作为基本准则，以穷尽举措寻求案件突破

坚持系统思维，凝聚多种力量、汇集办案资源，精准打通办案堵点，提升案件查办效率。

1. 上下联动，凝聚办案力量

合理利用上级纪委监察权，在查办案件过程中，及时向中国宝武纪委提请协查，重点核查了某基地纪委书记及其家属的财产情况、某废钢加工单位党委书记景区住宿记录和银行交易记录等，锁定了关键信息，为案件查办提供了有力支持。建立健全联动联合办案机制，加强对基层纪委的领导和指导，推进建立分片"一贯制"管理，充分运用"六联"机制，对重要问题线索或者违规违纪违法案件开展联合执纪审查工作，2022 年以来通过运用联动联合办案机制共办理案件 35 件。

2. 横向协同，汇集办案资源

在获取关键证据时，推进组织、审计等有关部门协同纪委出具专业意见，如在核实某公司有关问题时，相关部门对石灰粉存量进行测量并出具专业报告，有效解决了存量无法认定的难题；在核查某公司产品低价中标问题时，积极协调宝山钢铁股份有限公司和马钢集团（控股）有限公司纪委获取相关产品资料，为案件顺利查办提供了

有力支撑。同时，主动与属地纪委监委及有关部门协同，核查某直管干部违规吃喝等问题。在核查某直管人员接受管理服务对象吃请问题时，向当地公安机关调取相关经营场所的监控录像，降低了复杂问题线索的核查难度。

3. 大数据贯通，打破办案困局

坚持数据优先，强化数据分析研判，从大量信息中寻求办案关键点，及时为执纪审查提供关键信息支持。在核查某单位负责人相关问题线索时，调取当事人的通话情况和场所码记录，进一步掌握业务往来和行程动态。在核实废钢相关问题线索中，对大量影像数据进行梳理，锁定关键证据13条，查实了违规交费的问题，有效提高了案件查办质效。

（四）把"办好案"作为首要标准，强化研管治协同推进

坚持研线索与查案件并重、规范与结果并重、惩戒与治理并重，推进执纪审查从"办成"到"办好"。

1. 做好线索分析，释放支撑效能

将研判确立问题线索作为案件查办的重要前提和基础，严格按照工作规则和要求，成立研判小组，深入了解、熟悉信访举报的全部内容和关键情节、个人相关信息、工作流程等，运用联系的观点从5个方面详细研究线索特点，厘清核心问题和关键要害，确定办案思路。同时，加强对基层研判确立问题线索的审核指导，从源头严把问题线索质量关。

2. 做好审核把关，提升规范化水平

抓牢"程序、证据、定性"三个关键。严把程序合规关，紧盯可能影响案件质量的重点问题和关键环节，适时召开集体研议，从线索处置、办案流程、涉案财物管理和时限要求等方面严把程序规范。把好证据审核关，从客观性、关联性、合法性三个方面对证据进行审核、比对、分析，确保形成相互印证、完整稳定的证据链。严把定性量纪关，对部分案件违纪事实表述不精准、违纪定性和引用条款不准确等情况提出明确修改建议。

3. 做好以案促改，发挥案件治本功效

精准开展警示教育，组织领导干部和纪检干部参观山西省廉政教育基地、观看警示教育片、学习追责问责情况通报，结合关键节点，组织全体党员干部学习典型案例、开展集中廉洁谈话等，不断强化警示教育"治未病"作用。针对案件查办过程中发现的管理问题，深刻剖析原因，下发纪律检查建议书，进一步推动制度完善、流程规范，达到了"发出一份建议、完善一批制度、解决一类问题"的效果，持续提升案件"附加值"。

（五）把"严作风"作为重要抓手，持续纠"四风"树新风

坚持"三个抓手"，以长期抓、反复抓的韧劲纠治"四风"、弘扬新风正气，持续

发力推进、巩固作风建设成果。

1. 以严肃查处违法中央八项规定精神问题为抓手

太钢集团纪委深刻把握风腐互为表里、同根同源特征，对隐形变异问题时刻提防，对违纪行为从严查处。通过开展作风监督，严查快处某生产厂王某违规收受礼金问题；同时紧盯专项费用使用，开展专项检查，严查快办了某单位违规发放培训费用的问题。紧盯重点区域，派专人赴驻外销售公司开展实地巡回督导检查，确保违规吃喝专项整治成效。

2. 以整治形式主义、官僚主义为抓手

习近平总书记指出，形式主义、官僚主义是目前党内存在的突出矛盾和问题，是阻碍党的路线方针政策和党中央重大决策贯彻落实的大敌。太钢集团纪委把整治形式主义、官僚主义作为践行群众路线的重要任务，全面深入纠治安全生产各环节中的不作为、慢作为现象，在监督过程中发现外购废钢检验环节存在把关不严等形式主义倾向性问题；针对大宗原料取送样环节存在日常管理缺失等问题，对主要责任人诫勉谈话并下发建议书，以有效监督切实推动各项工作的落地落实。

3. 以纪律教育、文化引导为抓手

加强纪律教育是落实全面从严治党要求、加强党的纪律建设的一项基础性、经常性工作。太钢集团纪委深入持续开展纪律教育，突出强化"关键少数"纪律学习，把纪律教育纳入党委理论学习中心组学习内容和领导干部培训课程，定制开设"学党规、守纪律、促发展"专题培训班，常态化对领导干部开展提醒谈话和廉政谈话。深化文化引导，充分发挥总书记考察调研路线、廉洁文化宣传等教育功能，开展贯彻落实习近平总书记重要讲话重要指示精神"专题日"活动；开展系列廉洁文化活动，不断培养廉洁自律道德操守、夯实廉洁从业思想根基、厚植廉洁奉公文化基础。

（六）把"强队伍"作为基础工程，全方位增强履责能力

始终将队伍建设作为一项持续性、基础性工程来抓，从思想淬炼、实战历练、纪律约束入手，着力打造铁打的纪律部队。

1. 思想引领，淬炼忠诚本色

将学习习近平新时代中国特色社会主义思想主题教育与纪检干部队伍教育整顿有机融合，开展纪检干部集中学习并组织两级纪委交流研讨，撰写心得体会，切实在学思践悟中坚定理想信念，永葆政治清醒。深化学以致用，找准服务保障着力点，制定了学习宣传贯彻党的二十大精神专项督导方案，对重点任务贯彻落实的情况开展督导，加快推进党的二十大部署的各项任务在公司落地见效。

2. 实战为本，提升能力素质

围绕监督执纪工作的痛点难点，以履职能力提升专题班、"大监督"讲坛等七类平台为载体，深入开展政治理论学习、业务知识培训、专业实践训练，推动纪检干部政治素质和专业能力双提升。坚持以考促学，通过测试增强纪检干部学习的自觉性，督

促弥补能力短板、完善知识体系。通过实战拓展训练，2021年以来累计优选基层纪检干部55人次参与公司案件查办，着力提升整体纪检干部的实战能力。

3. 严肃纪律，约束行为规范

完善监督执纪权力运行内控机制和监督管理制约机制，严守纪检权力边界，主动自觉接受最严格的约束和监督。围绕纪检干部教育整顿，严肃深刻自查自纠在思想上、作风上、工作上存在的问题、差距和不足，做到剖析整改到位。严格落实办案制度，压实安全责任，牢牢守住不发生安全事故底线。清仓起底反映纪检干部的问题线索，坚决查处执纪违纪、失职失责行为，以铁一般的纪律锻造纯洁的纪检队伍。

三、创新实施"六合一"模式的主要成效

（一）进一步推进了全面从严治党向纵深发展，震慑效应在基层持续释放

太钢集团纪委始终坚持违规必纠、有案必查，2021年以来，太钢集团纪检系统主动发现问题线索61件，立案62件，处分62人，其中在开展违规经商办企业专项整治中共立案14人；针对废钢问题线索第一时间成立专案组，经核查共立案18人。与此同时，太钢集团纪委精准运用"四种形态"，近3年来共处理270人次，运用第一种形态192人次、占71.1%，运用第二种形态66人次、占24.4%，运用第三种形态7人、占2.6%，运用第四种形态5人、占1.9%，持续释放一严到底、一刻不停的强烈信号。

（二）进一步提升治理体系和治理能力现代化水平，执纪审查治本功效不断显现

太钢集团纪委深挖各类违规违纪违法问题中暴露出的管理漏洞，通过开展以案促改、以案促治，不断规范权力运行。2021年以来，太钢集团纪检系统排查出各类风险点365个，新建修订相关制度203个，优化流程11个，不断增强了监督的有效性。通过下发纪律检查建议书，指导督促有关专业部门开展系统性以案促改，不断强化对权力运行的监督制约，其中废钢铁管理部针对制度更新滞后、缺少防控措施等问题，全面梳理健全废钢铁管理制度及流程，研究制定有效防控措施，进一步防范和化解业务、廉洁风险。

（三）进一步巩固党员干部队伍作风形象，廉洁氛围日益浓厚

把严作风作为干部队伍建设的重要抓手，有效防止"四风"问题反弹回潮，形成了干部干事创业的良好环境。2021年至今，太钢集团纪检系统接收信访总量持续下降，其中2022年全年信访总量同比下降44.78%，职工群众信任支持持续提升。各级纪委组织关键岗位和有业务处置权人员开展纪法教育和案例警示教育1300余场次，受教育人员累计近4万余人次，有效筑牢了拒腐防变的思想防线；同时推出以"读书思廉""家风促廉"等特色廉洁文化活动，持续营造崇廉尚洁的浓厚氛围。

首钢股份在基层党组织开展纪检派驻监督的探索与实践

首钢集团北京首钢股份有限公司纪委

为持续深化纪检监察体制改革，首钢集团北京首钢股份有限公司（简称首钢股份）纪委在首钢集团纪委、首钢股份党委的坚强领导下，充分发挥监督保障执行、促进完善发展作用，在公司基层单位探索实施纪检派驻监督机制。通过强化监督检查、加强廉政教育、提升自身建设等方面，主动作为、重点发力，探索形成"五实"工作法，有效改善了基层单位同级监督存在死角的问题，推动驻在单位全面从严治党、党风廉政建设向纵深发展，构建了首钢股份基层纪检工作新格局，为把首钢股份建设成为具有世界竞争力和影响力的钢铁上市公司提供了保障。

一、纪检派驻监督的实施背景

习近平总书记在十九届中央纪委第五次全体会议上指出，党的十八大以来，尽管党风廉政建设和反腐败斗争取得了历史性成就，但形势依然严峻复杂。坚持党的领导、加强党的建设，是我国国有企业的光荣传统，是国有企业的"根"和"魂"，是我国国有企业的独特优势。当前，国有企业管党治党宽松软状况已得到根本扭转，但推进党风廉政建设和反腐败工作依然任重道远。首钢股份作为首钢集团在中国境内的钢铁及上游铁矿资源产业发展、整合的上市公司，集中生产、采购、销售、市场服务、技术研发、电子商务、技术咨询等多项业务组合，日常涉外业务廉政风险较多，部分单位党委书记兼任纪委书记，同级监督有死角。因此，深入推进纪检监察体制改革，是推进首钢股份治理体系和治理能力现代化的客观需要，也是推动新时代纪检监察工作高质量发展的内在要求。

二、纪检派驻监督的主要做法

首钢股份党委通过推动组织和制度创新，持续深化纪检监察制度改革，探索实施纪检派驻监督机制，强化和改进监督的方式方法。通过抓实机制、融合、防范、教育、规范"五实"工作法，把制度优势更好地转化为治理效能，推动驻在单位全面从严治党、党风廉政建设向纵深发展。

（一）抓实机制，奠定改革基础

纪检派驻监督工作开展前，首钢股份下设 15 个基层党委，包括 6 个独立法人单位党委、6 个内部生产单位党委、3 个职能部室党委，其中 13 个基层单位的党委书记兼任纪委书记，存在"同级监督存在死角"的问题。

为加强对"一把手"监督和领导班子监督，保证党委主体责任、纪委监督责任有效落实，首钢股份党委、纪委持续深化纪检监察体制改革。一是积极开展前期调研，通过赴中国五矿发展股份有限公司、北京海纳川汽车部件股份有限公司、首钢长治钢铁有限公司等多家企业调研，查阅各级组织发布的相关数据资料，对不同的监督机制进行制度依据、工作职责、监督内容、考核评价等多角度分析研判，并结合首钢股份实际制定了《首钢股份公司党委关于推进纪检监察体制改革的实施方案》。二是对组织机构、人员职责进行调整，结合首钢股份实际，对企业内部生产作业单元性质的 6 家单位撤销其纪律检查委员会，作为纪检派驻模式试点单位，免去纪委书记、副书记职务，按照《中国共产党国有企业基层组织工作条例》规定，在党委班子成员中设置纪律检查委员 1 名；推进风险点多、风险等级高的 5 家独立法人单位纪委书记专职化；按照效率最高、机构最优的原则，撤销 1 家单位党委、纪委，成立党总支。

（二）抓实融合，发挥派驻优势

派驻纪检组是纪委的"前哨"，监督工作的"探头"。积极主动融合到驻在单位当中，明确职责定位、理顺工作关系，采取多种措施，深入了解掌握驻在单位基本情况，为抓好日常监督、突出重点监督打下坚实的基础。

（1）主动融合，发挥"派"的权威。针对驻在单位部分人员对派驻纪检组的工作职责、工作范围等方面还存在认识误区问题，及时解疑释惑、统一思想。一是由首钢股份纪委书记带队与各驻在单位领导班子进行沟通交流。通过进一步明确工作原则、工作职责和监督内容 3 个方面 21 条措施，厘清了派驻纪检组与驻在单位的工作范围和权责关系，对聚焦主责主业、正确履职尽责起到了关键作用。二是结合驻在单位的实际情况，对年度纪检工作进行全面梳理，对涉及派驻监督 7 个方面的 25 项重点任务明确工作流程，细化 46 项工作措施，确保了与驻在单位各项工作的有序衔接，为派驻监督工作开好头、起好步奠定了基础。

（2）多措并举，实现"驻"的优势。坚持以高质量党建引领高质量发展，压紧压实"两个责任"，强化协助职责、监督责任、推动作用。一是针对被监督单位"部门多、业务多、党员多"的实际情况，深入基层 31 个科室、35 个作业区开展全面从严治党情况、经营生产情况走访调研，实现对重要岗位和重点人员从"有形覆盖"到"有效覆盖"。二是积极协助驻在单位党委研究落实全面从严治党年度任务安排、首钢股份"两会"重点任务分解等工作，深入到 26 个党支部进行集中讲解，推进党建与经营生产深入融合，实现了精准监督的走深走实。三是通过探索"室组"联动的监督方式，将首钢股份"两会"确定的重点任务落实情况纳入年度专项监督计划，通过不定期督导检查、季度专题反馈等方式，将 6 家驻在单位的 13 项重点任务落实情况向首钢股份纪委进行反馈，为推动炼铁作业部"万吨炉"、热轧作业部"秒文化"等驻在单位生产指标的提升提供了坚强保障。

（三）抓实防范，加强风险防控

廉政风险防控是加强党风廉政建设，一体推进"三不腐"机制建设的基础工作和重要抓手。通过对驻在单位存在的苗头性、倾向性的问题以及重要岗位和涉权事项进行全面梳理，实现对廉政风险点的精准研判。

以岗位人员的轮换不断完善防控体系。驻在单位在开展有业务处置权人员排查和岗位轮换时，部分单位存在统筹经营生产和风险防控不够有力、岗位轮换模式单一、成效不明显等问题。结合驻在单位经营生产实际情况，认真梳理有业务处置权人员的岗位职责，在准确辨识和界定风险点、风险等级的基础上，积极与领导班子、各科室和作业区主要负责人进行沟通，探索了以"党委统筹负责、派驻组监督协助、各科室分头配合"的工作方法，有力推进有业务处置权人员的排查和岗位轮换全面铺开。对梳理排查出的有业务处置权人员 68 名，按规定落实岗位轮换 17 名，实现了应换尽换目标。同时，与驻在单位共同探索"科室跨科室""科室跨作业区"的岗位轮换新模式，有效统筹经营生产和廉政风险防控，兼顾组织需要、个人意愿，进一步激发了干部职工干事创业的热情。

以廉政风险点的防控确保权力的规范运行。驻在单位在组织廉政风险点排查工作中，部分人员还存在思想认识不到位、风险排查不深入、防控措施不具体等问题。指导驻在单位按业务流程对设备材料管理、工程项目管理、在线交易管理等重点领域的风险点进行全面梳理，结合走访调研及问题梳理情况，对涉权事项修改 9 项、风险描述修改 11 项、风险管控措施修改 37 项，进一步提升了措施的针对性、有效性和可执行性。邀请首钢股份运营规划部专业讲授《风控管理知识分享》，使有业务处置权人员深入理解了规范职责职权的重要意义，进一步提高了对业务风险防控的思想认识。

以重点监督的实效强化制度的刚性执行。针对驻在单位存在的执行制度主体责任履行不到位、考评机制不健全、制度执行监督乏力等问题，以列席党委会、部务会、考评会等重要会议为突破口，强化对制度执行的监督，重点对管理人员竞聘上岗、领导人员选拔任用、薪酬奖励分配等重点事项开展专项监督，确保制度执行到位、决策程序规范，有效维护了制度的权威性和严肃性。累计参加会议 173 次，审核材料 373 份，提出意见建议 11 条，叫停暂缓会议议题 2 项。其中，针对干部选拔任用、专业考核管理 2 项制度执行不标准的问题及时进行了纠正。

（四）抓实教育，严守纪律底线

把开展廉政教育作为全面从严治党的一项基础性工作，作为一体推进"三不腐"的重要一环来抓，突出纪律教育的针对性、警示性。一是在重要时间节点前，从中央纪委国家监委网站选取"纪法小课"微视频，通过微信下发到基层党支部和党小组，党员利用碎片化时间进行学习，使廉政教育形式更加灵活、更接地气，效果更加突出。二是结合驻在单位实际开展纪律教育，协助炼铁作业部党委开设节前"三分钟廉政微课堂"，对节日期间可能出现的违纪行为进行讲解，把"节点"当"考点"，实现了经营生产与廉政教育的统筹兼顾。三是开展"党规党纪进一线"活动，为驻在单位党小组和领导人员配备《党员必须牢记100条党规党纪》375本，每月在党员领导人员和普通党员两个层面制定学习提纲，纳入"三会一课"进行学习。通过有针对性地开展廉政教育，使党员教育与实际更加贴切，提升了党员学习的兴趣，解决了部分党支部廉政教育"一锅煮""空洞乏味"的问题。

（五）抓实规范，完善工作流程

牢记"打铁必须自身硬"政治要求，不断强化自身能力建设和规范化建设。一是突出政治引领作用，在学懂弄通做实上下功夫。通过采取集中辅导、个人自学和交流研讨等方式，深入学习《中国共产党章程》《中国共产党纪律处分条例》《中国共产党纪律检查机关监督执纪工作规则》《纪检监察机关派驻机构工作规则》等党内法规，深学细悟《关于深化中央纪委国家监委派驻机构改革的意见》，以学习的广度、深度不断充实纪检业务知识和理论素质，也为派驻工作规范化建设打下坚实基础。二是强化有章可循、有制可依，在规范工作流程和措施上下功夫。制定《派驻纪检组长关于参加驻在单位有关会议的工作规范》，明确了参加会议的范围、程序和要求，提升了监督实效；探索开展"室与组""组与组"信访调查以及"室组地"联合办案，依据党内法规探索完善适应纪检派驻工作的信访调查、审查调查流程，明确了审批程序、工作流程和权责范围，为正确履职尽责提供了制度保障。

三、纪检派驻监督的成效

首钢股份纪检派驻监督实施以来，充分发挥了监督保障执行、促进完善发展作用，有效改善了基层单位同级监督存在死角的问题，构建了首钢股份基层党组织纪检工作新格局，为把首钢股份建设成为具有世界竞争力和影响力的钢铁上市公司提供了坚强保障。

（一）纪检监察体制改革取得实效

首钢股份通过考察学习、探索实践，持续深化纪检监察体制改革，制定《首钢股份公司党委关于推进纪检监察体制改革的实施方案》，积极推进6家单位实现纪检派驻监督，5家单位纪委书记专职化，同级监督有死角的问题得到有效改善，进一步完善了首钢股份纪检监督体系，在首钢钢铁板块起到了试金石、练兵场的先锋示范作用，也为同类型企业持续深化纪检监察体制改革提供了借鉴和参考。

（二）拓展纪检工作向基层延伸的新路径

纪检派驻监督工作的开展，有效改善了基层单位同级监督存在死角的问题，实现了首钢股份纪委对 6 家基层党委、59 个党支部、194 个党小组的垂直监督，公司政策落实得更迅速，基层问题反馈得更及时，有利于充分发挥纪检派驻监督"驻"的优势。职工对纪检工作的参与度显著提升，在首钢股份纪委第三届"廉洁文化月"活动中，驻在单位提报作品、获奖作品分别占总作品的 77.78% 和 58.33%；基层党组织和职工的创先争优意识进一步提高，11 家党组织荣获"首钢模范基层党委""首钢模范党支部"等集体荣誉，276 名职工荣获"首钢股份优秀共产党员""首钢股份先进职工"等荣誉。

（三）有效助推党建与经营生产深度融合

纪检派驻监督工作的开展，将纪检派驻监督"驻"的优势发挥得更加充分，为首钢股份经营生产水平的提升提供重要支撑。通过首钢股份纪委、驻在单位党委、基层党组织等各方齐抓共管的联合监督体系建设，切实把制度优势转化为治理效能。在 2 次疫情防控住厂期间，确保了疫情防控、产销组织、系列检修、工程建设等各项工作稳定顺行。监督保障执行作用突出，列入到首钢股份纪委重点监督的公司"两会"13 项重点任务全面完成。推动基层单位履行监督管理职责取得实效，炼铁作业部 3 号高炉实现铁水日产量破万吨，创开炉以来最高水平；炼钢作业部石灰消耗创历史新低，吨钢降本 28 元；热轧作业部实施 2+2 加热炉生产模式，一轧、二轧轧制间隔时间较去年缩短 9.43% 和 16.97%，"秒文化""米文化"管理水平持续提升；能源部深化 LCA 体系建设，搭建"碳管理"信息化应用平台，首钢股份停限产比例行业最低；聚焦钢后产品物理性能检验，当批次平均检验时间缩短 0.3 小时，降低了公司库存资金占用。

四、结语

抓深抓实纪检监察体制改革，是落实党中央完善国家监督体系要求、强化对国有企事业单位监督的重要举措。首钢股份在基层党委实施纪检派驻监督机制，是着力解决"上级监督远、同级监督软、下级监督难"的一次探索，拓展了监督向基层延伸的有效途径，切实提高了监督工作的质效，保证了党委主体责任和纪委监督责任的有效落实，为首钢股份高质量发展提供了坚强的纪律保障。

深入开展"靠企吃企"问题整治
护航企业高质量发展

山东钢铁集团有限公司纪委

赵文友　李荣臣　王建新　马　帅

"靠企吃企"问题整治是贯彻落实习近平总书记重要指示批示精神，推进清廉国有企业建设的重要举措。近年来，山东钢铁集团有限公司（简称山钢集团）党委、纪委把"靠企吃企"问题整治作为深入推进全面从严治党、依法治企的重大政治任务，严管严查严治，实现了政治效果、纪法效果、社会效果相统一。

一、提高政治站位，充分认识"靠企吃企"问题整治的重要性

（一）开展"靠企吃企"问题整治是捍卫"两个确立"、做到"两个维护"的实际行动和现实检验

习近平总书记指出，国有企业是中国特色社会主义的重要物质基础和政治基础，在建设现代化产业体系、构建新发展格局、推动高质量发展、推进中国式现代化建设中肩负重要使命。国有企业关系我们党的执政地位和执政能力，关系公有制主体地位的巩固，要加大国有企业反腐力度，加强国家资源、国有资产管理，把实现国有资产保值增值作为工作的出发点和落脚点。开展"靠企吃企"问题整治，严查"靠企吃企"违纪违法案件，就是要斩断腐败交易链条，铲除腐败滋生土壤，清除腐蚀国有企业健康肌体的"病菌""毒瘤"，通过监督完善制度体系和内控机制，突破制约实现高质量发展的"卡点""瓶颈"，以坚定有力的实际行动完成促进国有资产保值增值，护航优化营商环境的政治任务。从根本上讲，就是捍卫"两个确立"、做到"两个维护"的实际行动和现实检验，必须以高度政治自觉抓紧抓实。

（二）开展"靠企吃企"问题整治是贯彻中央纪委和山东省纪委全会精神，落实"深化整治国有企业腐败"部署的重要举措

近年来，中央纪委要求深化整治金融、国有企业、政法等权力集中、资金密集、资源富集领域的腐败。中央纪委国家监委接连部署在国资央企系统开展"靠企吃企"问题整治，不断加大"靠企吃企"案件查办力度，成效显著。山东省纪委监委将"靠

企吃企"问题整治和黄河重大国家战略专项监督、护航优化营商环境专项行动等列为2023年度八大重点监督任务。2023 年 4 月，山东省纪委监委召开省属国有企业"靠企吃企"问题专项整治动员部署会议，制定国有企业"靠企吃企"问题专项整治工作方案，要求以整治"靠企吃企"违纪违法问题为抓手，深入推进省属国有企业反腐败工作。山东省国有资产监督管理委员会党委也出台相关文件，将专项整治作为压实监管责任、切实履行出资人职责的重要工作。国有企业党组织、纪检监察机构要提高政治站位，从政治上看，从政治上查，从政治上改，不折不扣落实上级部署要求，坚决履行好专项整治政治责任。

（三）开展"靠企吃企"问题整治是深入推动国有企业反腐败工作、护航高质量发展的现实需要

当前，国有企业反腐败斗争形势依然严峻复杂，遏制增量、清除存量的任务依然艰巨，反腐败斗争依然任重道远。自 2020 年以来，山钢集团收到与"靠企吃企"有关的问题线索 356 件，占总数的 40%；党政纪处分 140 人次，占总数的 45%，查办的案件涉及销售领域、采购领域、工程建设领域、设备装备领域等。有的党员领导干部利用"话语权"牟利，把企业提供的平台当成个人敛财的"舞台"；有的利用管理权谋利，把岗位职务的权力当成个人敛财的"能力"；有的利用裁量权牟利，把判定"标准"的卡尺变成捞取私利的"工具"；有的干部职工无论职级高低，只要手中有权力，都成为被围猎的对象和为不法分子牟利的"助手"，简直就是"蚂蚁啃大象"。案件触目惊心，令人发指，严重污染政治生态，侵害职工权益，蚕食国有资产，制约高质量发展。山钢集团党委、纪委深刻认识开展"靠企吃企"问题整治的重要性和紧迫性，始终保持零容忍震慑不变，坚决惩治不收敛不收手、胆大妄为者，对问题突出的关键领域深化标本兼治、系统治理，一体推进不敢腐、不能腐、不想腐。

二、严格监督执纪，确保"靠企吃企"问题整治取得实效

（一）强化监督首责，保障改革发展成果

（1）切实履行监督职责，促进各类监督贯通协调。重点监督各权属单位落实上级党委安排部署行动迟缓、推进不力，搞上有政策、下有对策，有令不行、有禁不止等问题；搞"一言堂""家长制"，或者议而不决、决而不行、行而不实等问题；制度建设不科学、"牛栏关猫""留天窗""开暗门"等问题。围绕工程建设领域设租寻租、招标投标领域违纪违法、物资购销领域损公肥私、违规投资决策致国有资产重大损失、违反中央八项规定精神、违规投资融资等领域开展监督整治。

（2）开展购销领域专项监督整治。针对 2022 年下半年以来，山钢集团钢铁主业原料采购价格高于行业平均、产品销售价格低于行业平均突出问题，2023 年 4 月，山钢集团纪委成立专项工作组，对钢材销售、原料采购领域开展监督整治。围绕习近平总书记和党中央对国有企业要求是否落实，山钢集团党委部署是否贯彻，购销体制机制

是否科学，责权利是否匹配，考核指标是否科学有效，产供销一体化运营工作落实情况，市场准入机制是否合理，领导干部是否依规依纪履职用权、政商关系是否"亲清"，干部选拔任用能否做到人岗相适，信息化建设是否到位等方面，坚持问题导向，立足发现问题、破解"痼疾"难题，推动长效常治。监督发现 5 个方面 29 项问题，形成专项监督报告，向有关单位党委反馈意见，督促问题整改，精准运用"四种形态"追责问责。

（3）开展应收款项压减专项监督整治。长期以来，山钢集团应收款项居高不下，影响资金使用效率，形成坏账损失风险。近年来，山钢集团纪委持续督促开展应收款项压减工作，纪委书记担任监督问责组组长，对应收账款清收不力、制度不完善、责任不明确的，严肃追责问责。开展压缩"四项资金"占用监督整治后，"四项资金"占用合并环比降低 47.73 亿元，降幅 7.57%。对任务未完成的三个权属单位"一把手"通报批评，责令作出检查，督促有关职能部门完善制度，细化考核措施，全力保障资金链安全。

（4）开展"阳光购销"专项监督整治。针对中间商比例大、采购成本高、国有资产流失风险等突出问题，山钢集团纪委向山钢集团党委提出规范招标采购的建议，跟踪督促开展"阳光国企"规范治理，推动建立阳光购销管理制度，搭建阳光购销服务平台，打通 14 家主要权属单位购销信息"孤岛"，实现监督"全覆盖"，2019—2022年，可比成本降低额达 64.76 亿元。

（二）坚持一体推进"三不腐"，着力清除腐败滋生土壤

（1）深化运用"室企地"联合监督办案机制，高效有力惩治"靠企吃企"。在山东省纪委监委领导指导下，从 2021 年开始，山钢集团纪委密切联系地方纪委监委，探索"室企地"联合监督办案机制。先后联合济南市、日照市、淄博市、潍坊市、东营市、威海市等地方纪委监委查办了营销、煤焦采购、装备、工程建设领域和历史遗留问题等"靠企吃企"案件，严厉打击了违纪违法犯罪行为，保持"不敢腐"的警钟长鸣，净化了政治生态和营商环境。截至 2023 年 8 月，共有 70 人被地方监委采取留置措施或被公安机关采取强制措施。实践证明，"室企地"联合监督办案机制实现了办案力量统一调配、审查调查统一实施、以案促改统一深化，促进了纪检监察工作系统集成、协同高效，对于深化国有企业领域反腐败工作意义重大。

（2）协助党委巡察工作，压紧压实管党治党责任。山钢集团纪委协助山钢集团党委开展内部巡察，对各权属单位党组织全面开展"政治体检"和"管理诊断"。2017—2020 年完成三轮巡察全覆盖；2021—2023 年开展多轮专项巡察，共发现贯彻落实上级决策部署不到位、国有资产保值增值责任落实不力、基层党组织建设虚化弱化、选人用人不规范、违反中央八项规定精神和内控管理薄弱等方面的问题 2959 项。移交问题线索 413 项，督促新建、修订制度 1505 项、废止 203 项，促进从根本上解决一批体制机制方面的突出问题，通过巡察整改，直接避免和挽回经济损失 17.79 亿元。

（3）坚持以案促改，扎实做好"后半篇文章"。认真落实山东省纪委监委纪检监察

建议，协助山钢集团党委开展营销领域突出问题专项治理，责成案发单位以案为鉴，剖析管理根源，聚焦顽瘴痼疾靶向施治，督促修订完善制度 88 项、细化规范流程 23 项，交流干部 270 人次。截至 2022 年底，收缴涉案资金 1.12 亿元。通过查办某历史遗留问题，挽回国有资产损失 8000 多万元。通过思想感化和纪法政策引导，27 人主动向组织交代问题，得到从轻减轻处理。

（4）加强廉洁文化建设，不断净化政治生态。把廉洁文化建设纳入全面从严治党和反腐败工作布局，一体谋划部署，强化警示教育，把案件资源变为教育资源。用《忏悔录选编》教育引导党员领导干部知敬畏、存戒惧、守底线。向山钢集团党委管理干部发放《党员干部廉洁自律提示卡》。针对营销、煤焦采购、设备装备等领域暴露出的典型"靠企吃企"问题，召开廉洁警示教育大会，设立视频播放站，制作"廉洁辩证法"系列图版、廉洁提示桌签，立体多元营造廉洁从业氛围。

三、压紧压实责任，推动"靠企吃企"问题整治走深走实

（1）统筹谋划推进。"靠企吃企"问题整治是重大政治任务，是推进政治生态和运营生态持续优化的长期务实举措。山钢集团党委、纪委把"靠企吃企"问题整治与学习贯彻习近平新时代中国特色社会主义思想主题教育结合起来，与国有企业改革深化提升结合起来，与护航优化营商环境结合起来，一体推进、同向发力。特别是把"靠企吃企"问题整治作为主题教育检视整改环节的重要内容，系统梳理发现的问题，结合内部巡察、审计发现的问题，以及群众反映强烈的问题，制定整改措施，即知即改、立行立改、持续整改，确保整改到位，防止久拖不决、整而不改。建立长效机制，针对典型问题剖析根源、把握规律、健全制度，把整治作为一项堵漏洞、强管理的工作抓紧抓实，以坚定有力的举措推动山钢集团"争上游、走在前"，实现高质量发展。

（2）着力发现问题。对照重点领域，针对具体业务，把握行业共性问题及个性特点，参考以往普遍发生、反复出现的老问题，根据"事出反常必有妖"的思维，摸清"靠"的套路、"吃"的表现，着力找出问题，发现违规违纪违法问题线索。关注领导人员等"关键少数"和工程建设、招投标、采购销售、投资融资等重点岗位人员，针对异常现象，加大排查纠治力度，该提醒的及时约谈提醒、该处理的严肃追责问责。坚决查办关联交易、设租寻租、监守自盗、以权谋私、利益输送、内外勾结等侵吞国有资产问题。

（3）一体推进"三不腐"。强化不敢腐的震慑，以零容忍态度坚决查办"靠企吃企"腐败案件，更加有力遏制增量，更加有效清除存量，把严的基调、严的措施、严的氛围贯穿"靠企吃企"问题整治全过程，坚决破除特权思想和特权行为。扎牢不能腐的笼子，将"靠企吃企"问题整治与深化改革、促进治理贯通起来，深入查找体制机制存在的问题，坚持边查找边整改边治理，推动补齐制度短板、堵塞监管漏洞、规范权力运行，系统施治、标本兼治，持续推进、久久为功，努力取得更多制度性成果和更大治理成效。增强不想腐的自觉，以"靠企吃企"整治为契机，全面加强党的纪律建设，督促领导干部严以修身、严以用权、严以律己，从思想上固本培元，提高党

性觉悟，涵养清风正气。加强新时代廉洁文化建设，教育引导广大党员、干部清清白白做人、干干净净做事，使严厉惩治、规范权力、教育引导紧密结合、协调联动，取得"靠企吃企"问题整治更大成果。

（4）强化督导考核问责。各级党组织扛起"靠企吃企"问题整治的政治责任和领导责任。山钢集团党组织书记是本单位"靠企吃企"问题整治的第一责任人，班子成员履行"一岗双责"，种好"责任田"，不当旁观者。山钢集团纪委履行监督职责，对本单位"靠企吃企"问题整治各项工作做好监督的再监督。职能部门履行监督管理、依法治企职责，推动整治向纵深发展。山钢集团党委把"靠企吃企"问题整治列为履行全面从严治党主体责任考核重要内容，对问题排查不深入不彻底、应付了事、整改措施不实的，该发现问题未发现的，严肃考核并追责问责。

（5）把握政策策略。开展"靠企吃企"问题整治与促进国有企业高质量发展目标一致、高度统一，通过整治明方向、立规矩、正风气、强免疫，保障推动国有企业行稳致远。山钢集团党委、纪委坚持严管厚爱、激励约束，把握从严管理监督与鼓励担当作为的内在统一关系，既严格严肃，又激励关怀，充分调动广大干部的积极性、主动性。落实"三个区分开来"，明辨为公还是为私、有心还是无意、失误还是错误，加大精准问责、容错纠错、澄清正名、严查诬告陷害等力度，旗帜鲜明保护改革者、鼓励创新者、支持干事者、宽容失误者。山钢集团纪委用好纪法政策，使各级党员干部、岗位职工尤其是违纪违法人员增强对组织的认同感、信赖感，引导主动交代违纪违法问题，争取从轻减轻处理。

全面从严治党任重道远，反腐败斗争永远在路上。必须深刻认识开展"靠企吃企"问题专项整治的极端重要性与现实紧迫性，以坚定决心、顽强意志、雷霆手段，坚决剜除企业健康发展的腐肉，推动企业"争上游、走在前"，实现高质量发展。

新时代企业纪检队伍建设思考与实践

南京钢铁联合有限公司纪委

黄丽丽

在二十届中央纪委第二次全体会议上，习近平总书记对纪检监察机关提出明确要求、寄予殷切期望。二十届中央纪委第二次全体会议工作报告部署 2023 年八个方面的工作，其中之一就是"锻造堪当新时代新征程重任的高素质纪检监察干部队伍"。

随着南京钢铁联合有限公司（简称南钢）高质量发展的快速推进，面对严峻复杂的外部环境和内生需要，南钢纪委以打造"新时代高素质纪检监察干部队伍"为己任，充分发挥监督保障执行、促进完善发展作用，着力推进南钢"两个生态"建设，在新形势、新任务面前，为公司新一轮生存保卫战和创新攻坚战作更大贡献。

一、企业纪检队伍面临的困难

（一）企业纪检震慑效果不强

分析原因主要是企业纪检没有监察权，只能执纪不能执法，带来的震慑效果不大；同时，企业内部执纪人员较少，疲于处理信访件，对于业务领域监督及整治做得不够，再加上内部人员面对问题敢于斗争、勇于斗争、善于斗争的经验缺乏，导致企业纪检的震慑力不足。

（二）企业纪检队伍力量薄弱

企业纪检干部应具有较高的政治素养和业务水平，但是企业纪检干部一般是从内部员工中产生，没有较强的案件调查及办理经验，导致处理复杂问题束手无策；而社招的经侦专业大学生，由于不了解企业生产、工艺、设备等行业知识，也无法发挥较大作用。

（三）企业纪检队伍办案手段有限

企业纪检部门和国家的司法机关不同，没有快捷及便利的取证渠道和手段，企业纪检人员开展案件办理工作，主要是依靠举报人提供的线索。如果举报人不能提供详实信息，正常情况下办案人员也仅是依靠查询企业资料、约谈相关人员的方式进行调查取证，一般很难获取强有力的证据。

二、企业纪检队伍建设必须走好"四个过硬"之路

习近平总书记强调，无论是干事创业还是攻坚克难，不仅需要宽肩膀，也需要铁肩膀。作为企业纪检人员，必须用铁一般的信仰、铁一般的信念、铁一般的纪律、铁一般的担当，走好新时代纪检队伍建设"四个过硬"之路。

（一）政治过硬

企业纪检人员作为监督执纪的执行者，必须坚定理想信念，时刻保持清醒的头脑，牢记对党的忠诚是一条单行道，任何时候都要把对党忠诚放在首位，坚定不移地将政治立场贯穿纪检工作的全过程；必须扎实学习政治理论，用习近平新时代中国特色社会主义思想做引领，在学通悟透党的理论和路线方针政策中全面提升思想认识，牢记初心使命，切实做到自身正、自身净、自身硬。

（二）能力过硬

纪检工作本身涉猎范围较广，尤其钢铁企业纪检在调查中涉及的冶炼、轧钢、工程项目等专业性问题较强，所以一定要勤于学习、善于学习，积极响应创建"学习型党组织"的号召，掌握更多新知识、新业务，提升自身的专业能力及履职能力；还要不断学习《矛盾论》《实践论》，将它们更好地应用到纪检工作中，转化为分析问题和解决问题的思维方式；同时要通过对标学习、交流研讨、业务比拼等方式，在实践中不断提高纪检人员的业务能力。

（三）担当过硬

纪检工作的特殊性和重要性决定，如果怕得罪人必定难有成效。从党的十八大以来，正是因为许许多多的纪检干部站在反腐败斗争的最前沿，才取得了现如今的成效。反腐败工作是一场攻坚战、持久战，必须要有敢为天下先、敢得罪千百人的胆识和魄力，才能做好纪检工作。敢于监督、勇于担责，才能做反腐无禁区、全覆盖、零容忍，形成强大震慑，牢牢把握纪检工作的主动权。

（四）自律过硬

"执纪者必先守纪，律人者必先律己"，企业纪检组织不是"保险箱"，执纪检员也没有天然的"免疫力"，必须敢于刀刃向内，以自身正、自身净、自身硬而立足。在工作和生活中严格按照规章制度办事，把不敢腐、不能腐、不想腐的觉悟贯穿于始终，保持纪检监察干部的风骨、气节和操守；生活中不搞"特殊化"，不搞"特权行为"，在做到严格要求自己的同时，严格要求家人，全面防止腐败力量的渗入。

三、南钢纪检队伍建设实践

2020 年 3 月，南钢召开三次党代会之后成立了新一届纪委领导班子，在南钢党委

及上级纪委的领导下，不断从组织迭代、人员结构优化、内部机制完善等多方面提升纪检队伍业务能力和水平，通过三年多的努力，现已经形成一支高素质专业化的纪检队伍。三年多来，南钢纪检队伍积极投身企业"两个生态"建设，围绕企业中心工作、服务大局、彰显担当，四种形态处理约百人，挽回企业直接损失约 3000 万元。南钢纪委连续三年被南京市纪委监委派驻南京市国有资产监督管理委员会（简称国资委）纪检监察组授予"审查调查工作先进单位一等奖""党风廉政监督工作先进单位"等荣誉称号。

（一）组织不断迭代，调整最优状态再"备战"

纪检工作在企业内的地位不是靠本身树立，而是围绕企业生产经营需要，靠一件一件业绩让企业感受到价值创造，所以每年根据企业当年的生产经营重点进行组织迭代是南钢纪检队伍建设最鲜明的特点。

2020 年，南钢纪委积极响应高质量发展及数字化变革的要求，按照扁平化管理模式，补强纪检业务单元，将廉政督察部更名为"廉政监察部"，一室更名为"纪检监察室"，二室更名为"效能监察室"；将纪委管理的大宗原燃料监督点更名"廉政监察部原燃料监督点"，由原来的分层级管理变为扁平化管理；同年引进钢铁冶金专业 1 人、计算机信息化专业 2 人。

2021 年，南钢党委书记提出打造"风清气正的政治生态和诚信阳光的生产经营生态"，南钢纪委积极探索建立系统集成、协同高效的监督体系，将监督点工作方式从单一驻点改为驻点+巡察，效能监察室及监督点人员集中调配，成立合金、废钢、石料等专项巡察小组；与科技质量部共同稽查石灰石粉、大宗原燃料、合金等质量。

2022 年，面对钢铁企业再度陷入全面亏损的情况很有可能重现的情况，将生态建设的触角延伸到二级单位的管理，这一年南钢纪委将纪检廉政条线组织机构进行大的调整，一是在廉政监察部内增设专员监察室和数智监察室，加强对重点业务领域的事前监督和智慧监督，完善监督网络，充分发挥廉政专员之间、廉政专员和纪检员之间、廉政专员和业务单位之间的联动优势，使"各自为战"升级为"组团作战"；二是健全基层纪检组织，在四个事业部、新产业集团以及机关片直属党委、生产厂党委所在单位成立 22 个纪（工）委组织，强化基层监督责任，打通监督执纪"最后一公里"。

2023 年，在总结派驻廉政专员经验的基础上，制定《南钢纪委联络员机制实施办法》，计划在关键业务部门、各事业部、核心子公司由廉政监察部纪检员兼任纪委联络员，推动监督力量层层下沉，构建全覆盖、无盲区的监督长效机制，从源头上减少各领域腐败和舞弊问题发生。

（二）学习不断深入，提升业务能力为"应战"

围绕 2022 年设定的南钢纪检队伍"一年打基础、二年上台阶、三年创一流"的中短期发展目标，进一步注重打牢基础的关键作用，重点夯实团队成员的思想基础、专业基础、制度基础，集中开展以学习基本理论、基础知识为主要内容的"双基工程"

学习活动。基本理论主要学习马克思主义哲学基本原理、毛泽东思想、邓小平理论和习近平新时代中国特色社会主义思想，强化理想信念教育，培育忠诚的政治品格，并通过哲学方法、科学方法改变心智模式；基础知识主要是围绕学习党规党纪、法律法规以及南钢采购、招标、工程、设备、质量、原燃料管理等方面的规章制度，为提高业务能力做支撑。本着"实践、实战、实干、实效"的宗旨，采取个人学习、小组学习、团队学习等多种学习形式，一年多来共组织7场11个主题的集中学习分享。

按照学习型组织要求，注重通过学习培训提升业务水平。外部：安排部门新进人员定期参加南京市纪委派驻南京市国资委纪检监察组组织的专业知识培训，学习企业常见违纪行为分析、对策和建议，党纪轻处分案件审查卷制作；每年参加中国钢铁工业协会组织的全国钢企纪检监察工作研究会，以及《精准运用监督执纪"四种形态"》《巡视监督的实践与思考》等培训。内部：组织南钢廉政系统培训班，邀请南京市纪委、检察院等外部专家授课，学习《公司企业常见职务类犯罪浅析》《企业工作人员常见犯罪与预防》等专业知识；同时还会利用每次的月度例会及季度会，安排"老带新"活动，由老纪检员分享《谈话办案技巧》《案例剖析》等实战经验。

同时，通过鼓励在职人员继续教育、对标学习、挂职锻炼等方式，多角度探索企业纪检人员能力提升手段。组织前往上海复星医药（集团）股份有限公司、美亚柏科信息股份有限公司、华为技术有限公司等单位学习招标监管方式、企业电子数据调查取证等工作方式；与马钢集团（控股）有限公司、江阴兴澄特种钢铁有限公司、江苏沙钢集团有限公司等单位对标学习大宗原燃料监督，废钢及合金管理方法；前往涟源钢铁集团有限公司、青岛钢铁控股集团有限责任公司等单位就政治监督、日常监督、巡视巡察等方面进行对标交流，提升监督能力。

（三）机制不断完善，提高团队战斗力好"迎战"

近几年，南钢纪委不断出台一系列的规章制度，从学习、引导、业务、约束等多方面规范纪检人员的业务和行为。学习层面，下发《关于开展对新进人员进行集中培训的通知》等文件，营造团队内部浓厚的学习氛围；引导层面，下发《关于实施派驻廉政专员工作机制的方案》等文件，指导廉政专员、联络员正确开展日常监督；业务层面，下发《案件情况通报管理办法》等文件，规范纪检员工作流程；约束层面，下发《关于禁止向廉政监察部员工发放奖励的通知》等文件，进一步从严管理纪检员。

内部启用赛马机制，各项工作A、B制，原则上由本科室成员角色分配，如党风廉政建设、效能监察的常规工作，重要事件如专项调查、子公司巡察等跨科室成员协同，相互配合。通过南钢智慧廉政平台每月在线绩效打分，廉政专员和纪检员分别制定不同的绩效考评办法，年终绩效奖励与全年打分挂钩，按照排名进行分配，真正实现让想干事、能干事、干成事的纪检员收获实干的喜悦。

实施组长案件负责制，按照职责有边界，办案无边界管理思路，组建举报信处置小组，科员可以当组长，组员由组长选定，跨科室选人也可以，组长必须对整个信访件的办理负责，从最初调查到最后赔偿谈判均由组长牵头完成。廉政监察部内部配套出台奖励政策，视办案难度大小给予相应奖励并由组长进行分配。此管理机制出台后，部门内部工作状态发生改变，人员由被动"等事做"到现在主动"找事做"，最快一次在部门仅有 8 个人的状态下一个月内完结 7 个信访件，工作效率得到大幅度提高。

（四）在战役中学会成长，铺就"赢战"之路

当前是南钢"智慧、绿色、人文、高科技"新发展阶段的关键时期，南钢"十四五"改革与发展迎来重大挑战，做好纪检廉政工作责任重大、使命光荣。南钢纪委聚焦关键问题精准作战，以"实战练兵"为抓手，采取将纪检人员推送到作战第一线的方式，在监督检查、审查调查、巡察等一线中识别、考核、使用纪检干部。2021 年，成功打响煤焦、废钢、设备三大战役，发现和揭露了企业在高质量发展过程中存在的一些舞弊问题，以及行业的长期痛点，惩处了一批不法供应商和违纪员工，挽回直接损失 1500 万元以上，间接堵漏近亿元，为构建风清气正的政治生态和诚信阳光的生产经营环境起到了保驾护航作用。之后，陆续在生石灰、工程项目等专业领域及子公司巡察、专案办理等打赢一场场战役。

在每场战役中，南钢纪委通过邀请大学老师、江苏省协会专家等方式帮助办案人员补习知识点，提高钢铁行业专业知识；按照人人都能办案的要求，依据纪检员谈话水平及业务能力分配不同等级的信访件办理，为每个纪检员提供办案机会，积累纪检业务经验；重要案件采取团队作战的方式，增添办案人员信心，同时借助南钢智慧廉政平台智能装备通信指挥系统，提高成案率。随着近几年南钢纪委团队能力的增长，把"主战场"变成"赛马场"，培养出一批优秀的纪检人员，期间提拔 1 名处级干部、2 名科级干部，主力办案人员也由以前的 4 人增长到现在的 10 人。

四、企业纪检队伍建设的一些思考

企业在高质量发展过程中应对的挑战越大，企业纪检组织保驾护航的责任就越大，对于团队建设的要求就越高，必须要有一支政治素质高、忠诚干净担当、专业化能力强、敢于善于斗争的纪检铁军，以"踏平坎坷成大道，斗罢艰险又出发"的精神，坚决同一切损害公司利益的腐败行为和不正之风斗争到底，切实维护企业利益。

纪检队伍是一支特殊的队伍，除了做到有能力、有担当之外，保证政治本色更是队伍建设的难点。目前企业纪检系统内部开展的教育整顿工作，就是聚焦解决管党治党不严、"灯下黑"问题，解决思想不纯、政治立场不坚定的"两面人"问题。四个必须是关键：一是纪检人员选拔必须经过比普通岗位更加严厉的政审；二是纪检人员管理必须制定比普通岗位更加"束身"的规范；三是纪检人员办案必须实施比敏感岗位还要严格的监督；四是纪检人员生活中的自律意识必须高于常人，这样才能真正成为顶得住、战得胜的纪检人。

为了实现企业长期稳定健康发展，企业内部必须加强纪检队伍建设，提高纪检人员自身素质。从南钢纪检团队的工作实践中体会到：纪检团队建设是一件需要时间积累的事；给团队制定中长期目标更有利于团队成员目标一致、共同进步；组织和机制的保障能够保障团队成员健康成长，形成工作合力；纪检工作在为企业保驾护航的同时也能为企业创造价值。

大力实施三项工程　提升巡察监督效能

杭州钢铁集团有限公司党委巡察办

逯建奇

坚持全面从严治党是习近平新时代中国特色社会主义思想的基本方略之一。巡视是全面从严治党的利剑，是加强党内监督的战略性制度安排。政治巡察是巡视工作向基层的延伸和拓展，是推进全面从严治党、实现监督全覆盖的重要举措。国有企业党委巡察工作是党的巡视工作的重要组成部分。近年来，杭州钢铁集团有限公司（简称杭钢集团）不断深化政治巡察，大力实施三项工程，提升巡察监督效能，为护航杭钢集团改革发展作出积极贡献。

一、近年来杭钢集团在推进巡察工作方面的主要举措

近年来，杭钢集团党委、纪委深学细悟笃行习近平总书记关于巡视巡察工作的重要论述精神，主动把巡察工作放到杭钢集团改革发展大局中去谋划推进，以政治监督为统领，精准落实政治巡察要求，全面贯彻中央巡视工作方针，浙江省委巡视工作决策部署，坚持稳中求进总基调，持续推动巡察工作高质量发展。总结起来，杭钢集团巡察工作有三大特点。

（1）起步早。作为改革后率先启动的"新生事物"，2018年年初，杭钢集团党委就开启了第一轮巡察。那时浙江省还没有关于对国有企业巡察方面的指导意见，只能借鉴巡视工作方式方法及经验摸索前进，边干、边试点、边总结。2021年，在浙江省委将巡察工作向全省国有企业全面铺开后，杭钢集团党委又第一时间向浙江省委巡视办提出开展巡察工作请示，并成为首批获得同意省属企业开展巡察工作的单位之一。

（2）工作实。持续深化内部巡察工作，建立并逐步完善机制体制，不断改进巡察工作方式方法。2018—2022年，杭钢集团共巡察26家单位党组织，完成了一届党委任期内巡察全覆盖，巡察共指出问题659项，提出整改意见建议155条，实现巡察监督有形覆盖与有效覆盖相统一。

（3）效果好。坚持"抓早抓小、防微杜渐"，精准执纪、治病救人，有力度有温度。自巡察开展以来，杭钢集团共对153人次运用四种形态。坚持以巡促改、以巡促治、以巡促建，督促被巡察单位建立修订制度221个，推动企业党建和经营管理水平双提升，打造了"感恩奋进、锻钢铸魂"党建品牌矩阵、杭钢集团2022年也首次成为

世界 500 强企业。

（一）大力实施巡察监督机制体制建设工程，在强化政治责任担当上下功夫

巡察工作是党内监督的一项非常重要的制度性安排，是全面从严治党有力的载体，是加强日常监督非常重要的手段。近年来，杭钢集团巡察工作经历了从无到有，从摸索前进到有序发展，从知晓度不高到影响力凸显过程，逐步形成了"一组一办一库一系列制度"的机制体制，成为巡察工作高质量发展的重要保障。

（1）坚持主动履职不懈怠。坚持把巡察监督作为全面从严治党、净化政治生态的重要抓手，认真落实巡察工作主体责任。一是注重发挥头雁效应，自觉把巡察作为"书记工程"来抓，杭钢集团党委书记切实担起第一责任人责任，做到重要工作亲自部署、重大事项亲自过问、重要环节亲自协调、重要问题亲自督办。二是注重发挥组织优势，建立起杭钢集团党委书记任组长、党委副书记、纪委书记担任副组长的巡察工作领导小组，定期传达学习、听取汇报、研究重要事项、审议通过巡察有关议题。三是积极发挥党委领导班子成员作用，推动班子成员履行好"一岗双责"，指导督促分管单位问题整改。四是建立"巡察+""1+X"一体化协作监督体系，巡察办与组织部、纪检监察室、综合办、财务资产管理部、党委宣传部、审计部、法务部、战略投资部、工会等部门协同贯通融合，深入发挥"巡察+"监督作用，实现"巡前"环节信息共享、"巡中"环节支持配合、"巡后"环节成果共用的目标。

（2）坚持队伍建设全面过硬。巡察工作是一项政治性、政策性很强的工作，"打铁必须自身硬"，选优配强高素质专业化的队伍，是实现巡察工作高质量发展的基础。近年来，杭钢集团持续抓好巡察机构队伍建设，全力打造过硬巡察铁军。一是巡察工作领导小组下设巡察办，与纪检监察室合署办公，设置 1 名具体办事人员。二是挑选政治素质好、工作能力强、实践经验丰富的干部充实专职巡察力量。2021 年设立专职巡察组长 2 人，2022 年设立专职巡察组长 1 人。三是不断优化巡察组人员结构，建立并动态调整巡察人才库。选派从事纪检监察、组织人事、财务、审计、招标管理等人员入库，加强对巡察干部择优入库和管理，入库人员 72 人。每轮巡察前，按照"动态优选、分类充实"的原则，从人才库中选派人员组建党委巡察组。近年来，先后共成立 25 个巡察组，抽调 249 人次进入巡察组工作。四是加强巡察人员业务能力提升。把提升巡察人员素质能力作为开展好巡察工作的基础，组织开展巡前培训，强化巡察干部政治建设、能力建设，进一步增强斗争意识、斗争本领。组织开展学习中央、浙江省委、浙江省国有资产监督管理委员会党委关于巡视巡察工作的新精神、新要求，促使巡察组人员熟悉巡察工作流程、掌握政策，准确把握巡察内容、工作重点和方式方法；组织开展学习贸易风险防控、工程项目管理、经营投资决策以及公司经营管理制度宣传等方面知识，提高巡察组人员专业知识水平。五是严明纪律作风。巡前，坚持严管严治，扎实做好巡前巡察工作承诺签订，督促巡察干部严守法律法规和纪律规矩，严防巡察干部"灯下黑"。巡察期间，巡察组严格遵守中央八项规定精神和纪律要求。严格执行请示报告制度，并按照组长负责制规定，强化巡察组组长第一责任人的责任，明确组内职责分工，成立临时党支部，召开组务会议，对问题梳理归纳，提高巡察组凝聚力和战斗力。

（3）坚持制度体系持续完善。习近平总书记强调，巡视制度有效、管用，是党内监督和群众监督相结合的有效方式，要完善巡视巡察制度，把利剑直插基层，层层传导压力，层层落实责任，加大整治群众身边腐败问题的力度，打通全面从严治党"最后一公里"。近年来，杭钢集团重视规范化操作落实，把规范化作为重要的基础性任务来抓，建立健全巡察工作制度体系，规范流程，注重提高执行力。一是抓好制度建设。建立了《中共杭州钢铁集团有限公司委员会巡察工作实施办法》《中共杭州钢铁集团有限公司委员会巡察工作领导小组工作规则》《巡察组工作规则》《巡察工作信访件处理流程》《杭钢集团党委巡察人才库建设及管理办法》《关于建立党委巡察办与相关部门贯通融合监督机制的意见》等制度。二是绘好流程图，绘制指导督导工作流程"鱼骨图"，编制好巡察工作手册，供巡察组在巡察工作中参阅学习。三是编好工具书。整理政策法规性文件、杭钢集团各专业管理制度81个，汇编成册，作为巡察组人员政策制度依据，确保巡察组成员能准确把握巡察方向、政策界限，巡察工作开展精准有力。推动巡察工作标准化精细化。

（二）大力实施巡察监督"探照灯""显微镜"工程，在敢于动真碰硬细巡严查上下功夫

习近平总书记强调，既要发现问题、形成震慑，又要剑指问题、倒逼改革。近年来，杭钢集团全面贯彻"发现问题、形成震慑，推动改革、促进发展"的工作方针，做到重点突出、有的放矢。

（1）监督靶向精准化。一是精准把握政治巡察定位。把坚决拥护"两个确立"，坚决做到"两个维护"作为巡察的根本任务，突出加强对党的二十大和浙江省历次党代会各项决策部署贯彻落实，特别是习近平总书记关于国有企业重要讲话精神和重要指示批示精神落实情况的监督。坚持"发现问题、形成震慑，推动改革、促进发展"工作方针，围绕"三个聚焦"，突出"三个重点"，深入查找政治偏差。二是高站位统筹谋划。坚持长远谋划和分步实施相结合，把巡察工作五年规划与巡察年度计划紧密衔接配套起来，使巡察工作五年规划有权威、真管用、真落实。做深做实巡察工作，坚持有形覆盖与有效覆盖相统一，在全覆盖对象轮次的匡算上，综合考虑廉政风险等级、接受监督检查频次、经营业务范围大小等因素，分批、有序、科学、周密部署。做好常规巡察的同时，有针对性地穿插巡察"回头看"。三是巡察监督清单做实做细。围绕巡察监督重点，结合被巡察党组织党的领导职能责任，紧扣上级决策部署，进一步细化完善"三个聚焦"内容及具体表现形式，精准制定《"106+N"条通用+专用巡察监督重点细化清单》，明确巡察依据、标准及重点，着力提升巡察工作精准性和实效性。巡察监督重点细化清单具备全面覆盖、精准严实、操作性强等特点，确保巡察方向不偏、重点不散、质量较高。

（2）程序步骤规范化。一是巡前注重收集问题，细化制定"一企一策"《巡察工

作实施方案》。充分发挥"巡察+"一体化协作大监督体系的作用，巡前通过纪检监察、审计、组织人事、信访、法务、财务、公司工会等部门了解情况，收集掌握被巡察单位职能领域工作现状、发展情况及面上存在的问题，结合问题"量身定制"巡察实施方案，针对不同单位特点，突出巡察重点，不搞平均用力，着力提升巡察针对性和实效性。二是巡中注重突破问题，探索创新建立巡察问题底稿机制。建立完善巡察组发现问题确认机制，实行巡察一问题一报告的"存疑问题报告单"、巡察一日一汇总的"存疑问题汇总单"、巡察问题及时整改的"立行立改通知单"、巡察最终问题确认的"确认问题汇总单""巡察发现问题线索登记单""问题线索移交单"等"问题确认机制"原创工作法，确保每份底稿事实有据、内容真实、材料完整、程序合规、结论严谨。有效提高巡察底稿的"含金量"和"精细度"，使巡察发现问题更"硬气"、巡察报告有"底气"。强化巡中督导。由巡察办牵头成立督导小组，在巡察中期，通过现场检查、听取汇报、分析研判、答疑解惑等方式，了解掌握巡察中期发现问题情况，为巡察组对后期开展巡察工作提出指导性意见。三是巡后注重反映问题，形成高质量巡察报告。巡察后及时对发现的问题分类研究，在报告环节提高站位、注重质量。透过党员问题看组织、透过业务问题看政治、透过程序问题看规矩、透过细节问题看全局，确保报告的真实性、准确性和政治性。

（3）巡察重点具象化。一是坚持问题导向，抓住关键环节。紧盯重点人、重点事、重点问题，关注被巡察单位在履行全面从严治党责任、执行党的纪律、落实中央八项规定精神、党风廉政建设和反腐败工作及选人用人等方面存在的突出问题。二是突出目标导向，认真查找短板。紧密结合被巡察单位的特点，紧盯企业生产经营中的权力运行关键点、内部管理薄弱点和问题易发多发点，精准发现问题。三是到底到边，全面覆盖。除了对被巡察单位党组织开展巡察外，另指定被巡察单位两家三级子公司特别是"远散小"单位作为必巡对象；同时，根据现场巡察情况抽选其他子公司作为巡察延伸对象，加大对三级子公司的监督检查力度。坚持以下看上，透过下面的问题看上级的责任。通过落到责任上去发现、分析和指出问题，从上一级领导班子层面去分析原因，从而推动上下联动整改，确保从根本上解决问题。

（三）大力实施巡察监督问题整改提升工程，在做深做实巡察"后半篇文章"上下功夫

巡察发现问题的目的是解决问题，落脚点是推动改革、促进发展、完善治理。近年来，杭钢集团把巡察整改放在突出位置来抓，持续深化巡察整改过程监督链条，完善压实责任、督查督办、指导督导、巩固深化等机制，强化巡察成果运用，扎实做好巡察"后半篇文章"。

（1）巡察整改责任层层压紧压实。一是建立杭钢集团党委领导，巡察工作领导小组指导，巡察办负责协调推进的巡察整改工作机制。在巡察现场阶段全面完成后，杭钢集团巡察工作领导小组、杭钢集团党委专题听取巡察情况报告，并研究部署全面整改工作。二是巡察办抓好巡察整改过程监督。审阅被巡察单位巡察整改实施方案，督

促被巡察单位按整改时限做到即知即改、立行立改、真改实改、全面整改、彻底整改。三是持续发挥被巡察党组织巡察整改主体责任、党组织书记第一责任人职责、纪委监督责任和班子成员"一岗双责"的"四责协同"机制作用，全方位压紧压实巡察整改责任。

（2）巡察整改过程做到环环相扣。一是整改落实工作做到交办问题"三清单"，整改落实"三督促"，让巡察效果真正显现。建立第一套巡察问题清单反馈至被巡察单位，督促责任单位落实主体责任限期完成整改。建立第二套巡察问题清单按专业管理职责反馈至相关专业职能管理部门，协助各单位进行整改，同时要求分析自身管理职责内存在的问题，完善规章制度，持续改进专业管理。建立第三套巡察问题清单按分管范围报送杭钢集团领导，由分管领导切实履行好"一岗双责"，做好整改工作督促落实。二是设立整改监督台账，定期掌握并更新被巡察单位整改进度及落实情况，全程跟踪督促问题全面整改到位。三是严管、厚爱相结合，执纪问责与指导帮助并进。对巡察中发现的问题线索按单位部门管理权限移交，督促相关单位对涉及的违规违纪问题开展执纪问责工作，并以巡察标准时时对照，持续压紧压实管党治党责任。同时，加强对政治生态较弱的党组织开展"解剖"麻雀式的巡察整改指导，帮助其高质量完成整改。四是抓好整改工作"回头看"。根据被巡察单位整改完成情况报告，逐条对照检查验收，对账销号，做到事事有回音，件件有着落，推动巡察整改"清仓见底"。

（3）巡察整改成果推进标本兼治。一是抓好点上具体问题整改。督促被巡察单位靶向落实整改，并积极拓展整改的深度和广度，构建长效机制。二是推动面上问题彻底解决。杭钢集团党委巡察办向集团党委提出建议解决一些集团内共性问题，助推完善集团层面制度，如规范完善集团内部的工程建设"三单"管理、集团总部科级干部选拔任用管理办法、集团规范经营管理人员经商办企业行为若干规定等制度，把解决共性问题、突出问题与完善制度结合起来，以制度落实巡察成果运用。对带有普遍性、易发性的问题，开展专项整治，如开展了经营管理人员经商办企业行为专项治理、采购管理专项监督等。三是发挥巡察成果辐射作用。他山之石可以攻玉。别人发生的问题，也应该引以为戒。杭钢集团党委重视巡察成果的运用，把近年来巡察发现的典型问题编成"巡思践悟"案例集，督促杭钢集团下属单位对照做好举一反三，持续完善内部管理制度，用制度建设固化整改成效，推进标本兼治，不断提升企业治理能力。

二、杭钢集团推进巡察工作取得的主要工作成效

（一）党的领导、党的建设得到全面加强

自巡察工作开展以来，二级单位党组织主动接受巡察监督，边巡边改、主动整改，始终坚持把党的政治建设摆在首位，党委的把关定向作用增强，"三重一大"事项决策流程、党委会前置程序、议事规则等更加规范有序，党建工作的规范性普遍提高，党支部标准化建设水平进一步提升，意识形态领域工作进一步强化。

（二）巡察利剑作用得到有效发挥，发现问题，形成震慑作用明显

因巡察前期工作准备充分，专门针对巡察单位制定了个性化的检查内容，巡察极

具针对性，因此也发现了不少被巡察单位在落实上级重大决策部署、"四责协同"落实及经营风险管控方面存在的问题，对巡察的问题追查到底、失职失责问责到底，发挥巡察震慑作用。

（三）实施综合施策、标本兼治，实现推动改革，促进发展的目标

党的工作最坚实的力量在基层，最突出的问题也在基层。通过巡察工作有效延伸至"最末端"。重点发现在二、三级子公司政治问题与经济问题相互交织形成的腐败问题及作风问题等，督促被巡察党组织认真落实"四责协同"的具体要求，进一步健全完善监督执纪工作机制，促进全面从严治党落实到全面从严治企的过程。注重标本兼治，加强综合分析，举一反三，构建长效机制，从源头堵塞漏洞，消除监督盲区，督促各级管理人员自觉增强法纪观念和廉洁从业意识，确保杭钢集团改革发展的目标同心同力。

（四）逐步形成整套杭钢集团的巡察模式和体制，营造了良好的政治生态

因领导重视，规则健全，规范有序地开展巡察工作，被巡察单位自觉接受巡察的政治意识、政治站位不断提高，政治自觉不断增强。各级领导人员也进一步强化了全面从严管党治党的责任意识，形成了全面从严治党"人人有责"、清廉杭钢建设"个个参与"的良好氛围。通过巡察监督、聚焦职责使命，把当前影响和制约这个单位发展的主要矛盾、突出短板指出来，精准有效监督，及时发现问题和有效推动问题解决，不断推进清廉杭钢建设落细落实，持续优化政治生态，为"十四五"发展目标顺利实现和"六个杭钢"建设提供坚强政治保障，为奋力打造"重要窗口"贡献了杭钢力量。

（五）依规依纪依法开展巡察工作，巡察干部队伍得到了锻炼

巡察是一项政治性、政策性、专业性很强的工作，通过加强组织领导，提升统筹协调水平，确保各项工作规范、有序、高效开展。巡察前通过培训力度的加强，保证巡察队伍的工作能力有很大提升，发现问题的水平也有所提高。巡察实施过程中，巡察组成员自觉服从组织安排，以身作则，牢记巡察职责使命，敢于坚持原则、敢于较真碰硬，锤炼了工作作风，提升了监督履职的能力和水平。

三、实践体会

近年来，在推进政治巡察工作过程中，感觉到相较于其他自行组织的专项检查活动，呈现出更加深入、全面、公平、标准的特点，可以对所有下属单位落实上级决策部署、落实全面从严治党、落实新时代组织路线情况作出更准确的评价。主要有四点体会。

（一）充分准备是前提

杭钢集团党委对巡察工作推进进行动员部署，将巡察监督作为一项重要政治任务

来抓。杭钢集团党委巡察办作为牵头落实部门，准确把握杭钢集团党委意见，制定了详细的巡察实施方案，并以高度负责的态度逐步推进。在制定巡察监督重点清单阶段，杭钢集团党委巡察办坚持以问题为导向，组织相关部门紧盯企业生产经营中权力运行关键点、内部管理薄弱点、问题易发关键点，反复论证清单，巡察范围从党的领导、党的建设、全面从严治党扩大到企业生产经营的方方面面。同时，组织对巡察组成员进行事先培训，对监督重点清单进行解读，确保巡察标准统一、精准发力。巡察清单精准翔实、巡察组人员精干高效，是巡察监督取得成效的重要前提和基础。

（二）领导重视是关键

杭钢集团党委书记要求各单位主动配合巡察，多次亲自听取巡察办和巡察组巡察情况汇报，对巡察工作进行指导、强调及再布置，对巡察发现的问题线索，明确要求查清查实，坚决维护巡察组的权威。领导班子成员亲临分管范围内的单位现场，说明巡察监督是帮助企业提升管理，对巡察发现的问题不打招呼、不护短、不遮丑。杭钢集团纪委书记全程参与巡察监督，巡察期间亲临现场指导，听取把关巡察报告，以高度的责任感来完成巡察任务。有了杭钢集团党委的指导配合，巡察监督工作得到顺利推进。

（三）组织得当是保障

一是巡察方式创新。巡察监督，将各专业部门纳入，多"兵种"作业，实现专业全覆盖、对照监督重点清单，统一检查标准、深入到基层支部，每轮巡察都是一次深入、全面、细致、到底到边政治体检。巡察组人员来自各单位，让监督人员尽可能以"旁人"眼光去发现问题，既可以发现主体责任落实过程中存在的问题，也可以发现监督责任存在的问题。二是严肃巡察纪律。巡察过程中统筹协作，不影响被检查单位正常工作。严格紧凑动真格，决不占被检查单位一丝一毫便宜，不接受说情打招呼，保证了巡察过程的客观公正。三是锤炼了队伍。巡察组成员在巡察过程中，一方面可以学习被巡察单位的一些好的做法，另一方面组内可以相互学习，不断提升业务知识运用能力，做到在巡中学、学中巡，这种以干代训，边巡察、边学习的模式，在实战中锻炼了队伍，提升了监督人员的履职能力。

（四）用好成果是目的

坚持问题导向，用好巡察监督检查结果，做好"后半篇文章"，通过发现问题、整改问题、出台制度、开展"回头看"，实现标本兼治，让推进清廉杭钢集团建设更有针对性，推动全面从严治党向纵深发展，向基层延伸，向每个支部和党员覆盖。积极运用监督执纪"四种形态"，严格落实巡察整改主体责任，坚持抓惩治和抓责任相统一，坚持查纠问题和深化改革相统一，形成齐抓共管、标本兼治的良好态势。

"三个务必"视域下高校作风建设常态化长效化研究

上海大学纪委

滕　云

党的二十大报告指出，全党同志务必不忘初心、牢记使命，务必谦虚谨慎、艰苦奋斗，务必敢于斗争、善于斗争，增强历史主动，谱写新时代中国特色社会主义更加绚丽的华章。这一重要论断是对全党提出的"赶考"新要求，体现了党保持先进性和纯洁性的清醒和坚定，体现了一以贯之加强作风建设、弘扬光荣传统和优良作风的鲜明立场。推进高校作风建设常态化长效化是学习贯彻党的二十大精神、践行"三个务必"的具体举措，也是推进高校各项事业高质量发展的重要保障。

当前学界对"三个务必"的生成逻辑、价值意蕴、实践意义等做了深刻的阐释，但系统论述"三个务必"如何指导作风建设实践的研究成果较少。本文把"三个务必"引入高校作风建设实践，指出"三个务必"的精神内核与高校作风建设高度契合，针对高校作风建设面临的突出问题和挑战，提出"三个务必"统领高校作风建设常态化长效化的方法路径。

一、"三个务必"对高校作风建设的重要意义

"三个务必"是一个相互支撑、紧密联系的有机整体。其中，"务必不忘初心、牢记使命"是根本和归宿，"务必谦虚谨慎、艰苦奋斗"是本色和作风，"务必敢于斗争、善于斗争"是策略与手段，体现了世界观、认识论、方法论的有机统一，对高校作风建设具有重要指导意义。

（一）"三个务必"是高校作风建设的内在需要

（1）高校作风建设的性质决定了需要"三个务必"的思想引领。高校作风建设作为加强高校党的建设的重要组成部分，对于提升高校的管党治党能力、推进全面从严治党向纵深发展发挥着重要促进作用。针对中管高校、地方高校的巡视发现，部分高校落实全面从严治党"两个责任"不到位，作风建设力度不够，高校作风建设正面临着前所未有的严峻考验。高校应按照"三个务必"的要求，保持对作风建设的高度清醒，保持全面从严治党的定力，为营造风清气正的政治生态提供坚强保障。

（2）高校作风建设的目的决定了需要"三个务必"的精神引领。高校作风建设的目的是推动学校事业的发展，对于凝聚人心、团结和带领广大师生员工、促进和谐校园建设发挥着重要的推动作用。"三个务必"源自党的百年奋斗历史经验，是以中国式现代化全面推进中华民族伟大复兴的精神动力，也必将成为高校推动作风建设的精神指引。高校作风建设应围绕党对高校的期待，牢牢把握强作风、促发展、提效能的工作主线，紧紧围绕教学、科研、学科、人才等重点工作，坚持真抓实干，出实招、办实事、求实效。

（3）高校作风建设的内涵决定了需要"三个务必"的实践引领。高校作风建设是高校管理运行水平的显现，对推进高校提高治理体系和治理能力现代化具有重要作用。高校作风建设内涵丰富，涉及党员领导干部、普通师生日常工作生活所展现出的思想作风、工作作风、生活作风等方方面面，如果不进行系统的、有针对性的建设，就会陷入无从下手、事倍功半的局面，出现内生动力不足、制度不完善、评价行为缺失等问题。高校作风建设应紧跟"三个务必"的探索，将作风建设作为着力点和突破口，在构建和完善科学的制度体系上下功夫，切实提升高校管理服务效能。

（二）"三个务必"是高校作风建设的根本遵循

（1）"务必不忘初心、牢记使命"是中国共产党人的理想信念和价值追求，体现了党的根本宗旨和根本政治立场。高校作风建设要始终围绕"立德树人"，牢牢掌握党对高校工作的领导权，落实全面从严治党责任，旗帜鲜明抓党的建设，以政治建设为根本、思想建设为基础，将立德树人融入大学教育和管理的各领域、各方面、各环节，从根本上保证我国高等教育始终坚持社会主义办学方向不变质、不变色，以高质量作风建设保障立德树人根本任务落实。

（2）"务必谦虚谨慎、艰苦奋斗"是中国共产党人始终坚持的优良作风，体现了党在新时代新征程对管党治党的高度警醒和战略自觉。高校作风建设要坚持全面从严治党永远在路上，自觉弘扬党的优良传统作风，完善作风建设高质量发展长效机制，使作风建设和业务深度融合，把党的政治优势、思想优势、组织优势、密切联系群众优势转化为办学优势，以高质量作风建设保障高校事业高质量发展。

（3）"务必敢于斗争、善于斗争"是从党的百年奋斗历程中凝结出的宝贵经验，体现了作风建设的政治要求和方法遵循。高校是"小社会、大基层"，师承关系和裙带关系交织，属于典型的"熟人社会"，作风建设复杂度、敏感度更高。推进高校作风建设要发扬斗争精神，抓住主要矛盾、把握主攻方向，讲究斗争方式方法，注重斗争过程、效果和目标的统一。要时刻保持永远在路上的清醒和坚定，持之以恒正风肃纪，紧盯"关键少数"、重点领域、关键环节，一体推进不敢腐、不能腐、不想腐，努力做到工作推进到哪里、作风建设就落实到哪里，不断营造风清气正的良好政治生态。

二、当前高校作风建设存在的问题及原因分析

高校作风建设关系人心向背，关系高等教育事业成败。通过问卷和访谈等方式，

对部分高校管理人员、管理服务对象等进行调研发现，新时代高校党员干部作风总体上是好的，但推进高校作风建设常态化长效化仍面临一些问题和挑战。

（一）宗旨意识不强，存在脱离实际、脱离群众现象

高校党员干部践行"人民至上"的发展理念还不够，全心全意为人民服务的宗旨意识不强，主动深入基层联系群众不多，对群众意愿关注不够。有 25.60% 的师生认为存在脱离实际、脱离群众的情况；有 25.10% 的师生认为党员干部思想僵化；有 24.60% 的师生认为"官本位"思想严重；也有 20% 的师生认为存在经验主义滋生、好人主义蔓延的情况。出现这种情况的主要原因在于部分党员干部思想基础未筑牢，政治理论不够扎实，对于高校加强作风建设重视不够，对于"高校廉政风险"认识不足，缺乏抵御各种危险的强有力的思想武器。

（二）工作作风不实，存在形式主义、官僚主义现象

形式主义在高校有多种表现形式，主要有表态多调门高、行动少落实差，文山会海、照抄照搬，重过程、轻结果及过度留痕等。有 35% 的师生认为微信工作群过多过滥，"指尖上的形式主义"较为严重；有 29.6% 的师生认为存在重传达、轻研究，重布置、轻落实情况；有 24.1% 的师生认为党员干部在联系服务群众中消极应付、冷硬横推、效率低下；有 19.7% 的师生认为文山会海反弹回潮，文风会风不实不正。出现这种情况的主要原因在于调查研究不深入，对基层缺乏了解，没有立足解决实际问题，在完善各项制度和措施上下功夫不够，"关键少数"在高校作风建设中的表率作用不够明显。

（三）责任担当不够，存在不作为、乱作为现象

少数基层党员干部不作为、慢作为，庸政懒政问题突出，有的能力不足而"不能为"，有的动力不足而"不想为"，有的担当不足而"不敢为"，甚至推诿扯皮、敷衍塞责，导致一些工作落实不下去。特别是"八小时之外"的生活圈、朋友圈亟待关注，有 39.40% 的师生认为党员干部人际交往庸俗化；有 34.00% 的师生认为存在贪图安逸的情况；有 19.20% 的师生认为存在善结小帮派的情况；还有少数师生认为存在道德败坏的情况。出现这种情况的主要原因在于党员干部责任意识不强、担当精神不足，但同时也反映出学校监督检查、警示教育的力度不够，勇于动真碰硬的意识不强，特别是对一些作风问题不能及时予以制止。

三、"三个务必"统领高校作风建设常态化长效化的路径

高校要深入学习贯彻习近平总书记关于作风建设的一系列新的重要论述，保持"作风建设永远在路上"的清醒与坚定，准确把握新时代新征程作风建设新要求，按照"三个务必"的精神指引，推动思想教育、整饬作风与制度约束、查处惩治等同时、同向、综合发力，不断推进高校作风建设常态化长效化。

（一）以"务必不忘初心、牢记使命"的坚定信念牢牢把握高校作风建设常态化长效化的正确方向

（1）抓政治站位，夯实高校作风建设常态化长效化的政治基础。坚持从政治上看高校作风建设常态化长效化，始终从巩固党的长期执政地位、实现党的执政使命的高度和党委领导下校长负责制来认识和对待作风建设常态化长效化，不断增强以自我革命精神推进作风建设常态化长效化的政治自觉，切实把作风建设摆上重要议事日程，推动高校作风建设与高校事业发展深度融合，以高质量作风建设引领立德树人工作和各项事业高质量发展。

（2）抓理论武装，打牢高校作风建设常态化长效化的思想基础。深入学习宣传贯彻习近平总书记关于作风建设的重要论述和重要指示批示精神，教育引导广大党员干部和师生群众学习党的最新理论成果，用党的先进理论武装头脑、指导实践、推动工作，不断增强对不良思想和错误观念的免疫能力，自觉抵制"盲目乐观论""与己无关论""行业特殊论""内部消化论"等错误观点，锲而不舍落实中央八项规定精神，为全面落实立德树人根本任务提供有力作风保障。

（3）抓宗旨意识，厚植高校作风建设常态化长效化的群众基础。坚持以师生为中心，关心广大师生的生活，解决好师生所面临的急难愁盼问题。在改进教风方面，突出教师的主人翁地位，坚持尊重劳动、尊重知识、尊重人才、尊重创造，营造尊师重道的浓厚氛围，提升广大教师的成就感和获得感。在改进学风方面，引导学生端正学习态度，用正确的价值观引导学生，增强学生建功立业的责任感和使命感。

（二）以"务必谦虚谨慎、艰苦奋斗"的实干精神推动高校作风建设常态化长效化取得实效

（1）强化系统观念，推动高校中心工作和作风建设双提升。做好顶层设计，将作风建设与教学科研、服务保障各项工作同谋划、同部署、同推进、同考核，把全的要求、严的基调、治的理念落实到作风建设的全过程、各方面，一体推进党风政风、师德师风、校风学风建设，以问题为导向强化监管，及时发现和纠正突出问题，以问题整改带动各级党组织和党员干部转作风改作风，为学校中心工作提供坚强保障。

（2）聚焦"关键少数"，发挥领导干部的表率作用。以"一把手"和领导班子成员为重点，推动其深入学习贯彻习近平总书记关于作风建设的重要论述，不断提升抓作风的自觉性、主动性，充分发扬严细深实的工作作风，大兴调查研究之风，以常态化、高质量的调查研究不断提高发现问题、解决问题的能力，确保作风建设和业务工作两手都要抓、两手都要硬。督促领导干部认真履职，讲求实效，力戒形式主义，主动接受监督，以"关键少数"的自我革命带动"大多数"党员干部的作风转变，推动高校形成健康向上、风清气正的政治生态。

（3）抓好考核奖惩，推动高校作风建设走深走实。完善高校作风建设考核办法，

将工作实绩和师生满意度作为管理服务工作评价的主要标准，将测评结果纳入年度绩效考核内容，选育作风过硬的服务标杆窗口、示范岗位、先进人物，发挥激励和引导作用，对满意度低的单位进行约谈提醒，使考核工作真正成为转变工作作风、调动工作积极性、促进工作落实的"指挥棒"和"助推器"。

（三）以"务必敢于斗争、善于斗争"的责任担当为高校作风建设常态化长效化保驾护航

（1）强化正风肃纪，确保高校作风建设真正落到实处。发扬斗争精神，坚持把纪律和规矩挺在前面，从严从实加强督查问责，对不作为、慢作为、乱作为，推诿扯皮、落实不力等形式主义官僚主义问题，严肃追究责任，既追究直接责任人的责任，又追究有关领导的责任，以追责问责倒逼党员干部转作风改作风。督促党员干部强化"八小时以外"自我约束，不断净化社交圈、生活圈、朋友圈，时刻绷紧廉洁自律这根弦。综合运用监督执纪"四种形态"，特别是用好用足"第一种形态"，防止小问题造成大影响。

（2）强化协同联动，形成高校作风建设协同监督新格局。做实纪检监察专责监督，贯通联动巡察、组织、人事、教师工作等其他监督，以严明的标准、纪律、措施，构建形成衔接顺畅、保障有力、协调高效的监督工作格局，促进各项监督同向发力、同质增效，压紧压实高校各级党组织作风建设主体责任，督促"一把手"履行好第一责任人责任，班子成员履行好"一岗双责"，切实做到严负其责、严管所辖，推动监督制度优势更好转化为治理效能。

（3）深化标本兼治，形成高校作风建设长效机制。从制度机制层面查找"病灶"、深挖病根、对症下药，破解作风顽疾，铲除不良作风滋生蔓延的土壤。按照有权必有责、权责相一致的原则，建立健全公开透明的权力运行机制和正规严谨、运转高效的管理制度，经常开展制度建设"回头看"，不断"织笼子""补笼子"，形成完备的制度监督保障体系。坚持常态化开展典型案例警示教育，做实做细问责"后半篇文章"，持续推动高校作风建设常态化、长效化。

探索重点工程监督有效途径
推动打造优质、高效、廉洁的"阳光工程"

首钢集团有限公司矿业公司纪委

房胜军　侯海成

首钢集团有限公司（简称首钢）矿山露天开采矿产资源日趋枯竭，首钢集团有限公司矿业公司（简称矿业公司）审时度势加速推进企业转型和可持续发展，着力打造矿产资源综合再利用产业和实施资源接替战略。随着大石河二马和裴庄建材产线相继建成投产，水厂建材产线建设全面启动，唐首马矿露天转地采工程、杏山地采扩建工程、马城铁矿采选工程建设加速推进。矿业公司纪委扛责上肩，针对工程建设领域资金密集、权力集中、资源富集，容易滋生腐败的特点，精准聚焦重点工程靠前监督，创新探索工程建设领域有效监督途径，为打造优质廉洁高效"阳光工程"提供监督保障。

一、深入调研，解决好"监督什么"的问题

对工程建设领域实施无差别全面监督，片面追求监督的广泛性和覆盖面，势必造成监督力量过于分散，"眉毛胡子一把抓"，从而影响监督深度和效果。如果盲目地将监督力量汇聚于一点，势必会把监督变成"瞎子摸象""管中窥豹"，影响监督的精准性和有效性。为避免监督缺位、监督不精准和监督不深入等问题发生，矿业公司纪委主动深入施工现场开展调研，摸清工程管理现状，明确监督重点，为精准高效实施监督创造条件。

（一）紧盯"关键少数"

工程建设领域权力高度集中，特别是"一把手"和领导班子成员，属于"少数"中的"关键少数"。为进一步加强对"一把手"和领导班子成员权力运行的监督，矿业公司纪委制定下发了《关于落实〈北京市关于加强对"一把手"和领导班子监督的若干措施〉的工作方案》，梳理形成《关于加强对"一把手"和领导班子监督意见落实情况专题检查清单》，有针对性制定管控措施，有效防止上级监督太远、同级监督太软、下级监督太难问题发生，使领导人员自觉强化自我监督，愿意接受监督，习惯在监督下工作。信任不能替代监督，矿业公司纪委必须勇担监督专责，紧盯"关键少数"

权力运行，监督推动决策制度落实，严防"一言堂""一支笔"问题，切实发挥"一把手"表率引领和班子成员核心带动作用。

（二）聚焦关键业务环节

工程建设领域是资金高度密集，资金运作过程中权力、责任、风险相伴相生，业主单位、施工单位、监理单位、供货单位等多方利益交织在一起。矿业公司纪委必须紧紧围绕工程建设中投资、进度、质量、安全"四大控制"，严把"查、防、控"三个关键环节，牢牢抓住权力运行和资金运作这条主线，把监督的触角延伸到工程物资采购、招投标管理、投资管理、现场签证管理、工程质量管理、工程验收等重点业务环节中，加强权力运行的监督，确保关键业务环节廉政风险可控在控。

（三）强化监督的再监督

工程建设中，审计、法律、财务、企管等职能部门按照职责分工担负着监督管理职责。矿业公司纪委聚焦重点工程建设履行监督职责，要严防深入介入具体管理业务，切实把监督重点放在监督推动审计监督、监理监督、职能监督等各类监督落地上，认真履行监督的再监督、检查的再检查职责，防止出现既当"裁判员"又是"运动员"问题。积极推动监督下沉，监督推动逐级领导人员、职能部门、管理人员履行监督检查职责，压紧压实逐级责任。

二、推动监督下沉，解决好"怎样监督"的问题

强化工程建设领域监督，必须始终坚持"监督+服务"的理念，把纪检监督融入工程建设重点环节中去，强化监督体系机制建设，织密监督网络，创新监督方式，汇聚监督合力，贴近权力运行靠前监督，推动监督常态化。

（一）依托风控体系建设积极构建常态化监督机制

（1）构建责任体系，推动逐级履职尽责。为明确逐级责任，推动责任向基层延伸，压力向下层层传导，矿业公司建立重点工程项目责任制，明确投资大于 300 万元的工程项目，业主单位及相关职能部门与公司主管领导签订责任状；投资大于 3000 万元的，公司主管领导与公司党委签订责任状，责任状在纪委备案，定期监督检查重点工程项目建设中逐级责任落实情况。2021 年以来，矿业公司纪委监督推动专业部门负责人与公司主管领导签订《重点工程项目责任状》14 份，公司主管领导经理与公司党委签订 8 份，进一步压紧压实逐级责任。

（2）完善制度体系，推动工程建设合规。强化制度体系建设是工程建设领域有效防控廉政风险的重要途径。矿业公司纪委督促相关业主单位结合实际修订《董事会工作规则》《经理层工作规则》《"三重一大"事项决策实施细则》《党委会工作规则》等决策制度，梳理形成《全面从严治党主体责任清单》，并拓展到基层党支部层面。督促相关专业制定矿业公司《投资项目后评价管理办法》《招投标管理办法》等制度，通

过整章建制明权确责，推动权力运用制度化、责任落实清单化，严格界定职权，规范业务流程，堵塞管理漏洞，保证重点工程项目建设依法依规高效推进。

（3）织密防控网络，推动管控措施落地。矿业公司纪委加强对工程建设领域的监督，应始终坚持把监督重点放在廉政风险防控上，不仅是贯穿工程全过程、全周期的监督，应始终聚焦在工程建设的廉政风险防控上，依托风险体系建设，以权力制约管控为抓手，努力构建"思想+制度+科技"的廉政风险防控管理体系，使廉政风险"查、防、控"相互协调、互为推动、深度融合，着力防范和化解工程建设管理中存在的廉政风险。所谓"查"，就是指定期组织工程建设相关单位，按照岗位和业务流程两条主线，梳理排查廉政风险点位，既排查岗位风险、流程风险，也排查思想道德风险、制度机制风险、防范措施风险、外部环境风险等。由此可见，"查"是基础和根基，只有把工程建设中廉政风险点排查做实做细做到位，才能摸清风险点位、表现形式、发生概率和危害程度等，才能保证监督方向不跑偏。所谓"防"，就是组织相关单位风险点，结合实际有针对性制定具有可操作性的防控措施，明确负责单位和岗位，监督推动措施落实，防患于未然。所谓"控"，就是以责任落实为抓手，贴近权力运行强化监督，及时发现苗头性、倾向性问题，及时采取措施处置和消除风险，使廉政风险时时可控、在控。矿业公司纪委组织马城铁矿、杏山铁矿、唐首马矿三大地采工程建设单位，排查业务流程风险点90个，岗位廉政风险点462个，制定防控措施1167项，构筑起权责清晰、风险明确、措施有效的廉政风险防控网络。

（二）做实做细日常监督推动监督向基层延伸拓展

（1）上下协同推动，做实专项监督。矿业公司纪委坚持以问题为导向，把监督的关口前移，贴紧工程建设中的权力运行关键环节开展专项监督，推动监督向基层延伸，压力向下传导。矿业公司纪委结合实际研究确定年度专项监督重点项目计划43项，分解形成月度推进实施方案。其中，共性项目4项，个性项目39项；公司级项目14项，厂矿级项目29项，涉及工程建设领域的12项。组织基层单位纪委严格落实专项监督计划，按月推进专项监督并反馈监督检查情况，使专项监督检查日常化、常态化。

（2）强化横向联合，汇聚监督合力。组织审计、财务、法律、企管等专业，在总结上年度联合监督工作的基础上，结合党委中心工作、职代会确定的重点任务和重点工程项目建设等实际，以夯实管控基础、防范廉政风险为落脚点，研究确定联合监督工作重点，整合形成联合监督工作计划。充分发挥纪委的组织协调、监督推动作用，推动纪检监督、审计监督、民主监督、职能监督等各类监督有机贯通、协同配合、同向发力，紧盯重点工程建设中的"关键少数"、重点环节等，稳步推进实施联合监督检查，保证重点工程项目建设依法合规、优质高效有序进行。如，会同工程、法律、计财等专业，对唐首马矿露天转地采工程、马城铁矿采选工程、杏山地采扩建工程等项目承发包情况开展联合监督检查，针对检查发现的个别施工单位资质不符、施工人员与施工单位劳务关系不清晰等问题，督促相关单位及时整改消除风险，保证建设施工依法合规。

（三）聚焦重点环节监督推动廉政风险防控能力提升

（1）紧盯问题苗头，履行再检查职责。各职能部门围绕工程建设开展专业检查，经常从专业管理角度讲评发布检查发现的各类问题。有些问题表面上看是基础工作不规范问题，但其背后可能隐藏着责任不落实，甚至违纪违法问题线索。因此，矿业公司纪委要时刻保持警觉，关注审视职能部门提出问题，必要时进行再检查，剖析问题产生原因，发现苗头性、倾向性问题严肃追责问责。如，针对企管专业讲评发布的马城铁矿采选工程1号副井电梯设计不合理问题，矿业公司纪委对问题进行再次核查，查阅了主井、副井、办公楼电梯设计《技术规格书》《设计变更联系函》《补充技术协议》等相关原始资料，走访了马城铁矿技术工艺部、机械动力部，以及矿业公司技改处相关人员，发现马城铁矿部分部门在图纸资料审核、技术文件编制等工作中，存在管理职责不落实和领导监管责任落实不到位问题，按规定对马城铁矿党政"一把手"严格落实责任追究，督促制定《马城铁矿责任追究管理办法》，严格落实问题整改。

（2）聚焦重点项目，实施专项调研监督。马城铁矿采选工程是首钢"十四五"规划重点项目，也是矿业公司实施资源接替战略的重点项目。矿业公司纪委书记带队，深入马城铁矿采选工程施工现场开展专项监督检查。检查前下发《关于对马城铁矿廉政风险防控情况开展监督检查的通知》，检查中听取马城铁矿党委关于落实全面从严治党主体责任情况汇报和领导班子成员履行"一岗双责"情况汇报，查阅了物资采购及施工项目招投标、物资进场检验、工程阶段性验收等相关原始资料，走访了马城铁矿机械动力部、计划财务部、技术工艺部、综合管理部、井巷作业区等部门相关领导和专业人员。监督检查组以工程投资管理、工程质量管理、工期控制、安全管理"四大控制"为主线，倒查领导人员权力运行和逐级管理职责落实，监督推动工程建设依法依规有序推进。针对检查发现的物资质量把关不严、监理单位作用发挥不到位等13项问题，督促建设单位落实问题整改的同时，举一反三，多措并举强化工程建设管理，进一步提高工程施工管控能力。

（3）紧盯关键环节，实施专项监督检查。工程施工现场签证是工程建设中非常重要的管控环节，是每项工程都发生的业务，其不仅会影响施工进度、质量和安全，也会影响整个项目的投资。矿业公司纪委适时把现场签证管理作为加强重点工程监督的重要抓手，主动出击靠前监督。矿业公司纪委对唐首马矿露天转地采工程、马城铁矿采选工程、杏山地采二期扩建工程、水厂建材产线建设项目等重点工程现场签证管理情况开展专项监督检查。检查中走访了矿业公司技改工程处、唐首马铁矿、马城铁矿、杏山铁矿等单位相关人员，查阅了2021年1月以来的工程施工现场签证表、施工合同、施工方案、施工预算书等原始资料。检查以施工图纸评审、施工方案审签、签证项量确认、工程预算审核四个关口的把控为切入点，对照行业规范、企业管理制度从头到尾系统检查梳理，监督检查逐级依法依规履行职责情况。针对检查发现的制度落实不严格、对监理单位监督不到位等13项问题，对唐首马铁矿、马城铁矿、杏山铁矿、矿业公司技改处等7个单位落实包保核考核，追究逐级管理责任14人次，对监理单位落实罚款 2 万元，维护了制度的刚性，强化了逐级责任意识和规矩意识。

三、实施闭环管理，解决监督成果"如何运用"问题

矿业公司纪委围绕重点工程履行监督职责，始终坚持以问题、结果和目标为导向，持续强化过程监督，深入查找存在问题，做到早发现、早预防、早处置，防患于问题未发之时。查问题不是监督的最终目的，解决问题、提高管理水平和风险防控能力才是根本。监督是否见成效，不仅要看是否发现问题，还要看"后半篇文章"做得好不好。矿业公司纪委前期监督发现的问题，有很大一部分是相关部门专项检查提出过的，问题重复发生的一个重要原因就是监督完全未形成闭环，问题整改不够彻底。所以，要彻底摆脱就事论事层面，紧盯工程建设领域中的形式主义、官僚主义，对问题整改一盯到底，用好《监督检查建议书》这个武器，不定期开展"回头看"，反复查、查反复，确保问题整改到位。同时，要督促相关单位主动对标对表举一反三，深入剖析问题产生根源，结合实际有针对性研究制定管控措施，坚持"当下改"和"长久立"相结合，修订完善制度，堵塞管理漏洞，夯实管理基础。要严肃追责问责，以纪法和制度刚性推动深化标本兼治，一体推进不敢腐、不能腐、不想腐。

重点工程项目建设是企业高质量可持续发展的保障。矿业公司纪委将持之以恒正风肃纪，强化对重点工程的日常监督，在构建统一领导、全面覆盖、权威高效的监督工作体系上深入思考、持续用力，织密监督网络，汇聚监督合力，以高质量监督服务保障经营生产和工程建设。

"数智赋能"纾解监督困局
"平台共享"凝聚监督合力

山东钢铁集团有限公司纪委

张维国　　刘　　敬

　　监督是国有企业落实全面从严治党和从严治企要求、加速全面依法合规严格规范管理的重要载体和保障。一直以来，党中央高度重视国有企业监督工作，2023年4月，习近平总书记在二十届中央全面深化改革委员会第一次会议强调，加强和改进国有经济管理，要立足新时代新征程国有经济肩负的使命任务和功能定位，从服务构建新发展格局、推动高质量发展、促进共同富裕、维护国家安全的战略高度出发，完善国有经济安全责任、质量结构、资产和企业管理，深化国有企业改革，着力补短板、强弱项、固底板、扬优势，构建顶层统筹、权责明确、运行高效、监管有力的国有经济管理体系。

　　面对复杂多变的宏观形势和弱势震荡的市场行情，国有钢铁企业因受原料成本相对高位、房地产继续下行、市场需求增幅较小等因素影响，陷入极为被动的局面，企业体量大、体制机制障碍、沟通协作不顺、多头做工及监督难以聚焦等问题更加明显。习近平总书记曾指出，要"整合监督资源，形成监督合力"。国有钢铁企业必须立足于深化监督体制改革，以大数据、智能化为载体协调整合巡察整改、招标采购、计划审批、财务审计、民主舆论等监督资源；发挥专业优势，搭建智能化监督平台；构建科学完善的监督流程体系，融入企业治理各环节，通过"数智赋能"纾解监督困局，利用"平台共享"凝聚监督合力。

一、存在的问题及现状

　　近年来，随着国有企业监督体制机制改革不断深入，山东钢铁集团有限公司（简称山钢集团）积极探索开展监督工作，搭建起党内监督、行政监督、群众监督"三位一体"大监督体系，逐步构建"专兼协同、信息互通、线索归口、递进问责"监督工作格局，在发挥"监督保障执行、促进完善发展"方面取得了一定成效，但在监督工作质效提升、监督渠道拓展、监督方式创新、监督力量贯通方面还有很大提升的空间。主要存在以下问题。

（一）信息共享不畅，监督合力难以形成

自深化监督体制机制改革以来，搭建起了党内监督、行政监督、群众监督"三位一体"大监督体系，增强监督合力，提高监督实效，有效提升了监督工作的全局化、系统化水平。但在实际过程中，各专业各自为战，监督力量分散，监督合力不强的问题仍然比较突出。一是协作意识不强。各监督主体习惯于"自家事自家了"，没有从思想上、行动上真正融入大监督体系建设，忽视共享监督信息和成果的重要性。二是平台载体不完善，滋生"信息孤岛"。缺乏健全完善的沟通交流、协调协作平台，对监督发现的问题线索未及时有效地开展沟通交流，造成资源断裂，信息屏蔽，降低监督质效。三是"本位主义"堆砌"信息壁垒"。不愿意"揭丑亮相"，人为设置监督信息共享屏障，造成监督数据资源无效流失，制约监督合力的提升。

（二）监督责任还没有完全压紧压实

随着大监督体系建设的深入推进，企业治理效能得到了进一步提升，但各层级监督责任还没有完全压实，还存在责任链条松动，压力层层衰减的现象。一是部分职能部室对监督工作认识不深，站位不高，履行监督主体责任的意识不强，积极性不高，对监督工作不研究、不分析。虽然将监督职责写入部门内部职责，但管业务不管监督，行权不控制风险，职能监督不扎实现象普遍存在。二是基层党委监督责任没有完全落地。党委主体责任和党委书记"第一责任人"责任的定位不准，监督责任、效应衰减，监督工作向基层延伸乏力。班子成员"一岗双责"责任没有压紧压实，有的领导干部管业务同步管监督的意识淡薄，履行监督职责不主动，甚至存在不知所为的现象。

（三）监督队伍欠缺发现深层次问题的能力

大监督体系没有实现"有形"到"有效"的覆盖，专兼职纪检队伍能力素质参差不齐，发现问题数量不少，质量不高。一是主动查找问题的观念不强。单纯认为监督是纪检、审计等专责部门的事；部分兼职纪检人员重生产经营，轻监督履责；缺乏深入一线、深入现场开展调查的主动性，对专业监督的了解不够，难以捕捉到深层次的问题。二是素质能力不强，难以聚焦问题。审计人员虽然财务知识丰富，但对违规违纪表现不够敏感；纪检人员对党规党纪把握得比较透彻，但是对有些专业性问题却无法开展深入分析并准确研判，监督过程中对专业部室依赖过多。

（四）巡察成果运用不足，问题整改不深不透

巡察效能"一分发现，九分整改"。大张旗鼓开展巡察，问题整改草草了事，巡察整改效能被充分显现。一是原因未分析清楚，被表面现象所迷惑，责任单位和个人"轻松过关"，"不敢腐"的震慑没有得到强化。二是警示教育不到位，举一反三抓整改，抓防范力度不够。对于巡察发现问题研究不多，分析不深，对问题背后的责任缺失、体制机制性障碍、管企治企宽松软等深层次问题模糊不清，造成问题整改不深不

细，透过问题补短板，强弱项用力不准，通过建章立制抓防范功夫不深，同类问题重复发生。三是新型腐败和隐性腐败层出不穷，存量尚未清底，增量仍有发生，正风肃纪反腐依然任重道远。

二、原因分析

对于上述存在问题和不足，认为主要是基于以下几方面原因：第一方面是"数智监督"平台处在起步阶段，监督资源整合、监督信息共享不充分，信息互通存在障碍，信息不对称导致各单位发力不均，多头监督，重复监督，监督工作整体效率不高；第二方面是思想认识不到位，职能部室监督意识不强，各类监督贯通融合力度不足，监督责任没有压紧压实，压力传导逐级递减；第三方面是监督队伍能力和素质有待进一步提升，存在不愿不敢不会监督的问题，监督问题不聚焦，深层次问题发现较少；第四方面是巡察问题整改就事论事，举一反三的主动性和自觉性不强，针对问题寻找制度漏洞、风险隐患，督促机制完善、强化对权力运行的监督和制约不到位。

三、对策及发展方向

坚持基于信息化、数字化、智慧化的流程再造和管理变革，运用大数据、人工智能等手段，开发"数智监督"平台，涵盖政治监督活页、廉洁教育、日常监督、专业监督、巡察整改等功能，整合 ERP 企业资源计划系统、TMS 物流管理系统、LIMS 检化验管理系统、项目管理系统、招投标系统、MES 制造执行系统、EMS 能源管理系统、车辆管理系统等相关信息系统，对重点领域、关键环节进行可视化、全过程监督，纾解监督困局、消除难点堵点，助推公司治理体系和治理能力现代化。

（一）以"大数据"拉动大监督体系全面升级

探索实践数智监督，运用"全周期管理"方式全链条跟进。通过业务全上网、过程全追踪、风险全管控、信息全公开，推动监督由人力密集型向智能信息型转变，形成终端融合、流程预警、立体监督的"云监督"新模式。

（1）充分发挥监督数智化优势，注重运用信息技术和"大数据"分析等手段，实行监督流程标准化、信息化。坚持把科技手段运用作为提升监督实效的关键，全面覆盖业务风险点，围绕财务管理、资产管理、招投标、物资购销等权力运行的重点环节和重点事项，实现"全流程监督""全透明管控"，从制度流程上堵住"暗门"。贯通企业资源计划系统、生产单元信息管理系统、计量系统、设备管理系统、招投标、项目管理系统，植入"探头""触角"，实现全过程数据跟踪监控，加强供应商准入管理。探索利用大数据促进监督执纪，线上监督预警问询，保障生产运营提质增效、高质量发展；线下执纪问责震慑，营造风清气正、阳光高效的政治生态。

（2）充分运用科技防腐手段，让"所有业务在系统中运行、所有权力在系统中受限、所有资源在系统中受控、所有操作在系统中留痕"。优化规范业务审批流程及各层级管理权限设置，将管控措施嵌入各类业务信息系统，促使各项经营管理决策和执行活动可控制、可追溯、可检查,有效防范人为违规操纵。坚决打击"小微权力"运行过程中的"蝇贪蚁腐"行为,通过设置备件验收区域,对验收过程进行全程录像;推进成品库无人行车 WMS 系统建成投用,实现自动配货、装载、出库,将发货岗位由原来的"风险点"变为"安全点"。

(二)以"数据分析"推动监督责任压紧压实

建立自动数据分析模型,定期自动形成监督分析报告。在保证业务流程标准化、监督检查可视化的前提下,通过数据分析对关键风险点和异常情况实时预警、重点筛查,科学研判、及时处置,以实时监督、动态监督,破解远程监督难题,及时提出风险预警。同时,坚持问题导向,找出制度漏洞,查清风险隐患,督促完善机制,强化对权力运行的监督和制约。

(1)借助在线平台数据分析,让"大海捞针"变为"过筛留针"。实时掌握招投标、合同签订、物资领用等数据变化,对关键风险点实时预警、及时处置,根据监督问询点对应责任单位部门,自动发起分配问询功能。破解企业管理中的"中梗阻"问题,实现业务变更全程留痕,完善备品备件模块数据对比和大数据分析、可视化图表技术,多维度掌握设备消耗、备件库存,深入查找"病根",找准"出血点",堵住"漏点",降低"两金"占用率,保障公司完成生产经营任务目标。

(2)"让数据自己说话"倒逼干部认真履责。结合"一人一表"绩效"赛马"机制,采用个性化专业考核指标和定向廉洁指标制作干部履责尽责"雷达图",确保监督数据可视化。坚决查处一切损害公司利益的腐败行为和不正之风,对区域性、系统性腐败,坚决揭开盖子、彻底深挖根子,围绕关键权力建立廉洁数据库,形成"以岗位为点、以工作流程为线、以制度为面"的综合廉洁风险防控体系,为干部选聘、轮岗交流提供有效依据。创建协同高效的数字化履职体系,突出各部门间业务兼容和协同高效的系统监管,强化问题在线管理、节点控制,共同推动监督工作从发现问题到处置、解决、预防的全流程闭环管理。

(三)以"平台共享"广泛凝聚监督合力

通过"平台共享",实现利益权力在哪里数据就延伸到哪里;风险点在哪里监督预防就到哪里,问题在哪里跟踪纠错追责就到哪里。

(1)依托数智监督云平台,绘制政治生态"晴雨表"。设立廉情监督中心,同步整合物资采购、招投标等各类监督资源,对重点领域权力运行的实时监督、精准监督、全覆盖监督,实现"多个渠道采集、一个平台共享",打破"信息孤岛"壁垒,消除"监督盲区"。监督平台对各项数据进行清洗、比对、碰撞,有力推进执纪监督工作便捷化、精准化,为政治生态建设、党风政风监督插上科技翅膀,确保及时发现问题、纠正偏差、堵塞漏洞、完善制度。

(2)运用信息技术手段提升纪检工作水平。发挥群众监督主体作用,以"数智监督"平台为载体,开设"阳光问廉"舆论监督模块,在线上招投标、购销系统中嵌入

"清廉码上举"，提升群众监督的积极性和线索处置质效，持续凝聚监督合力。打造具备"智慧谈话"功能的规范化谈话场所，运用人工智能识别技术，通过分析人的面部表情、语音语调、身体动作等信息，对人的情绪进行识别和分析，协助谈话人员快速发现潜在线索和安全隐患，及时调整谈话策略，快速精准突破谈话对象的心理防线。

（3）将数智化平台与廉洁文化建设高度融合，使严厉惩治、规范权力、教育引导紧密结合、协调联动，不断取得更多制度性成果和更大治理效能。全力提升钢廉文化园数智化水平，充分运用全息投影技术，打造沉浸式廉洁教育展厅。高效运用"精品大讲堂"网络学习平台，把廉洁宣教阵地搬到"云端"，开设由清廉文化、警示教育、廉史镜鉴、纪法课堂等版块组成的"云展馆"，实现学习随时随地、内容有滋有味。

（4）以信息牵引为动力，激发"数字化"监督新动能。集中监督力量，相互借力引智，深入推进"监督全覆盖"，形成上下齐动、多方联动的"大监督"格局。推进巡察工作信息化建设，强化全流程管控，实现对数据的智能分析和风险预警。建立健全大数据辅助科学决策机制，拓展在线动态监测、统计分析、趋势研判、效果评估、风险防控等应用场景，创新日常监督管理模式，形成智能风险预警机制，全面提升企业治理效能。

党的二十大报告强调，只要存在腐败问题产生的土壤和条件，反腐败斗争就一刻不能停，必须永远吹冲锋号。只有持续加强监督体系数字化、信息化建设，充分发挥互联网、大数据、信息网络优势，纾解国有企业监督困局、凝聚监督合力，才能更好地护航企业高质量发展。

关于打造有效机制强化对"一把手"和领导班子监督的思考

中国宝武马钢集团设计研究院有限责任公司纪委
赵　文

党的二十大报告在"完善党的自我革命制度规范体系"部分明确提出要"推进政治监督具体化、精准化、常态化，增强对'一把手'和领导班子监督实效"的要求。这既是全面从严治党持续向纵深推进的关键环节，也是内部监督真正提升质效的重要举措。为了有效推进对"一把手"和领导班子的监督，中共中央、中国宝武钢铁集团有限公司党委都制发了关于加强对"一把手"和领导班子监督的制度，基层单位必须深刻认识其重要性和紧迫性，以抓铁有痕的决心，把对"一把手"和领导班子的监督落到实处。

一、深刻认识加强对"一把手"和领导班子监督的重要意义

（一）加强对"一把手"和领导班子监督是推动全面从严治党向纵深发展的必然要求

《中共中央关于加强对"一把手"和领导班子监督的意见》指出："要充分发挥党员领导干部的先锋模范作用和表率引领作用，才能团结带领广大干部群众战胜前进道路上的各种艰难险阻，不断取得中国特色社会主义事业新胜利。""一把手"是党的事业发展的"领头雁"，必须牢固树立政治意识。各级党组织要切实加强对"一把手"的监督，促使其在增强"四个意识"、坚定"四个自信"、做到"两个维护"上作出表率。通过"一把手"带头带动全体干部不断增强政治意识，夯实全面从严治党向纵深发展的基石。而"一把手"切实发挥出全面从严治党第一责任人的作用，主动接受监督，也将对所属各级领导和管理者发挥积极的引领作用。从主要矛盾和次要矛盾的角度来看，通过"关键少数"引领"绝大多数"，将使反腐败斗争的效果事半功倍，不断营造风清气正的良好政治生态。

（二）加强对"一把手"和领导班子监督是全面提升党内监督质效的必由之路

党的二十大报告指出："腐败是危害党的生命力和战斗力的最大毒瘤，反腐败是最

彻底的自我革命。只要存在腐败问题产生的土壤和条件，反腐败斗争就一刻不能停，必须永远吹冲锋号。"当前，党风廉政建设和反腐败斗争的形势依然严峻复杂，尤其在很多案件中，"一把手"腐败尤为突出。究其根本原因，是"一把手"的权力还未能得到有效的监督和制约。因此，必须通过加强监督，使其用权得到规范，从而使腐败问题得到有效遏制。同时，"一把手"往往是党培养出来的优秀人才，从关心爱护干部的角度出发，通过严格有效的监督，防止其走错路，是各级党委和纪委义不容辞的责任。

（三）加强对"一把手"和领导班子监督是营造风清气正的政治生态的必要举措

"一把手"和领导班子成员的一言一行直接影响着党在人民群众心中的形象。"一把手"在党性觉悟、政治素质、规矩意识、思想道德等方面的表现，对本单位的干部队伍作风建设发挥着非常重要的带动作用。习近平总书记强调，"一把手"违纪违法最易产生催化、连锁反应，甚至造成区域性、系统性、塌方式腐败。作风正派、品行高尚的"一把手"能带领全体领导干部保持风清气正、干事创业、清正廉洁的工作作风；反之，则会导致丧失信仰、急功近利等一系列严重问题。"一把手"出现问题，将给本单位政治生态带来非常严重的破坏。

二、对"一把手"和领导班子的监督中存在的问题

（一）学习教育不深不实

近几年查处的"一把手"腐败案件反映出，部分"一把手"的自我约束和自我监督意识严重弱化，理想信念动摇、宗旨意识淡化，三观发生严重扭曲。他们在自我反省时，大多把"放松政治学习，丧失理想信念"放在了首要位置。这说明部分"一把手"在政治理论学习上还存在"不深不实"的问题，没有从讲政治的高度真正认识到理论学习的重要性，常常以工作业务忙为由而无暇顾及自身学习，没有真正入脑入心，很多时候把学习当成任务来完成，离学懂弄通做实相差甚远；在作风建设上也存在"不硬不实"的问题，形式主义、官僚主义还不同程度地存在。总之，没有从思想和灵魂深处去学习领悟，是导致理想信念发生动摇的本质原因。

（二）权力运行缺乏有效监督

"一把手"往往集决策权、人事权、指挥权于一身，决策"一言堂"、用人"一句话"、花钱"一支笔"，是落马"一把手"共有的问题。如果所在单位的权责一致落实不到位，对权力运行缺少有效的监督和制约，负责全面工作就很容易变成"决定"全部工作，导致"一把手"权力行使的自由裁量空间过大，产生巨大廉政隐患。作为加强集体领导的有效保障，民主集中制在部分单位的落实还存在着不同程度的问题。例如，某些地方和单位在落实的过程中，"一把手"的民主集中制意识淡化，搞"一言堂"，有的甚至违反议事规则和决策程序，导致权力在运行过程中没有接受到有效的监督和制约。在这样的环境下，部分"一把手"愈发胆大妄为，甚至为所欲为，置党纪

国法于不顾。

（三）监督责任未能真正压实

对"一把手"缺乏有效监督制约，是"一把手"出问题的重要的原因。在监督"一把手"的实践中，监督责任未能有效压实，自上而下、自下而上、同级间的监督体系未形成有效闭环，是一个关键原因。基层单位中，不愿监督、不敢监督，监督缺位、监督乏力等问题仍不同程度存在。例如，有些单位上级领导对下级"一把手"重使用、轻监督、少教育，认为能完成任务就是好干部，遇到问题甚至遮遮掩掩、避重就轻。上级监督部门也受到时间和空间的限制，不能及时了解和掌握下级"一把手"存在的问题，难以实施有效监督；同级班子成员由于受到"一把手"的直接领导，缺乏监督的独立性，不同程度上存在"好人"思想，不想得罪人，不愿监督；下级部门的监督，同样存在不敢犯上、不敢监督的问题。加之部分领导干部自身对监督责任没有足够的重视，往往嘴上讲重要，但在真正履职时又没有真正把监督贯穿在工作中，导致对"一把手"的监督责任一定程度上还存在不严不实的问题。

（四）监督合力有待加强

目前，国有企业内部各类监督资源逐渐完备，监督能力逐渐加强，但是面对"一把手"这一特殊的监督对象，现行的监督机制仍显得不够强大有力，尤其在嵌入流程、事前预警、常态化监督权力运行方面，各类监督难以做到有效联动。巡视巡察、纪律审查、财务审计、组织人事等各条线有监督重点，但是缺乏统一的制度安排，造成监督效果不够明显的问题。同时自上而下的组织监督和自下而上的民主监督贯通不够，信息沟通、线索移交、成果共享的机制还不够健全，多头管理、反复协调、重复劳动等问题依然存在，监督合力还没有实现最大化。只有破解这些问题，形成监督合力，才能真正形成对"一把手"的有效监督。

三、关于加强对"一把手"和领导班子监督的思考与建议

（一）压紧压实责任链条，健全完善责任体系

（1）"一把手"要落实全面从严治党第一责任人责任。党委书记履行第一责任人责任，带头落实全面从严治党主体责任，既要习惯在被监督的环境下工作，又要通过基层调研、现场检查、专项督查等方式抓好监督工作。要制订落实全面从严治党主体责任年度工作计划和任务清单。要把各级领导干部的职责分工与管党治党责任结合起来，解决突出问题、防范重大风险。

（2）纪检监察机关要履行好监督专责。要精准开展监督执纪，围绕重点领域和关键环节以及易发多发问题，通过系统策划、检查督促、提出整改建议等方式，推动"一把手"对表对标、纠正偏差，切实履职尽责。要协助党委定期开展所在单位的政治生态分析研判，健全落实全面从严治党责任考核制度，为客观精准评价干部、开展靶

向监督、推动责任落实提供有效支撑。

（3）班子成员要履行"一岗双责"职责。要加强对所辖干部的教育、管理、监督，督促其履职尽责，把对下级"一把手"开展任职谈话、廉洁谈话、经常性监督谈话结合起来，推动"关键少数"严于律己，担起责任，以务实行动和实际效果来检验落实责任成效。推动形成主动监督、相互监督、自觉接受监督的良好氛围。

（二）做早做深学习教育，做实做细日常监管

（1）做实对"一把手"的权力教育。充分认识"权为民所用"的实质内涵，做到敬畏权力、依法依规用权。坚持把学习贯彻习近平新时代中国特色社会主义思想作为首要政治任务，把学习融入日常，要经常抓、抓经常，推动理论学习往深里走、往心里走、往实里走，筑牢信仰之基、补足精神之钙。要持续加强警示教育，在"一把手"的任前、任中，有计划地开展典型案例警示教育，常敲警钟。各级党组织"一把手"和领导班子带头讲授廉政党课，增强抓党风廉政建设和反腐败斗争的思想自觉政治自觉行动自觉。

（2）监督关口前移。首先，要把住选人用人的廉洁关。纪委要建立并用好"一把手"和领导班子的廉洁档案，对干部提拔任用前征求党风廉政意见的，综合日常工作中掌握的情况，加强分析研判，防止"带病提拔"。其次，加大对"一把手"经济责任审计力度，及时发现在制度执行、资金使用、业务开展等方面存在的风险和问题，督促做好审计整改落实。最后，执纪审查、巡视巡察、专项检查等工作，要把"一把手"廉洁自律情况作为重点进行监督检查，及早发现问题或风险，开展责任追究的同时推动问题切实有效整改、风险得以及时化解。

（3）严肃开展廉洁谈话和日常教育提醒。上级"一把手"必须重视对下级"一把手"的日常监督和教育提醒，认真对下级"一把手"开展任前谈话、监督谈话，对发现的问题要及时进行批评教育、约谈提醒。切实围绕"一把手"在贯彻执行党中央重大决策部署、落实全面从严治党责任、推动党风廉政建设等方面存在的问题，梳理形成问题清单，带着问题去谈话，实现精准施治、对症下药，让谈话更有针对性和实效性。

（4）严肃领导班子党内政治生活。严格按照党内政治生活准则办事，认真组织召开领导班子民主生活会，发挥民主生活会监督作用，严把民主生活会质量关。领导班子成员要坚持把自己摆进去、把职责摆进去、把工作摆进去，分析问题症结，从思想、政治、作风、能力、廉政等方面深刻检视剖析，严肃开展批评与自我批评。

（三）健全制度规范用权，强化权力运行监督

（1）优化权利运行机制，用制度制约权力。严格限定"一把手"权力范围，要以健全完善和贯彻落实民主集中制要求为核心，建立规范"一把手"权力行使的"三重一大"、授权等相关制度。健全领导班子权力运行制约机制，合理分解、科学配置领导班子权力，把决策、执行、监督三权分离开来，形成相互制衡的关系，促进党委班子

成员相互间的监督。

（2）规范决策程序，确保依规公正用权。按照"集体领导、民主集中、个别酝酿、会议决定"原则，凡讨论决定"三重一大"事项，要严格按照议事决策程序进行，广泛听取意见和建议。同时，应完善"一把手"权力运行"痕迹化"管理，促进"一把手"权力运行精细化、规范化。

（3）加强对"一把手"权力运行的监督检查。对权力运行的监督要做在日常。制定"一把手"和领导班子权力运行监督事项清单，要盯紧权力运行各个环节，管好关键人、管到关键环节、管在关键节点。强化对人财物管理、插手干预重大事项、亲属从业行为等高危风险点的精准监督。要高度重视对贯彻执行民主集中制情况的监督，要把"三重一大"决策制度执行情况作为巡视巡察、审计监督、专项治理的重要内容，及时发现并指出问题。

（4）建立监督预警机制。梳理"一把手"履职用权过程中的廉洁风险点，编制廉洁风险清单，构建分级管理、分级负责、抓早抓小防微杜渐的防控体系。对于发现的问题，及时向班子成员发出预警，避免小问题变成大错误，有利于推动监督与主动接受监督形成有效互动、良性循环。

（四）构建"五位一体"监督体系，推动形成监督合力

（1）着力强化上级监督力度。破解"一把手"监督难题，上级对下级尤其是上级"一把手"对下级"一把手"的监督最管用、最有效。上级"一把手"应该重点加强对下级"一把手"的教育和监管，对下级新任职"一把手"开展任前谈话，定期开展监督谈话，对存在苗头性、倾向性问题的进行批评教育和约谈提醒。对反映问题比较突出的"一把手"，上级党委主要领导要及时约谈并限期整改。同时，上级纪检监察机关主要负责人、组织人事部门负责人与下级党政"一把手"要建立定期谈话制度，做到一级抓一级、一级管一级。

（2）持续提升同级监督效果。领导班子成员在一起开展工作，对"一把手"的实际情况更加了解，也更有发言权，因此加大同级班子成员之间的互相提醒力度，也将取得很好的监督效果。对于日常业务开展以及监督检查中发现的问题，班子成员要进行动态评估，奔着问题去，以发现问题、解决问题为目的，及时从各类渠道发现和掌握苗头性、倾向性问题，以书面形式告知主要领导或分管领导，督促其履行第一责任人责任或"一岗双责"，推动全面整改问题。同时，探索建立副职向上反映对正职的不同意见的保护机制，丰富副职监督正职的载体和渠道。

（3）建立完善下级监督工作体系。要扎实推进内部监督体系建设。各职能业务部门切实履行"一岗双责"责任，强化职能业务部门职能监督，要坚持原则，敢于监督，善于发现问题，勇于揭示问题，制定基于问题导向性的、更聚焦、更有针对性的监督项目，及时发现领导班子在经营管理和党风廉政建设等方面存在的问题和漏洞。

（4）进一步强化群众监督。通过设置意见箱、发放意见征询表、组织职工代表座谈等，广泛听取下级意见，提高决策科学性。要进一步推进落实厂务公开制度，增加

权力行使的透明度，把领导干部运用权力的过程，置于广大党员群众的直接监督之下，使个人权力始终纳入组织和群众的视野之中。

（5）构建联合监督体系。以党内监督为主导，推动各类监督贯通协调，完善公司纪检监督、审计监督、巡视巡察监督、职能监督、群众监督、舆论监督等联合协作的大监督工作体系，促进各类监督资源有效贯通协同，形成合力。不断健全完善重大监督事项会商研判制度，充分利用好内部监督会商这一平台和工作机制，加强各部门之间联合监督效果，形成监督合力，提升治理效能。通过发挥各类监督主体的作用，强化联合监督效果。

《中共中央关于加强对"一把手"和领导班子监督的意见》的出台，充分展现了党和国家反腐败的坚定决心。"一把手"作为"关键少数"中的"关键"，是监督的重中之重。在基层的实践中，可能会面临各种各样的问题和矛盾，如何处理和解决问题，保证监督真正落地，提升监督的质效，还需要在实践中不断探索和破解。本文提出的一些思考和建议，还需要在工作实践中不断优化和改进。

加强政治生态研判 压实管党治党责任
协助党委打通全面从严治党"最后一公里"

鞍钢鞍山钢铁集团有限公司铁路运输分公司机车厂纪委

习近平总书记在党的二十届中央纪委第二次全体会议上的讲话指出，要站在事关党长期执政、国家长治久安、人民幸福安康的高度，把全面从严治党作为党长期战略、永恒课题，永远吹冲锋号，把严的基调、严的措施、严的氛围长期坚持下去，把党的伟大自我革命进行到底。作为鞍钢集团有限公司（简称鞍钢集团）最基层纪检组织，直接面向基层党支部和党员职工群众，学习贯彻落实习近平总书记重要讲话和二十届中央纪委第二次全体会议精神，不能仅停留在字面上、口头上，也不能仅限于向基层喊口号、提要求。鞍钢鞍山钢铁集团有限公司铁路运输分公司机车厂（简称机车厂）纪委立足本职定位，积极协助党委推进全面从严治党，坚持加强政治生态研判，压实管党治党政治责任，积极探讨和推进落实管思想管工作管作风管纪律措施办法，协助党委打通全面从严治党"最后一公里"，取得了较好成效。

一、结合实际加强政治生态研判，统筹布局和推进纪委工作到达率

党的十八大以来，党中央把全面从严治党纳入"四个全面"战略布局，全面推进党的自我净化、自我完善、自我革新、自我提高，解决了党内存在的许多突出问题，党在革命性锻造中更加坚强有力。习近平总书记在党的二十届中央纪委第二次全体会议上再一次谆谆告诫全党，必须时刻保持解决大党独有难题的清醒和坚定，深刻阐释了"六个如何始终"重大命题。党的二十大报告明确提出"坚持大抓基层的鲜明导向"，作为最基层的纪检组织，就是要学深悟透习近平总书记重要讲话和重要指示批示精神，忠诚履行党章赋予的职责使命，时刻与党中央对表对标，按照纪律规矩标准衡量各项工作的成败得失，加强政治生态研判，积极推进解决机车厂高质量发展过程中遇到的困难和问题，把党中央的决策部署和上级党组织的工作安排分解细化，并采取切实可行的措施贯彻落实到基层。但在推进具体工作过程中也发现制约纪委工作高质量发展和党员干部队伍存在的普遍性问题：一是对纪委工作的认识不清楚，理解不到位，普遍对纪委工作敬而远之；二是纪委工作需要通过党支部落实，但在党支部的众多工作中往往容易被忽视；三是工作中还存在形式主义官僚主义现象，具体工作落实不到位；四是参加党风廉政教育不积极，普遍存在"看客"心理；五是因工作忙等借

口，党风廉政建设"一岗双责"落实不到位；六是政治站位普遍不高，对自身存在的与纪律规矩相悖的轻微言行而不自知；七是对业务工作的专业监督和专项监督及自检自查标准和要求不高；八是对监督工作提出的建议整改不积极，举一反三和系统整改有差距；九是干部队伍的管理素质和带队伍的业务能力有待提高，工作作风有待加强；十是纪检干部队伍力量薄弱、能力不足。

针对以上问题，必须厘清工作思路，全面分析布局纪委工作，从工作具体细节入手，压实各项工作责任，实施《党风廉政月报表》制度，将党支部开展党风廉政教育、抓早抓小、日常监督、廉洁风险排查、支委会重点议题和婚丧事宜报告等重点工作纳入报表内容实行按月报送。通过推进报表工作的落实，及时掌握和推进纪委工作在基层的贯彻落实，并对报表内容分析研判找出基层工作的薄弱环节，为下一步工作提供目标和方向，较好推进了纪委工作在基层的到达率和到位率，形成持续完善整改提高的良性循环，达到了及时掌握和管控政治生态持续向好的目的。

二、推进党的政治建设，协助党委推进管思想管工作管作风管纪律

基层党支部担负直接教育党员、管理党员、监督党员和组织群众、宣传群众、凝聚群众、服务群众的职责作用，是全面从严治党的"最后一公里"。打通全面从严治党"最后一公里"就是协助党委加强党支部政治建设，发挥基层党组织的政治和组织功能。

（一）强化对党支部工作监督

扎实的党支部工作是保证纪委工作有效落实到基层的前提。坚持把基层党支部建设纳入纪委日常监督和政治监督内容，实施对党员、干部和管理人员全面全方位全过程教育管理监督，通过推进和强化党支部基础工作，协助党委落实管思想管工作管作风管纪律。管思想就是监督党支部加强政治思想教育，认清形势任务，统一思想，凝聚共识，通过高质量的"三会一课"，把道理讲清楚、把问题讲明白，确保思想不跑偏、政治不迷茫；管工作就是监督机关部门长和基层作业区班子发挥"带队伍"作用，不仅要安排部署工作任务，还要教会工作方法，及时纠正工作中的偏差，确保各方面工作创先争优、争创一流；管作风就是通过正风肃纪和思想教育，确保在行动上作风硬朗、意志顽强、敢打硬仗、能打胜仗，高质高效地完成生产经营目标任务和各项工作任务；管纪律就是落实党章党规党纪学习宣传教育，确保严守纪律和规矩的底线，按照好干部、好党员标准修身立德树人。

（二）树立积极的工作导向

抓住"关键少数"，教育引导各级党员干部和管理人员"讲政治、懂业务、有能力、知底线、带队伍"，提高干事创业能力。只有抓住抓好"关键少数"，才能带好队伍、发挥好组织的力量。讲政治就是教育引导党员干部增强政治意识、提高政治站位，充分理解和贯彻落实"政治三力"，确保政治合格；懂业务就是要求既要懂得本岗位业

务的前沿知识，又要懂得和把握当前工作现状和难点，有理有据地加以推进工作；有能力就是要能克服重重困难千方百计把理想和目标变成现实能力，确保工作目标任务有效完成；知底线就是既要知道纪律规矩的底线，怎么干都不违规违纪，又要知道工作标准的底线，保证工作质量和效果；带队伍就是既要安排布置工作，又要教会工作方法，做好沟通协调，发挥团队作战能力。

（三）坚持教育先行

作为最基层纪委，直接面向基层党支部和基层党员干部职工群众，抓好廉洁教育是重要职责。坚持把教育放在监督之前，把集中教育与日常教育相结合，让广大党员干部和职工群众知道哪些可以做、哪些不可以做，知道纪律规矩的底线在哪里，做到严守纪律规矩，不越底线、红线、高压线。因此，在《党风廉政月报表》中列出理想信念教育、党纪法规教育、案例警示教育、节前教育和廉洁文化教育内容，要求基层党支部对落实情况进行按月反馈。机车厂纪委及时为基层党支部转发和提供学习教育资料，并下发了《永远在路上》《零容忍》《永远吹冲锋号》等党风廉政教育专题片。每年两次协助机车厂党委召开党风廉政教育大会，坚持在重大时点对"关键少数"集中开展节前教育，组织对党章党规党纪系统学习教育和测试，参观党风廉政建设展览馆，编发《机车之声》廉政专刊，开展党风廉政教育日征文等。利用讲党课和参加基层组织生活会、支委会等时机，宣传纪委工作的形势任务，让党员干部充分理解纪委工作的性质特点方法规律和原则，便于开展和推进纪委工作，取得广大党员干部对纪委工作的普遍理解信任支持。落实纪委"三转"要求，与大家一起工作、一起发现问题、一起解决问题，及时排除廉洁风险隐患，而不是等出了问题再去追责处理。

三、开阔思路，创新思维，夯实根基，压实管党治党政治责任

管党治党也有规律性，抓住关键点，打好止楔钉，推进管党治党政治责任落实。

（一）协助党委加强两级班子建设

针对机车厂和基层作业区党支部两级班子成员在政治思想、工作作风、一岗双责、谋事干事等方面，从落实谈心谈话、加强沟通交流，厘清工作思路、改进工作方法，发扬斗争精神、清除工作障碍，勇于担当作为、推进创新发展等方面加强沟通协调，不断改进工作思路方法，既有柔性要求也有刚性规定，其中明确规定机车厂班子成员和机关部门长每季度至少运用一次"第一种形态"，基层党支部班子成员至少每月运用一次"第一种形态"。纪委书记以"解放思想转变观念团结一致做好机车厂工作""破除壁垒扫清障碍专心致志做好机车厂工作"为题参加党委中心组学习研讨，以增强班子成员之间的凝聚力、战斗力。

（二）拓展运用"第一种形态"

协助党委起草下发了《关于加强党员和职工队伍教育管理的通知》。谨记凡是出现

违规违纪问题的，都是由小问题、小毛病得不到及时制止和纠正而造成的。所以要求基层党支部和机关部门长日常加强对党员和职工队伍教育管理监督，及时对党员职工队伍中存在的小问题、小毛病和倾向性、苗头性问题，运用"第一种形态"开展批评教育、谈心谈话、提示提醒，把"第一种形态"拓展到党支部层面运用，落实抓早抓小，让犯小错误的党员和职工能够及时知错认错悔错改错，避免小问题演变成大问题。

（三）实行廉洁风险排查责任清单制度

按照"班组级单位一周一排查、车间级单位一月一排查、厂级单位一季度一排查"的要求，针对机关部门和作业区关键重要敏感业务风险点，列出廉洁风险和管理问题责任清单，并从流程审批、建章立制、堵塞漏洞角度防范风险，实施了《廉洁风险和管理问题排查责任清单》制度，通过机关部门和各作业区层面自检自查，达到时时监管、全面受控的目的。同时制定年度《常规监督项目安排表》，落实专业部门的专业监督、各作业区的具体监督、党政督察室综合协调、党风监督员为补充的专项监督管理模式，实现对关键重要敏感业务专项监督全覆盖。

（四）整治形式主义官僚主义

把整治形式主义官僚主义纳入政治监督的内容，引导教育党员干部必须增强政治意识，提高政治站位，践行"政治三力"，首先确保政治合格。提高政治判断力就是要善于站在全局高度明辨是非的能力；提高政治领悟力就是善于运用政治眼光认识分析解决问题的能力；提高政治执行力就是要善于克服重重困难以顽强的政治定力推动实现工作目标任务的能力。落实政治监督，体现"政治三力"，就是要把党中央和上级党组织的各项决策部署和工作要求分解细化贯彻落实到具体工作中和党员干部的日常行为上，强化对党员干部一言一行的日常监督，注重在实际工作中考察识别党员干部在困难和问题面前的态度、在实干中的现实表现、在是非面前的政治立场。凡是在工作中存在问题，经提示提醒仍不整改的，及时下发《问题整改通知书》限期整改。对整改不到位、制约生产经营和工作进展，造成一定影响和后果的，上升到纪委层面介入，依规依纪追责问责，切实将《问题整改通知书》从纪委和党政督察室的专有利器，推广为具有带队伍职能的各级组织、各级干部均可运用的有效载体。

四、坚持巩固既有工作成效，持续推进全面从严治党向纵深发展

经过近两年来的工作实践，机车厂纪委坚持结合实际分解细化贯彻落实党中央和上级党委纪委工作要求部署，结合实际分析研判党员和干部队伍政治生态，结合实际尝试用切实管用的措施办法解决制约改革发展中遇到困难和问题。

（1）结合实际探讨试行切实管用的管理制度和工作惯例。先后形成和实施了《党风廉政月报表》制度，《问题整改通知书》制度，《廉洁风险和管理问题排查责任清单》制度，制定了《关于加强两级班子建设的决定》，尝试和推进了基层党支部拓展运用"第一种形态"制度，推进了以专业部门的专业监督为主体的专项监督管理模式等，

初步形成了具有机车厂特点的协助党委推进全面从严治党的雏形框架。

（2）结合实际推进党风廉政教育和实现关键重要敏感业务监督全覆盖。2022年以来，组织集中党风廉政教育4次，刊发《机车之声》廉洁教育专刊10期，基层观看党风廉政教育专题片16场次，组织党章党规党纪学习测试1次，开展节前教育5次，接受教育300余人次，婚丧等事宜报告22人次；围绕跟乘跟班组、安全管理、疫情防控、燃油管控、工程备件等开展专项监督，发现问题25项，排查各类廉洁风险和管理问题30项，下发专项监督建议书2份，落实上级专项监督建议书1份、纪律检查建议书1份，节省成本支出500余万元。

（3）结合实际跟踪研判政治生态，协助党委打通全面从严治党"最后一公里"。党支部基础工作趋于规范，对党员干部和职工群众的教育管理有效加强，党员干部队伍工作作风和工作积极性明显增强。2022年以来，机车厂党委中心组集体学习研讨12次，班子成员撰写学习研讨材料13篇；机车厂纪委下发"第一种形态"通知书6份，基层党支部层面拓展运用"第一种形态"8人次，落实并办结上级交办案件1件、自收和转办2件。

作风建设永远在路上，党风廉政建设永远在路上，全面从严治党永远在路上。习近平总书记在党的二十大报告中指出，只要存在腐败问题产生的土壤和条件，反腐败斗争就一刻不能停，必须永远吹冲锋号。机车厂纪委将深入学习贯彻党的二十大和二十届中央纪委第二次全体会议精神，特别是学深悟透习近平新时代中国特色社会主义思想和贯穿其中的立场观点方法，深入开展纪检干部教育整顿工作，进一步增强政治意识，提高政治站位，发扬斗争精神，落实"政治三力"，协助党委推进全面从严治党体系建设，不断把全面从严治党推向纵深。

深化党风廉政建设　推动全面从严治党

山钢集团山信软件莱芜自动化分公司纪委
巩茂娟

　　加强党风廉政建设是防止腐败问题滋生的重要措施，是企业管理的一项重要内容。山钢集团山信软件莱芜自动化分公司（简称山信软件莱芜自动化分公司）全面贯彻落实党的二十大精神，围绕"争上游、走在前"目标要求，以全面从严治党为主线，以强化党风廉政建设成效为目标，严格执纪监督问责，压紧压实主体责任和监督责任，构筑起公司拒腐防变的坚实屏障。

一、加强党风廉政建设的重要意义

　　加强党风廉政建设，是党的建设和国家政权建设的重要内容。习近平总书记多次强调加强党风廉政建设的紧迫性和重要性，指出要强化党对党风廉政建设的统一领导，努力取得人民群众比较满意的进展和成效。

　　（1）加强党风廉政建设是时代所需。党的十八届六中全会上首次提出，建设廉洁政治，坚决反对腐败，是加强和规范党内政治生活的重要任务。党的二十大会议上，习近平总书记提出"加强新时代廉洁文化建设"这一重大课题。加强党风廉政建设，坚决拥护党的领导，是时代的号召，是全面从严治党的要求，是国有企业以走在前列的标准增强拒腐防变能力的行动指南，为企业的可持续发展创造良好的运行环境。

　　（2）加强党风廉政建设是发展所需。国有企业作为国民经济发展的支柱，其重要性不言而喻。党组织作为企业的领导核心，发挥着把方向、管大局、促落实的重要作用。加强党风廉政建设，有利于党组织充分发挥领导作用，围绕企业发展战略，破解发展难题，实现发展目标，为企业的高质量发展积蓄磅礴的力量。

　　（3）加强党风廉政建设是民心所向。党风廉政建设是践行"一切为了群众，一切依靠群众，从群众中来，到群众中去"群众路线的必然选择，是"入基层、知实情、解急忧、送温暖"密切党群干群关系的最好检验，其成效好坏关系着人心向背。加强党风廉政建设，能创造出公平公正的发展环境，凝聚起干部职工干事创业的智慧和力量，为企业幸福和谐发展赢得广泛的支持。

二、新时期党风廉政建设存在的问题

　　近年来，山钢集团纪委查处了一批又一批的腐败案件。在案件越办越广、越查越深的形势下，我们既要看到山钢集团反腐败的信心和决心，也要清醒地认识到党风廉政建设工作还存在的一些薄弱环节。

（1）社会功利性蔓延。随着经济市场发展的利益诱惑增多、竞争冲突加剧，一些热衷于投机钻营的不法分子，通过"围堵""利诱"拉拢腐蚀党员干部，致使一些党员干部吃、拿、卡、要，滥用职权、贪污受贿、以权谋私等违法违纪行为时有发生，甚至在不同环境、不同时候出现了新的形式和特征。

（2）廉洁教育流于形式。廉洁教育的针对性、主动性还不强，策划组织不贴合实际，往往是上级安排什么就学什么。交流研讨得少，对"学习的效果如何"没有静下心来认真思考，个别时候还有"听过即学过，学过即掌握"的想法，学习内容没有触动到思想深处。

（3）体系推进尚有不足。推进党风廉政建设的协调性和系统性与公司发展实际还存在差距，部门之间、上下级之间、职工之间，权力的运用和行为的约束都缺乏有效制约。"上级监督太远，同级监督太软，下级监督太浅"的问题成为了大多国有企业党风廉政建设普遍存在的问题。

综合分析，产生问题的主要原因有以下三个方面。

（1）认识上还有缺失。有的党员干部还存在"一手硬、一手软"现象，存在"经济要上，纪律要让"的错误观念；有的单位认为专项监督检查"不是保护是过不去，不是监督是找毛病"，降低了对党风廉政建设和反腐败工作重要性和必要性的认识。

（2）履职上还有不足。责任意识有差距，有的党组织履行主体责任还存在惯性思维，跟不上新形势要求，落实党风廉政建设不够细实；有的党组织执纪监督不"硬朗"，对党员干部教育管理还"失之以宽、失之以软"。

（3）量化上还有欠缺。党风廉政建设作为一项长期性、系统性工程，其作用是潜移默化、水滴石穿的，不可能立竿见影。正是因为这种因素，很容易忽视党风廉政建设持续化常态化的效果作用，导致一些内容该具体的不具体，一些工作该量化的没量化，让党风廉政建设成为了改革发展的"附属品"。

三、加强党风廉政建设的创新性举措

近年来，山钢集团建立实施了"1318"大监督制度体系，山信软件莱芜自动化分公司认真领会上级精神，在"三位一体"大监督的基础上，深入推进"五个监督行动"，打好全面从严治党的"廉洁牌"，促使大监督体系持续向纵深延伸、在基层扎根。

（一）实施制度化党内监督，促责任深入

（1）立好"责任状"。将党风廉政建设融入到《履行全面从严治党主体责任暨党建工作责任制》中，签订责任书，层层压紧、压实责任。针对党支部书记两个述职报告，明确提出要体现党风廉政建设内容的要求，全面巩固"党要管党，从严治党"的基础。细化党委主体责任、纪委监督责任、党委书记第一责任人责任和班子成员"一

岗双责"，在明责、履责、督责中强化用好用活党风廉政建设体制机制优势。

（2）站好"协作岗"。坚持"三重一大"议事决策前置程序，围绕干部选拔任用等 101 个事项，加强与党委办公室、党群工作部及各单位的贯通联动，认真做好对党委会、公司经营发展重点事项等的跟踪、督办和落实。贯彻执行重大事项请示报告制度，准确掌握党员干部及其亲属动态，督导党员领导干部主动向党委汇报重要事项，加强政治生态分析研判，为党委科学决策提供有力支持。

（3）用好"巡察剑"。针对巡察反馈的问题，本着"问题核查不清楚不放过，问题整改不到位不放过"的原则，实行"台账式管理"和"销号制落实"，完成"会议记录不规范""选人用人档案材料不完善"等 16 个问题的整改落实。为保证"当下改"和"长久立"的效果，聚焦"扫好尾"推进纪委监督全覆盖，聚焦"破难题"落实党群督导检查，聚焦"短平快"开展专题整改推进会议，深化巩固"以查促纠、以纠促进"的成效。

（4）把好"考察关"。坚持对公开竞争上岗、干部提拔、评先树优等事项"全程参与、全程监督"，围绕民主推荐、民主测评、个别谈话、组织考察等关键环节，对跑官要官、徇私舞弊等违规违纪行为采取"一票否决"，坚决杜绝党员干部"带病上岗"。2022 年，山信软件莱芜自动化分公司纪委全程监督干部提拔任用考察 38 人次，针对各类评先树优出具党风廉政回复意见 475 人次，高质量、高标准做好选人用人监督工作。

（二）实施常态化教育监督，促思想深入

（1）阵地建设"筑"防线。加大纪检工作宣传力度，利用公司网站、微信公众号、党群摘报等媒介，发布各单位廉洁教育学习情况等信息 70 余条，构建起"点线面"立体式宣教新模式，不断促进廉洁理念内化于心、外化于行。将党风廉政建设与过硬党支部建设有机融合，把握好线上线下"两个阵地"，在山东 e 支部、党务公开栏等刊登发布党纪法规、廉洁故事 41 个/次，营造了"时时讲廉、时时看廉、时时倡廉"的浓厚学习氛围，筑起了拒腐防变的思想防线。

（2）主题活动"明"纪律。靶向"党课思廉、文化育廉、节日送廉"任务目标，纪委在端午节、中秋节、春节等重要节日前夕为中层干部讲授廉洁教育专题党课，山信软件莱芜自动化分公司党委班子成员年内到所在联系点党支部上廉洁专题党课，广大党员的大局意识、担当意识显著增强。利用"三会一课"、主题党日等契机，组织学习《习近平关于严明党的纪律和规矩的重要论述》《习近平关于全面从严治党的重要论述》等，使"自重、自省、自警、自励"成为了广大党员提高修养、提升自我的有效方法。

（3）活用典型"敲"警钟。用好正面、反面典型案例，并驾齐驱开展"一案一教育"活动，一方面坚持正面典型可以激励鼓舞"一大批"的思路，拍摄"我身边的榜样"微视频 6 部，以身边正能量号召党员向榜样看齐，向模范学习；另一方面坚持反面典型可以警示震慑"一大片"的原则，开展廉洁教育 16 场/次，时刻提醒全体干部职工知敬畏、明底线、受警醒，山信软件莱芜自动化分公司干部职工受教育率达到100%。

（4）凸显特色"树"品牌。立足"读廉、助廉、述廉"活动载体，持续抓好领导干部同读一本书、廉洁文化进家庭倡议书、述责述廉述职等载体，多维度打造风清气正的政治生态。深化廉洁文化"进班子、进班组、进家庭"活动，鼓励基层创新开展廉洁文化宣传，对活动形式新颖、内容丰富的单位进行典型事例和优秀经验宣传推广，其中铁区运维事业部的廉洁书画展、特钢运维事业部的廉洁征文评选活动、银轧运维事业部的廉洁标语征集活动等都深得人心、深入人心，使清廉文化"润物无声"地融入到基层职工中。

（三）实施普遍化群众监督，促管理深入

（1）盯住重要的会，搭建厂务公开平台。突出"政策、程序、结果"三个层面的公开，从职工关注的焦点问题入手，利用职代会、党支部书记例会、工会主席联席会等形式进行厂务公开，将职工关心的企业重大改革发展决策、职称评聘等热点问题及时公开发布，全面提高工作透明度。

（2）盯住重要的事，搭建沟通交流平台。落实"首问负责制"，设立意见箱，完善信函、来访、网络、电话等举报受理渠道，鼓励实名举报、网络反腐，广泛收集案源线索。围绕问题线索处置情况严肃进行梳理和研判，定期做好问题线索的集中管理、动态更新、汇报核对等工作，扎实提高问题线索处置和办理质效。

（3）盯住重要的人，搭建群众监督平台。组建纪检信息联络员队伍，针对重要节日、特殊领域及关键人员开展明察暗访，深入查找身边的腐败案件线索和作风效能问题。组织召开党支部纪检委员工作会议，认真听取各单位廉洁文化建设、反腐败工作情况和对山信软件莱芜自动化分公司纪委的意见建议，搭建好群众监督平台，回答好"谁来监督纪委"的问题，扎实提升纪委履职尽责和执纪监督的能力。

（四）实施全程化行政监督，促发展深入

（1）化解风险管住"关键事"。完善廉洁风险防控长效机制，根据山信软件莱芜自动化分公司部门及岗位人员调整情况，深入开展廉洁风险防控工作。2023年以来，山信软件莱芜自动化分公司各岗位职工全部参与风险辨识工作，完善风险点2231个/次，制定整改措施2301项，切实承担起管理范围内的廉洁风险防控责任，做到了守土有责、守土负责、守土尽责。

（2）规范权力管到"关键处"。紧盯项目履约创效关键环节，组织开展招投标、备品备件等专项监督检查，利用"智慧工作平台""阳光采购"等线上手段，对关键风险点实时预警、及时处置苗头问题。紧盯权力运行关键领域，在工程项目合同中补充完善党风廉政建设部分，全过程监督廉政履行情况，确保工程建设验收规范化、廉洁化。

（3）加固堤坝管好"关键点"。继续开展"违规发放津贴补贴、福利"专项整治行动，以"查阅资料、账目凭证、开展访谈"相结合的方式，围绕党费收缴、疫情防控专项经费使用、公务招待费使用等开展专项监督检查，从源头上堵塞管理漏洞，更好地发挥专项经费服务大局、服务党员、服务职工的作用。

（五）实施精准化纪律监督，促作风深入

（1）在"系好纽扣"上下深功。将落实中央八项规定精神和山钢集团正风肃纪"十条禁令"作为履行"两个责任"的重要内容，通过承诺践诺、干部考评等载体，倒逼"一把手"将纠正"四风"责任记在心上，扛在肩上。运用好执纪监督"四种形态"特别是"第一种形态"，抓早抓小、防微杜渐，让"红红脸、出出汗"成为常态，驰而不息地纠"四风"树新风。

（2）在"警钟长鸣"上出真招。贯彻落实山钢集团《问责管理办法（试行）》，对存在或潜在的问题加强问责、加强整改；对执行制度和重大决策不力、纪律建设责任缺失等问题加大督查力度，真抓真管、严抓严管。加大对形式主义、官僚主义等自查自纠力度，坚决把增量遏制住、把存量清除掉，以零容忍的态度一体推进"三不腐"。

（3）在"拧紧发条"上求突破。严格落实党内谈话制度，以"一对一、面对面"谈话、任前集体谈话等形式，推动纪委"一把手"约谈全覆盖，并延伸至公司领导班子成员。2023年以来，纪委主动约谈中层干部及领导班子成员，及时发现和消除各类苗头性、倾向性问题，政治监督更加具体化精准化。

（4）在"两袖清风"上见实效。软肩膀挑不起硬担子，只有本领过硬，才有敢于担当的底气。山信软件莱芜自动化分公司纪委认真落实《廉洁从业管理办法》，为所属党员领导干部建立廉洁从业档案，及时更新档案信息，扎紧"忠诚、干净、担当"廉洁自律的笼子，督导党员干部务必做到严于律己、严负其责、严管所辖。

风清气正好扬帆。面对各种风险挑战，纪检工作人员既要敢于出招，又要善于应招，将党风廉政建设严的基调、细的措施、好的氛围长期坚持下去，提炼文化"强筋骨"，创新监督"聚优势"，为开创山信软件莱芜自动化分公司"争上游、走在前"高质量发展新局面提供强有力的政治保障。

全面实施"九大行动"
纵深推进清廉国有企业建设

——杭州钢铁集团有限公司深化清廉杭钢建设的实践思考

杭州钢铁集团有限公司纪委

陈柳兵

为深入贯彻落实习近平新时代中国特色社会主义思想和党的二十大精神,忠实践行"八八战略",奋力打造"重要窗口",深化清廉国有企业建设,杭州钢铁集团有限公司(简称杭钢集团)纪委根据浙江省委关于推进清廉浙江建设的决定和深入推进清廉国有企业建设的新部署新要求,通过全面实施"九大行动",推进清廉杭钢建设更加扎实有效,为企业高质量发展积极发挥监督保障执行、促进完善发展作用。

一、主要任务

(一)坚持思想引领

坚持以习近平新时代中国特色社会主义思想为指导,深入贯彻党的二十大精神和浙江省委全体会议精神,增强"四个意识"、坚定"四个自信"、做到"两个维护",坚定不移落实全面从严治党要求,认真贯彻落实清廉国有企业建设部署,围绕更好地履行国有企业的政治责任、经济责任、社会责任,坚持系统治理、源头治理,推动清廉思想、清廉制度、清廉规则、清廉纪律、清廉文化融入生产经营和改革发展各方面、全过程,全力打造与"重要窗口"相匹配、与清廉浙江目标相契合、与现代企业制度要求相适应、与职工群众愿望相呼应的清廉杭钢,为积极推动杭钢集团高质量发展提供坚强保障。

(二)明确工作目标

按照"一年有新突破、两年有新提升、五年有大变化"要求,通过五年努力,推动杭钢集团各级党组织党的领导坚强有力,各级党员干部政治意识、纪律意识和廉洁意识不断增强,廉政风险防控机制更加完备,影响企业改革发展的腐败和作风问题明显减少、政治生态更加优化,清廉杭钢建设促进企业改革发展的实效度进一步提升。

到2035年，清廉杭钢建设各项制度成熟定型，权力运行规范有序，不敢腐、不能腐、不想腐机制系统完备，清廉文化深入人心，整体清廉度显著提升，清廉成为杭钢的风尚，清廉杭钢全面建成，职工群众获得感和满意度明显提升。

二、主要做法

（一）大力开展政治建设大强化行动，推进政治建设更加扎实

坚持把党的政治建设摆在首位，将学习贯彻习近平总书记重要讲话和重要指示批示精神作为各级党组织会议"第一议题"，健全各单位贯彻落实党中央、浙江省委省政府和杭钢集团党委重大决策部署制度机制，真正学懂弄通做实习近平新时代中国特色社会主义思想，切实增强"四个意识"，坚定"四个自信"，做到"两个维护"。健全落实"不忘初心、牢记使命"长效机制，开展党员领导干部领学带学督学活动、推行党委理论学习中心组旁听制度，建好用好新时代理论宣讲队伍，建立班组政治宣传员制度。强化意识形态责任制落实，确保意识形态阵地纯洁稳固。全面开展政治生态建设状况中期评价和年度总评工作，完善政治生态建设状况监督评估机制。落实好"两个担当"良性互动机制，着力打造"五强"领导班子，全力推进杭钢集团"十四五"规划目标任务完成。

（二）大力开展"四责协同"大推进行动，推进"四责协同"更加有效

认真实施党组织全面从严治党责任清单，深化完善党组织主体责任、党组织书记第一责任、领导班子"一岗双责"、纪委监督责任"四责协同"机制。要求杭钢集团各级党组织把党建工作与改革发展同谋划、同部署、同推进、同考核，加强对本企业全面从严治党工作的领导。党组织书记履行本单位全面从严治党第一责任人职责，管好班子、带好队伍、抓好落实。班子成员根据工作分工对职责范围内全面从严治党工作负重要领导责任，按照"一岗双责"要求，领导、检查、督促分管部门和单位全面从严治党工作，对分管部门和单位党员干部从严进行教育管理监督。纪检监察机构在履行全面从严治党监督责任的同时，协助党组织落实全面从严治党主体责任。党员领导干部参加双重组织生活，自觉接受群众监督。

（三）大力开展廉洁风险大排查行动，推进廉洁风险防控更加有力

坚持以监督制约公权力为核心，以岗位职责为基础，以企业改制重组、项目投资、产权交易、资本运营、物资采购、招标投标、财务管理、境外投资和选人用人等方面为重点，健全完善"一把手"负总责，常态排查、动态检查与定期整改相结合的廉洁风险排查责任机制。建立单位、部门、岗位三项权责风险清单，风险清单做到公议、公示、公开，共同监督实施。实行单位定制度、部门定流程、岗位定措施，实施分事行权、分岗设权、分级授权和定期轮岗，建立完善关键岗位、重要人员廉政档案。坚决防范化解杭钢集团内部滥用职权、以权谋私、失职渎职、贱卖国资、靠企吃企、关

联交易、内幕交易、利益输送、违规招投标、违规借贷等风险。以廉洁风险大排查为契机，全面健全完善制度机制，全面加强教育培训，全面堵塞漏洞，筑牢反腐倡廉第一道防线。

（四）大力开展重大决策大规范行动，推进重大决策更加严谨

坚持民主集中制原则，加强会前酝酿沟通，认真听取外部董事、专职监事意见建议，推动科学决策、民主决策、依法决策。完善公司治理体系，充分发挥党组织领导作用，结合实际制定党组织前置研究讨论重大经营管理事项清单，落实独立法人单位党组织集体研究把关工作要求。紧盯重大工程、重点领域、重点部门、重点岗位和重点决策环节，严格落实主要负责人"四不直接分管"、重大事项决策末位表态、防止利益冲突等制度，建立重大决策风险评估、专家论证等制度，定期开展"三重一大"决策制度执行情况检查。健全外部董事选聘和管理制度，优化完善监事会体制机制，严格落实总经理对董事会负责、向董事会报告的工作机制，坚持权责法定、权责透明、协调运转、有效制衡的公司治理机制。

（五）大力开展作风建设大提升行动，推进作风建设更加严实

严格落实中央八项规定及其实施细则精神和浙江省36条办法，持续纠治"四风"问题，特别是形式主义、官僚主义，常态化开展随机抽查、突击检查。抓住重点人，紧盯重点事，突出重点领域，将检查监督的触角向基层延伸，坚决纠治不收敛、不收手、隐形变异等"四风"问题。坚决防止以商务招待名义违规饮酒、超标准接待，坚决杜绝超标准乘坐交通工具、公车私用和违规发放福利等问题发生，采取有力措施防范整治"低级红高级黑"问题。

（六）大力开展监督格局大完善行动，推进监督格局更加全面

进一步完善党委会、董事会、监事会和经理层"三会一层"公司法人治理体系，从源头上防范和治理腐败。进一步建立完善纪检监察、巡察、审计、监事会、风控、法务等部门协同合作的大监督体系，进一步整合力量、共享资源，形成监督合力。建立年度重点监督任务清单、监督信息共享清单，推动年度重点监督任务同研究、同督促、同落实。依法依规设定权力、规范权力、制约权力、监督权力，强化"末梢监督"，防止"微腐败"。加强和改进境外单位监督，推动全面从严治党向境外单位延伸。突出加强对混合所有制改革重点环节和全过程的监督，促进国有资产保值增值。充分利用大监督体系优势，严肃查处违规经营投资等违规违纪违法行为，清存量、减增量，有效遏制多发易发问题。

（七）深入实施巡视巡察全覆盖行动，推进巡视巡察更加联动

深入学习贯彻习近平总书记关于巡视巡察工作重要论述精神，提高政治站位，持续巡视反馈问题整改。按照一届党委任期内巡察全覆盖的要求，围绕杭钢集团"十四

五"规划等决策部署强化巡察监督。坚持把巡察与净化政治生态、整治群众反映强烈的腐败和作风问题、解决日常监督发现的突出问题结合起来，推进巡察监督和其他各类监督特别是纪检监察监督有效对接、深度融合，着力发现并推动纠正政治偏差，确保党的领导从严、党建工作从严、党风廉政建设从严。做好巡视巡察"后半篇文章"，突出问题整改，把"发现问题、形成震慑、推动改革、促进发展"的工作方针落到实处。

（八）大力开展境外腐败治理大起底行动，推进境外腐败治理更加完善

贯彻落实国有企业境外腐败治理工作的新部署新要求，加强对杭钢集团境外投资经营活动的监督管理，建立境外腐败治理工作协调机制，成立杭钢集团境外腐败治理工作领导小组，进一步加强统筹协调。坚持内外并重，开展境外企业情况排查，全面摸清杭钢集团下属各级企业境外分支机构设置、党组织建设、生产经营、廉洁风险、人员配备、股权代持、从业人员本人及其配偶经商办企业等情况，结合实际，建立系统管用的境外企业管理制度体系。紧紧抓住"关键少数"，压实主体责任和"一把手"第一责任，把落实党建和党风廉政建设责任制情况纳入境外企业领导班子和主要负责人履职考核评价的重要内容，增强境外工作人员履行管党治党责任、遵守廉洁从业规定和贯彻中央八项规定精神的自觉性，做到"境外无例外、特区不特殊"。抓实廉洁从业教育，打造无违规决策、无违规操作、无损害企业利益、无违规违纪、无信访举报的"五无"境外廉洁示范工程，推进清廉杭钢建设向境外机构延伸。

（九）大力开展清廉文化大建设行动，推进清廉文化建设更加深入

充分发挥清廉文化教育、引领、浸润作用，分层分类开展清廉教育，每年召开专题会议，基层党组织书记讲授廉洁党课，基层党支部开展廉洁主题党日活动，领导干部和关键岗位人员签订廉洁承诺书，领导干部对分管部门和单位负责人开展廉洁教育谈话提醒。突出强化警示教育，直接采用身边人、身边事典型案例，以案说德、以案说纪、以案说法、以案说责。深化拓展线上线下廉洁教育阵地建设，构建"互联网+清廉文化"平台，推动廉洁文化进单位、进车间、进班组、进家庭、进头脑。

三、工作启示

通过全面实施"九大行动"，纵深推进清廉国有企业建设，杭钢集团全面从严治党、党风廉政建设和反腐败工作取得了新面貌，风清气正的良好政治生态不断向好。通过开展专项行动，也形成了三点体会。

（一）强化组织领导是根本

抓好清廉国有企业建设，首先要推动各级党组织和纪检监察机构站在政治和全局的高度，把清廉杭钢建设纳入企业改革发展、党的建设通盘考虑、一体推进，突出政治担当、职责担当、能力担当，精心安排部署，认真履职尽责，深入推进清廉杭钢建设

各项任务。党组织书记作为第一责任人，要亲自抓、负总责，把抓清廉杭钢建设作为党建考核重要内容，同干部选拔任用、薪酬考核挂钩。领导班子成员要认真落实"一岗双责"，积极担负起职责范围内的清廉杭钢建设任务。各级纪检监察机构要担负起监督责任、协助、督促抓好清廉杭钢建设工作落实。各职能部门要按照责任分工，主动协调、主动作为，形成齐抓共管工作格局。

（二）健全推进机制是保证

通过建立季度分析报告、半年度自查报告、年度专项述职报告机制，杭钢集团建立健全上级党组织对下级党组织清廉杭钢建设的分类指导、督查监督、综合考评、责任传导等工作机制，对清廉杭钢建设重视不够、力度不大、成效不明显的，约谈所在单位主要负责人，并在一定范围内通报，形成了有目标、有要求、有检查、有考核的工作闭环。

（三）营造良好氛围是基础

注重发挥各类媒体、平台作用，加强舆论宣传引导，及时展示清廉杭钢建设各类典型和成效，有效推进清廉杭钢建设。正确把握好治标与治本、严管与厚爱、激励与约束并重的关系，认真落实"三个区分开来"要求，健全担当作为、容错纠错机制，激励广大干部职工更好担当作为，不断凝聚起建设清廉杭钢思想共识，营造有利于清廉杭钢建设的浓厚舆论氛围，形成全面深入推进清廉杭钢建设的良好局面。

强化政治监督　突出问题导向
在推进企业高质量发展中发挥巡察利剑作用

河钢集团有限公司纪委

董士党　卢耀豪　张月鹏　杨小楠

河钢集团有限公司（简称河钢集团）党委深入贯彻习近平总书记关于巡视工作重要论述和党中央、河北省委决策部署，深刻认识新时代推进国有企业巡察工作的重大意义，把开展巡察作为对党忠诚负责的政治考验，作为履行全面从严治党监督职责的重要抓手，作为打通全面从严治党"最后一公里"的现实举措，突出"六个把握、六个着力"，不断增强"四个意识"、坚定"四个自信"、做到"两个维护"，为推进河钢集团全面从严治党和严格依法治企，实现转型升级和高质量发展提供了政治保障。

一、在推进企业高质量发展中把握巡察工作重要意义

（一）深化认识、提高站位，坚定巡察政治监督的定位

河钢集团党委巡察认真贯彻"两个一以贯之"要求，更加突出监督的政治性，坚决纠正阻碍河钢集团转型升级和高质量发展的突出问题，确保党中央重大决策和河北省委部署在河钢集团落实落地。在巡察工作中，始终坚持政治监督定位，把贯彻落实习近平总书记"坚决去、主动调、加快转"重要指示精神作为监督重点，推动河钢集团唐山钢铁集团有限责任公司（简称河钢唐钢）、河钢集团石家庄钢铁有限责任公司（简称河钢石钢）"两个新区"先后投产运营，"万人大迁徙"职工队伍平稳过渡、生产经营无缝衔接，集团区位调整、转型升级取得重大战略成果；把贯彻落实习近平总书记提出的"一带一路"倡议和重要指示批示精神作为监督重点，推动"时代楷模"河钢集团塞尔维亚钢铁公司（简称河钢塞钢）等境外企业保持稳健运营，河钢集团再次蝉联中国钢铁行业国际化程度最高企业；把贯彻落实党中央和河北省委统筹疫情防控和经济社会发展所作出的一系列新部署作为监督重点，推动实现了疫情防控和改革发展"双胜利"，河钢集团连续第 13 年位列世界企业 500 强。

（二）发现问题、解决问题，厘清政治监督和业务检查关系

巡察工作的生命力在于发现问题和推动问题解决。在结合企业实际开展巡察工作

的过程中，一是不怕有问题，二是要能发现问题，三是具体问题具体分析。同时，坚持透过现象看本质，绝不放过背后的政治问题。为此，建立的巡察人才库成员不仅包括专业从事纪检监察、组织人事的干部，也重点吸纳了财务、审计、法务及企业管理和生产经营等专业领域的行家里手，参与巡察的同志间互通有无、取长补短、综合研判。比如，针对巡察发现子分公司存在的招投标不规范问题、关键重点岗位员工对客户吃拿卡要问题，破坏的不仅是正常的生产经营秩序，关键是公权力的滥用带来的是对政治秩序的破坏，损害的是企业和职工利益，背离的是党的初心使命，就是政治问题。

（三）为了职工、依靠职工，增强基层党组织凝聚力和战斗力

开展巡察是对基层党组织的政治监督，就是要监督督促基层党组织履职尽责，就是要广泛听取职工群众的意见，实实在在为职工群众办实事解难事。"四风"问题不反，职工肯定心怀不满；"四风"问题不除，职工一定干劲不足。针对职工群众身边的腐败和作风问题，特别是对职工群众利益不担当不作为问题，巡察就要利剑出鞘直刺要害。比如，对于巡察发现的子分公司存在的有领导干部不打卡考勤、克扣职工奖金私设"小金库"、违规操办婚丧喜庆事宜等问题，巡察组深入了解相关问题后，及时按程序移交所在单位纪委进行了处置，让职工群众感到全面从严治党就在身边，切实增强了基层党组织凝聚力和战斗力，让求真务实、清正廉洁的新风正气不断充盈，以政治生态净化促进发展环境优化。

（四）搭建平台、综合监督，推动各类监督有效贯通形成合力

基于巡察工作的权威性、融合性、深入性，河钢集团党委依托巡察监督搭建综合监督平台，积极推动党委全面监督、纪委专责监督、工作部门职能监督、基层组织日常监督、党员民主监督统筹衔接。通过建立协调机制、制定实施办法，对巡察期间联动、日常联席会议召开以及问题线索移交等均予以明确规范，构建了集团党委统一领导、纪委组织协调，巡察机构、纪检监察、财务稽核、独立审计、法务合规、职工民主等各类监督有机贯通、相互协调的"大监督"格局。以巡察监督带动职能监督，全方位考量监督对象，定期梳理权力、信息沟通共享、风险常态预警。进一步完善合规风险防控体系，出台了风险管理实施细则、合规行为准则，有力促进企业全面从严治党和严格依法治企。

（五）巡在日常、察在当下，打好巡察工作运动战和持久战

对于被巡察子分公司党委，包括限期整改及"回头看"在内，毕竟还是阶段性的工作。在狠抓巡察整改持续跟踪督办、与日常工作结合建立长效机制、举一反三深化运用整改成果的同时，河钢集团党委参照巡察专项检查工作方式，借鉴企业项目管理的技能、方法和工具，与子分公司上下联动每年都按年度、季度和即时立项开展巡察监督工作。在组织开展好常规巡察的基础上，针对党史学习教育、国有企业改革三年

行动、抓住构建"国内国际双循环"战略机遇做大做强集团海外板块、严守投资和现金流"两条红线"加强资金刚性管控等集团和子分公司重点工作选题立项，强化政治保障和政治引领，将河钢集团全面从严治党和严格依法治企制度优势转化为治理效能。

二、巡察工作的主要做法

（一）把握政治巡察定位，着力在深化认识上下功夫

在河北省委巡视办指导督导下，河钢集团各级党组织特别是领导班子和一把手，对巡察工作的认识不断深化，对政治监督的定位也愈加明确。一是切实提高政治站位。河钢集团党委把巡察工作作为重要工作来抓，深化各级党组织和党员干部思想认识，增强做好新时代巡察工作使命感、责任感。二是牢牢把握政治巡察定位。聚焦全面从严治党，坚守对下级党组织履行党的领导职能责任的政治监督定位，围绕"四个落实"，紧盯重点人、重点事、重点问题，为企业强弱项、补短板、把脉问诊、开好良方。三是正确处理政治与业务关系。坚持透过业务看政治，具体到巡察工作中，就是通过发现的问题，看下级党组织在贯彻落实企业调整转型升级、节能减排绿色发展等党中央、河北省委决策部署上是否到位，检验党组织和领导干部政治立场、政治担当、政治态度是否坚定，推动河钢集团全面从严治党向纵深发展，持续营造风清气正、干事创业良好政治生态。

（二）把握工作机制要求，着力在规范运行上下功夫

认真谋划，周密部署，有序推进巡察工作。一是强化理论武装，坚定政治方向。每轮巡察，培训先行，把握政治巡察内涵，明确职责任务，编发《党风廉政工作手册》等党内制度文件，巡察人员人手一份，全程指导工作。二是细化工作方案，规范操作流程。每轮巡察针对巡察对象制定工作方案，明确总体要求、监督重点、工作流程和相关要求，任务细化到每一天、责任落实到每个人，环环相扣、挂图作战。三是做足巡前准备，加强沟通协调。做好事前谋划，细化《巡察工作安排》，做好与有关部门的巡前情况通报。四是依靠被巡单位，做好信访稳定。对被巡察单位党组织提出要求，全力配合巡察工作，规范接洽信访举报，严守纪律和保密规定，做到与巡察组同题共答、同向发力。五是完善制度机制，做到有章可循。出台了《巡察工作领导小组工作规则》《巡察组工作规则》《巡察工作请示报告制度》等系列制度，形成《巡察制度汇编》，并持续完善，做到有据可依、有章可循。

（三）把握问题导向，着力在多渠道发现问题上下功夫

坚持把发现问题作为巡察工作生命线，循着问题"揭病根"，依据病情"开药方"，紧盯"关键少数"，聚焦管党治党责任，围绕职能职责，从六方面发现问题：第一方面是从汇报材料、清单资料中发现问题，看制度执行是否规范；第二方面是从个别谈话中发现问题，坚持自下而上，分层次与领导干部个别谈话，分析研判、找出症结；第三方面是从信访渠道发现问题，从举报电话、信箱、邮箱、问卷调查中汇集线索；第四方面是从审计报告、原始凭证中发现问题，发挥专业系统权威性、真实性、有效性作用；第五方面是从检查巡视整改中发现问题，把巡视发现问题整改落实情况纳入巡察内容，对未按要求整改到位的严肃问责；第六方面是从延伸调研中发现问题，巡察组根据需要视情况深入被巡察单位下一级，通过座谈交流、查阅资料等了解有关情况。发现问题及时报告查处推动整改，达到查处一起案件，教育一批干部，完善一套制度，治理一片环境，规范一方管理目的。

（四）把握巡察工作方式，着力在创新实践上下功夫

我们探索总结了"两会两查三谈话，两阅两问三反馈"工作方式，在实战中进行运用、创新、提炼、固化，促进了巡察工作制度化、规范化。"两会"是召开巡察动员会、工作汇报会；"两查"是每个单位下沉抽查两个以上基层党委、两个以上基层党支部情况；"三谈话"是开展子公司领导、中层干部、基层支部书记三个层次个别谈话；"两问"是对被巡察单位党员干部和普通党员两个层次进行无记名问卷调查；"两阅"是到被巡察单位基层党委、基层支部调阅基础工作原始记录和台账；"三反馈"是向被巡察单位党委反馈立改立行意见、反馈巡察意见、责成被巡察单位提交整改落实报告。

（五）把握巡察整改责任，着力在深化成果运用上下功夫

把巡察整改作为重中之重，确保巡察问题事事有回音、件件有着落。一是认真审核整改方案。突出被巡察单位党组织主体责任、党组织书记"第一责任人"责任，明确问题清单、任务清单、责任清单，确定整改时限，落实整改措施。二是做好问题线索移交。对巡察发现问题梳理研判，移交相关部门认真查办。三是建立跟踪督导制度。靠前监督、跟踪督办，突出"三个结合"：内部巡察与河北省委巡视相结合，将督导河北省委巡视持续整改作为巡察重要内容；个性问题整改与共性问题整改相结合，凡属巡察发现的共性问题，在被巡察单位整改的同时，其他单位也要自查整改；巡察整改与建章立制相结合，从制度机制层面规范企业管理，促进企业持续健康高质量发展。

三、开展巡察工作以来的几点体会

（一）讲政治，重担当

巡察工作是巡视工作的延伸，是政治监督，必须旗帜鲜明讲政治，坚守政治巡察定位。一是强化政治理论武装。坚持以习近平新时代中国特色社会主义思想为指导，学深悟透习近平总书记关于巡视工作的重要论述，推动巡察干部增强"四个意识"坚定"四个自信"做到"两个维护"。二是准确把握政治巡察内涵。准确把握被巡察党组织特点和实际，围绕"四个落实"，看职能责任和主责主业落实，盯领导班子和"关键少数"履责，深入查找政治偏差。三是正确处理政治与业务关系。没有离开业务的政治，也没有离开政治的业务。要以强烈的责任担当意识，透过业务看政治，透过现

象看本质，透过问题看责任，检验被巡察党组织和领导干部的政治立场、政治态度、政治担当。

（二）找方法，勤实践

坚持在探索中健全完善，在实践中创新提升，坚持"规定动作不走样、自选动作有特色"，在巡察中采用"审、听、谈、查、访、评、反馈"七步工作法。"审"是巡察前先行审阅被巡察单位近年生产经营、班子年度考核及年度审计报告等资料，多种渠道了解被巡察单位情况，有针对性地制定巡察工作方案。"听"是召开工作汇报会、干部座谈会，听取被巡察单位相关工作情况汇报，掌握被巡察单位问题自查情况。"谈"是依据先行记录的问题拟成谈话提纲，有针对性地进行个别谈话，掌握被巡察单位领导班子及成员履职尽责情况。"查"是查证文件资料、原始记录、会计凭证，根据实际情况下沉一级调查了解发现问题。"访"是有计划、有重点地组织明察暗访，深入职工群众，近距离听取意见，掌握第一手资料。"评"是组织党员领导干部、普通党员职工两个层次的民主测评和调查问卷，对被巡察单位工作满意度调查验证。"反馈"是向被巡察单位党委反馈立行立改事项、反馈巡察意见，要求被巡察单位整改落实。此外，对重大、敏感和矛盾比较集中的问题，反复核查验证，确保巡察监督的针对性和实效性。

（三）查问题，促整改

坚持把政治纪律和政治规矩摆在首位，坚持从政治上发现问题、推动解决问题。一是紧盯"重点人、重点事、重点问题"。在巡察对象上，突出"重点人"，即突出班子成员尤其是"一把手"。在巡察内容上，突出"重点事"，即贯彻落实党的理论和路线方针政策及党中央和河北省委决策部署情况；贯彻落实全面从严治党战略部署情况；贯彻落实新时代党的组织路线情况及对巡视巡察、审计等发现问题整改落实情况。在巡察方式上，突出"重点问题"，即重点了解落实上级决策部署、执行民主集中制、落实党风廉政建设责任制以及选人用人、意识形态责任制落实存在的问题。二是善于精准发现问题。从清单资料中看制度执行是否规范，从个别谈话中分析研判问题症结，从各类信访渠道中汇集问题线索，从审计报告、原始凭证中发现具体问题，从巡视整改是否到位看责任落实，从延伸调研中锁定问题。三是做好"后半篇文章"。推动改革、促进发展是巡察工作的落脚点。反馈意见建议是企业运营管理的"诊断报告"，也是"治疗良方"。通过一条不含糊、一件不耽搁地全面落实整改，确保企业"肌体健康"，促进企业规范管理、良性发展。

（四）带队伍，聚合力

正确的路线确定以后，干部就是决定的因素。选优配强巡察队伍是做好巡察工作的关键。一是健全完善巡察人才库。严把入口关，优选政治素养高、业务技能优、协调能力强、文字功底好、原则性强、敢于较真碰硬的干部充实到巡察人才库。二是强化理论学习和业务培训。辑印党内法规汇编，每名巡察干部人手一份，随时随处学习提高。建立以老带新、以战代训机制，在学中干、在干中学，促进相互交流提升。三是明确职责分工。根据每名巡察干部业务专长，合理安排相应工作任务，做到人岗相适，分工明确、标准明确、责任明确。巡察组长按照授权严格履行职责，工作中率先垂范。严格执行组务会制度，及时研究讨论组内重要事项。四是强化制度纪律约束。强化纪律规矩约束，用制度管人管事，以严的作风锤炼严的队伍，树立巡察干部良好形象，高标准高质量完成巡察任务。

河钢集团党委在开展巡察中做了一些积极探索取得了一些成效，但对照党中央和河北省委工作部署要求还有差距和不足，我们将在河北省委巡视办的具体指导下，坚决贯彻落实党的二十大精神，坚持以习近平新时代中国特色社会主义思想为指导，切实发挥政治巡察利剑作用，加强巡察整改和成果运用，以巡察工作新成效保障企业转型升级和高质量新发展。

监督推动贯彻新发展理念 保障企业高质量发展

河钢集团有限公司纪委

董士党 史绍辉 卢耀豪 杨小楠

新发展理念是一个系统的理论体系，深刻回答了关于发展的目的、动力、方式、路径等一系列重大理论和实践问题，阐明了我党关于发展的政治立场、价值导向、发展模式、发展道路等重大政治问题，是当前"国之大者"的集中体现，具有抓纲带目、与时俱进的强大引领力。习近平总书记在十九届中央纪委第六次全体会议上强调，要强化政治监督，确保完整、准确、全面贯彻新发展理念。纪检监察部门作为推进全面从严治党的重要力量，在推进中国式现代化进程中肩负重要使命，发挥重要作用。河钢集团有限公司（简称河钢集团）纪委坚持主动融入大局、服务大局，忠实履职尽责，紧紧围绕"国之大者"，找准工作切入点着力点，监督推动各子分公司各部门完整、准确、全面贯彻新发展理念，以新发展理念谋划工作、推动工作、落实工作，切实为河钢集团高质量发展提供坚强保障。

一、深刻把握完整、准确、全面贯彻新发展理念

（一）准确把握新发展理念丰富内涵

创新、协调、绿色、开放、共享的新发展理念具有丰富的科学内涵和具体的实践要求。这五大发展理念相互贯通、相互促进，是内在联系的集合体，要深化认识，从整体上、内在联系中把握新发展理念，不断提高贯彻新发展理念的能力和水平。要深刻把握创新是引领发展的第一动力，协调是持续健康发展的内在要求，绿色是永续发展的必要条件，开放是国家繁荣发展的必由之路，共享是中国特色社会主义的本质要求。

作为钢铁企业，必须牢固树立创新、协调、绿色、开放、共享的新发展理念，切实转变发展方式，结合实际，确立高端化、绿色化、智能化、服务化、国际化发展思路，突出创新驱动引领、产业结构优化、全生命周期绿色低碳、更高水平对外开放合作，加快构建产业布局合理、技术装备先进、质量品牌突出、智能化水平高、全球竞争力强、绿色低碳可持续的发展新格局，进一步夯实产业基础能力和提升产业链现代化水平，才能为建设制造强国提供强力支撑，为经济社会高质量发展提供坚实保障。

（二）钢铁企业贯彻新发展理念主要任务

（1）关于创新驱动发展。进一步强化创新主体地位，重点围绕低碳冶金、洁净钢冶炼、薄带铸轧、高效轧制、基于大数据的流程管控、节能环保等关键共性技术，以及先进电炉、特种冶炼、高端检测等通用专用装备和零部件，加大创新资源投入。发挥新材料生产应用示范平台作用，大力推动关键领域钢铁新材料上下游合作。

（2）关于推进绿色低碳。进一步落实钢铁行业碳达峰实施方案，统筹推进减污降碳协同治理。制定氢冶金行动方案，加快推进低碳冶炼技术研发应用。构建钢铁生产全过程碳排放数据管理体系，参与全国碳排放权交易。全面推动超低排放改造，加快推进清洁运输。加强与建材、电力、化工、有色等产业协作发展，提高钢渣等固废资源综合利用效率。推动绿色消费，大力发展钢结构住宅和农房建设。

（3）关于发展智能制造。深入推进5G、工业互联网、人工智能、商用密码、数字孪生等技术在钢铁行业的应用。强化建设钢铁大数据中心，提升数据资源管理和业务拓宽能力。推进多基地协同制造，在工业互联网框架下实现全产业链优化。大力推进智慧物流，探索新一代信息技术在生产和营销各环节的应用，不断提高效率、降低成本。

（4）关于安全生产。落实安全主体责任，立足源头预防，加强安全生产管理。健全完善安全风险防控机制，持续推进安全生产标准化建设，全面落实安全生产责任体系，深入开展安全风险隐患排查治理，淘汰落后高风险工艺技术和设备，实施重大危险源在线监控与预警技术应用，防范遏制重特大事故发生。

（5）关于开放合作。在国际标准中国标准互译、转化，推动国际间检验检测与认证结果互认基础上，不断推动产品、装备、技术、服务等协同"走出去"。进一步加强生铁、直接还原铁、再生钢铁原料、钢坯、钢锭等资源性产品和半制成品进口。加强与国外钢铁、矿山、航运企业合作，构筑优势互补、互利共赢的全球化钢铁产业生态圈。

（三）河钢集团贯彻新发展理念主要方向

坚持以强烈的政治责任感和历史使命感，主动对标对表习近平总书记重要讲话重要指示精神，完整、准确、全面贯彻新发展理念，牢牢把握高质量发展这个首要任务，加快高质量发展步伐，坚定不移、不折不扣推动习近平总书记重要讲话重要指示精神在河钢集团落地见效。

（1）在推进创新驱动发展上实现新突破。坚持"科技是第一生产力、人才是第一资源、创新是第一动力"，面向国家战略需要和市场重大需求，发挥协同创新平台优势，加强企业主导的产学研深度融合，持续深化"三年上、五年强"专项行动，不断提升河钢集团核心竞争实力。

（2）在提升市场盈利能力上实现新突破。充分发挥区位调整后发优势，强化科技赋能，深挖工艺装备潜能和存量资产效能，加快提升高端化、智能化、绿色化水平。

聚焦"四个更加关注"，持续推进"两个结构"优化，坚持"降成本、提售价"两端发力，推动钢铁板块的竞争力不断提升。

（3）在培育壮大战略性新兴产业上实现新突破。加快推进同类业务归集和结构性重组，加快实现工序链转变为价值链。深度挖掘河钢集团港口、铁路等物流资源的规模价值，打造协同高效的现代物流服务体系。培育壮大工业技术服务、数字技术、装备制造、节能环保等战略性新兴产业，打造一批具有较强品牌影响力、市场竞争力和价值创造力的新兴产业集群。

（4）在深化国有企业改革上实现新突破。巩固国有企业改革三年行动成果，全面实施新一轮"国有企业改革深化提升行动"，发挥河钢集团改革试点企业的示范带动作用，深化"三项制度"改革，强化与世界一流企业的对标交流，不断激发改革发展活力和内在动力。

（5）在加快全面绿色转型上实现新突破。坚持走生态优先、绿色发展道路，示范践行国家"双碳"目标，加快释放氢冶金示范项目的优势。加快推进河钢浦项汽车板项目，深化与宝马等高端用户绿钢供应链合作，加快在高端材料领域建立起新的领先优势。

（6）在强化党建工作引领保障作用上实现新突破。深入推进党建工作与生产经营深度融合，充分发挥各级党组织战斗堡垒作用和广大党员先锋模范作用。坚持"大抓基层"的鲜明导向，强化基层党组织政治功能和组织功能，推动基层党组织建设工作全面进步、全面过硬。

二、国有企业纪检监察机构监督推动贯彻新发展理念的重点及需查纠的突出问题

习近平总书记强调，发展理念是发展行动的先导，是管全局、管根本、管方向、管长远的东西，是发展思路、发展方向、发展着力点的集中体现。发展理念搞对了，目标任务就好定了，政策举措也就跟着好定了。如何认识新发展理念丰富内涵，把新发展理念有效贯彻落实到国有企业发展实际工作中，至关重要。要从思想认识、责任履行、工作落实，以及转变工作作风四个方面强化监督，并对贯彻落实中可能存在的突出问题进行防范和查纠。

（1）要紧盯思想认识强化监督。督促各级党组织和党员干部深入学习贯彻习近平新时代中国特色社会主义思想主题教育，贯彻落实习近平总书记系列重要指示批示精神，特别是对河北工作的重要指示批示，深刻认识新发展理念重大意义和丰富内涵，作为推动发展的基本原则和行动先导；通过党委会会议、理论学习中心组学习、教育培训等多种方式，结合历史学、多维比较学、联系实际学、全面系统学，准确把握新发展理念蕴含的政治立场、价值导向、发展模式、发展道路等重大政治问题，不断提高政治判断力、政治领悟力、政治执行力。

（2）要紧盯责任履行强化监督。督促各级党组织坚持"谁主抓谁负责""谁主管谁负责""谁监管谁负责"，加强组织领导，建立清单、明确任务，压实各方责任；把

新发展理念融入组织领导、制度机制和工作推进等各层面，落实到决策、执行、检查等各环节，推动压力传导一贯到底；健全协调督导机制，把新发展理念作为"指挥棒""红绿灯"，加强对本企业推动高质量发展的督促指导、检查考核，强化结果运用，树立鲜明导向，推动工作落实。

（3）要紧盯工作落实强化监督。督促各级党组织坚持系统观念，依照新发展理念的整体性和关联性，对目标、思想、方法、措施、评价体系、体制机制进行系统设计，做到相互促进、齐头并进；把新发展理念融入企业发展全过程、各领域，转化为具体任务、工作举措和操作路径，集中精力抓落实；转变发展方式，统筹考虑政策引导支持、市场变化、中心业务和职工群众意愿做决策、上项目、抓发展。

（4）要紧盯作风改进强化监督。督促各级党组织进一步解放思想、奋发进取，持续转变观念、锤炼作风、提升本领，以严实作风推动和保障完整、准确、全面贯彻新发展理念。督促各级党员领导干部率先垂范，主动担当作为，勇于创新实践，带动形成争先进位抓落实、促发展的良好局面。

（5）要强化对贯彻新发展理念突出问题的查纠。在思想认识方面要查纠思想上"换汤不换药"、认识观偏差、政绩观错位、权力观扭曲、生硬割裂五大理念，只干不学、自以为是的经验主义，只学不干、以学代干的形式主义等问题；在责任履行方面要查纠贯彻新发展理念浮皮潦草、敷衍塞责、责任空转，以及不担当不作为、表态多调门高、行动少落实差等问题；在工作落实方面要查纠行动上"穿新鞋走老路"，把新发展理念单纯当作经济发展要求，单打独斗、顾此失彼，偏执一方、畸轻畸重等问题；在作风方面要查纠消极应付、慵懒散浮，行动迟缓、等靠要拖，粗枝大叶、敷衍了事，因循守旧、按部就班等问题。

三、河钢集团纪委监督推动贯彻新发展理念的具体方式和取得的成效

河钢集团纪委坚持以习近平新时代中国特色社会主义思想为指导，不断增强主动服务大局的政治意识，坚持把思想和行动统一到党中央决策部署和河北省委工作要求上，紧紧围绕推动完整、准确、全面贯彻新发展理念，强化政治监督，聚焦突出问题，强化正风肃纪，及时导正纠偏，清除卡点瓶颈，化解风险隐患，为企业高质量发展清障护航。

（一）监督方式

（1）强化组织实施。坚持不懈用习近平新时代中国特色社会主义思想凝心铸魂，深入学习领会新发展理念内涵要义，精准把握党中央决策部署和河北省委工作要求，以及河钢集团党委工作安排，增强贯彻执行新发展理念的政治自觉、思想自觉、行动自觉，把新发展理念贯彻到监督检查、审查调查、巡察等工作全过程各方面，不断推动纪检监察工作高质量发展。切实加强组织领导，科学谋划推动，围绕河钢集团中心任务，找准监督工作的切入点和关键点，结合实际研究具体监督举措，着力构建促执行、固执行、保执行的落实体系，确保党中央决策部署和河北省委工作要求落地见效。

（2）注重协同联动。加强纪律监督、监察监督、巡察监督统筹衔接，深化"室组"联动监督，将推动贯彻新发展理念纳入监督清单，作为日常监督的重要内容，督促推动有关职能部门与子分公司同向发力、形成合力。通过明察暗访、参加或列席会议、实地查看等方式，发现问题、促进整改、督促落实。加强与财务、审计、合规等部门的协作配合，强化沟通衔接，建立健全定期调度、情况通报、会商研判、线索移交、成果共享等工作机制，适时开展联合督导和嵌入式监督，形成常态长效监督合力。

（3）加强调查研究。督促有关职能部门大兴调查研究之风，开展专题调研，通过深入基层、深入职工群众和项目单位，了解政策措施落实情况、企业运营情况和项目进展情况，及时发现和研究解决工作落实中遇到的新情况、新问题，提出改进工作的建议，科学有序推动各项工作。大力倡导深学习、实调研、抓落实工作方法，结合被监督单位实际，梳理重点任务监督清单，围绕重点政策落实、重点项目建设、重点资金使用，对工作部署、调度推进、实施进度、效益发挥等情况开展调查研究，解剖麻雀发现问题，推动提升发展质效。

（4）严肃查纠问题。坚持从政治上看、从政治上抓，透过现象看本质，严肃问责在落实党中央决策部署中背离新发展理念，有令不行、有禁不止、阳奉阴违，打折扣、做选择、搞变通等问题。深挖严惩党员干部以权谋私、权钱交易、政商勾连，政治问题与经济问题交织，以及严重侵害群众切身利益等腐败问题。要做好"后半篇文章"，深化以案促改、以案促建、以案促治，针对典型案件暴露出的问题，推动系统施治、标本兼治。要坚持实事求是，精准运用"四种形态"，严格落实"三个区分开来"，坚持严管厚爱结合、激励约束并重，为担当者担当、为负责者负责、为干事者撑腰，推动形成改革创新、干事创业的良好局面。

（二）取得的成效

（1）围绕习近平总书记关于"坚决去、主动调、加快转"，大兴调查研究之风，形成 278 项课题成果，聚焦河钢集团改革发展大局中谋划推进，近年来陆续部署"监督强化年""高质量发展年""守正创新年"等活动，把正风肃纪反腐与集团深化改革、完善制度、优化管理、推动发展贯通起来，把监督机制与管理体系深度融合，推动监督工作始终与河钢集团中心工作步调一致、同频共振。

（2）紧紧围绕国有企业改革三年行动、河钢集团"十四五"规划实施、"疫情要防住、经济要稳住、发展要安全""三年上、五年强"专项行动、防范化解重大风险、环保督察发现问题整改等工作开展专项监督，有效推动监督走深走实。制定河钢集团《政治监督重点工作清单》，逐级签订党风廉政建设责任书，严格落实"一年两报告"、领导干部年度述职述廉报告等制度，切实推动"两个责任"落实。

（3）充分发挥纪检监察、党委巡察、财务稽核、独立审计、法务合规和职工民主"六位一体"监督机制作用，制定河钢集团《纪检监察监督清单》，明确监督内容并动态更新，把"室组"联动监督作为重要抓手，以强化监督专责撬动党委主体责任落实。制定《特约监督员管理办法（试行）》，聘任首届 47 名特约监督员，推进上下联动、监督下沉，强化对党员干部和行使公权力人员日常监督，使其习惯在受监督和约束的环境中工作和生活。紧密围绕集团转型升级、新兴产业发展、运营管理等重点，制定《效能立项监督工作管理办法》，采用项目管理的工具方法开展立项监督，达到"选准一个项目、查透一类问题、完善一套制度、规范一项管理、教育一批人员"的目的。

（4）制定《企业领导人员违规插手干预企业重要事项记录报告制度》《纪委报告领导班子会议研究重大问题有关情况的规定》等制度，完善权力运行监督制约机制，有效防范和化解各类风险。加强新时代廉洁文化建设，以"清廉河钢"为主题，拍摄《砥砺的征途》廉政建设专题片，开展廉洁漫画、公益广告、书法绘画、小小说、家风家教故事等系列作品征集评选，优秀作品分9辑编为"清廉河钢廉洁文化丛书"。以河钢集团总部警示教育微基地为起点，"清淬园""清风园"等53个廉洁文化示范园地、示范点在各子分公司建成挂牌。

（5）作风建设成果更加巩固。以"三个支撑、四个统筹、五个强化"为抓手，建立问题、责任、措施和结果"四个清单"，持续深化纠治"四风"问题和作风纪律专项整治。陆续开展"私车公养""低级红、高级黑""酒杯中的奢靡之风"等专项整治，破立并举，严防"四风"问题反弹。严肃查纠违规使用职工奖金、吃空饷、侵占职工缴纳社保资金、专业考评中优亲厚友等损害职工群众利益问题，开展违规配车用车、违规出国出境和公款旅游、领导干部及亲属违规经商办企业、招投标不规范等问题"回头看"，促进制度的规范执行。紧盯五一端午、中秋国庆、元旦春节等时间节点，印发廉洁过节工作提示，开展廉洁警示教育，组织明察暗访，持续营造风清气正良好发展环境。

四、结语

监督推动完整、准确、全面贯彻新发展理念是国有企业纪检监察机构践行政治监督具体表现，是主动融入大局、服务大局生动实践。作为钢铁国有企业纪检监察机构，要紧紧围绕企业高质发展中心任务，在绿色低碳转型工作中，切实发挥促发展、保执行的作用。要创新工作方式，主动用新发展理念指导纪检监察工作，主动深入了解新发展理念深刻内涵，以及企业在贯彻新发展理念上的关键点、核心工作，做到精准监督、有效监督，切实为建设中国式现代化钢铁篇章提供坚强保障。

探索如何做好监督执纪"后半篇文章"实现以案促改树"亲""清"的调研报告

包钢集团包钢矿业有限责任公司纪委

刘　健

一体推进不敢腐、不能腐、不想腐，是习近平总书记在长期实践中总结提出的原创性理论，是习近平新时代中国特色社会主义思想的重要内容，深刻揭示了标本兼治、系统施治、惩前毖后、治病救人的党自我革命的深刻内涵。一体推进"三不腐"的重要抓手之一就是做好监督执纪的"后半篇文章"，从完善规章制度、补齐短板漏洞、加强党性教育、全面从严治党等方面，既解决好暴露出来的问题，也为开启下一篇文章提供方法、创造条件、开拓路径，形成互动互促的良性循环。包钢集团包钢矿业有限责任公司（简称包钢矿业）纪委通过聚焦以案促改、落实整改、治病救人等工作重点，结合包钢矿业采购、贸易、财务等关键环节和领域，抓好解决问题、有效治本这个关键，把惩前毖后的要求落实到监督执纪问责各个方面，坚持以系统观念一体推进"三不腐"，努力为企业高质量发展营造风清气正的良好政治生态。

一、做好监督执纪"后半篇文章"的重要意义

全面从严治党既是一场勇于刀刃向内、敢于自我革命的攻坚战，也是一场猛药去疴、重典治乱的阻击战，更是一场久久为功、驰而不息的持久战。党的十八大以来，习近平总书记多次对加强警示教育、扎牢制度笼子、一体推进"三不腐"等提出明确要求，为做好监督执纪"后半篇文章"提供了根本遵循。从案件办理流程来看，以作出处分决定为节点，可划分为"前半篇文章"和"后半篇文章"两个部分。延伸到监督工作上来，以某项监督发现问题为节点，可划分为"前半篇文章"和"后半篇文章"两部分。"前半篇文章"是"后半篇文章"的前提和基础，"后半篇文章"是"前半篇文章"的保障和升华。完成"前半篇文章"并不意味着可以一劳永逸，而是更加需要以滴水穿石的精神、以绵绵用力的劲头，精心打造"后半篇文章"，着力在源头治理上下"硬功夫"、在教育感化上"软着陆"，全面贯彻"惩前毖后、治病救人"的原则，真正做到习近平总书记强调的："三不腐"的"三个侧重"，即不敢腐，侧重于惩治和威慑；不能腐，侧重于制约和监督；不想腐，侧重于惩治和威慑。

"后半篇文章"为什么如此重要？结合毛泽东同志 1944 年的《学习与时局》报告

中讲到的："在过去的党内斗争中存在两个缺点,一是没有使干部在思想上彻底了解当时错误的原因、环境和改正此种错误的详细办法,以致后来又可能重犯同类性质的错误;二是太看重了个人的责任,未能团结更多的人共同工作。"结合习近平总书记在二十届中央纪委第二次全体会议上强调的,必须深化标本兼治、系统治理,一体推进不敢腐、不能腐、不想腐。可以看出我们党从建党之初就非常注重对党内出现的问题整体规划、系统解决,特别是党的十八大以来,更是注重查处一案、警示一片、治理一域的综合效应,并把"构建不敢腐、不能腐、不想腐的有效机制"写入党章,将强大震慑效能、刚性制度约束、思想教育优势融于一体,才能使全面从严治党向纵深推进,使中国共产党这一百年大党在自我革命的进程中炼就钢筋铁骨,永葆党的先进性和纯洁性。

二、推动以案促改、营造"亲清"政商关系是实现包钢矿业高质量发展的必要手段

习近平总书记在参加十四届全国人大一次会议江苏代表团审议时作出"高质量发展是全面建设社会主义现代化国家的首要任务""必须完整、准确、全面贯彻新发展理念""必须坚定不移深化改革开放、深入转变发展方式"等重要部署。贯彻新发展理念、推动高质量发展,是包钢矿业承接包钢集团"突围打样"要求的重要方向性指引。同样,高质量的以案促改工作和"后半篇文章",既能保障企业治理各项决策部署、规章制度措施贯彻落实,又能够发现问题症结、提出整改意见、倒逼深化改革、完善制度机制、促进企业制度和治理体系提质增效。

包钢矿业在高质量发展过程中,在探索落实新发展理念的阶段中,必然会面对各种风险挑战,迫切需要通过建立良好政治生态、营造"清亲"政商关系来推动公司管理体系和管理能力现代化。良好的政治生态是否形成,得看各级领导干部运用习近平新时代中国特色社会主义思想指导实践、推动工作、破解难题是否得法;是否摆脱了速度情节、换档焦虑,打破了惯性思维、路径依赖,把新发展理念转化成扎实具体的工作实践;是否主动在大局下思考和行动,敢于斗争善于斗争,干实事求实效。得看选人用人导向,是否存在圈子文化、派性观念、山头主义、好人主义滋生的土壤;是否存在老实人吃亏、投机钻营者得利的情况。得看是否存在有权任性、有规不循、违纪违法行为;是否存在啃食国有资产、中饱私囊、唯利是图的"蛀虫"。良好的发展环境必须把"严"的主基调长期坚持下去,保持彻底的自我革命精神,坚持全面从严治党向纵深推进,坚持"三不腐"一体推进,把精准有力的监督执纪和以案促改工作作为实现企业高质量发展的"护林员"和"净化器"。

三、包钢矿业纪委探索做好监督执纪"后半篇文章"的实践路径

深化标本兼治,做实"后半篇文章",既可以通过深入细致的思想政治工作教育人、挽救人、感化人,又可以通过分类梳理、认真研析,推动扎进制度笼子、规范权力运行。包钢矿业纪委结合包钢矿业高质量发展实际,着重从两方面做好"后半篇文

章"，即监督和查办案件上。

（1）监督方面，包钢矿业纪委注重以问题为导向开展监督工作，突出"前半篇文章"具体化、精准化、常态化。2023年初，包钢矿业纪委明确聚焦党的二十大关于深化国资国企改革等决策部署、聚焦内蒙古自治区党委、内蒙古自治区国有资产监督管理委员会（简称自治区国资委）和包钢集团贯彻落实党的二十大精神战略部署、聚焦内蒙古自治区推动包钢集团高质量发展要求、落实中心任务实施规划三个方面开展政治监督；明确聚焦"一利五率"经营指标体系、聚焦包钢集团"突围打样"四个方面任务尤其是绿色低碳发展要求、聚焦包钢矿业在资源开发及资源综合利用上的七项重点工作开展日常监督，以此既全面系统履行好监督的再监督职责，还要找准切入点，以有助于全面从严治党和推动包钢矿业高质量发展为出发点开展监督。与此同时，重点做好"后半篇文章"，针对采购贸易、内控风控、职工反映强烈、公章管理、财务报销、选人用人等关键领域、重点环节监督检查发现的问题，下发整改通知书和工作建议函，不仅明确要求责任部门立行立改，同时抄送至本级单位或党委，要求举一反三、以"问题"促改。在此基础上，针对监督检查中发现的苗头性、倾向性问题，约谈相关人员，及时教育引导、责令检查，达到"红脸出汗"的效果以推动思想、作风问题得到整改。

（2）查办案件方面，包钢矿业纪委高质量做好问题线索核查"前半篇文章"，在初核过程中不仅注重查清反映问题，更注重问题深层次的管理原因、制度漏洞、作风腐败、思想问题等，将严惩腐败与严密制度、严格要求、严肃教育结合起来，推动"三个效果"相统一。在查办贸易事业部业务人员的典型违纪违法案件上，对3名涉案人员运用"第一种形态"进行约谈提醒、责令检查，做到咬耳扯袖、红脸出汗。对在工作中存在失职失责问题的3名干部进行廉政谈话，提醒依规履职尽责。对具有贸易职能的部门和单位抽查"十要十不"工作守则和廉洁自律准则学习情况，强调不仅要熟记于心，更要践行于行。结合综合发现的各类问题下发纪律检查建议书，补齐制度漏洞、管理短板和优化体制机制的基础上，针对与包钢矿业业务人员有不正当利益往来的供应商，按照《廉洁诚信协议》进行处罚，并下发廉政提醒函，要求依规依纪依法开展贸易业务，共同树立包钢矿业良好社会形象，构建亲清政商关系。在此基础上，要求具有贸易职能的党支部召开组织生活会，廉洁风险岗位人员对照身边典型案例逐一深入剖析、对照检查，包钢矿业党委、纪委人员列席并作重点强调。组织涉及领域人员召开案例剖析警示教育大会，对身边人的典型违纪违法案例深入解读、深挖原因并提出整改要求，形成强烈震慑的同时，做深做实以案促改，一体推进不敢腐、不能腐、不想腐。包钢矿业纪委从来没有将监督检查和审查调查过程中发现的问题当作个例、个案，而是秉承着为党、为企、为群众的原则做好"后半篇文章"，以此忠诚履行职责使命。

四、对如何做好监督执纪"后半篇文章"的下一步工作思考

纪检监察干部教育整顿工作启动以来，包钢矿业纪委坚持结合学习贯彻习近平新

时代中国特色社会主义思想主题教育同部署、同规划、同落实，强调要大兴务实之风，发扬我党调查研究的优良传统，大兴务实之风，提高调查研究工作质量和实效。包钢矿业纪委通过深入基层走访调研如何做好以案促改工作，发现包钢矿业点多面广、人员分散不集中，涉及采购、销售、工程建设、科技研发等资金使用的部门和单位较多，还有理论学习不积极、践行新发展理念措施少、制度虚设、执行力差、调门高落实少、管理跟不上发展的要求、反腐一体等问题存在，某一位领导干部或某一个部门的个别力量是无法根本有效解决问题的。对此，包钢矿业纪委对如何做好下一步监督执纪又做了深入思考。

（1）思想教育为先。思想观念的蜕变和理想信念的滑坡是党员干部违规违纪甚至走向违法犯罪道路的根源。因此，警示教育不能止于一时一事，应常态化、实效化，不断强化政治"三力"，提升党性修养，筑牢思想防线，做好"三个区分"。区分不同层级，针对不同对象、不同岗位开展因地制宜、因人而异的警示教育。例如，对各级党组织"一把手"、班子成员，以及关键廉洁风险岗位和普通干部职工等不同群体，有区别地实施专题式、嵌入式、案例式、普遍式教育，重在"量体裁衣"，突出针对性。区分不同时机，合理安排教育计划。例如，在节假日前、选拔交流期、中高考季和婚丧嫁娶时等重要节点，做好禁止违规收受礼品礼金、跑官要官、违规办酒席、搭礼随份子等事项的提醒，重在超前防范，强调精准化。区别不同单位特点，匹配教育资源。例如，针对不同职能、不同领域、不同业务性质的部门或单位，选取与其对应的反面典型开展警示教育，更容易引发共鸣，更好防"围猎"腐蚀，提高贴近性、震慑力。在此基础上，定期教育与不定期教育相结合，除借班子会议、党员大会、政治理论学习、专题警示教育、组织生活会等进行警示教育外，还可以利用新媒体平台，在重要时间节点推送典型案例，引导干部职工随时随地接受教育；同时，还可以结合部门或单位的实际特点，通过廉政谈话、座谈交流、"清谈访"工作，了解干部职工思想动态和工作生活情况，以防范廉洁风险、"行差踏错"提前打预防针。

（2）整改落实为重。发现问题是前提，推动解决问题才是关键。监督检查、办理案件要和做好"后半篇文章"同部署、同落实、同推进，关键要持续推动以案促改取得实效。首先，要明确责任，建立统筹协调机制，积极推动各级党委、纪委落实全面从严治党政治责任，将以案促改工作纳入各级党风廉政建设考核范围，细化实化考核指标，努力推动党委主体责任、纪委监督责任及主管部门职能监管责任的有机贯通衔接。其次，要强化举措，实行"一案一建议一督改"，把监督检查、查办案件与堵塞制度漏洞、强化监管结合起来，深入分析、查找有关党组织或单位在管理、监督等方面的漏洞和薄弱环节，提出整改建议或"两书"，督促有关党组织或单位举一反三、查找根源、建章立制、强化管理，做到用制度管权管事管人。最后，要强化督导，纪委要定期开展督导检查，深入了解、跟踪问效整改情况，推动改治理、改监督、改制度、改作风等落到实处；对落实不力、敷衍整改的，通过谈话提醒、批评教育、责令检查、诫勉谈话等方式严肃处理。

（3）案件分析为"法"。案件了结或给予处理，并不代表执纪审查工作画上了句号，关键在于要以小见大、管中窥豹，见微知著、举一反三，为提高纪检监察干部的斗争能力和斗争本领，做好"后半篇文章"提供方法、开拓路径。要推进"一案一总结"制度，及时做好案件结束后的总结工作，认真反思案件办理过程中的典型性、代表性问题，归纳在问题线索研判、初步核实、调查谈话、证据收集、处理依据等各个具体环节中可圈可点和不足之处，促进成熟经验转化为制度成果，将其作为汲取教训、补齐短板、保障质量的有效途径。另外，还要将案件分析与调查研究紧密结合，提高实际工作与所处环境特性的有效结合，提高对所在单位的了解和涉及领域专业知识的掌握，更有效地用习近平新时代中国特色社会主义思想指导监督检查、案件查办的实际工作，从而提出更具指导性的整改建议，而不是孤立地、局限地看待发现的问题，以此为进一步做好"后半篇文章"提供专业支撑。

探索实践"纪警企"联合办案新模式 护航国有企业实现高质量发展

山东钢铁集团日照有限公司纪委

秦立彬　董思慧　闫　魁　张春宝　张文庆

近期，山东钢铁集团日照有限公司（简称山钢日照公司）纪委针对废旧物资采购商与企业职工内外勾结串标围标，垄断个别废旧物资销售项目的问题，主动协调日照市岚山区纪委监委、日照市公安局岚山分局，创新开展"纪警企"联合办案模式，快速查处采购商与公司职工的不法行为，历时仅 33 天，案件顺利移送检察机关审查起诉，并为公司挽回直接经济损失 1050 万元。

这是在习近平总书记作出"加大国有企业反腐力度"重要指示的大背景下，落实二十届中央纪委第二次全体会议"深化整治金融、国有企业、政法等权力集中、资金密集、资源富集领域和粮食购销等行业的腐败"重要部署的新尝试，是"室组地"联合办案模式的拓展延伸，为查处国有企业权钱交易、利益输送、"靠企吃企"等廉洁问题，保障国有资产保值增值提供了新模式，也为国有企业坚决打赢反腐败斗争攻坚战、持久战开辟新路径作出了有益的探索和实践。

一、提高政治站位，充分认识国有企业反腐败的重要性

国有企业是中国特色社会主义的重要物质基础和政治基础，也是我们党执政兴国的重要支柱和依靠力量。国有企业的党风廉政建设和反腐败工作，不仅关系到国有企业自身政治生态和高质量发展，也关系到全面建成社会主义现代化强国目标的实现，关系到党的生死存亡。党的十八大以来，以习近平同志为核心的党中央以踏石留印、抓铁有痕的坚韧与执着，强力推进国有企业党风廉政建设和反腐败斗争不断向纵深发展，一大批国有企业"蛀虫"受到严肃查处。当前，国有企业反腐败形势依然严峻复杂，国有企业滋生贪腐的土壤和条件还未完全铲除，供应商、采购商"围猎"的风险依然集中，"靠企吃企"、利益输送风险依然存在，国有企业的反腐败遏制增量、清除存量的任务依然艰巨。由于国有企业纪委查处案件权限、力度受限，在初核阶段无法有效查证不法供应商、采购商与国有企业职工之间的违纪违法行为，传统办案模式下，办案周期长，不利于实现案件查办的质量和时效，因此，企业纪委与地方公安、纪委监委协作配合，开展"纪警企"联合办案，充分提高效率，破解案件查办中存在的难

题，维护国资国企安全就突显重要。

二、开展"纪警企"联合办案的探索与实践

山钢日照公司纪委坚持以党的二十大精神为指引，认真落实二十届中央纪委第二次全体会议、十二届山东省纪委第二次全体会议部署和山东钢铁集团纪委一届第八次全体会议工作安排，紧紧围绕查处国有企业职工违纪违法问题和挽回经济损失为目标，借助地方办案机关的优势资源，强化与日照市岚山区监委、日照市公安局岚山分局等部门的沟通协调，共建"纪警企"联合办案模式，各自发挥自身优势，扬优势补短板，同时发力、同向发力、综合发力，在较短时间内实现案件实质性突破。

（一）"纪警企"无缝对接，保证案件查办顺利进行

（1）扎实初核是基础。山钢日照公司纪委针对相关废旧耐材采购商违法行为相关线索进行了初步核实，制定了详细的初核方案，对采购商的公司资质、参与投标情况进行了细致的分析，甄别出采购商利用自己多家实际控制的公司围标串标、降低中标价格，严重侵害了山钢日照公司利益，造成国有资产严重流失。同时，山钢日照公司市场部相关职能部门存在自设门槛限制供应商入围投标的嫌疑，在山东省监委驻山东钢铁集团监察专员办公室协助下，对涉嫌内外串通的公司职工的银行流水进行查询，梳理出超出正常工资收入的大量存现记录，相关人员存在利益输送的重大嫌疑。

（2）合作研判是前提。山钢日照公司纪委针对发现的上述问题，及时与日照市岚山区纪委监委沟通。经双方共同研判、果断决策，在相关行受贿证据还不充分，而串通投标证据已掌握的情况下，为提升办案效率，决定由山钢日照公司向日照市公安局岚山分局进行报案，先由公安机关查清采购商涉嫌串通投标行为，然后查找围猎国有企业公职人员的行为，并将前期初核情况与公安机关进行共享，为案件的快速突破奠定了良好基础。

（3）快速突破是重点。日照市公安局岚山分局选派政治素质强、专业水平高的精干力量成立办案小组，对案件信息进行分析，认为该案件存在涉嫌内外串通投标的违法行为，符合立案条件。在作出立案决定后，对不法采购商采取指定居所监视居住措施，切断其同外界联系，防止案情泄露、"跑风漏气"问题的发生。在强大震慑下，不法采购商第一天就如实供述了向公司职工行贿获取招标信息的不法行为，公安机关在第一时间也将公司职工作为涉嫌同案犯采取了指定居所监视居住措施。同时，公安机关及时将公司职工涉嫌受贿的问题线索移交至山东省监委驻山东钢铁集团监察专员办公室。公安机关以"快稳准"的优势，采取指定居所监视居住措施，保障了案件快速突破。

（4）程序衔接是关键。经山东省纪委监委同意，日照市纪委监委指定管辖，日照市岚山区纪委监委及时受理山钢日照公司职工涉嫌受贿犯罪问题线索。主要领导亲自安排部署、果断决策，通过稳扎稳打、逐步推进，掌握部分犯罪事实证据后，启动立案程序，并对涉嫌受贿的公司职工采取留置措施。办案人员时刻以思想政治教育、"治

病救人"为目的，在尊重客观事实的基础上，对被调查人讲明法律法规、从轻从重、减轻减重等相关政策，解除疑惑和顾虑，让其彻底放下思想包袱和一切幻想，让其相信办案人员，让其相信只有向组织如实汇报事实情况才是解决问题的唯一途径。在强大的政策感召下，在办案人员不懈努力下，仅用了 7 天时间，被调查人就交代了全部犯罪事实，并顺利移送检察机关审查起诉。

（二）"纪警企"协作配合，形成办案合力

"纪警企"联合办案成功的关键在于协作配合，专案组坚持"一盘棋"思想，日照市岚山区纪委监委和日照市公安局岚山分局以服务企业生产经营为宗旨，既按各自职责分别承担任务，又顾全大局、并肩作战、扬优势、补短板、心往一处想、劲往一处使，严厉打击不法商人破坏营商环境、"围猎"国有企业关键岗位人员的问题。公安机关快速出击，迅速锁定不法行为、做实行贿线索，及时线索移交。地方纪委监委利用查办职务犯罪案件多、熟悉政策法规、掌握信息全面、擅长调查取证、谈话突破、性质认定等优势，着重做好职务犯罪案件查办、审理、移送审查起诉。山钢日照公司纪委抽调两名政治能力强、业务素质高的纪检干部参与联合专案组集中办公，人员混合编组、措施交叉渗透，发挥掌握案发单位政治生态、了解权力运行特点、熟悉内部业务流程、掌握审查调查对象具体情况等优势，信息交互共享，形成优势互补、合力攻坚的格局和态势，保证了案件快速突破和顺利推进。

（三）树牢安全意识，严守安全底线

查办腐败案件是"纪警企"联合专案组的职责使命，而确保办案安全是履行职责使命的底线和生命线。专案组始终将安全意识贯穿到监视居住、初核、留置、内审、外查等各个环节，严格遵守办案安全相关规定，按照监督执纪工作规则、监督执法工作规定有关要求开展工作，扎实做好谈话前的风险评估、医疗保障及应急预案制定等。谈话中时刻关注被谈话人的心理状态，谈话结束前做好被谈话人思想工作，严格履行人员交接程序，确保安全到位。

（四）工作严谨细致，确保案件质量

"纪警企"联合专案组牢固树立成案意识、质量意识，坚持时间服从质量，坚持实事求是，坚决摒弃"快立、快查、快结"思想。理顺办案思路、研判案件走向，有针对性地查找案件的牟利事项，有针对性地查找疑点、解决难点、打通堵点、连接断点，完善案件的各个环节、各个节点。同时，专案组始终扎实做好基础工作，提高案件质量，宁可返工重来，也不放过任何瑕疵错误。综合考虑各个环节、各项材料都能经得起审理、检察院及后续程序的层层检验，确保每个事实认定准确无误，确保形成完整的证据链，确保案件经得起历史和人民的检验。

（五）坚持"三不腐"一体推进，扎实做好"后半篇文章"

以案促改是一体推进不敢腐、不能腐、不想腐的重要举措，"纪警企"联合专案组始终坚持把以案促改贯穿案件查办的全过程，坚持办案、整改、治理一体推进，注重同步分析问题发生的深层次根源，持续深化标本兼治，从而更加有力促进经济社会健康发展，实现政治效果、纪法效果和社会效果有机统一。

（1）坚持查办案件和追赃挽损一体推进。专案组秉承依法办案与追赃挽损一体推进的理念，坚持以案追损。不法商人在组织、从轻从宽处理政策的感召下，积极主动向山钢日照公司赔偿损失 1050 万元。

（2）向案发单位提出整改建议。专案组根据掌握的案件相关情况，针对废旧耐材销售过程存在风险点、薄弱环节，与山钢日照公司进行交流沟通，并制发纪检监察建议书，为日后的日常管理、健康发展提供了意见和建议。

（3）以案促改，促进企业高质量发展。山钢日照公司根据专案组提出的意见和建议积极主动开展专项治理活动，明确整改单位的主体责任，举一反三、完善制度、防控风险。通过专项治理查透一类问题，健全一套制度，规范一个领域，促进公司规范管理和自我完善，以点带面，提升治理水平。

三、启示

"纪警企"联合办案就是资源力量统一调配、审查调查一体实施、以案促改同步深化的新模式，为国有企业查处和治理"靠企吃企"问题，防止国有资产流失提供了新的路径，为护航国有资产保值增值、实现国有企业高质量发展贡献了纪检力量。

（1）必须坚持上级纪委、同级党委和地方公安、纪委监委的有力支持。公司纪委在山东钢铁集团纪委和山钢日照公司党委的大力支持下，本着对企业负责的态度，不断探索和实践维护企业利益的新途径；地方公安、纪委监委高度肯定和支持联合办案新模式，以围绕支持保障国有企业健康发展、助力优化营商环境为目标，主要领导亲自挂帅，集全体智慧、举全体之力、全力以赴，把探索实践"纪警企"联合办案模式当作近期头号任务来抓，服务国有企业实现高质量发展大局。

（2）必须坚持受贿行贿一起查。国有企业涉及资金量大、业务面广、专业性强，是权力集中、资金密集、资源富集的重点领域，通过"纪警企"联合办案，坚持受贿行贿一起查，彻底斩断"围猎"与甘于被"围猎"利益链，持续加大对行贿行为的惩治力度，形成强大震慑，铲除腐败滋生的土壤，让"围猎"者寸步难行。

（3）必须坚持治建并举、标本兼治。通过"纪警企"联合办案，山钢日照公司扎实做好以案促改、以案促治、以案促建工作。一是发挥大监督体系作用，按照"谁主管、谁立制""谁监督、谁负责"的要求，紧盯"关键岗位""关键人员""关键事项""关键时段"；二是坚决堵塞管理漏洞、织密扎牢制度"笼子"，切实防控廉洁风险，促进权力运行更加规范高效；三是对重点岗位人员开展专题警示教育，引导他们增强纪律规矩意识，知敬畏、存戒惧、守底线，自觉遵纪守法，营造风清气正的政治生态和阳光高效的运营生态。

梅钢公司纪委构建大监督体系的探索与实践

中国宝武上海梅山钢铁股份有限公司纪委

周晓虎

党的十九届四中全会把坚持和完善党和国家监督体系，强化对权力运行的制约和监督，纳入坚持和完善中国特色社会主义制度，推进国家治理体系和治理能力现代化的重大战略中。此举是推进国家治理体系和治理能力现代化的重要内容，是有效监督制约公权力、夺取反腐败斗争彻底胜利的必由之路，同时也为构建和完善新时代国有企业大监督体系提供了基本遵循。

国有企业是我国国民经济的重要支柱，是党执政的重要经济基础。国有企业的重要地位和作用决定了在任何时候都不能忽视国有企业的健康发展，而要保持国有企业的健康发展就必须要加强对国有企业的监督工作。作为国有企业，中国宝武上海梅山钢铁股份有限公司（简称梅钢公司）是中国宝武钢铁集团有限公司（简称中国宝武）旗下宝山钢铁股份有限公司（简称宝钢股份）的控股子公司，成立于1969年4月24日。截至2022年年底，已具备年化1000万吨钢能力，在岗职工4928名，党员1932名，人均吨钢达到1807吨。作为一级纪检组织和企业的专责监督机构，梅钢公司纪委应自觉担负起探索和实践国有企业大监督体系的责任，努力为梅钢公司的高质量发展保驾护航。

一、构建大监督体系的重要意义

（一）构建大监督体系是《党章》赋予各级纪律检查委员会的神圣职责

《中国共产党章程》（简称《党章》）是各级纪律检查委员会开展各项工作的根本遵循。党的二十大对《党章》进行了修订，《党章》规定，党的各级纪律检查委员会是党内监督专责机关，主要任务是：维护党的章程和其他党内法规，检查党的路线、方针、政策和决议的执行情况，协助党的委员会推进全面从严治党、加强党风廉政建设和组织协调反腐败工作，推动完善党和国家监督体系。党的各级纪律检查委员会的职责是监督、执纪、问责。构建大监督体系，是各级纪委落实《党章》赋予神圣职责的有效途径和具体手段。通过不断完善大监督体系，推动大监督各项工作落实落地，可以有效落实"透过业务看政治"的要求，督促相关业务领域强化责任落实，推动全面从严治党向基层延伸。

（二）构建大监督体系是推进国有企业治理体系和治理能力现代化的需要

习近平总书记在二十届中央纪委第二次全体会议上指出，健全党统一领导、全面覆盖、权威高效的监督体系，是实现国家治理体系和治理能力现代化的重要标志。这不仅是党中央对各级党委（党组）和各类监督部门的要求，也是对国有企业构建符合现代化大监督体系的要求。国有企业是党的执政之基，是党中央决策部署的坚决拥护者和忠实履行者，实现国家治理体系和治理能力现代化，是对国有企业当仁不让的职责，需要国有企业在构建大监督体系方面发挥出示范带动作用。此外，国有企业是资源相对密集、权力相对集中的领域，也是腐败易发生的领域，如何有效应对腐败手段隐形变异、翻新升级，需要国有企业围绕权力运行的监督和制约，健全完善大监督体系，不断补齐监督短板，压紧压实监督部门责任，形成大监督合力。

（三）构建大监督体系是解决国有企业监督力量相互促进不力问题的需要

习近平总书记在十九届中央纪委第五次全体会议上强调，纪检监察机关要围绕现代化建设大局发挥监督保障执行、促进完善发展作用。要发挥监督保障执行、促进完善发展作用，各级纪检组织要提高统筹协调意识，提升统筹各类监督的能力，发挥好"专责监督+专业监督"作用。近年来，梅钢公司纪委积极探索了审计、巡察等各类监督，但由于监督部门分散，导致同向发力、相互促进不够，"1+1>2"的监督效应没有充分显现。如何贯通纪律监督、审计监督、巡察监督、业务监督等各类监督，提升整合监督资源、强化体系合力的能力，需要通过构建协同高效的大监督体系，把不敢腐、不能腐、不想腐有效贯通起来。三者同时发力、同向发力、综合发力，有效解决监督力量不集中、不平衡和监督质效不明显等问题。

二、构建大监督体系存在的问题

经过多年的探索实践，梅钢公司逐步建立了纪律监督、巡察监督、专项监督和职能监督"四位一体"的大监督工作格局；同时，针对业务风险和人员廉洁风险，建立了业务单元、职能管理和监督部门各司其职的"三道防线"。这些大监督工作机制为梅钢公司的健康持续发展发挥了重要保障作用。但在推进大监督体系过程中，我们发现存在以下问题和不足。

（一）各类监督统筹推进的工作机制不够完善

每年年初，各职能部门各负其责分别确定并实施政治监督、审计监督、专项监督、内控监督、巡察监督等项目，此举往往会造成监督项目重复、监督深度不够等问题。由于没有统筹推进各类监督的工作机制，有时会出现一个基层单位就同一事项接受不同类型的监督检查，这给基层单位带来了被重复检查的过度负担，牵扯了基层单位较大的精力。究其原因，就是缺少统筹沟通和协调的工作机制，主要表现在：各类监督的监督方式、流程没有统一的规范；监督过程中缺少专责、专业人员的服务支撑，难点问题没有沟通协调机制，缺少对问题线索输出的研判；监督质量和监督效果也没有评价机制的约束，这些问题都制约了大监督体系合力的形成。

（二）监督力量协同和监督成果共享不够充分

（1）监督力量没有形成合力。随着劳动效率的不断提升，梅钢公司各职能部门的人员已非常精干，但是监督检查对监督人员的专业能力要求较高，短时间内要培养一名符合要求的监督人员难度较大，导致各职能部门监督人员捉襟见肘，往往是"蜻蜓点水"式地开展监督检查，监督的质量和效果也不理想。

（2）监督成果没有实现共享。职能部门的监督，更加注重业务管理存在的问题，监督结果往往限于部门内部和条线掌握，注重的是如何快速有效地解决问题。虽然说职能部门发现业务问题的能力较强，但他们从业务问题看政治、看廉洁、看违规违纪的能力较弱，针对问题运用"第一种形态"对管理者问责的较少，没有起到抓早抓小、防微杜渐的作用。

（三）熟人监督的难题没有有效破解

梅钢公司的区域范围不大，平时大家都很熟悉，抬头不见低头见，相互之间都知根知底。因此，监督过程中往往会存在"熟人监督拉不下脸来，你好我好大家好"等人情监督的情况。表面上看，人情监督是碍于情面，是对被监督对象的一种"好"，但实际上这是监督偏软乏力的表现，是没有履行《党章》赋予神圣职责的表现；同时也是对被监督对象的不负责任，一些苗头性、倾向性问题没有及时发现、及时化解，往往会引发出更大的问题，甚至导致违规违纪违法的问题。破解熟人监督的难点在于：如何通过有效的监督方法减少监督的人为干预，以及如何贯通业务系统的大数据，建立完善智慧监督系统。

三、构建大监督体系的对策措施及成效

（一）建立大监督工作机制，统筹各类监督

为进一步统筹梅钢公司各类监督的规范管理，梅钢公司纪委牵头制定了《强化内部监督会商的工作办法》，成立了由纪委书记任组长和各职能部门负责人为组员的工作协调小组，每年年初集体会商年度监督项目，合并同类监督项目，统筹监督资源，协调推进监督检查中的重要问题。为进一步规范监督项目管理，促进监督质效的提升，梅钢公司纪委牵头建立了三项工作机制。一是规范了工作流程机制。从项目立项到问题整改，明确了项目预申报、项目立项、工作方案、工作底稿、问题确认、监督报告、两提示两建议、跟踪整改共8个流程环节。二是固化了服务支撑机制。每个项目安排一名纪检人员全过程服务支撑和跟踪，根据项目进展情况，及时组织开展方案讨论、

经验总结和成果发布等工作。三是完善了评价验证机制。制定《专项监督检查工作评价（试行）标准》，评价结果纳入各单位纪委年度评价。大监督体系的工作机制的建立，增强了监督检查计划性，有效避免了多部门就同一内容重复开展监督检查的情况。2022年，共召开监督会商会议4次，统筹开展了工程建设、物资出厂、固定资产、下线物料、铁合金生石灰等15个专项监督项目的实施，共发现问题198个，下发《监督检查建议》10份、《管理改进提示》4份，修订完善制度8项，有效推动监督优势转化为治理效能。

（二）贯通各类监督资源，推动形成合力

（1）整合监督队伍力量，建立大监督人才库。为解决监督力量分散的问题，梅钢公司纪委牵头整合了纪检监督、党委巡察、各职能部门的技术业务骨干、后备干部等监督人员力量，初步形成了"专业合理、结构平衡、人岗相适、人事相宜"的大监督人才库，2022年共入库48人。为保障大监督人才库人员的专业能力和水平，梅钢公司纪委还形成了推荐、选拔、培训、实战、评价、调整的机制，每年动态调整。大监督人才库的建立，有效整合了监督人力资源，通过参与监督项目的方式，促进了监督人员能力的提升，发挥了区域联动效应。2022年，抽调21名人才库人员参加了对5家党组织的党委巡察工作，共发现问题69个，集体约谈22人次、提醒谈话33人次、诫勉谈话3人次，经济责任考核24199元，退赔3549.7元。

（2）实施监督问题集体会商研判管理，推动监督成果共享运用。各类监督发现的问题，由梅钢公司工作协调小组统一组织研判会商，重点分析研判是否可以作为问题线索，是否存在违规违纪的情况等。目前，各职能部门共享监督结果的意识明显增强，能及时将监督发现的问题提交梅钢公司工作协调小组进行会商研判。2023年3月中旬，梅钢公司制造管理部在日常监督中发现一批次石灰石质检数据有异常，经会商研判输出问题线索，经查实，作业长胡某某存在受人请托篡改检验数据的违纪问题，共给予2人党纪处理、1人诫勉谈话、1人政纪处理，挽回经济损失72多万元，并对请托的供应商实施暂停供货处理。

（三）积极探索有效监督方法，破解熟人监督难题

（1）对"上下联动、交叉监督"进行了有益尝试。2020年5月，根据中国宝武和宝钢股份纪委的工作要求，梅钢公司纪委结合区域特点开展了"上下联动、交叉监督"工作机制的探索，使之成为破解熟人监督的有效方法之一。上下联动，主要聚焦政治监督、党中央和上级重大决策部署落实情况的监督，通过上级纪委、本级纪委和下级纪委"上下联动"的方式实施，抽调专业力量由上级纪委统一实施，有效避免了本级纪委熟人监督情况的发生。交叉监督，主要是构建了内部"3+N"的协同监督模式，固化了梅钢公司内部3个协同监督组，每个组4家单位（部门），每年聚焦廉洁风险较高的关键领域，各承担一项监督检查任务，通过发挥"专责"和"专业"监督的优势，指定项目实施覆盖各单位的交叉监督；每年根据需要抽调人员组建N个临时监督组，针对专项监督检查任务，实施交叉监督，确保监督质效。

（2）对嵌入式智慧监督系统进行了初步尝试。2022年，梅钢公司纪委会同职能业务部门，在原有业务信息化系统中嵌入智慧监督功能，先后在合金原辅料系统嵌入9项智慧监督功能、废钢系统嵌入8项智慧监督功能，实现了数据即时在线分析、异常数据在线预警，把廉洁风险防控融入原辅料、废钢业务管理流程，初步实现了廉洁风险的精准定位、精准管控。智慧监督系统的运用，有效减少了人为因素的干扰，使原来"面对面"的线下沟通式监督，逐步改变为"背靠背"的线上数据监督，有效改善了以往碰到熟人不好意思监督、遇到职级高的不敢监督等监督"困境"。

经过探索实践，梅钢公司大监督体系逐步完善，统筹推进各类监督一体发力更加有力，促进了监督合力和质效的提升，有效发挥了"监督保障执行、促进完善发展"作用。2022年梅钢公司党委抽样问卷调查显示：87%的员工对全面从严治党和总体运营管理工作的评价为好，13%评价为较好；84%的员工对推动企业改革工作成效的总体评价为好，14%评价为较好。经统计，2005—2022年，梅钢公司党纪处分共11人，其中第二种形态占比64%、第三种形态占比18%、第四种形态占比18%，连续多年未发生C层级及以上领导人员职务违法、职务犯罪案件，员工违纪违法行为持续保持了低发态势。大监督体系的构建为梅钢公司的高质量发展和风清气正的生产经营环境提供了强有力的保障。

浅谈企业基层"微腐败"成因及治理对策

中国宝武新余钢铁集团有限公司纪委

姚忠发　　刘东明

党的十八大以来，党中央以"十年磨一剑"的定力推进全面从严治党，以"得罪千百人，不负十四亿"的使命推进反腐败斗争，坚持"打虎""拍蝇""猎狐"一体推进。习近平总书记指出，相对于"远在天边"的"老虎"，群众对"近在眼前"嗡嗡乱飞的"蝇贪"感受更为真切。"微腐败"也可能成为"大祸害"，它损害的是群众切身利益，挥霍的是基层群众对党和组织的信任。作为企业而言，基层党员干部身处服务职工群众一线，与职工群众联系交往最密切，企业基层"微腐败"问题，职工群众感受也最直接、最敏感，必须狠下功夫出重拳治理。

中国宝武新余钢铁集团有限公司（简称新钢集团）认真贯彻落实习近平总书记关于全面从严治党、加强党风廉政建设和反腐败斗争的重要论述，坚持以严的基调正风肃纪反腐，持续推进全面从严治企，加强预防和惩治基层"微腐败"行为，铲除滋生腐败问题的土壤，一体推进不敢腐、不能腐、不想腐取得了初步成效。2022 年，新钢集团先后查处了采购中心原业务员文某某严重职务违法案件和营销中心板加公司原发运岗位人员"吃拿卡要"等违纪违法问题，根据违纪违法的严重程度，涉案人员不仅受到了党纪政纪处分，有的还被移送司法机关。前事不忘、后事之师，纵观发生在我们身边的一些案例和涉腐涉贪问题，须引起高度重视，精准把握企业"微腐败"的主要表现形式和显著特点，深入剖析成因，从中汲取经验教训，做到警钟长鸣，防患于未然，切实抓好企业"微腐败"源头管控和专项监督治理工作。

一、企业"微腐败"的主要表现形式

（一）利用职权，徇私舞弊

通过身边案例不难发现，企业中少数基层管理人员凭借手中权力损公肥私、中饱私囊现象时有发生；其中有的基层管理人员，利用货物发运、物资检测、原材料采购职务之便，在具体实施过程中不按程序、不讲规矩、违规操作、弄虚作假，从中牟利，侵害企业利益。如采购中心文某某，身为一名基层原料采购业务员，利用职务便利，主动为供应商输送利益，收受供应商回扣、贿赂，数额巨大，其还经常违规接受管理服务对象吃请，收受管理服务对象礼品礼金，在管理服务对象处投资入股，违反中央八项规定精神、廉洁要求。

（二）自律不严，索拿卡要

少数风险岗位人员自我约束不足，对纪律规矩缺乏敬畏之心，以"人情交往、礼尚往来"为借口，利用岗位便利，主动索拿卡要，把职权变成生财之道，屡屡突破职业底线、肆意踩踏红线。如某单位发运验收岗位人员利用岗位便利，在装运业务中不时变相为难客户，向装运货车司机违规收受、索取装车费，甚至不给钱不送礼就不办事，严重损害企业形象，破坏营商环境。

（三）寻隙钻空，套取私利

有的基层管理人员随意"挥霍"组织和职工的信任，利用手中权力巧立名目，从中为自己或他人牟利；有的"拉山头"，在绩效分配中暗箱操作，关系好的多做奖、关系差的受委屈，为小团队牟利，损害多数人利益；有的钻空子，私自挪用、套取、截取职工收入，职工对此愤愤不平。如2014年查处的某车间主任桂某，违规虚做奖金私设"小金库"，用于支付车间购买办公用品、桶装水、生产急用备品备件、空调和电脑修理费用等，将所发生的费用虚列至经办人名下，有时甚至还将套取资金随意挪作个人私用，既损害了职工切身利益，更在群众中造成了恶劣影响。

（四）私卖人情，收受好处

在查处案件中发现有的治安保卫风险岗位人员，被不法人员"盯上"，利用平时的请吃小送拉拢关系、建立"友谊"，最终迫于交情，徇私枉法，因小失大。如2006年某单位保卫人员李某结识一无业人员何某，何某为今后能进厂偷盗东西时得到李某"关照"，平时经常请李某喝酒、送烟、给现金。正所谓吃人嘴软、拿人手短，在何某入厂偷盗东西时，李某"睁一只眼闭一只眼"，任由其侵害企业利益，直至案发被查获。

（五）履责不力，失职渎职

有的党员干部身处其位却不谋其政，作为业务主管人员或者项目把关人员，对重要问题严重失察，对关键环节把关不严，没有充分履职尽责，造成不良后果；有的对产品存储、转运、发货、监装等环节失管失查失职，导致物资轻易流失。如前些年在新钢集团进出厂物资检验中，每年总会查获到多装、夹带物资出厂的问题案件，通过倒查发现，大多是由于发货员、监装员履职不到位所致。

二、企业"微腐败"的显著特点

党的十九大以来，随着全面从严治党工作的持续深入，严肃惩治群众身边的不正之风和"微腐败"问题，已成为打通全面从严治党"最后一公里"的切入点和着力点。"微腐败"从广义上讲，是一种公权乱用行为，其显著特点为事小多发、牵涉面广、隐蔽性强、危害性大。现实中，有的职工群众对"微腐败"行为态度暧昧，是非界限不明，认为这些行为很小，见怪不怪，大家生活在一起，平时低头不见抬头见，处理起来没必要上纲上线、不近人情；有的涉事人对"微腐败"的严重后果认识不到位，我行我素毫无顾忌。诸如此类，准确识别和深刻把握"微腐败"行为特点成为了治理"微腐败"问题的关键环节。

（一）事小多发

相对"大老虎"，"微腐败"行为主体职级相对较低、涉案金额相对较小，表面看显得微不足道，但"微腐败"问题数量多、影响恶劣的情况不容小觑。比如一些基层干部在开展业务过程中，对接受一条烟、一盒茶、一次吃请等习以为常，没有正确认识到其行为已触犯廉洁底线，久而久之助长了歪风邪气，成为滋生"微腐败"的温床，甚至在本单位中带坏一片。

（二）牵涉面广

"微腐败"案件往往呈现出很强的关联性、群体性，相关行为主体在行为上相互串通、利益上相互勾连，涉案人员多，往往查出一个带出一帮，抓住一个牵出一伙，案件牵涉面广、串案多发。如2021年查处的某单位职工雷某某、胡某某等五人利用职务便利，通过提高废钢验收等级、降低垃圾夹杂物比例，给予废钢供应商照顾，并多次接受多家废钢供应商安排的宴请及餐后娱乐活动，收受废钢供应商赠送的购物卡等礼品，给企业造成较大损失。

（三）隐蔽性强

"微腐败"本质上是潜规则的外化形态，很多人认为逢年过节小范围请客吃饭、红白喜事收受礼金等行为是人之常情，甚至把请客吃饭、过节送礼当作增进关系和礼尚往来的必要手段，即使花费公款也可以接受。目前新钢集团三令五申要求"三不吃请"（即不得违规接受供应商的宴请、上下级包括管理服务对象之间不得互相吃请、部门与单位之间不得互相吃请），但上有政策下有对策，仍有部分人员变着法子顶风违纪。有的职工群众或服务对象原则性不强、警惕性不高，面对"微腐败"行为藏着掖着，甚至主动为"微腐败"行为打掩护，形成"利益小群体"，造成事前事中难发现，增大了监督执纪问责难度。

（四）危害性大

企业中的"微腐败"大多发生在职工群众身边，破坏力极强，其侵害的是职工群众切身利益，破坏的是企业政治生态，削弱的是企业形象和公信力。现实生活中，基层"微腐败"就如蛆虫一样寄生于那些意志力薄弱、放松自我管理的党员干部、风险岗位人员身上，并不断滋生蔓延，破坏干群关系，腐蚀党员干部，损害企业利益，败坏企业形象和社会风气。

三、企业"微腐败"产生的主要原因

(一) 思想道德滑坡，"三观"偏离轨道

一些基层党员干部放松自我约束，廉政意识和自律意识不强，艰苦奋斗、无私奉献的精神有所退化，世界观、人生观、价值观发生扭曲，经不起花花世界的诱惑和别有用心者的引诱，利己主义、拜金主义、享乐主义抬头，理想信念逐步丧失，有意无意借利用手中的"微权力"谋取私利，由量变到质变，积小贪成大恶，最终走上贪腐不归路。

(二) 纪法意识淡薄，肆意踩踏红线

尽管企业通过各种形式不断加强党风廉政建设和反腐败斗争，但仍有基层党员干部、风险岗位人员没有真正入脑入心，底线意识、红线意识薄弱。有的当事人对违纪违法行为概念模糊，心存侥幸铤而走险，受利益驱使越陷越深，最终滑落犯罪深渊；有的当事人认为接受业务单位吃请是开展工作需要，甚至认为收受烟酒、礼品等"合情合理"，我行我素，将中央八项规定精神抛至脑后，直至东窗事发而追悔莫及。某违纪人员曾在接受诫勉谈话时检讨：如果自己平时多花一点心思在学纪学法上面，遇事多一分警醒，就不会一时糊涂干出违纪之事。类似这种纪法界线不明、法制观念淡薄，直至触犯纪法受到惩处才幡然醒悟的案例并不少见。

(三) 监督流于形式，监管纠治缺位

在推进党风廉政建设和反腐败工作中存在"宽松软"现象，主要表现为"上级监督太远、同级监督太软、下级监督太难"。在实际工作中，有的制度被束之高阁、形同虚设，落实执行大打折扣；有些单位的纪检部门只有在接到线索举报才介入调查，主动作为意识不强，"全周期管理"缺位；有的纪检干部斗争精神不强，在监督执纪中没有把纪律挺在前面，受"老好人"思想影响较多，在熟人监督、监督熟人中搞选择、打折扣，导致监督执纪流于形式，无法发挥出实实在在的效果。

四、企业"微腐败"的治理对策

习近平总书记在十九届中央纪委第二次全体会议上强调，"老虎"要露头就打，"苍蝇"乱飞也要拍。企业"微腐败"，"微"在基层，"危"在民心，治理不好可能变成"大祸害"。反腐莫论事大小，倡廉不在位高低，基层单位要清醒认识到"微腐败"的危害，以全面从严治党推动全面从严治企，将主题教育和教育整顿有机结合，在一体推进"三不腐"同时发力、同向发力、综合发力中聚焦"微腐败"治理，为企业高质量发展提供坚强纪律保障。

（一）强化职责担当，压实廉政责任

打铁还需自身硬。首先，党委要扛起主体责任，牢牢抓住党风廉政建设和反腐败斗争这个"牛鼻子"，严格履行党政同责，落实领导班子成员"一岗双责"，建立健全履职、作风、工作问责"三位一体"机制，构建覆盖领导班子、领导干部、直接责任人"三环相扣"的"闭环式"问责体系，对"微腐败"问题一律实行"一案双查"。其次，纪委要切实履行好监督执纪问责责任，不断增强发现、调查、处理"微腐败"问题的综合能力，做到能管、敢管、会管、善管。

（二）建立健全制度，强化源头管控

要紧盯"微腐败"多发易发的重点岗位、关键环节和重点人群，建立健全权力清单、责任清单、问题清单、制度清单和权力运行流程图，厘清关键环节，优化权力运行，强化源头管控。要结合企业和单位实际全面梳理排查岗位廉洁风险点，科学合理评估风险等级，建立廉洁风险治理清单，细化优化防控措施，完善监督激励机制，有效堵塞管理漏洞，真正扎紧制度的笼子，让"微权力"不敢伸手、"微腐败"无机可乘，做到制度管人、流程管事、监督管权。

（三）加强廉洁教育，筑牢廉洁防线

要教育引导党员干部对照党章党规党纪，树立正确的人生观、价值观、权力观，不放纵、不越轨、不逾矩，守住守牢拒腐防变底线。把廉洁教育转化为对职工严管厚爱的具体行动，做到抓早抓小，防微杜渐。一要发挥阵地优势，充分利用各种廉洁教育基地、廉洁文化平台，开展寓教于乐的廉洁文化活动，让干部职工在潜移默化中接受廉洁教育。二要加强警示教育，发挥案例警示作用，用身边事教育身边人，以案为戒、以案促改，达到"查处一案教育一片、一人被查万人受教育"的效果。三要精准运用"四种形态"，对日常工作中发现的苗头性、倾向性问题，灵活运用核实了解、提醒谈话、警示教育、批评整改等方式，及时教育提醒，扯袖红脸，宁听骂声、不听哭声。四要发挥新媒体平台作用。通过企业微信公众号、"三有家园"论坛等平台，讲好身边的廉洁诚信故事，唱响廉洁之声，弘扬社会正气，抵制歪风邪气，激励干部职工争做廉洁模范表率，营造人人崇廉尚廉的良好氛围。

（四）创新管理举措，织密廉洁"天网"

一要构建大监督体系，做到全员参与、全程控制、全面覆盖、全网互联等"四全合一"，形成以业务监督为主体、职能监督为支撑、专项监督为保障的三线监督架构。用好监督执纪"四种形态"，坚持从严管理、不留空白死角，对发生在基层群众身边的不正之风和"微腐败"问题"零容忍"，设立高压线，划定红线区，实行负面清单管理，提高违规违纪成本，形成高压震慑，让"微腐败"如过街老鼠人人喊打。二要数字化赋能监督，通过大数据做到留影留痕留据，让弄虚作假、徇私舞弊、索拿卡要等

"微腐败"行为无处遁形。三要发挥群防群督作用,深入开展"微腐败"专项监督,畅通"微腐败"行为线索举报渠道,实施精确打击,形成有力震慑;强化党风廉政建设监督队伍,通过压担子、创平台、给激励,让专项监督和监督员成为一个个"探照灯",让"微腐败"无处遁形。四要大力开展企业无"微腐败"示范单位创建活动,坚持严管与厚爱相结合,把反腐倡廉延伸至八小时外,深度融合家庭家教家风建设,探索推行党员群众相互监督廉保、家庭成员承诺助廉等廉政教育新模式,引导党员干部人人会算政治账、经济账、名誉账、家庭账、自由账,自觉净化朋友圈,规范生活圈,共同营造良好的党风、政风、家风,形成企业、社会、家庭全方位倡廉、建廉、助廉网。

习近平总书记指出,我们党是世界上最大的马克思主义执政党,要巩固长期执政地位、始终赢得人民衷心拥护,必须永葆"赶考"的清醒和坚定。治理企业和基层"微腐败"各级党组织和纪检机关必须将严的基调、严的措施、严的氛围始终贯穿于"微腐败"治理中,及时发现和整治群众身边的"微腐败",让群众切实感受到全面从严治党就在身边,切实体会到从严治党带来的获得感、幸福感、安全感,不断厚植党执政的政治基础和群众基础。

清廉文化进企业　清风书香扬正气

——冶金工业出版社廉洁文化建设探索和思考

冶金工业出版社有限公司纪委

黄梓芸　　马文欢

一、实施初衷

中国共产党自成立起就十分重视廉洁文化建设，在百年来的发展历程中，积累了丰富的理论成果和实践经验。事实证明，加强廉洁文化建设对中国共产党进行自我革命、凝聚党内力量、战胜艰难险阻、实现宏伟蓝图起到关键性作用。

尤其是党的十八大以来，以习近平同志为核心的党中央把加强廉洁文化建设摆在更加突出的重要位置，将廉洁文化建设作为"必须长期抓好的重大政治任务"。

为进一步贯彻落实新时代廉洁文化建设要求，充分发挥廉洁文化在推进"不敢腐、不能腐、不想腐"中的引领作用，冶金工业出版社有限公司（简称冶金工业出版社）党委紧紧围绕找准载体、突出重点、营造氛围的工作思路，拓展多元化教育手段，用书香气质"浸润"职工心田，将廉洁文化与企业文化贯通融合，涵养风清气正的良好政治生态。

二、主要做法

（一）明确任务、压实责任

在启动阶段主要做了三方面工作。一是做好思想动员。为提高对廉洁文化建设工作重要意义的认识，以"现场+线上"方式，在全社范围内召开了廉洁文化建设启动会，会上进行了宣贯，统一思想，明确了开展廉洁文化建设是推进党风廉政建设的重要举措。二是做好工作规划。冶金工业出版社党委结合单位实际，制定了切实可行的《冶金工业出版社廉洁文化建设方案》，并附有实施细则，涵盖5项重点任务、27条具体措施并明确落实主体，以确保各项任务落实执行到位。三是做好组织保障。建立健全廉洁文化建设工作机制。第一时间成立党风廉政建设领导小组，形成"一把手"亲自抓、领导班子成员齐上阵、各支部具体推进、职工全体参与的大抓党风廉政建设的局面。

（二）领导带头、全员参与

一是发挥党委、纪委引领作用。在学习上，坚持党委中心组先学一步，在落实第一议题制度的同时，学习党中央、中国钢铁工业协会（简称中钢协）党委党风廉政建设和反腐败的有关会议精神和要求。在实践上，党委、纪委精心安排、统一部署，组织发起系列活动。纪委负责同志抓住关键时间节点，分别于 2022 年 11 月和 2023 年 7 月，讲授题为《学习贯彻二十大精神　增强拒腐防变定力》和《回顾百年监督之路 学好新时代廉政法规》专题党课。二是注重各级领导干部的示范作用。规范"三重一大"议事、领导干部个人有关事项报告、述职述廉等事项；坚持对新任及提拔干部开展廉政谈话，签订廉洁自律承诺书；坚持将干部参与廉洁教育及工作中的现实表现同对他们的监督、管理、考核结合起来，努力提高其思想素质和道德水平，让干部在广大职工中起到正向引导作用。三是坚持全体党员干部共同参与。在开展基本理论、观看视频、交流研讨等学习时做到全体党员干部全覆盖。同时，突出重点岗位、敏感岗位员工的廉洁教育工作，出版中心、营销中心、资产管理部等与上下游重点合作商签订廉政协议，督促相关人员忠实履行岗位职责，进一步弘扬崇廉拒腐社会风尚。

（三）深化学习、武装头脑

在持续深入学习贯彻习近平新时代中国特色社会主义思想和党的二十大精神的基础上，引导各党支部严格落实"第一议题"制度，坚持把习近平总书记关于全面从严治党、坚持自我革命等重要论述作为学习重要内容。冶金工业出版社在 2022 年党支部标准化、规范化建设（简称"两化"建设）期间，为各在职党支部配备了《忠诚与背叛》等 7 本廉洁图书，2023 年为全体在职党员配备了《习近平关于严明党的纪律和规矩论述摘编》和《习近平关于党风廉政建设和反腐败斗争论述摘编》两本学习材料。此外，设立"清廉书架"，首批购置 16 本廉洁图书，包括反腐文学、廉洁理论、历史借鉴等多方面内容，主题鲜明，内容翔实。通过领导干部带头学、全体党员共同学，力求学有所得、学有所悟。

（四）多措并举、扎实推进

一是持续加强组织领导。自 2023 年 4 月起，每月开展一次廉洁文化建设推进会。纪委负责人、党务纪检专员介绍整体情况，支部纪检委员介绍本月各支部具体推进情况，并明确下一步工作思路和举措。二是着力强化制度建设。把廉洁文化建设与内控机制建设结合起来，梳理、补充、完善相关制度体系，2022 年牵头梳理了近 10 年的所有制度，完成了《冶金工业出版社制度汇编（2022 版）》（共 98 项制度），印发给各部门，确保党建业务各项工作都有规可依、规范有序。2023 年继续完善纪检制度，5 月发布《关于贯彻落实中央"八项规定"的实施细则》《建立纪委向党委汇报机制》《约谈制度》3 项制度，从制度完善入手，筑牢廉洁防火墙。三是做深做实警示教育。及时传达学习中央纪委通报案例，强化反面教材的教育警示作用；组织学习《监督执纪

"四种形态"》《反腐月报》等文件，组织观看《信念·抉择》《酒祸》《悔悟》等视频，引导党员干部以案为鉴，自觉抵制不正之风，提升不想腐的思想自觉；组织参观中央国家机关廉政教育基地——恭王府博物馆，加深党员干部对中央党风廉政建设决策部署的认识和理解。四是用好微加智慧党建平台。开展线上廉洁知识测试，激发学习自觉性，有效检验学习成果；在"廉洁文化"学习模块发布廉洁奉公、反腐倡廉小知识，供党员们随时随地学习。五是着力打造廉洁文化阵地。充分运用冶金工业出版社东院墙，融入"清廉元素"，因地制宜打造"廉洁文化墙"。共设置了 17 块展板，通过悬挂习近平总书记重要讲话和廉洁警句，使全社职工受到直观的再提醒、再教育，营造了崇尚廉洁、风清气正的良好氛围。

（五）立足主业、结合融合

冶金工业出版社将出版工作和廉洁文化建设相结合。首先，为集中展示钢铁企业纪检监察系统最新最优创新成果，为推进党风廉政建设和反腐败工作高质量发展提供有益借鉴和鲜活经验，2022 年正式出版《钢铁卫士》一书。接下来计划挖掘钢铁行业党风廉政建设和廉洁文化建设典型，组织编印案例汇编并在行业内推广发行。其次，借图书出版，厚植新时代廉洁文化根基。如出版发行了王永光的《心声》，其内容就包括作者对淡泊明志、自律等省身之声；出版的《殷瑞钰传》等院士传记系列图书，借弘扬科学家精神，助力廉洁文化建设。

将廉洁文化渗透、充实到企业文化之中，在中层干部生产会、党员集中学习会、员工交流座谈会上多次强调廉洁文化是企业文化的重要组成部分。充分发挥教育、引导、浸润功能，督促引导全社职工增强拒腐防变的抗体，展现出版社独具的书香气质。把廉洁文化建设作为加强干部队伍建设的重要内容，持续为党员干部，尤其是各支部纪检委员开展廉洁赋能教育。

深挖党建引领，夯实廉洁文化建设基础。冶金工业出版社党委将党建与党风廉政、监督检查、廉洁教育等工作紧密结合，开展"一月一考""每月一本书""每月打卡一地"等活动。2023 年以来，共完成党委书记讲党课 2 次、党支部书记讲党课 5 次、主题党日活动 30 余次、各类知识测试 6 次，努力推动党建与廉洁文化建设同频共振、相互促进。

不断深化党支部"两化"建设成果，坚持把廉洁文化建设纳入各支部工作统筹考虑、一体推进。2022 年党支部"两化"建设时，把纪检工作当作其中一项重要任务指标抓牢抓实。2023 年，在制度机制、阵地建设、队伍管理、宣传载体等方面，继续推动廉洁理念融入日常、浸润人心。

（六）创新形式、营造氛围

冶金工业出版社充分挖掘习近平新时代中国特色社会主义思想中的廉洁政治廉洁文化的精神内核，深入学习、理解、内化于心，不断增强党员党性修养。一是教育促廉，筑牢思想基础。按月组织打卡北京市廉政教育地图，如：2023 年 5 月 8 日组织参观中国人民大学家书博物馆，引导党员干部向上向善、修身廉洁，以优良家风带党风带政风；6月27日组织参观香山革命纪念馆，运用互动式、情景式、沉浸式教学方法，进一步坚定信仰，自觉加强党性锤炼，砥砺政治品格。"七一"前夕组织在职和离退休党员代表过"政治生日"，听老干部讲述过去的峥嵘岁月。7月上旬，开展"南湖红船模型"亲子制作活动，激励全体党员守初心、担使命。二是读书促廉，培育廉政之风。开展"书香润廉 以文化人"读书分享活动，16 名党员干部各认领学习一本廉洁图书，主要以廉政小故事、古今廉政文化、典型案例为主。阅读完成后以读书会方式分享阅读感想，既能锻炼干部演讲口才，又能营造"人人爱廉洁、人人讲廉政"的良好氛围。5月中旬起，每月开展两次读书分享会，已顺利开展了第一期《中国共产党百年廉洁政治之路》、第二期《严以治家》、第三期《画访谈违纪违法年轻干部案例警示录》、第四期《党员干部必知的中国清官》和第五期《新时代廉政法规导读》。三是家风促廉，筑牢纪律红线。良好的家风是经历过岁月积淀下来的精神之光，是历久弥新的传承。冶金工业出版社组织深入学习贯彻习近平总书记关于注重家庭家教家风建设重要论述精神，传承家书文化，开展"我的家书"征集活动，倡议职工给家人写一封家书，充分发挥家庭成员亲情监督预防作用，引导党员干部自觉修身齐家，培育廉洁家风，努力在全社营造廉洁奉公、家庭助廉的良好氛围。所有提交的家书均通过内网发布，并从中择优在社内廉洁文化墙展出。

三、取得的成效

廉洁文化是提倡廉洁自律、秉公办事、不徇私情、不谋私利、为人民服务、清白做人的精神。冶金工业出版社自开展廉洁文化以来，党委书记带头，率先垂范，在社内积极倡导秉公办事、不徇私情、清白做人的企业文化，取得一定成效。

（1）员工之间关系更加健康。在这种文化影响下，员工彼此之间更加坦诚，上下级关系健康，全社员工精神面貌大有改观，敢讲真话，敢提意见，敢于试错。

（2）节约成本意识大大提升。出版中心通过调查研究，在描图、印装成本方面积极探索缩减成本的办法；营销中心在 2023 年全面恢复市场营销活动的情况下，充分考虑投入产出比，避免不必要的营销成本支出。

（3）财务审核把关的内控环境向好。在这种廉洁文化影响下，财务部门在报销审核时候可以打消很多顾虑，敢于坚持原则，秉公办事，不徇私情，敢于做"不纠结"的财务人。

（4）规避风险、规范业务行为意识增强。出版中心与所有合作厂、资产管理部与装修公司在签署合同时主动签署廉政协议；营销中心针对过去的实际问题规范了一些业务行为，如在参加书展、与经销商的业务往来中的具体操作办法。

（5）职工参与度和归属感显著提升。创新方式方法，通过廉洁图书分享会、写廉洁家书、打卡北京市廉政地图、做南湖红船模型、过党员政治生日等活动，切实提高单位思想政治"软实力"，凝聚发展新动能。

（6）企业整体效能大大提升。在这种清白做人文化影响下，彼此之间沟通成本大为降低，企业内耗减少，大家集中精力干事创业。在班子成员不足、职工人数没有太大变化的情况下，在保证出版主业正常运转前提下，能够全力推进"冶金专业教材和工具书经典传承国际传播工程"，做好螺纹钢产业联盟等工作，做好 70 年社庆系列营销活动。从财务指标上看，上半年单位的营收同比大幅增长。

四、启示与思考

自成为中钢协系统廉洁文化试点单位以来，冶金工业出版社党委、纪委把廉洁文化建设作为当前和今后一段时间的党建工作重点，抓在经常、融入日常，以文化人、固本培元。通过前期的探索和实践，也产生了一些收获。我们深知，廉洁文化建设是一项长期的工作，廉洁文化的"落地"更是一个艰难的过程。接下来，我们将从以下几方面继续努力。

（一）深化认识

思想认识的深度是工作措施到位的先导，也是工作取得成效的先决条件。廉洁文化建设是企业文化建设的一个重要方面。要充分认识党中央提出大力加强廉洁文化建设的要求，充分认识廉洁文化在加强党风廉政建设和反腐倡廉工作中的重要作用，充分认识建设廉洁文化在促进企业改革发展各项工作的积极作用。

（二）健全机制

企业廉洁文化建设如同企业文化建设一样，是一项系统的工程，涉及方方面面，要用系统管理的原则和要求，理顺与企业文化建设的关系。要从单位实际出发，在党委的领导下，将廉洁文化建设纳入企业文化建设统一管理范围内，做到整体规划，分头实施，有序推进，形成合力。

（三）根植于民

职工群众是推动企业党风廉政建设和反腐倡廉工作的基本力量。在建设过程中，既要面向领导干部，更要面向职工群众，夯实群众基础，让廉洁文化被广大职工群众所接受，在职工群众中产生共振、共鸣，促进企业形成反腐倡廉的良好氛围。

（四）创新载体

要精心设计廉洁文化建设的有效载体，做到内容和形式的统一、方法和效果的统一、深度和广度的统一。不断挖掘资源、创新方法，把教育学习与单位资源紧密结合起来，用心用情开展一系列丰富多彩、活泼有趣的教育学习活动，使职工在潜移默化中受到教育，切实提高廉洁文化建设水平，让廉洁文化在冶金工业出版社工作中落地、生根、开花、结果。

站在新起点上，冶金工业出版社全体干部职工会继续发扬自我革命精神，以打铁必须自身硬的决心，练就自我净化的"绝世武功"，提高纪检工作水平，营造廉洁文化氛围，为实施冶金工业出版社"十四五"规划、实现高质量发展提供坚强保障。

用"全周期管理"理念一体推进
"三不腐"建设

首钢集团长治钢铁有限公司纪委

申红岗　　武伯瑾

事必有法，然后可成。习近平总书记在中共中央政治局第四十次集体学习时，就一体推进"三不腐"提出明确要求，强调要"用'全周期管理'方式，推动各项措施在政策取向上相互配合、在实施过程中相互促进、在工作成效上相得益彰"，为深化"三不腐"体制机制的运用指明了方向。为此，首钢集团长治钢铁有限公司（简称长钢公司）纪委围绕运用"全周期管理"理念一体推进"三不腐"这一重大命题，进行了深入思考和探索实践。

一、充分认识运用"全周期管理"的重要性

事物是普遍联系的。作为一种现代化管理理念和管理模式，"全周期管理"注重从系统要素、结构功能、运行机制、过程结果等层面进行全周期统筹和全过程整合，以确保管理体系各环节运转高效、系统有序、协同配合。

把"全周期管理"引入反腐败斗争，是对党的十八大以来反腐败工作经验的总结，对管党治党规律认识的深化，为加快补齐全面从严治党治理体系的短板和弱项、提升治理水平提供了思想指引和方法路径，要充分认识这项工作的重要性。

二、用"全周期管理"推进"三不腐"的主要做法

（一）坚持党的领导，统筹各项工作，让"三不腐"建设更加系统

自觉将"三不腐"建设放到全面从严治党的大局中思考谋划，把党委主体责任、纪委监督责任统筹起来，把党组织书记"第一责任人"职责、分管领导"一岗双责"联动起来，推动"四责协同"。2023年初，长钢公司召开党风廉政建设和反腐败工作会议，总结部署全面从严治党工作。长钢公司领导同分管二级单位党政主要负责人签订党风廉政建设责任书，进一步细化分工，压实责任，推动党风廉政建设各项任务部署落实落地。长钢公司党委下发年度落实全面从严治党任务安排，长钢公司纪委下发年度纪检工作计划，并纳入月重点工作分解落实，做到了月总结、季研析、半年专题研究、年度

考核评价闭环管理，形成了统一协调、各负其责、互促共进的"三不腐"建设工作格局。

（二）严管厚爱治"已病"，保持"不敢腐"的强大震慑

规范运用监督执纪"四种形态"，强化应对处理。针对苗头性、倾向性问题，通过批评教育、提醒谈话、函询诫勉等方式把问题解决在萌芽状态，解决抓"早"的问题；对轻微违规违纪行为，及时通报考核，给予党纪行政处理，防止小问题变成大问题，解决抓"小"的问题；对严重违规违纪行为，依规依纪严肃处理，构成违法的坚决移送，解决"红线"问题和"底线"问题。2022 年度，长钢公司运用"四种形态"处理 15 人，其中第一种形态 11 人，第二种形态 3 人，第三种形态 1 人。在保持严的基调不放松的同时，体现了严管厚爱。

（三）完善制度机制，强化辩证思维治"欲病"，织密"不能腐"的网络

1. 完善管理制度，让"三不腐"建设结构更加完整

长钢公司以制度建设为着力点，以"做得到、管得住、行得通"为制度建设目标，对框架、程序、操作文件进行梳理并修订完善，制定了《公司董事会向经理层授权管理制度（试行）》，修订了长钢公司党委会、经理层、董事会工作规则，《"三重一大"事项决策实施办法》《领导班子和领导人员管理评价办法》《党组织书记抓基层党建工作述职评议考核办法（试行）》，修订颁发了《首钢长钢公司管控权力清单 V2.0》和《首钢长钢公司风控手册 V1.2》，打牢"权力清单、规章制度、风控手册"内控基础，巩固深化"三清晰三到位"岗位责任体系，推进合规管理，夯实了廉政风险防控管理制度根基。

2. 创新工作机制，让"三不腐"建设更加精准有力

建立"派驻"工作机制，强化对驻在单位"一把手"和班子成员的近距离精准监督。2016 年，长钢公司向廉政风险较大单位派驻纪检组长以来，派驻制度机制不断完善，效果日益显现。长钢公司派驻纪检组长严格执行《派驻纪检组长管理办法》，瞄准关键点、关键处，认真履行监督职责，紧盯驻在单位制度是否严密、有无执行、权力运行是否合规，关闭制度"天窗"，协助驻在单位制修订管理制度 21 个，提出修改建议 35 条。通过列席会议、下发提醒、听取汇报、抽查检查等方式，对各驻在单位"三重一大"制度落实情况进行全方位"体检"，提出整改建议 4 条。对驻在单位全面从严治党主体责任清单落实、制度执行等情况进行监督检查 28 次，进一步规范议事决策程序，强化制度执行，保证了廉洁用权。

深化"监督工作联席会"工作机制。各成员单位密切配合，充分发挥专业优势，形成了发现问题、反馈问题、沟通问题、解决问题的闭环监督工作体系。针对后勤服务中心领导人员离任审计发现的管理制度方面诸多问题，及时启动了联席会机制。纪委、公司办、采购中心、人力资源处、设备处、法务审计处、生产技术处、计财处 8 个部门联合研究监督指导后勤服务中心完善制度建设工作，分别从集体决策、外租房、公车管理、物资采购、用工考核工资发放、固定资产管理、合同管理、外接能源管理、

收付款业务 9 个职能管理专业方面，采用集中研讨、分片包干、定期会商、集体审核的方式推动制度修订完善。通过联席会推动组织召开协调会 6 次，专题研究 2 次，深入对口部门调研 3 次，监督指导后勤服务中心修订完善制度 24 个，形成了监督合力，提高了监督效能。

3. 强化辨证施治，让"三不腐"建设更加系统全面

善于抓整体、抓全局，防止以偏概全、顾此失彼。以政治生态研判为抓手，通过定期为长钢公司政治生态画像，全面掌握了长钢公司全面从严治党和党风廉政建设情况，保证了"风清气正、人和气顺"一张蓝图、一体落实、一贯到底。2021 年 8 月，长钢公司结合自身实际，印发了《政治生态分析研判工作实施办法》，围绕全面从严治党的 9 个方面，设立了 30 项评价指标。长钢公司纪委牵头组织党委办公室、组织部、宣传部、法务审计处、武保处、工会等 7 个部门对 25 个直属党组织及其班子成员进行季度评价和年度综合研判。分析研判坚持目标引领、问题导向、综合考量的基本原则，既实现精准评价，又起到正向引导作用，既实现有效评价，又有利于发现和解决问题。一方面点出特色做法、显著成效，指出突出问题、风险隐患，形成《政治生态建设工作评价表》，评价指标结果好的亮绿灯，正常的亮蓝灯，警示的亮黄灯；另一方面强化结果运用，研判评价情况每季报长钢公司党委，为加强政治生态建设提供决策依据。对发现的问题，建立清单，在基层书记例会中进行通报并督促整改。2022 年，长钢公司共开展季度政治生态研判 4 次，亮绿灯 19 盏，黄灯 13 盏。

善于抓重点、抓主要矛盾，防范"木桶效应"。工作中坚持根据不同时期、不同阶段，研究把握工作的重点、方向、时机和力度，以重点突破带动整体推进。2021 年，长钢公司受到党纪处分的 8 人中，有 4 人是因为酒驾醉驾。长钢公司纪委高度重视，2022 年深入基层全覆盖讲解《拒绝酒驾》警示教育课 36 次，并通过长钢公司网络培训平台组织全员进行学习。紧盯重要节点下发廉洁过节通知，督导各单位进行廉政提醒谈话，打好远离酒驾"预防针"。下发《首钢长钢公司纪委关于从严惩处、深挖彻查酒驾醉驾违纪问题的规定》，明确了"五查清"要求，对酒驾醉驾背后的情况进行深挖彻查，严肃追责，不断释放严的信号。2022 年，长钢公司酒驾问题线索量由 2021 年的 4 件降低至 1 件，扭转了酒驾醉驾势头，带动了长钢公司政治生态整体向好。

善于抓早抓小，做到叶落知秋，防微杜渐。强化对隐蔽性和萌芽态问题的源头治理，紧盯"关键人""关键岗""关键点"，把开展廉政谈话作为监督的切入点，制定《廉政工作"六必谈"工作方案》，明确谈话的情形、内容、程序及结果运用，要求根据谈话对象的不同特点、不同情况，采取不同的方式方法，层层监督、层层谈话。2022 年，长钢公司对选拔任用的 17 名干部、换届的 6 个党支部委员进行了谈话，既谈政治、专业学习，也谈人格修养、角色转换；对重点工程项目涉及的关键人员进行廉政提醒谈话 500 余人次，既谈廉洁从业之责，也谈安全生产之责，坚决防止工程"上马"，干部"下马"；重要节假日前，26 家基层单位全部进行了廉洁提醒谈话，既谈严防"四风"问题反弹，也谈制止餐饮浪费行为；长钢公司纪委针对废钢采购、原料检化验、钢渣处理等环节暴露出的苗头性倾向性问题，下发监督建议书 10 份，并约谈了

采购中心、质量监督站和附企公司党政"一把手"，既谈了问题产生的原因，也谈了问题可能导致的后果；对办理婚丧事宜的 4 名职级 L7 以上党员领导人员进行事前提醒谈话，既谈应该遵守的相关制度规定，也谈违反婚丧相关制度应受到的处理；对受到党纪处分的 2 人、通报考核的 38 人进行教育谈话，既谈受到处分处理后的整改情况，也谈受处分处理人员的思想动态。长钢公司共开展廉政工作"六必谈"700 余次，2000 余人次接受廉政谈话。各单位"一把手"及班子成员主动监督、靠前监督意识明显增强，长钢公司问题线索比上年减少了 50%。

4. 注重问题导向，让"三不腐"建设更接地气

紧盯重点问题开展专项监督。围绕长钢公司党代会、职代会确定的目标任务，强化对重点项目、重点工程的监督检查，做到公司重大决策部署到哪里，监督检查就跟进到哪里，重在发现问题，推动责任落实。长钢公司纪委采取"四不两直"方式，对外购原燃料质检结算、外转能源管理、业务招待费使用等开展专项监督检查 20 余次，发现廉政风险 3 个，下发监督建议书 4 份，提出整改建议 4 条，相关问题已全部整改完成。

（四）创新教育形式治"未病"，提升"不想腐"的思想觉悟

长钢公司纪委深入研判历年党员违规违纪问题思想根源，分层分类系统开展形式多样的警示教育。

开展"全面从严治党送党规党纪下基层活动"，对"一把手"和领导班子成员开展纪律教育。2023 年初，纪检干部深入基层调研，结合基层单位实际和个性化学习需求，深刻剖析违纪典型案例，精心备课，形成《隐形"四风"和典型腐败案例剖析》《以案为鉴以案促改》《珍爱生命，远离酒驾》《中国共产党纪律处分条例实践应用》4 个课件，为长钢公司 29 个基层单位讲解 80 余场 160 余课时，受教育党员领导人员 1600 余人次。

组织"警示教育进班组活动"，强化对普通党员的教育。长钢公司纪委下发《关于开展"警示教育进班组"活动的通知》，指导各基层单位结合自身特点，每季度确定一个主题，通过组织观看警示教育片、纪委书记带头进行典型案例讲解、积极引导受教育党员谈看法、说体会等方式开展教育，达到入脑入心，触及灵魂的效果。2022 年，长钢公司各二级单位因地制宜，深入班组进行警示教育 350 余场，受教育党员 3500 余人次。

针对全体职工开展案后教育，营造廉洁文化氛围。2022 年，针对违反党纪、未完成生产经营任务指标、造成生产事故等问题，下发问责处理通报 4 个，进一步剖析原因，起到了震慑作用。充分利用长钢公司反腐倡廉警示教育基地，开辟酒驾醉驾、靠企吃企专栏开展警示教育 53 场，受教育党员 1500 余人次。通过长钢公司微信公众号开辟纪律小讲堂栏目发送廉洁提醒信息 48 条，营造了廉洁文化氛围。

三、对运用"全周期管理"理念的几点思考

（一）"全周期管理"对纪检监察工作履职尽责提出更高要求

要主动应对新形势新挑战，深化对管党治党规律、反腐败斗争规律的认识，更加

系统全面地掌握监督执纪本领，不仅能查办案件，更要做实做细日常监督，见微知著、防患于未然。不仅要盯紧老问题着力解决，也要不断研究新情况、解决新问题、拿出新举措。

(二)"全周期管理"关键在"全"，落脚点在"管理"

正所谓"针尖大的窟窿能漏过斗大的风"，任何一个领域、任何一个环节出现漏洞，都容易造成顽瘴痼疾禁而不绝、治而未果。要强化从源头到末梢的全过程管控、全流程监督、全要素覆盖，既要从苗头性倾向性问题入手，加强源头管控，见之于早、抓之于实、求之于解；也要聚焦重点领域和关键环节，完善事前事中事后全程治理机制，打通落实的"最后一公里"，确保不留死角。

(三) 要准确把握事物发展的阶段性特征和变化趋势

任何事物都不是一成不变的，时刻处于动态变化之中。只有辩证施治，才能切实提升治理的科学性。面对腐败手段隐形变异、翻新升级等新特征，以及工作中层出不穷的新情况新问题，要深邃洞察敏锐观察，做好主动防范的思想准备，制定缜密细致的工作预案，不断增强治理的预见性和敏捷度。要坚持用马克思主义的立场观点方法武装头脑、创新实践、推动工作，以"时时放心不下"的责任感，狠抓落实、善作善成，不断开辟一体推进"三不腐"建设的新境界。

贯通实施"四化一中心"
全面提升企业监督效能

——河钢集团唐钢公司纪委提升监督效能的创新和实践

河钢集团唐山钢铁集团有限责任公司纪委

于春渊　韩明舰　姬颖玉　刘　维　祁　烨　车明浩

推动和完善党和国家监督体系是党的二十大做出的重大战略部署，"按照党统一领导、全面覆盖、权威高效的要求，推动完善纪检监察专责监督体系"是构建和完善中国特色社会主义监督体系重要内容。国有企业是中国特色社会主义重要物质基础和政治基础，落实纪委监督责任是国有企业全面从严治党标本兼治的重要任务。作为河钢集团核心骨干企业，按照河北省纪委、河钢集团有限公司（简称河钢集团）纪委的工作部署，全面加强基层监督，完善监督机制，统筹监督力量，推动企业监督融入生产经营关键环节，发挥更大治理效能成为 2023 年落实监督职责重要任务。

一、当前国有企业纪委发挥监督治理效能存在的现状

钢铁企业生产经营涵盖了物资采购、设备进口、质量检验、产品销售等诸多环节，在采购、营销、安全、能源、环保、工程、财务、招投标等领域均设有专门的业务管理层级，赋予专业监督和管理职能。国有企业按照党组织设置程序，根据部门性质和党员人数，设立了基层党组织和纪检监察机构，履行相应的监督职责。部分管理部门存在既有业务监督人员、又有行政管理、纪检监督人员的现状。从实践看，这些业务管理部门从专业性、时效性和管理职权等多角度考虑，更加偏重于业务和管理监督。原因有以下三个方面。

（一）不同层级纪检监察机构职能定位不统一

国有企业内部各级纪检监察机构面对的监督对象、管理层级、业务领域、权限范围等多方面不同，使不同层级纪委虽然归同一个上级纪委管理，但是监督责任落实的着力点、力度均不同，加上人员素质以及对上级纪委政策制度理解不同等因素，容易发生"错位""越位""不到位"等现象。

（二）重复交叉监督较多

纪委、审计与党办、组织、宣传等党委各部门，以及各职能管理部室均有监督检查职责和权限，从各自职责出发都要围绕企业重点生产经营任务开展各类监督检查，监督检查重点难免有交叉和重复。

（三）纪委监督力量相对薄弱

当前国有企业各级纪委编制和人员配备基本到位，但与业务人员相比仍存在差距，同时人员素质难以满足国有企业做强做大的新形势要求，既有较高的政治素质，又掌握丰富的监督执纪实务经验，还熟悉本企业冶金、进料、销售、财务等专业管理流程的复合型人才培养有待加强。

二、唐钢公司纪委在发挥监督治理效能方面的探索和创新

河钢集团唐山钢铁集团有限责任公司（简称唐钢公司）党委现有 1.1 万名党员，40 个直属党委。近年来，坚决贯彻习近平总书记关于"坚决去、主动调、加快转"指示精神，落实河北省委省政府关于钢铁产业转型升级决策部署，按照"高端化、智能化、绿色化"定位建成现代化沿海钢铁基地——唐钢新区，踏上向海图强的新征程。2023 年以来，面对严峻市场形势，唐钢公司积极调整自身经营策略，主动应对钢铁行业"新常态"，立足技术升级新的发展阶段，探索以市场需求为导向的生产经营模式。作为生产经营重要环节的营销管理工作，能否精准发挥职能作用，实现保产促销，不仅关系到企业效益，也是企业全面从严治党，强化监督的关键领域。

唐钢公司市场部是双职能管理部室，既承担营销管理、战略客户开发管理、客户管理与客户服务、供应链及加工中心管理，又承担着新厂区工艺副产品销售、钢材外购管理等职责。作为连接生产端与客户端的纽带，市场部对内协调生产、技术、质量、物流等部门，对外与各行业、各领域客户联系、推介产品。业务范围涵盖价格审批、合同签订、货物仓储、交付结算、客户服务等权力领域，尤其需要强化监督力度。

为此，唐钢公司纪委立足监督第一职责、基本职责，做实专责监督，贯通各类监督，大胆创新，以营销管理为切入点，选择市场部纪委为试点，试行"融入企业中心工作+全面从严治党责任清单化、风险防控流程化、监督执纪常态化、纪检队伍专业化"的"四化一中心"监督路径，有效提升了监督治理效能。

（一）全面从严治党责任落实清单化，把牢政治方向"生命线"

1. 明确细化责任清单，坚持"从严治党"贯穿始终

唐钢公司纪委根据河钢集团纪委工作要求，结合唐钢公司实际，依据党风廉政建设"两个责任"《实施意见》，列出《党风廉政建设主体责任和监督责任清单》（简称《清单》），发放至每一名班子成员和中层干部。《清单》具体明确细化企业党委班子、主要负责人、班子成员，党委工作部门，纪委班子、主要责任人、班子成员等责任主

体的具体责任，突出针对性、可操作性和系统性，职责明晰、任务清楚，形成有力的工作支撑。

2. 履责情况纳入管理考核，坚持 PDCA 闭环管理

根据《清单》，制定《党风廉政建设责任制落实情况考核办法》，将具体管党治党责任，纳入领导干部年终绩效考核中，按照占比 10% 分值落实考核奖惩，对责任落实不到位的领导干部及时提醒、批评、纠正。按照考评结果，结合新一年中央纪委、河北省纪委全体会议精神，和企业形势任务要求，科学动态制定《党风廉政建设责任书》，在每年初党风廉政建设工作会议上组织各直属党委、纪委负责人签订，实现"责任—督导—评价—改善"PDCA 闭环动态管理。

3. 抓实岗位责任监督，坚持融入营销管理

市场部党委、纪委依托唐钢"公司、事业部、作业区（科室）"党风廉政建设三级责任体系，组织 40 余名重点岗位人员签订廉洁承诺书，主管科级负责人签字背书承诺责任，强化重点岗位人员廉政风险防范意识。市场部纪委定期开展基层调研谈话，及时了解思想动态，通过抓早抓小及时化解风险隐患，排除可能产生的不安全因素，引导职工强化风险防控中的自我约束、自我评估、自我完善，确保各岗位工作规范、有序、稳健运行。

（二）风险防控流程化，打造营销合规"强引擎"

1. 建立廉政风险防控体系

唐钢公司纪委将权力运行监控机制和风险管理有机结合，对资源富集、资金密集、权力集中的重点领域关键岗位，创新开展廉政风险防控。自 2018 年起至今，历经试点先行、经验推广、全面铺开、向新区推行、建立体系五个重要阶段，最终形成"六查六看"廉政风险防控体系，现今已常态化开展。

2. 强化重点环节风险防控

督促指导市场部纪委针对营销过程中涉及质量异议赔付定价，合作模式、协议、价格等相关条款审批，销售定价审批，营销指标统计，结算价格或数量系统录入，工艺副产品定价等各项业务流程重要环节，全面梳理重点职权 9 项，排查廉政风险点 12 项，制定廉政风险预警和防控措施 20 项，并将风险点和防控措施嵌入业务流程汇总，建立廉政风险防控台账，严格执行"人员选派与合理使用、业务与廉洁考核双管齐下、违规违纪零容忍"，预防长期业务往来等诱发的不敬业、不廉洁问题。

3. 优化业务流程

将廉政风险点纳入廉政风险库，针对营销权力运行的"关键节点"、内部管理的"薄弱点"、问题易发的"风险点"，不断完善制度规范和相关防控措施。完善重点职权责任清单，做到管理权限的逐级分解和相互制约，实现权力"在阳光下运作"。健全岗位职责权限监控系统，对重点岗位实施全程监控，防止"破窗效应"，使制度的笼子更具刚性。

（三）监督检查常态化，凝聚营销创效"助推力"

1. 效能立项监督与廉政风险防控相互"揣袖"

围绕赊销、寄售销售管理、新厂区外库货物安全管理创新立项监督方式，深入营销管理中心、合同物流中心进行调研，全面了解业务流程、管理制度，充分掌握管理现状，注重"日常+专项"相结合，实施年度、季度、即时分类立项，成立督查小组，对落实河钢集团下达营销指标的分解落实、钢材品种效益及售价梯次优化、外库管理规范化及风险预警机制、客户投诉抱怨处理效率提升等工作情况开展定期督导检查。同时对营销管理文件落地情况进行抽查，2023 年 4 月份对目标战略客户开发、二方认证、合同评审等 12 项管理文件进行了检查，涉及 170 项条款，及时把各业务流程重点环节问题点、风险点、管理漏洞"暴露"出来，把风险岗位、重点职权事项"晾晒"出来，从制度、流程、方面，规范人员行为。

2. 多项专项整治联合推进

统筹河北省纪委、河钢集团纪委部署的"室组"联动监督，持续深化纠治"四风"和作风纪律整治，调研检查中"四风"问题，党员、公职人员酒驾醉驾及其背后"四风"问题专项整治等各项监督检查工作，并互融互促，把党风廉政建设责任压力传到每个业务部门、每个党支部，推动各层级纪检监察机构开展常态化监督检查，撬动各层级党委、党支部落实主体责任，业务部门履行好监管职责。

3. 专项检查提质增效

建立营销系统合规义务库与合规风险数据库，组织各岗位签订《合规承诺书》，下发《诚信合规手册》，组织对赊销、寄售销售模式合规运行专项检查，重点对寄售、赊销客户资质与相关材料进行全面检查，建立超期未回款客户情况统计台账及整改方案，对于发现的问题及时整改并跟踪进度，确保整改到位，极大地减少寄售、赊销等特殊营销模式产生的经济损失风险。

（四）队伍建设专业化，做好监督服务"定盘星"

1. 教育活动强化政治建设

上下贯通开展学习贯彻习近平新时代中国特色社会主义思想主题教育、纪检监察干部队伍纪律教育整顿，制定实施方案，组织学习原著、撰写读书报告、开展学习摘抄、观看警示教育片、纪委书记讲主题党课、作廉政教育报告等一系列活动，夯实纪检监察干部政治素质。

2. 培训交流增强本领

利用唐钢公司纪委"砺剑讲堂"平台，对各单位纪委书记讲解监督检查、执纪审查、案件审理等业务知识，提升业务部门纪检干部实务操作能力。同时，各层级纪检干部参与唐钢公司级干部培养项目，拓展学习管理、经济等知识，开阔视野，增强综合素质。

3. 延伸触角充实监督队伍

市场部党委下设 4 个党支部，全部设立纪检委员，支部书记、纪检委员与市场部党委书记、纪委书记每年签订党风廉政建设主体责任书、监督责任书，梳理监督具体措施，明确纪检委员岗位职责、监督范围及重点等，运用党群绩效考核、党建考核、基层党组织书记考核等手段，督促纪检委员履行监督责任。同时市场部党委落实主体责任、"一岗双责"，将专家、党务人员、支部书记、支部纪检委员纳入监督队伍，与纪委共同形成监督合力。

三、实施"四化一中心"的初步成效

（一）有力净化政治生态

"四化一中心"监督体系试行以来，唐钢公司业务部门党组织自觉扛起全面从严治党主体责任，纪检监察机构立足"监督的再监督"，深入落实监督责任，问题存量大幅削减，增量有效遏制，党风廉政建设保持向好态势，干部职工思想政治觉悟不断提高，责任心、执行力和干事创业劲头不断得到提升。特别是市场部以效益为中心，以售价提升为主线，较好完成了唐钢公司重点工作任务。

（二）持续助推企业发展

以大客户经理团队建设为基础，以营销项目制为导向，充分发挥"研产销用"协同作用，围绕高端客户加大开发力度。年均新开发客户 90 户，其中 AB 级客户占比三分之一，新开发 AB 级客户销量达 36 万吨，战略客户年销量 280 万吨，通过对销售计划、订单交付、非计划品的精准管控，不断提升客户服务保障能力和产品创效能力。年综合售价提升 49 元/吨，品种钢售价提升 110 元/吨。对 22 类工艺副产品的处置，通过对竞价、谈判、询比价过程监督选择适合的销售（处置）方式，规避销售（处置）过程不规范产生的纠纷，增加效益约 200 余万元。

（三）妥善化解风险隐患

唐钢公司市场部持续将体系建设作为一项重要工作，从优化管理制度、业务流程入手，持续推进营销工作标准化、规范化。制定完成 5 个管理过程 37 个管理文件的修订及一体化平台的评审、发布。完善营销系统评价体系，通过指标评价、标准化检查、事故考核相结合的方式持续规范营销工作，促进指标提升。跟踪推进 45 项重点指标的落实，开展专项检查，未发生营销事故，为唐钢公司打造"五个高地"，实现"五个一流"，转型升级和高质量发展奠定了良好基础。

加强新能源企业廉洁风险防控的探索与实践

宝武清洁能源有限公司纪委

陈成增

党的二十大报告强调，推动战略性新兴产业融合集群发展，构建新一代信息技术、人工智能、生物技术、新能源、新材料、高端装备、绿色环保等一批新的增长引擎。加快节能降碳先进技术研发和推广应用，倡导绿色消费，推动形成绿色低碳的生产方式和生活方式。中国宝武钢铁集团有限公司（简称中国宝武）积极贯彻党中央的重大决策部署，组建宝武清洁能源有限公司（简称宝武清能），深入推进氢气制造与储运技术研发及运用、风光电技术研究应用、源网荷储一体化技术研发及应用以及相应工程项目建设等。随着新能源项目越来越多、投入越来越大，与外部合作协作单位越来越多、经营区域越来越广，从事新能源领域技术研发及项目建设的人员越来越多、资金投入越来越多、管理难度越来越大等新形势新情况新问题逐步显现，宝武清能纪委充分认识到廉洁风险防控的重要性，加强廉洁风险的形成因素的研究，并运用"全周期管理"方式，推进新能源领域廉洁风险动态辨识、措施制定及监督执纪问责等工作，切实保障国有资产安全和保值增值。

一、廉洁风险的形成因素

廉洁风险是掌握权力的主体产生或发生以权谋私的可能性。习近平总书记强调，权力是最大的腐蚀剂。从政治学的一般原理来说，不受制约的权力难免腐败，绝对不受制约的权力有可能绝对腐败。宝武清能纪委坚持以权力规范运作为源点，结合实际分析研判新能源领域廉洁风险的主要形成因素，并作为制定防范廉洁风险措施的依据。**一是权力行使主体的廉洁风险防范意识与能力不足。**既有权力行使主体对新能源领域的科研经费使用、项目招投标、工程建设等实际情况不了解、不掌握，忽视对相应廉洁风险的研判，缺乏对廉洁风险防控工作的统筹部署，或不能够充分预判腐败风险；又有权力行使主体因私欲、私利等自身思想道德偏误或因亲情友情请托等情节，造成个人行为规范或职业操守发生偏移，可能导致行为结果不公正不公平、甚至以权谋私等严重后果。这是导致腐败行为发生的主观诱因。**二是企业规范权力运行的制度机制不完善。**宝武清能及下属相关分子公司都是成立不久或新成立的企业，企业治理体系还在逐步完善中，治理能力还在不断提升中，"三重一大"决策、授权管理、招投标管理、合规经营管理、项目建设及人员监督管理等制度机制还不健全，有的制度建立了但宣贯、执行情况监督检查不足，有的机制建立了但执行效果不理想，决策、执行、监督等权力运行中的各类廉洁风险防控体系尚需完善等。这种制度机制的缺陷存在是导致腐败行为发生的必要条件。**三是权力的监督与制约不到位。**宝武清能新能源单位或项目实施主体多元化，既有分公司、子公司、托管企业，还有控股、参股等合资公司，党组织、纪检组织对有的企业没有及时实现组织全覆盖、监督全覆盖，监督管控不全面不到位，跨空间、跨时间的信息化管控技术应用覆盖不足，在一些岗位上存在业务流程不完善不健全、工作程序不规范不严谨、自由裁量权管控不精准不到位等问题。这给岗位职责失范带来可能，为腐败行为发生留下空间、制造条件。**四是外部围绕权力的逐利"围猎"链条未有效斩断。**在新能源领域科研、项目及工程建设等高投入的情况下，相应科研院所、设备材料供应商、工程建设承包商等，尤其是经济欠发达、营商环境欠佳地区的，为获取自身利益，在业务往来中可能会采用各种直接或间接的利诱手段"围猎"相应权力行使主体，成为滋生腐败的最大温床。这些外部环境影响是导致腐败行为发生的客观诱因。

二、防范廉洁风险的主要做法

宝武清能纪委围绕新能源领域廉洁风险形成因素，坚持以规范权力运行为主线，以强化监督制约为重点，以廉洁风险防控指引及大数据监督模型为支撑的制度建设宣贯、违规违纪查处、常态警示教育及专项监督检查贯通融合的方式，积极探索并逐步固化有效的廉洁风险防控方法与途径。

（一）坚持围绕重点业务，开展廉洁风险动态辨识

宝武清能纪委在加强各级管理者廉洁风险意识教育和能力培养的基础上，着力从体系运行的角度，逐步推动核心业务廉洁风险辨识与管控，陆续发布相应业务的廉洁风险防控指引，目前完成了《宝武清能总部科研外协领域廉洁风险防控指引》《瓶装氢气外销领域廉洁风险防控指引》等的发布。一是明确廉洁风险综合分级管控模式。围绕科研外协、营销采购、项目招标、工程建设等重点业务、关键环节，以及领导人员、管理者、有业务处置权人员等重点对象，通过解构业务流程权力运行情况，综合审计、问题线索核查以及日常职能监督发现的薄弱环节，上下联动、双向排查、滚动辨识廉洁风险点。在廉洁风险辨识中，综合运用风险矩阵、流程图分析等方法进行定量、定性分析和科学评估，确定风险等级；围绕岗位，结合职责权力的"点"、业务流程的"线"、制度机制的"面"，综合界定敏感岗位范围，确定高、中、低风险级别；针对不同等级的风险点和敏感岗位，采用分类分级管控。如宝武清能总部通过开展直管科研外协领域廉洁风险辨识分析，共查找出廉洁风险点23个（其中高敏感度风险点3个），敏感岗位8个。二是依据核心流程的不同环节分别明确廉洁风险管控重点。在宝武清能总部科研外协廉洁风险防控措施制定中，围绕供应商选择与评价、外协洽谈及合同签订、项目分包、质量控制、项目验收与结算等环节，分别制定相应的管控重点

内容。如供应商选择与确定环节，明确"意向供应商应在宝武清能外协库，若不在外协库中，进行供应商推荐入库""与宝武清能签署了合作协议的院校和单位，采用定向委托外协任务的方式开展合作，可不比选，但必须说明理由""费用在一定额度以上的技术服务合同、技术开发合同，应在相应平台上向社会公开征集方案并进行比选""项目主管全流程参与供应商选择，与项目负责人互相监督"等6条重点管控措施。合同验收环节，明确"科研外协合同必须约定协作任务的验收标准和验收方法""项目组与外协方共同确认已完成合同规定的协作任务后，由项目组提出验收申请，并报项目主管组织验收""项目主管对提交的验收资料和现场实物进行初步审查后，作出是否同意组织验收，组建验收小组，并组织验收"3条重点管控措施。三是依据不同地区的营商环境针对性强化廉洁风险防控重点。在廉洁风险辨识过程中，宝武清能纪委指导相应单位注重对本地区的营商环境进行研判分析，确定差异化的廉洁风险防控重点。如营商环境欠佳地区，要在防止设备材料供应商、工程建设承包商及施工管理人员，对不同环节的权力主体进行"围猎"，甚至地方权力部门为亲朋好友获利采用直接或隐蔽性方式插手干预项目等方面，制定提级决策、提级管控或多权力主体集体决策等管控措施。

（二）坚持完善制度机制，不断规范权力运行

宝武清能纪委按照"用制度管权、按流程办事、靠机制管人"的思路，监督推动职能部门建立完善贯穿于新能源领域决策、执行、监督等各个环节的制度机制，用制度机制来规范权力主体的行为。一是推动完善决策及授权管控制度。宝武清能制定发布了"三重一大"决策制度实施办法，规范包括新能源项目在内的各个事项的决策主体、决策程序、前置流程等，配套明确了重大事项决策权责清单、董事会授权决策方案等，对包括新能源领域科研项目（含科研外协）、技术合作与转让、长投固投项目、资产管理等内容在内的162项重点事项，制定下发《关于下发总部对外经济业务授权（2023版）的通知》，对包括新能源科研项目及技术合作转让、新能源业务及氢能燃气业务合作（含框架协议、意向书、备忘录等）等内容在内的63项业务审批及签约行为进行进一步规范。同时，严格落实中国宝武《关于领导人员和管理者违规插手干预重大事项的记录报告办法》，监督推动各级领导干部及管理者规范用权。二是推动完善专业管控制度机制。宝武清能聚焦供应商管理、合同管理、资产管理、费用及财务管理等方面，制定相关运营风险防控制度机制，既有实体性要求，又有程序性规定。如制定完善了《招标管理办法》《科研项目及外协管理办法》《工程项目勘察、设计、施工、监理供应商管理办法》《资材备件采购管理办法》《资材备件供应商管理办法》《工程设备供应商管理办法》《固定资产管理细则》《财务收支审计管理办法》等制度，细化优化甲供料采购领用流程等，涵盖了对新能源领域各项业务的管控规范，为防范廉洁风险提供制度机制保障。三是推进制度机制宣贯及执行情况监督检查。宝武清能坚持把制度机制执行情况作为纪检监督、巡察监督、审计监督等各类监督的重点内容，对职能部门的宣贯责任落实情况、各部门各单位的制度机制执行情况等开展监督检查，

推动部门定期对重点制度进行解读，强化各单位对检查发现问题的整改落实工作，绝不让各项制度规定成为"橡皮泥""橡皮筋"，持续强化制度规定的刚性、严肃性。

（三）坚持加强大数据监督，强化系统刚性约束

宝武清能纪委按照"所有权力在系统中体现，所有交易在系统中运行，所有资源在系统中受控，所有行为在系统中留痕"的思路，推动职能部门完善和强化智慧管理信息系统在经营管理及风险防控中的过程控制、动态监控及硬约束功能，着力把相应大数据监督模型嵌入智慧管理系统之路。一是坚持以权力制衡为重点，将权力运行纳入系统管控。通过建立完善智慧管理信息系统，推行网络化经营管控模式，将授权及管理流程通过智慧系统进行固化，防止短接流程、超越权限的情况发生，使权力运行得到合理配置和有效制衡，并通过发挥系统的硬约束作用，减少人为操作空间，超标准、超范围等事项在系统中无法走完流程。二是加大与中国宝武禁入管理系统的对接力度，确保禁入管理在智慧管理系统中自动实现。监督推动宝武清能标准财务系统、客商管理系统、设备管理系统、经营管理系统、工程项目管理系统等相关系统，与中国宝武禁入管理系统实现对接，并将各系统向新能源领域新成立的子分公司、实际控制公司、托管公司等单位进行覆盖，确保及时对违规违纪违法犯罪的外部企业或自然人所经营的企业进行拦截。三是探索建立大数据监督模型，发挥智慧系统的预警监测功能。围绕新能源领域需持续采购且采购量比较大的工程设备和资材备件分类探索建立大数据监督模型，并将该监督模型嵌入相应的采购系统，让监督模型在系统自动运行，并对超概算、超累计平均值等达一定幅度的异常情况进行报警并定向推送给纪检监督部门，纪检监督部门及时进行研判，确定是否存在涉嫌违规违纪的问题。如针对分布式光伏电站建设中的光伏板、逆变器等资材备件采购，建立相应的大数据监督模型。

（四）坚持围绕监督惩处，深化廉洁风险防控

宝武清能纪委坚持运用系统观念，一体推进不敢腐、不能腐、不想腐，从各环节全过程推进新能源领域廉洁风险防控。一是强化监督。宝武清能纪委充分发挥协助协调作用，注重在力量整合、程序契合、工作融合上下功夫，推进审计监督、纪检监督、巡察监督，以及合同管理、采购管理、工程项目管理、财务管理部门职能监督等各类监督的相互配合、协同贯通，对新能源领域进行合力监督。重点监督推动宝武清能下属各分子公司按照"辨识廉洁风险，制定防控措施，开展廉洁教育，完善制度机制，持续监督自查，从严实施惩处，推进问题整改，再辨识再完善"的全周期管理方式，建立健全廉洁风险防控机制。如协同相关部门上下联动开展工程建设领域问题专项整治，对总部及各单位工程项目一个一个打开检查，发现部分不合规问题和管理漏洞，并坚持问题导向推动制定发布工程建设领域廉洁风险防控指引。二是强化惩处。宝武清能纪委在推进廉洁风险防控中不放松惩处这一手段，坚持精准运用"四种形态"，依规依纪开展监督执纪问责工作。如，在对下属某氢能单位进行巡察审计联动监督中，

发现某管理人员在未与集团外两家单位签订销售合同的情况下，分别安排发货纯氢、高纯氢，并导致销售收入未能正常回款，还存在搭售业务结算疏漏、开货量小于发货量等问题，宝武清能纪委经初步核实后进行立案审查，给该管理人员党内警告处分。坚持以案促改，向该氢能单位党组织下发了纪律检查建议书，推动制定瓶装氢气外销领域廉洁风险防控指引，明确廉洁风险点7个及10条防控措施，发挥信息化手段在风险防控及规范管理中的基础性作用，针对外销领域存在的发货、开票、收款及钢瓶管理等问题与薄弱项，督促推动通过经营管理系统进行流程优化固化。通过有力的惩处形成有效的震慑，促进各级领导干部及管理人员"不敢腐"，严格遵守"三重一大"决策制度实施办法、各项廉洁风险防控指引等制度规定。三是强化教育。宝武清能纪委及时组织开展警示教育，学习中央纪委通报的新能源领域违纪违法犯罪典型案件及中国宝武内违规插手干预工程建设项目、违规招投标、靠企吃企等违纪违法典型案件，强化震慑效应，教育警醒新能源领域各级领导干部及管理者知边界、明底线，把他律要求转化为内在追求，提高"不想腐"的自觉。

三、巩固拓展廉洁风险防控的对策措施

廉洁风险防控是一个动态管理的过程，需要对企业经营管理过程中出现的新情况、新问题建立动态评估机制及能及时修正问题的动态管理体系。宝武清能纪委将深入贯彻一体推进"三不腐"方针方略，积极构建源头预警、过程监督、查处震慑、标本兼治、固本培元的工作链条，推进廉洁风险防控的"全周期管理"。一是坚持动态辨识、源头预警，把持续发现廉洁风险点作为廉洁风险防控"全周期管理"的前提。持续从纪检监督、巡察监督、审计监督，以及职能监督等各类监督检查中发现的廉洁风险和管理漏洞，特别是违纪违法犯罪的案件暴露出的问题，逆向分析查找风险盲点或防控薄弱环节，完善新能源领域各项业务的廉洁风险防控措施，制定发布相应业务廉洁风险防控指引。定期针对廉洁风险防控中出现的新形势、新变化、新问题，对廉洁风险防控指引的落实情况及效果进行评估并修正存在的问题。二是坚持过程监督、震慑常在，把精准查处违规违纪行为作为廉洁风险防控"全周期管理"的关键。对照中央纪委"指导加强中央企业新能源业务板块廉洁风险防控，坚决查处典型案件"的决策部署以及中国宝武纪委"推进监督和惩治互补，做实不敢腐这一前提"的工作要求，聚焦新能源开发、项目建设等重点领域强化日常监督，及时发现苗头性倾向性问题，从严查处典型违规违纪问题。探索建立供应商、承包商准入制、廉洁承诺制等，同步深化禁入管理，坚决清理违规违纪违法犯罪企业，坚决不与违规违纪违法犯罪企业发生业务往来，坚决行贿受贿一起查，切实斩断"围猎"腐蚀链条。三是坚持标本兼治、综合施治，把系统消除廉洁风险点作为廉洁风险防控"全周期管理"的目标。按照"四同时"要求，加快党组织和纪检组织对新建立、新托管或新控制的新能源企业的覆盖，细化相应党组织、纪检组织主体责任、监督责任的内容、履责路径，为廉洁风险防控奠定基础和根本保障。注重围绕查找出的新能源领域廉洁风险点、管理漏洞和暴露出的各类问题，坚持以案为鉴、以案促改、以案促治，推动建章立制、堵塞漏洞，

进一步扎紧不能腐的制度笼子，把廉洁风险消除于未萌。持续建立新能源领域重点类资材备件采购大数据监督模型，用智慧监督的手段防控廉洁风险。四是坚持综合教育、固本培元，把筑牢不想腐的思想堤坝作为廉洁风险防控"全周期管理"的根基。在新能源企业中，要贯彻落实"廉洁宝武"建设，深化廉洁文化建设，持续推进党纪法规教育、制度宣贯教育，尤其要加强典型案件警示教育，做到查处一件、教育一片；注重结合廉洁风险辨识成果，开展讲流程、讲风险、讲防控的"廉洁三讲"教育，强化教育针对性和实效性，不断提升综合教育效果，增强各级管理人员不想腐的定力和自觉。

宝武清能纪委将深入贯彻中央纪委、中国宝武纪委关于"深入查找新能源板块腐败突出问题和制度监管漏洞、不断提高治理腐败效能"的部署要求，深化新能源领域廉洁风险防控"全周期管理"，有效消除思想道德风险、制度机制风险、岗位职责风险、业务流程风险、外部环境风险等各类廉洁风险，为把宝武清能建设成为冶金清洁能源行业引领者提供坚实保障。

把握"四严四促一争一创"工作主线
坚定不移推动纪检工作高质量发展

山钢集团股份公司莱芜分公司纪委

国有企业是中国特色社会主义的重要物质基础和政治基础。做好国有企业纪检监察工作，把监督有效融入企业治理体系，把党要管党、从严治党落到实处，才能更好推动国有企业健康发展，更好发挥中国特色社会主义经济"顶梁柱"的作用。《中国共产党章程》明确规定，纪委的职责是监督执纪问责。作为国有企业纪检机构，严格监督执纪问责，是推动全面从严治党纵深发展的重要支撑，是提升企业依法合规经营管理水平的重要举措。进入新时代，国有企业纪检机构必须牢牢把握监督执纪问责职责定位，"严明纪律规矩、严格监督执纪、严肃追责问责、严抓队伍建设；促进全面从严治党持续深化、促进生产经营指标全面完成、促进运营管理水平持续提升、促进政治生态和运营生态持续优化；争第一、创品牌。"只有这样，才能使党内正气再上升、党风再好转、风气再上扬，才能更好地促进企业高质量发展取得新成效。

一、企业纪检工作的现状与问题

（一）山钢集团股份公司莱芜分公司纪委工作的现状

2022年以来，山钢集团股份公司莱芜分公司（简称莱芜分公司）纪委认真学习贯彻党的二十大精神，围绕"两个维护"、党中央重大决策部署和上级工作安排、管党治党责任落实等情况开展监督，推动政治监督具体化精准化常态化。强化权力运行监督，匡正选人用人风气。创新监督体制机制建设，在关键单位和部门分别设立专职纪委书记、派驻党风廉政监督员。开展护航四季度攻坚战纪委专项监督行动，履职创效1341.82万元。坚持严的基调，加大违纪违法问题查处力度，坚决遏制增量，清除存量。严肃查处了特钢废钢掺杂诈骗案、外购"建筑用沙"过磅单计量造假案等典型案件。"四种形态"运用更加精准，鼓励、敦促违纪违法人员主动交代问题，21人先后主动说明情况，惩治震慑力和政策感召力充分展现。认真落实中央八项规定精神，开展"五查五反五促"大监督大排查大整治活动，着力纠治作风领域突出问题。推进作风建设"三查三改"，排查形式主义、官僚主义问题清单16项，逐一销号整改。紧盯违规收受礼品礼金、违规发放津补贴福利、职工投资关联企业等事项，开展专项整治并实现全覆盖。积极培育星级廉洁建设示范点，着力构建多元廉洁文化阵地，送廉书送廉课、廉洁宣誓、家庭助廉、廉洁承诺等活动蓬勃开展，廉洁从业氛围更加浓厚。深化大监督体系建设，加强监督履职考核，全年各监督主体共发现问题 4103 项，问责 166 人次，经济考核 316.5 万元。积极运用"两建议两提示一报告"监督机制，下发监督检查建议书 55 份，发出廉洁风险预警 11 次，提出管理改进提示 40 次，完成廉情分析报告 3 份。实施纪委书记现场观察项目，围绕原燃料把关、业务审核等关键环节立项破题。督导制定《行政监督手册》，压实行政监督职责。构建"网、电、信、访"四位一体举报平台，群众监督举报实现零障碍。紧扣重点领域，稽查效能不断提升。全年开展日常稽查和夜间稽查 600 余次，节假日稽查 100 余次，下发《稽查建议书》11 份，提出整改建议 32 条，稽查频次和力度进一步加大，全年挽回直接经济损失 735 万余元，避免经济损失 1100 余万元，先后对 7 个责任单位、26 名责任人进行考核和问责。坚持以案为鉴，实现办案、整改、治理、教育贯通融合。督导推进"院内院"治理、固废处置诊断、能源外供摸排，为企业创效上亿元。查防结合抓源头，排查廉洁风险 726 条，制定防控措施 446 条，制定履职行为负面清单 318 条，完善业务流程 83 项，建立健全制度 54 项。查惩结合祛"病根"，强化廉洁条款执行情况监督，对问题供应商停止业务，依据合同扣款上百万元。

（二）企业纪检工作存在的主要问题及原因

虽然工作取得了一定的成绩，但是也要清醒认识到存在的问题，主要表现在：全面从严治党和反腐败工作力度不够，滋生腐败的土壤依然存在，一体推进"三不腐"的长效机制还没有真正形成，遏制增量、清除存量的任务依然艰巨；重点领域廉洁风险防控还有差距，煤焦领域、设备管理领域和检化验把关验收等环节发生严重违纪违法案件；作风建设任重道远，形式主义、官僚主义仍未根除，不担当不作为、失职失责、不严不实等问题仍有发生；纪检干部能力素质亟待提升，有的斗争精神不足，与当前严峻复杂的反腐败形势不相适应；基层纪检机构人员专职化低，日常工作开展具有局限性。

针对这些问题，提出了"四严四促一争一创"工作思路，并从以下几个方面推进国有企业纪检工作的高质量发展：第一，只有严明纪律规矩，才能使党员领导干部形成遵规守纪的高度自觉，行为遵从约束不逾矩；第二，只有严格监督执纪，才能真正让纪律"长牙""带电"生威，党规党纪权威性亦能彰显；第三，只有严肃追责问责，推动失责必问、问责必严成为常态，才能倒逼责任落实，不断推动行为作风提质高效；第四，只有严抓队伍建设，锻造忠诚干净担当的纪检干部队伍，才能持续加强纪检工作质效。通过"四严"举措，纪检工作成效最终落脚到"促进全面从严治党持续深化、促进生产经营指标全面完成、促进运营管理水平持续提升、促进政治生态和运营生态持续优化"上来，全力争第一、创品牌。

"四严"要求是纪检工作的重点，也是发力点，"四促"标准是对纪检工作质效的检验，也是工作的落脚点，是纪检机构发挥"监督保障执行，促进完善发展"作用的具体体现。

二、把握"四严四促一争一创"主线，推进国有企业纪检工作高质量发展

（一）要严明纪律规矩，形成遵规守纪的高度自觉

一是开展常态化纪律教育。探索建立经常性纪律教育的制度机制，把党规党纪、企业规章制度作为日常学习、教育培训的必修课，推动教育融于日常、做在经常。把纪律教育列入各级党组织管党治党责任清单，在有用见效、入脑入心上下功夫。建立案例通报机制，加强警示教育，警示党员守住底线、不碰红线。对党员的监督，要坚持惩前毖后、治病救人的原则，引导党员干部强化"收手""知止"意识，严格自律，形成自觉。二是加强廉洁文化建设。坚持将廉洁文化建设作为"三不腐"一体推进的基础性工程来抓，按照"一企一特色一品牌"的要求，挖掘整合莱芜分公司内部廉洁资源，着力培育一批星级廉洁建设示范点、打造一批廉洁文化教育阵地、推出一批廉洁文化精品力作、形成一批廉洁文化理论成果，不断推动廉洁文化建设向纵深发展。

（二）要严格监督执纪，真正让纪律"长牙""带电"生威

一是强化政治监督。聚焦贯彻落实党的二十大精神、习近平总书记重要指示批示、党中央重大决策部署、党章党规党纪执行等情况，强化政治监督，在捍卫"两个确立"、做到"两个维护"上持续用力。聚焦"一把手"和领导班子责任落实和权力运行情况加强监督，围绕企业党委部署重点任务落实情况强化监督，及时发现贯彻落实打折扣搞变通、不精准不到位等问题，及时跟进阶段性重点工作和指标完成情况，持续推进政治监督具体化、精准化、常态化。

二是强化日常监督。始终坚持严的基调不动摇，对腐败行为零容忍，露头就打、绝不姑息、绝不手软，始终保持正风肃纪反腐高压态势，坚定不移遏增量、清存量、挖隐量。大力开展纪委监督创效行动，实施纪委书记现场观察项目，紧盯重点领域、关键环节强化专项监督，堵塞漏洞，提质增效。持续推进各业务领域专项治理，进一步梳理制度和业务流程，强化廉洁风险防控。强化巡察监督，通过开展专项巡察和机动式巡察，揭示问题，补短板、强管理。压实整改主体责任和监督责任，推进巡察反馈问题整改和追责问责，扎实做好巡察"后半篇文章"。加大稽查监督工作力度，全力以赴堵漏洞、防风险。深化大监督体系建设，坚持以党内监督为统领，推动行政监督、群众监督等各类监督统筹联动，形成监督合力。探索信息化、数字化监督模式，不断提升监督效能。

三是强化正风肃纪。一严到底落实中央八项规定精神，持之以恒纠治"四风"。加大形式主义、官僚主义整治力度，持续整治享乐主义、奢靡之风，深入剖析党员干部酒驾醉驾行为背后的"四风"和腐败问题，出现问题一律严肃追责问责。严肃整治党员领导干部违规收受礼品礼金问题、整治职工群众身边的不正之风和微腐败问题，对顶风而上、不收手不知止的坚决查处、绝不姑息。聚焦权力集中、资金密集、资源富集的重点领域和关键岗位，以"零容忍"的态度严厉打击吃拿卡要、"靠钢吃钢""靠

企吃企"、权力设租寻租、利益输送等违法乱纪行为，严防由风及腐，坚持风腐一体纠治，持续释放正风肃纪越来越严的强烈信号。

（三）要严肃追责问责，推动失责必问、问责必严成为常态

充分释放"有权必有责、有责必担当，用权受监督、失责必追究"的强烈信号和鲜明导向，推动问责工作制度化、规范化、常态化，把严肃问责作为推动工作的重要利器，督促全面从严治党、全面从严治企落到实处。在企业职能部门工作中树立"管理就是监督""抓管理必须抓监督"的意识，推动管理和监督贯通融合。坚持"权责一致、错责相当"原则，敢于斗争、善于斗争，克服"老好人"思想，把"严管就是厚爱"落实到日常监督过程中。要运用好问责结果，将问责与评先树优、绩效考核、干部提拔挂起钩来，实现"问责一起、教育一片、规范一面、治理一域"。要牢固树立尽职免责、失职追责的鲜明导向，严格落实"三个区分开来"，旗帜鲜明鼓励党员、干部敢闯敢试，大胆改革创新，让担当有为者放下包袱，心无旁骛，攻坚克难。

（四）要严抓队伍建设，锻造忠诚干净担当的纪检干部队伍

打铁必须自身硬，要着力解决纪检干部队伍能力不足、本领恐慌问题，锻造忠诚干净有担当能打硬仗的纪检干部队伍。要强化纪检干部政治意识，进一步提高政治判断力、政治领悟力、政治执行力，发扬斗争精神、坚定斗争意志、增强斗争本领，练就敢于善于斗争的硬脊梁、铁肩膀、真本事。强化纪检干部学习意识，通过加强培训、以案代培、轮岗交流等方式，不断提升纪检干部能力素质。强化纪律意识，纪检干部必须以更高的标准、更严的纪律要求自己，带头遵规守纪、带头廉洁自律。要严守保密纪律，坚决防止以案谋私、串通包庇、跑风漏气等执纪违纪问题，坚决防止利用监督执纪权和职务影响力牟取私利，严防"灯下黑"，努力打造自身正自身硬的纪检铁军。

（五）要明确工作落脚点，以"四个促进"检验监督质效，全力争第一、创品牌

一是促进全面从严治党持续深化。要围绕管党治党功能发挥，特别是紧盯基层党建工作的加强，制定监督责任清单，保证监督事项重点清、内容明，促进基层管党治党责任进一步明确，不断提升全面从严治党整体工作水平。二是促进生产经营指标全面完成。要强化国有企业党员领导干部责任担当，纪检机构要从讲政治的高度紧盯企业生产经营指标完成情况开展监督，保障企业实现盈利，保障国有资产保值增值，对完不成指标目标的责任主体严肃追究责任。三是促进运营管理水平持续提升。要紧盯运营管理各环节，尤其要聚焦基础管理工作开展监督，重点围绕基础工作中"不严、不真、不细、不实、不快"以及"跑冒滴漏"等问题开展监督检查，推动塑成"高"的意识和"严细实快"的工作作风，不断提高基础管理水平。四是促进政治生态和运营生态持续优化。近年来，国有企业不断深化全面从严治党、推进全面从严治企，政治生态和运营生态得到明显改善。但是企业目前面临的内外部市场形势依然严峻复杂，

反腐败斗争形势依然严峻复杂，纪检机构必须紧盯企业发展目标，坚持问题导向，做到每一项重点工作任务的出台，都有相应的监督措施跟进，推动纪检工作融入生产经营发展全过程、各环节，以强有力、高质量的监督，保障企业持续健康稳定发展，真正把政治生态与企业绩效的正相关理念体现到监督质效中，推动政治生态和运营生态持续优化。

加强和改进国有企业纪检工作是落实从严治党的关键一招，也是企业管理的重要环节，更是国有企业履行政治责任、社会责任、经济责任的有效手段，只有抓住"四严四促一争一创"这一工作主线，才能推动国有企业的纪检工作高质量发展，切实落实全面从严治党、加强党风廉政建设、树立良好企业形象，为促进国有企业健康有序发展提供坚强保障。

强化"四责协同" 构建全面从严治党
责任落实"共同体"

河钢集团有限公司纪委

董士党　卢耀豪　李　嘉　李文彬

　　党的十九大以来，党中央以落实管党治党责任，落实"两个责任"开局，发出坚定不移全面从严治党的动员令，为推进党的建设新的伟大工程指明了方向。习近平总书记在二十届中央纪委第二次全体会议上强调，构建全面从严治党体系是一项具有全局性、开创性的工作。国有企业是"国之重器"，是全面建成社会主义现代化强国、以中国式现代化全面推进中华民族伟大复兴的依靠力量，更需要以永远在路上的清醒和坚定，一体推进不敢腐、不能腐、不想腐，推动全面从严治党向纵深发展，为国有企业做大做强提供坚强保障。

　　当前，河钢集团有限公司（简称河钢集团）上下围绕区位调整、科技创新、国有企业改革等重点任务凝心聚力，全力营造同向发力的工作局面，将强化"四责协同"机制建设作为健全全面从严治党体系的重要抓手，作为压紧压实管党治党责任、服务改革发展大局的重要举措。结合 2023 年初启动的"室组"联动监督工作和调研督导情况，河钢集团纪委明确了"进一步完善全面从严治党'四责协同'机制"的工作目标，成立工作专班，充分结合河钢集团特色，探索构建全面从严治党责任落实"共同体"。经过工作动员部署和阶段性探索后，河钢集团纪委对重要子分公司和有代表性的专业公司共 11 家单位开展书面"问答式"调研；并于 6 月 28 日至 7 月 7 日分四组，全覆盖式深入各子分公司，就构建形成主体明晰、有机协同、层层传导、问责有力的全面从严治党"四责协同"机制的推进情况进行现场调研，深入挖掘存在的问题并进行根源分析，认真总结工作措施和取得的成效，为下一步工作提供一手资料和方向思路。现将调研情况汇报如下。

一、河钢集团落实全面从严治党"四责协同"机制概述

　　河钢集团全面从严治党"四责协同"机制，把党委主体责任、纪委监督责任、党委书记第一责任和班子成员"一岗双责"的横向协同协作与纵向压力传导结合起来，全力推动知责明责、履责督责、考责问责等各个环节形成责任闭环，构建形成主体明晰、有机协同、层层传导、问责有力，力求严负其责、严管所辖、严有其效。

（一）注重建章立制，加强制度保障

全面从严治党责任是政治责任，河钢集团两级纪委认真学习贯彻党中央《党委（党组）落实全面从严治党主体责任规定》、河北省委《关于严格落实全面从严治党主体责任和监督责任的意见》，按照河钢集团党委《落实全面从严治党责任清单》，梳理重点工作要求，细化分解责任，严格督责考责，以党风廉政建设为抓手，先后协助党委制定了《党风廉政建设责任制实施细则》《党风廉政建设"两个责任"实施意见》《党风廉政建设"两个责任"清单》，通过《落实全面从严治党"两个责任"考核方案》《"两个责任"追究办法（试行）》并组织开展量化考核和责任追究。

（二）加强协调联动，责任一体落实

牢固树立"一盘棋"思想，撬动各责任主体间贯通联动、协同发力。河钢集团党委履行主体责任时，明确党委和纪委承担的具体任务，并通过定期召开联席会议、联合开展监督活动、联合举办全面从严治党宣传教育等方式强化党委与纪委的协同联动；党委书记履行第一责任人责任时，关注主体责任的落实，靠前指挥、带头落实，抓好班子成员和子分公司"一把手"履行"一岗双责"，并对纪委开展工作提供充分支持；纪委履行监督责任时，把履行协助职责和监督责任有机结合，推动管党治党责任层层传导、层层落实。河钢集团纪委印发《关于加强新时代廉洁文化建设的责任清单》，统筹党委工作部门和纪委机关厚植廉洁文化基础，涵养良好政治生态；印发《政治监督重点工作清单》，统筹党委和纪委各履其责，抓牢抓实政治监督。各级党委以党委会会议方式，定期向班子成员通报党建、宣传思想、意识形态、选人用人以及监督检查、内控审计等方面问题，并持续推动整改。

（三）塑造有形抓手，力促有效覆盖

按照"四责协同"系统性和持续性发展要求，不断拓宽覆盖面，将全面从严治党与生产经营及其他重点工作紧密结合，同部署，同落实，同检查，同考核，推动实现从"有形覆盖"向"有效覆盖"转变。实现河钢集团各级干部工作业绩、全面从严治党责任落实和个人廉洁情况的同步考核，并强化考核结果的运用；全面部署年度党风廉政建设和反腐败工作，逐级签订责任书；严肃认真研判政治生态，精准开展班子成员"画像"评价，把牢选人用人党风廉政意见回复关，完善新提职干部廉政档案，对监督发现问题提出改进意见或建议，进一步将全面从严治党向基层延伸。

二、调研发现的主要问题

河钢集团在落实全面从严治党责任协同方面取得了一定进展，但在对二级单位调研的过程中发现"四责协同"机制建设仍存在以下问题。

（1）追求形式上的"依样画葫芦"问题。有的单位忽略了"四责协同"工作机制的目的和实质内涵，只追求形式上的像，没有真正促使"四责协同"发挥应有的作用。

（2）责任边界上的"箩筐主义"问题。"四责协同"的"责"强调的是管党治党之责，有的单位把握还不够准确，任何工作都往"筐"里装，聚焦不到全面从严治党的根本定位上；有的单位在反腐倡廉教育和廉洁文化建设上存在纪委"协助"变"总揽"的情况。

（3）压力传导上的"上热下冷"问题。有的单位存在压力传导不平衡和层层减弱情况，个别三级单位年初未进行"一岗双责"分工，未及时跟进制定全面从严治党主体责任、监督责任考核标准、考核办法等；有的单位末梢循环不畅，工作部署机械化；有的单位存在创新的主动性和原创力不够等问题。

三、产生问题的根源

（一）准确把握"全面从严治党"丰富内涵不够彻底

党的十八大以来，以习近平同志为核心的党中央坚持问题导向，着重从思想从严、管党从严、执纪从严、治吏从严、作风从严、反腐从严六个方面，不断推进全面从严治党；并且紧紧抓住管党治党主体责任这个"牛鼻子"，从强调党风廉政建设主体责任到强调全面从严治党主体责任，推动全面从严治党实践不断深入。对全面从严治党内涵把握不准、执行不彻底，在推动"四责协同"全面从严治党机制的效果上就会打折扣。

（二）"四责"横向协同协作的职责定位还不够清晰

全面从严治党党委主体责任是"牛鼻子"，要政治引领、统一领导、协调各方；纪委监督责任是保证，要监督检查、发现问题、纠正偏差；党委书记第一责任是关键，要牵头抓总、以身作则；班子成员"一岗双责"是基础，要协同作战、形成合力。"四责协同"能否发挥效用，重音在协同，横向上构建责与责之间四轮驱动式的协同运行机制还需进一步完善。

（三）"四责"的横向纵向压力传导结合还不够紧密

落实习近平总书记管党治党责任中"坚持行使权力和担当责任相统一"层层传导压力，级级落实责任力度还不够大，推动知责明责、履责督责、考责问责等各个环节形成责任闭环力度还有欠缺，纵向上构建责与责之间同向共振式的协同用力机制还需进一步完善。

四、采取的措施及取得的工作成效

结合"室组"联动监督工作调研督导、党委巡察监督和主题教育整改整治督导等工作，对河钢集团两级全面从严治党"四责协同"机制的优化做了进一步的探索，通过建章立制、分解责任、传导压力、倒逼履责，推动党委主体责任、纪委监督责任、党委书记第一责任人责任和班子成员"一岗双责"同向发力、一体落实。

（一）完善"顶层设计"，持续提升机制运行质效

一是督促各级单位制作"四责"任务清单。切实把习近平总书记对河北省、对国有企业，尤其是对河钢集团有关重要讲话和指示批示精神落实到具体工作中，聚焦党中央重大决策部署和河北省委重点工作、河北集团第二次党代会和年度工作会议确定的重点目标任务，整理"主体责任、第一责任人责任、一岗双责"任务102项，纪委监督责任任务73项，及时通过工作提示等强化监督。其中河钢集团邯郸钢铁有限责任公司（简称邯钢公司）下发《履行党风廉政建设"一岗双责"工作清单》，督促"一把手"和领导班子依规依纪依法履职，引导党员干部做有令必行、有禁必止的表率。

二是健全党风廉政建设和反腐败工作协调机制。在河钢集团监督工作联席会议基础上，成立河钢集团党风廉政建设和反腐败工作协调小组，通过监督检查、信息沟通共享、风险预警等，有效防范廉洁风险。加强对《中国共产党章程》和《关于新形势下党内政治生活的若干准则》执行情况的监督检查，推动规范各级党组织党内政治生活。严格落实"一年两报告"、领导干部年度述职述廉报告等制度，推动党委主体责任、纪委监督责任的有效落实。紧盯"关键少数"，加强对权力运行的制约和监督，河钢集团矿业公司（河钢矿业）督导各单位党委、纪委深入实践"三谈一访"工作机制，加强对"一把手"和领导班子落实全面从严治党责任、执行民主集中制、依规依法履职用权等情况的监督，强化上级"一把手"对下级"一把手"的监督力度，并通过定期回访检验执行效果，为企业营造良好的政治生态。

三是建立党委纪委协调协助机制。进一步明确河钢集团纪委向集团党委通报报告工作，协助河钢集团党委研究全面从严治党、党风廉政建设和反腐败工作，协助河钢集团党委准确把握集河钢团政治生态情况，协助河钢集团党委切实抓好上级巡视巡察反馈问题、整改和移交问题线索处置，协助河钢集团党委做好内部巡察工作等五个方面18项具体内容，切实推动全面从严治党党委主体责任、纪委监督责任贯通联动、一体落实。同时，由河钢集团纪委会同党委宣传部推动将学党章作为党委理论学习中心组学习的重要内容，并结合党建考核工作，对子分公司党委开展专项检查。抓住领导干部这个"关键少数"，由各级纪委协助党委做好本单位年轻干部和新提职干部纪律教育，督促领导干部在遵守和执行纪律上走在前、作表率，带动广大党员干部把纪律严起来、把规矩立起来。

（二）敲响协同重音，以监督撬动"四责"同向发力

一是拓展工作方式，健全完善"大监督"格局。加强横向协同，针对企业重大事项、重点工作和重大活动，以主题教育检视整改为契机，精准聚焦制约河钢集团高端化、智能化、绿色化转型和高质量发展的突出问题，运用党委巡察、业务督导等形式开展专项检查，进一步压实了各级党委的主体责任，有力促进了检视问题的整改整治。目前，两级领导班子完成问题整改销号55个，其中集团层面5个，下属单位50个；12个专项整治问题，集团层面2个问题已在平台功能升级、基地改造施工、机构设置、职能完善、数据对接、制度建设、人员培训 7 方面取得阶段性整治效果。同时，制定河钢集团《纪检监察监督清单》，明确监督内容并动态更新，把"室组"联动监督作为重要抓手，以纪委监督专责的落实撬动党委主体责任、党委书记第一责任和班子成员"一岗双责"的落实，促进企业重大决策、改革举措和管理制度落地生效。实行监督工作联席会议制度，充分发挥纪检监察、党委巡察、财务稽核、独立审计、法务合规和职工民主"六位一体"监督机制作用。其中，财达证券纪委制定《廉洁风险防控手册》，与中国证券监督管理委员会河北监管局签订纪检监督联动合作备忘录，借助外部监督力量提高监督效果。

二是抓住生产经营核心，充分发挥监督保障执行作用。紧密围绕河钢集团转型升级、新兴产业发展、运营管理等重点，推动落实《效能立项监督工作管理办法》，采用项目管理的工具方法开展立项监督，2023 年全集团监督立项 400 项，其中年度项目 242 项、季度项目 118 项、即时项目 40 项；目前，已完成 77 项，合计避免和挽回损失 3101 万元，降低成本和增创效益 8454 万元，提出监督建议 191 项，反馈整改措施 351 项，修订完善制度 84 个，整改流程 55 个。达到"选准一个项目、查透一类问题、完善一套制度、规范一项管理、教育一批人员"的目的。同时，注重以"制度+科技"的思维不断完善无人值守、物联平台、财智云等技术性监督制约手段，推动"四责"监督有形有效覆盖；综合运用督促提醒、个别谈话、提出纪检监察建议等形式，发挥促改、促建、促治功能，促进党委书记第一责任人责任和班子成员"一岗双责"形成合力。河钢集团采购总公司开展党建与党风廉政双共建，与最大战略供应商某煤炭企业签署党建和党风廉政共建协议，互通信息、相互监督，严查各类在业务开展中损害双方企业利益现象。

三是完善"一案双查"制度，用好问责利器。探索开展直接责任人、领导责任干部同步问责，主体责任、监督责任同步问责和"第一责任人""一岗双责"责任人同步问责，让失责必问、问责必严成为常态，以强有力的问责倒逼责任落实。加强对反映强烈、情节典型线索的研判分析，全面掌握案发单位的政治生态、班子建设、管理水平和监督情况，强化外延整治效果。加大对近年来国有企业领域高发频发问题共性线索的审查调查力度，以案为鉴、以案促改、以案促治。近期，河钢矿业纪委在查处一起典型案件时，既追究当事人责任，同时追究分管领导管理责任、党委书记主体责任和纪委书记监督责任。同时，综合分析、及时梳理反映强烈和重点领域、重点问题信访举报，寻找数据变化规律，早发现、早预防，改变"反映什么就查什么"的思维，通过查清信访举报，深挖根源，全面掌握发案单位政治生态、班子建设、管理水平和监督机制等整体情况，为整改整治明确方向，进一步推动形成风清气正的良好氛围。

（三）强化重心下移，夯实基层"四责"精准发力

一是借助调研督导开展重点补课，一对一传导"热量"。下沉工作重心，在完成集团层面问题推进整改的基础上，督促二级单位持续完善制度机制。其中，督促河钢集团唐山钢铁有限责任公司（简称唐钢公司）及时明确班子成员党风廉政建设责任分工，

巩固公司党委、二级党委、基层支部三级责任体系，筑牢纵向到底、横向联通的管党治党责任体；督促邯钢公司按照"点面结合、分级进行、全面覆盖"的原则，由班子成员按照党建责任分工，定期深入包联企业开展调研，针对发现的问题，明确责任人和整改时限，提升了工作的实效性；督促河钢材料技术研究院印发《党委落实全面从严治党责任清单》《纪律检查责任体系实施办法》，明确了院党委六方面27项领导责任、班子成员开展分管领域工作7项责任、12项监督职责，做到同向发力、一体落实。

二是明确政治责任定位，以督促改提升责任落实质效。以"室组"联动监督为抓手，对照三级《政治监督工作清单》，聚焦党中央、国务院、河北省委省政府各项重大决策部署的落实，对河钢集团19家二级单位，143家三级单位"四责协同"机制运行情况进行调研督导。其中，现场督导检查二级单位14家，三级单位20家；集中座谈交流督导、查阅资料的三级单位68家，提交书面自查材料的二级单位5家、三级单位55家。对检查发现的问题及时指出并限期整改，推动全面从严治党"四责协同"机制高效运行。

三是强化统筹上下联动，充分拓展"四责"监督渠道。一方面，统筹纪委全系统监督力量，发挥河钢集团纪委领导作用和子分公司纪委能动作用，其中，唐钢公司纪委对干部选拔任用开展全程监督，抓实廉洁自律审查、党风廉政意见回复，防止"带病提拔"；邯钢公司强化领导干部廉政档案管理及运用，实时掌握领导干部"廉情"变化。河钢集团舞阳钢铁有限责任公司纪委开展集体廉政谈话和"一对一""面对面"谈心谈话；河钢集团供应链管理有限公司充分发挥各党支部系统优势、"探头"作用，强化纪检委员作用，对具有行业性、区域性、专业性特点的任务，由党群工作部牵头抓总，基层党支部充实力量，有效解决实践中存在的监督检查触角不深、力量不足等问题。另一方面，制定并实施《特约监督员管理办法（试行）》，从基层操作、技术、营销、管理等干部职工以及离岗、退休的子分公司中层干部中选聘了首批47名特约监督员，实行每季定期反馈制度，推动各类监督贯通融合和上下联动，强化对党员干部和行使公权力人员日常监督，使其习惯在受监督和约束的环境中工作和生活，在推进河钢集团全面从严治党和严格依法治企中更好发挥监督保障执行、促进完善发展作用。

探索运用"三个一"工作法多措并举提升监督质效 为企业高质量发展保驾护航

河钢集团唐山钢铁集团有限责任公司纪委

于春渊　王　健　吴艳敏　户桂彬

近年来,河钢集团唐山钢铁集团有限责任公司(简称唐钢公司)认真践行新发展理念,积极推动转型升级和高质量发展。2021 年 9 月,随着位于渤海之滨的唐钢新区顺利投产,有着近 80 年历史的老企业开启了向海图强新篇章。从城区到沿海,从内陆到深蓝,面对新的产能布局,如何使监督工作紧跟唐钢公司中心工作统筹推进,以更高的标准、更严的要求,更实的作风发挥监督作用,打造风清气正的政治生态,是唐钢公司纪委面临的重要课题。

2023 年以来,唐钢公司纪委主动围绕中心,服务大局,紧密结合唐钢公司发展方向和目标任务,把监督工作与唐钢公司打造"五个高地"、实现"五个一流"目标贯通起来,与加快两个结构优化、完善制度、创新发展联动起来,狠抓薄弱环节,在提升监督高度,聚焦监督精度,延展监督深度上下功夫,有效释放监督效能,为唐钢公司高质量发展提供坚强的纪律和组织保障。

一、课题研究背景

监督是纪委的首要职责,唐钢公司纪委高度重视履行全面从严治党监督职责,但随着全面从严治党的不断深入以及唐钢公司形势发展需要,纪委在履职过程中面临如下困难和问题。

一是监督机制不完善。虽然出台了部分加强监督的文件和规定,但系统性和可操作性不强,尤其是监督的贯通协同机制还需强化,职能部门监督、群众监督以及基层纪委监督等各方面监督力量还没有实现整体部署,集中统筹,单打独斗多,联动监督少;面上监督多,深度监督少;专题式点穴式监督不多,回访监督少,基层监督"末梢问题"还未从根本上解决。

二是监督力量不强。近年来,随着唐钢公司区位调整和结构优化,人员机构变动较大,基层纪检监察干部新人多、且多为兼职,专业知识和实践经验丰富的复合型人才缺乏,纪检监察干部素质能力与当前形势任务不完全适应,存在监督认识不到位、重点不突出、业务能力不充分等问题。

三是监督抓手不多。在监督方法上，大多停留在查资料、现场检查、听取汇报、参加会议等传统"规定动作"上，利用互联网、大数据等创新型监督较少；在监督内容上，对工作层面监督多，对思想层面监督少，如对奖金分配、人事任免、党员干部婚丧嫁娶等有明确的监督措施，对思想政治以及形式主义、官僚主义等方面的监督方法不多，难以找到切入点、突破口，发现和查处违反政治纪律的问题较少，政治生态"护林员""啄木鸟"作用发挥不够。

二、采取的主要措施

（一）以政治监督为统领，在思想站位上"高一步"，推动党中央及上级决策部署落地见效

推进政治监督具体化、精准化、常态化是党的二十大作出的重大部署。唐钢公司纪委坚持旗帜鲜明讲政治，在思想站位上"高一步"，把强化政治监督作为重大政治责任和推动纪检监察工作高质量发展的时代命题，使其与落实党中央和上级决策部署"合拍"，促进党组织和广大党员干部把贯彻落实各项决策部署的政治自觉，转化为干事创业的实际行动和使命担当。

一是让党内政治生活"严"起来。习近平总书记强调，严肃党内政治生活是全面从严治党的基础。唐钢公司纪委从讲政治的高度充分认识严肃党内政治生活的重大意义，进一步厘清责任，明确方向，把列席指导两级领导班子民主生活会作为有力抓手。2023年以来，组织两级纪检监察干部对唐钢公司及38家二级单位领导班子民主生活会进行现场列席督导，严格按照"提前介入、从严把关、全程监督、确保实效"的原则，把好会前审核、会中监督、会后整改三道关口，突出对两级领导班子是否树牢"四个意识"，做到"两个维护"等方面的监督，及时纠正问题查摆不具体、不全面、认识不到位，批评和自我批评不深不透等问题8项，坚决杜绝批评与自我批评蜻蜓点水，以工作问题代替思想问题等情况，使民主生活会真正开出"出汗排毒，洗澡治病"的效果。

二是让新发展理念"树"起来。随着唐钢公司落实国家产业结构调整政策，推动绿色高质量发展步伐加快，唐钢公司纪委始终把监督落实新发展理念、构建新发展格局、推动高质量发展以及习近平总书记对河北省、河钢集团的重要批示指示精神放在重要位置，通过"看、听、查、访"等方式，督促各级党组织和党员干部深化对新发展理念的理解把握，增强贯彻的自觉性坚定性。"与会式"监督党委会、经办会重大议题，突出对是否在重大决策中严格遵守国家法律法规和产业政策，是否在改革发展中贯彻新发展理念、是否体现国有企业钢铁报国的责任担当等方面的监督，确保唐钢公司始终在坚决贯彻习近平生态文明思想，打造循环经济标杆、引领行业低碳绿色发展上快步行进。2022年，唐钢新区获批环保A级绩效企业，唐钢公司也成为唯一入选中央广播电视总台和工信部共同打造的大型融媒体《智造中国》案例。

三是让政治生态"美"起来。政治生态是企业党风、政风的体现，良好的政治生态是企业高质量发展的基础和保障。唐钢公司纪委从健全制度入手，制定并严格落实

《政治生态报告和领导人员画像评价制度》，加强政治生态研判，充分发挥预警、纠偏、修复作用。组织对两级班子学习贯彻习近平新时代中国特色社会主义思想，贯彻落实党中央重大决策部署、重大战略举措以及履职用权、担当作为、廉洁自律等情况进行分析研判和精准画像，在评价内容与评价要素上，通过九个指标、五个方面来体现；在评价程序上，采取"自画像"加"监督画像"的形式，形成"综合画像"，即把分析研判再融入日常监督工作中，结合监督检查、审查调查发现的问题，查找背后的责任、作风和腐败问题，然后精准描摹政治生态样貌，对发现的问题及时向党委汇报，持续构建完善"全面研判—反馈问题—整改提升"的工作闭环管理机制，让政治生态研判更好服务于党委决策，真正成为管党治党利器。

（二）以专项监督为突破，在提升精度上"紧一扣"，全力扎紧风险防控"篱笆"

监督工作千头万绪，不能眉毛胡子一把抓，只有盯住管人、管事、管钱、管权等重点人和事，抓住主要矛盾精准发力，才能推动形成"头雁效应"，切实提升监督效能。

一是聚焦"关键少数"，把"三不腐"堤坝"筑"起来。基层干部作风的好坏关乎党的形象和职工群众的获得感、幸福感。唐钢公司纪委以贯穿全年的作风纪律专项整治活动为主线，盯紧干部选拔任用、工程建设、婚丧嫁娶等加强事前监督，把党员干部不想腐、不敢腐、不能腐的"堤坝"筑起来。严把选用干部的政治关、品行关、廉洁关。纪委不仅全程参与组织部门考察，还落实廉政审查，组织任前廉政知识考试，建立廉政档案，督促新提拔干部扣好廉洁从政"第一粒扣子"。紧盯工程建设、招投标等关键领域，早打招呼早提醒。冷轧二期工程项目筹建后，组织12名科级以上领导召开专题警示教育会议，签订廉洁从业承诺书。紧盯节假日这一"四风"易发多发关键节点和作风建设"考点"，结合"四风"隐形变异具体表现，追"风源"，把"风向"，围绕违规收送礼品礼金、公车私用、公款吃喝、蟹卡蟹券等问题，采取"体验式""蹲点式""提醒式"等方式开展监督检查65次，持续形成震慑效应，真正把节点变成作风建设"加油站"。

二是聚焦关键领域，把制度"笼子""扎"起来。随着唐钢公司的发展，廉政风险易发多发地带并非一成不变。唐钢公司纪委坚持推动风险排查经常化、风险防控动态化，围绕物资采购、工程建设、资金管控、选人用人、外委外协、招标投标等权力集中、资金密集、资源富集的关键领域，全面排查在岗位职责、业务流程、制度机制等方面存在的廉政风险，逐个"过筛"，做到"风险定到岗、措施落到岗、制度建到岗"，构建完整规范、行之有效的廉政风险防控体系。2023年以来，按照建立"一图一表"（权力运行流程图及廉政风险防控一览表）原则，共梳理重点职权269项，绘制权力运行流程图269个，廉政风险点595个，制定廉政风险防控措施1174条，完善相应管理措施56项。其中，围绕废钢质检，铁前原料进口等廉政风险高发领域，制定防控措施18项，完善制度流程22项。

三是聚焦关键环节，把监督责任"扛"起来。将全面从严治党和严格依法治企制度优势转化为治理效能，是纪检监察部门的重要职责。唐钢公司纪委充分发挥效能监察"堵漏、促管、增效、保廉"作用，通过建章立制，堵塞漏洞，强化监督和责任追究，防控经营管理风险，助推企业管理效能升级上档。两级纪委紧扣唐钢新区投产以来制约效益、效率提升的难点、职工群众关注的热点等方面选题立项，38 家单位结合实际各确立一至六项课题，其中热轧事业部确立了"降低 2050 线板卷废次降比例、优化透气砖操作机制提高钢包使用寿命""优化氧枪使用机制提高在线寿命"等六项课题，发现管理漏洞 3 项，提出改进建议 2 项，完善相关制度 1 项，增效 630 余万元。炼铁事业部确立了"加强煤比攻关监察，降低生产成本""加强炼铁高炉运行监管，实现提质增效降本"等六项课题，通过加强监督，完善相关措施 4 项，提出改进建议 1 项，发现管理漏洞 1 项，增效 200 余万元。

（三）以日常监督为抓手，在延展深度上"加一码"，推进全面从严治党延伸至"最后一公里"

习近平总书记指出，推动全面从严治党向基层延伸。对基层贪腐以及执法不公等问题，要认真纠正和严肃查处，维护群众切身利益，让群众更多感受到反腐倡廉的实际成果。为解决监督工作"上热中温下冷"难题，唐钢公司纪委大力推进日常监督，在延展深度上下功夫，推进监督下沉、落地，打通全面从严治党"神经末梢"。

一是让廉洁文化"实"起来。注重发挥廉洁文化潜移默化、润物无声的教育熏陶作用，使党员干部把纪律约束转化为内在自觉。突出"以红养廉"，充分依托李大钊纪念馆、李大钊故居等教育基地，组织 300 余名党员干部和关键岗位人员接受党性教育和革命传统教育，培根铸魂。切实发挥廉洁文化示范园地教育警示作用，把受教育对象延伸到党员干部家属，2023 年以来受教育人数达 1200 余人次。大力推进"指尖上的廉政课堂"，利用网络、电子版刊等载体，宣传优秀清廉家教故事和亲情助廉家书，在重大节假日向党员干部发送廉政提醒短信 2700 余条；组织基层纪委书记讲廉政党课 150 余场次，开展以案施教、以案释法活动 120 余场次，观看《零容忍》《礼物》《两面人》等警示教育片 90 场次，实现了党员干部受教育全覆盖，在润物无声中打造清朗政治生态。

二是让廉政谈话"活"起来。坚持"治未病"理念，把用活用好廉政谈话作为强化对党员干部日常监督的重要手段，通过点对点，面对面，全覆盖式廉政谈话提醒，抓早抓小，防微杜渐。两级纪委落实"三必谈"，即"提职前必谈、有苗头性倾向性问题必谈、履责不力必谈"。2023 年以来共开展廉政谈话 328 人次，通过做好提醒督促这篇"活文章"，使党员干部认识到自己肩上的责任，强化了党员干部纪律规矩意识，督促引导他们在本职岗位上能干事、会干事、干成事、不出事。

三是让干部素质"强"起来。纪检监察干部只有苦练内功，增强本领，敢监督、会监督，才能使监督真正发挥出"长牙带电"功效。唐钢公司纪委坚持落实常态化、制度化学习机制，不定期组织专兼职纪检监察干部业务考试和考核，并邀请纪检监察领域专家进行系统业务培训，从监督手段、方法、能力等方面加速提升，磨好业务技能"金刚钻"，更好地适应新形势下强化基层监督工作需要。以开展纪检监察干部教育整顿工作为契机，组织 63 名专兼职纪检监察干部完成集中学习和自学等多项"规定动作"和"自选动作"，引导纪检监察干部在政治站位上练"硬功"，在作风转变上练"实功"，淬炼忠诚品格，坚定理想信念，为激活基层监督"神经末梢"提供素质支撑。

三、取得成效

唐钢公司纪委探索运用"三个一"工作法，多措并举提升监督质效的实践，为推动唐钢公司高质量发展提供了坚强保障，也为国有企业纪检监察部门加强监督工作提供了有益借鉴。

（一）做好监督工作，既要树立系统思维，又要把握监督重点

随着唐钢公司区位调整和结构优化，各生产单元位置分散，点多、线长、面广。由于监督力量比较有限，要进行全方位、立体式监督，绝不能搞大水漫灌，要系统统筹，联动推进，紧扣重点、痛点和难点，精准出击，形成驾一驭万、事半功倍的效果。特别是要充分利用信息化手段，将信访举报、问题线索、巡视巡察反馈意见、专项检查情况、案件剖析报告、纪检监察建议、审计报告等信息共享、有效协同，快速找准工作重点，提高监督质效。

（二）做好监督工作，既要各司其职，又要协同配合

监督工作涉及面广，政策性强，仅靠纪检监察部门"单兵作战"，时常力不从心。因此，既要推动财务、审计、法务等职能部门发挥专业优势，强化前置监督，也要发挥群众监督、社会监督、舆论监督等力量参与监督，探索形成"纪委牵头+职能部门深度参与+其他力量协助参与"的集成式监督格局，细化完善"室组"联动监督机制，健全任务统筹、信息互通、成果共享等融合机制，实现优势互补，力量叠加。同时，将监督触角延伸到支部末端，落实基层支部纪检委员监督制度，有效推进全面从严治党向基层末梢延伸，向全体党员覆盖。

（三）做好监督工作，既要当"锋芒剑"，又要当"暖心炉"

党员干部工作任务重、责任压力大，如何在强化监督的同时，关心关爱干部成长成才，激发干事创业的内生动力极为重要。因此，做好监督工作，一方面要做"锋芒剑"，及时发现并查处违规违纪的党员干部，督促其严格按照党规党纪做事，一方面也要当"暖心炉"，细化容错纠错机制，旗帜鲜明地保护忠诚干净有担当的好干部，打消其"不做事才不会出事"的顾虑；同时还要挽救、关心帮助犯了错误的干部，不能一处了之、不闻不问，做到纪法约束有硬度、批评教育有力度、组织关怀有温度，体现我们党"惩前毖后、治病救人"优良传统。

国有企业"蝇贪"现象的成因及对策分析

陕钢集团产业创新研究院科技发展中心

张　翔

习近平总书记在全国国有企业党的建设工作会议上指出，国有企业是中国特色社会主义的重要物质基础和政治基础，是我们党执政兴国的重要支柱和依靠力量。作为我国经济发展的重要支撑力量和主要组成部分，国有企业既肩负着经营管理国有资产、实现保值增值的经济职责，又承担着维持社会稳定、增进民生福祉的社会责任，以监督反腐来维护自身健康优良的运行，对于我国经济稳定且高质量发展具有重要意义。

随着党的十八大以来全面从严治党深入推进，"三严三实""两学一做""不忘初心 牢记使命""党史学习教育"、学习贯彻习近平新时代中国特色社会主义思想主题教育等依次开展，我国反腐败斗争取得了压倒性胜利，但全面从严治党永远在路上，党的自我革命永远在路上，国有企业反腐败斗争形势依然严峻复杂。

一、近年来国有企业反腐败形势

(一) 反腐斗争取得成效

党的十八大以来，随着全面从严治党纳入"四个全面"战略布局，以前所未有的勇气和定力推进党风廉政建设和反腐斗争，反腐败斗争取得压倒性胜利并全面巩固，消除了党、国家、军队内部存在的严重隐患，也推动了国有企业反"四风"及反腐败工作。2016—2022 年全国查处违反中央八项规定情况趋势图如图 1 所示。

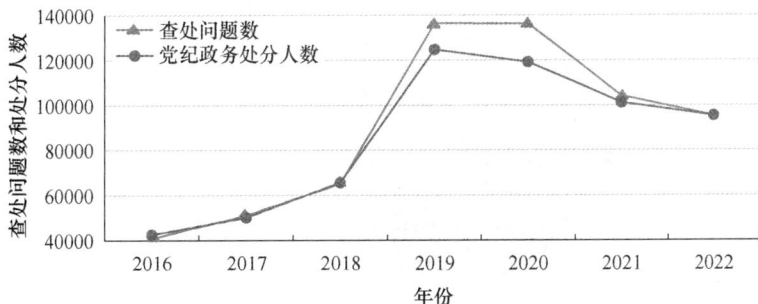

图 1　2016—2022 年全国查处违反中央八项规定情况趋势图

(来源：中央纪委国家监委网站)

由图 1 可知，全国违反中央八项规定的案件无论是从案件数量还是从处分人数的角度，都在 2019 年达到极值点，自 2021 年开始回落。由此可以看出，在反腐力度不断增大的环境下，自党的十八大以来逐年递增、不断暴露的腐败案例已呈暂缓增长趋势。由此可以判断，现阶段无论是党内还是在国有企业内部的不正之风已得到初步遏制，"三不腐"的环境已初步形成，但同时从图 1 中也可以看出违纪案例并没有停止发生，零容忍的态势仍需贯彻始终。

（二）基层干部是违规违纪高发群体

图 2~图 4 分别为 2020—2022 年近 3 年来全国全年违反中央八项规定查处问题在不同职位级别的占比，从占比中可以得知，等级越低的职位发生违法乱纪问题的案例越多。一是由于等级低的职位其人数在整体管理体制的人数占比最大，因此，在假定个人违纪概率相同的情况下，等级低的职位群体会违纪概率较多；二是等级低的职位接触的具体事务最多，可"操作"的事务数量最多，违纪概率也就最多。

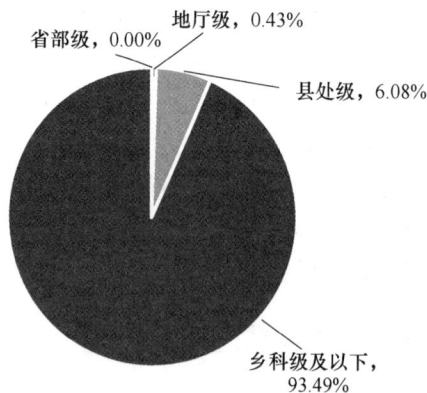

图 2　2020 年全年违反中央八项规定查处问题级别占比

（来源：中央纪委国家监委网站）

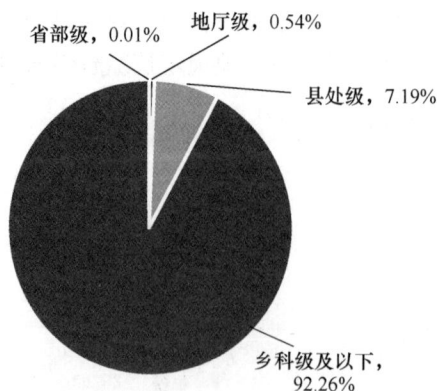

图 3　2021 年全年违反中央八项规定查处问题级别占比

（来源：中央纪委国家监委网站）

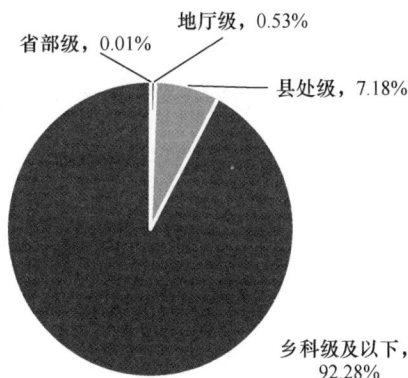

图4 2022年全年违反中央八项规定查处问题级别占比
(来源：中央纪委国家监委网站)

综上所述，我国社会反腐斗争已经取得压倒性胜利并全面巩固，社会风气正在逐步向好转变，但"蝇贪蚁腐"仍占违规违纪最大比重。企业作为一个小社会，也存在相同的问题。

二、"蝇贪"在企业的表现形式及危害

相对于高官贪污，企业中，中层及以下干部以权谋私、以岗谋私的腐败行为由于具有隐蔽性、扩散性和全面性的特征，存在数额少、数量多、频率高、易成风的问题。

（一）"蝇贪"的主要存在形式

（1）利用他人"有求于己"的心理设卡收受好处。
（2）利用信息不对称，侵蚀职工利益。
（3）利用岗位优势，设置信息壁垒，暗箱操作。
（4）利用对外权利，勾结外部不法分子谋取私利。
（5）利用制度漏洞，掏公养私。

（二）"蝇贪"的危害

1. 影响企业形象，抹黑党的威信，失去群众基础
由于"蝇贪"的形式常常是"三色腐败"中的"灰色腐败"和"白色腐败"，加之其就发生在群众的身边，掣肘在与群众息息相关的事务中，侵蚀着广大群众的权益与利益，因此，相对于"远在天边"的"老虎"，群众对于"蝇贪"的感知更为敏锐，感受更为深刻。

办理事务层层受卡，自身利益受到侵害，身处在企业的"潜规则"和暗箱操作之下，长此以往，消耗的是群众对于企业的信任，积攒的是群众对于我党反腐力度的失望，割裂的是我党与群众之间的联系。

2. 形成不良风气，腐蚀职工队伍，制度失去执行

历史和现实都告诉我们，只要拥有权力，就有被腐蚀的风险，"蝇贪"本身对于权力的要求不高，具有普遍可能性和很强的传播性。"蝇贪"因其实施的难度低、频次高，所带来的"效果"对于周围人员的吸引力巨大。

因此，当小股的不正之风得不到及时的扼杀与处理，就会产生"破窗效应"。当设卡收礼普遍存在，当收受礼金成为"能力"，当小贪小拿变为"本事"，当群众对于违规违纪现象见怪不怪，企业原本公平、合理、高效的"明面制度"将不再实际运行，就会产生一系列连锁反应。

3. 侵蚀经营成果，增加企业负担，影响企业增效

企业生产经营的核心在效益，而从"蝇贪"的直接结果来看，企业自身要么因资产流失，导致经济利益受损；要么因流程设卡，在运转效率上迟缓；要么因职工人心涣散，在事务推进上受限。因此，"蝇贪"增加的是企业运行的成本，直接或间接影响的是企业创造的效益。

综上所述，"蝇贪"的情节看似不如"大老虎"严重恶劣，但其形成的规模效应直接反映的是党员干部的作风，损害的是国有企业的根本，降低的是国有企业的竞争力。

三、"蝇贪"的成因分析

分析"蝇贪"事件的成因，可以从腐败人员的主观因素和现有环境的客观因素来进行剖析。

（一）主观原因

政治思想教育不到位。国有企业现开展的政治教育、思想教育和警示教育内容广、形式多，但多数教育存在层层递减的现象，更多的只是针对党员领导干部、企业高层、中层领导，对于基层员工的教育频率较少，且形式单一，以文件宣读学习为主，从而导致基层员工对反腐形势及要求了解不够，对日常腐败行为的认知不清，不能时刻自警、自醒。

（二）客观原因

1. 制度流程方面

（1）部分流程未制度化标准化，存在流程漏洞和人为操作。大多数国有企业制度和流程都相对较为完善，但真正实现流程化、标准化的却有限，这也带给了流程节点人员随意处置的权力，而有权力的人就有可能出现滥用权力。

（2）制度流程、制度标准存在不合理现象，未能及时根据实际情况调整。在制度的设计中，不可避免需要设置标准线与适用范围，从而保证运用该制度的流程在可控范围之内。但是在国有企业，特别是集团型国有企业，因其涉及领域多、制度数量繁多等问题，往往导致制度更新不及时，未能与当前环境进行匹配，从而导致制度与实

践相脱节，出现制度漏洞。

2. 信息流转方面

（1）信息流转重要节点监督不足，容易形成信息死角。企业各部门职能定位不同，加之职责范围不明晰、协同文化营造和责任、作为意识不足等原因，容易导致重要问题信息被过滤、留存、保留等情况，从而形成信息死角，从制度上分析，其原因在于对信息流转节点的监管不足，不能及时督促信息的内部传递。

（2）部门信息公示偏重形式，未能达到公示目的。国有企业对于重要人事调整、大笔资金使用、物资采购结果等重要事务或腐败易生事务在制度上都设计了流程公开和结果公示，目的是让此类信息暴露在"阳光之下"，但在实际执行过程中，信息的公示形式过于传统，导致公示信息与群众接触点较少，未能达到群众监管的目的。

四、"蝇贪"的治理对策

（一）基层干部落实"一岗双责"制度，加强全员反腐教育，打造企业廉洁文化

相对于纪委、审计等专职监管部门，部门领导作为部门实际业务管理者，对于业务开展中的反腐关键点更为清楚与具体。落实基层干部在党风廉政制度的主体责任，加强主管领导廉洁意识，运用监督执纪"四种形态"，打造部门内部廉洁风气，将廉洁建设推向基层。

在《国企职工对反腐倡廉认知的社会学研究》中可以看到，职位越低的岗位员工对廉洁制度的了解程度就越低，非党员员工相较于党员员工而言对反腐倡廉的关注度更低，同时存在基层员工对部分"蝇贪"行为认识不清，且舆论对于"蝇贪"的包容性更强，故此应加大廉洁教育范围，将基层非党员员工纳入廉洁教育常态化范围内，通过部门领导组织教育，明确日常工作的具体"蝇贪"行为，结合实际讲解廉洁政策要求。

（二）建立统一企业信息公示平台，增加群众信息触点

国有企业信息公开是尊重和保障员工进行民主决策、民主管理和民主监督的重要手段和有效途径，是构建大监督体系的重要环节，搭建群众监管便捷、标题言简意赅的公示处，引导群众积极关注公示信息，方便群众监督，保证企业"阳光"运营。

电子信息公示平台相对于传统公示栏具有随时查看、过往回溯、不受客观空间限制的优势，通过统一的电子信息公示平台可以降低群众监督难度，增加群众监督触点，从而加大群众监督力度，保持企业与群众的紧密性。

在电子信息公示平台增加企业现行流程制度的展示，保证基层员工对制度的熟悉，收集基层员工实践中对流程制度的反馈，促进企业标准流程的更新迭代。同时，在公示平台增加廉洁制度的讲解，破解基层员工对日常"蝇贪"事项的模糊概念，明确"蝇贪"行为，展现企业反腐倡廉坚决态度，防止小股漏网之鱼破坏反腐事态。

（三）搭建统一信息平台，打破现有信息壁垒

打破现有信息壁垒，提供系统信息支撑。搭建企业内部统一的信息平台，统一信息接口标准，统一数据格式要求，特别是"大监督"体系的各部门数据间格式要求一致，打造体系化信息平台，形成职工全方位信息系统和项目全流程信息档案，从而加强纪检部门对基层人员的情况分析，加深审计部门对于企业运营状况的掌握程度。

一次收集多方使用，减少监管重复工作。在现阶段，由于信息之间的壁垒，导致各部门对部分信息的收集处理各自为政，会出现同类信息多次采集的现象。统一信息平台的搭建，同类型原始信息可以做到多部门共享，降低监管部门对业务的影响，同时监管部门间可以相互使用处理后的信息，降低监管部门自身的基础工作量，提高事务分析和制度分析的精力占比。

（四）建立企业运营可视化面板，构建"大数据"+监管模式

数据及时反馈，加强常态化管理力度。国有企业内部信息流通缓慢，需要层层处理，从而导致对于信息的最终结果呈现会以月、年为单位，导致细小问题得不到发现、轻微问题严重化。搭建数据可视化面板，形成数据自处理系统，将企业运营数据、项目推进进度等信息以天为单位进行反馈，将"微腐败"扼杀在微小环节。

针对腐败行为进行"大数据"建模，形成数据找人反馈模式。全方位的信息收集处理必然导致海量的数据囤积，大量数据的处理和分析仅靠人力进行犹如蚍蜉撼树。对过往腐败人员、案例进行数据建模，运用"大数据"手段，寻找腐败现象的共同数据特征，突显问题数据，从而实现数据找人的反馈模式。

"三个四"大监督大防控体系的探索与实践

山东钢铁集团财务有限公司纪委

王　勇　高　勇　董保树　张　瑾　宋　军　沈桂权

金融是国家重要的核心竞争力，党中央高度重视防控金融风险、保障金融安全。山东钢铁集团财务有限公司（简称山钢财务公司）作为非银行金融机构，立足公司实际，坚持"五心"理念，着力构建"三个四"大监督大防控体系，有效预防和控制各类风险的发生，取得了良好成效，在促进经营管理持续向好的同时，未发生违规违纪问题。

一、构建"三个四"大监督大防控体系的背景

财务公司处于企业集团内部，业务一般局限于集团范围内，以往原中国银行保险监督管理委员会、中国人民银行等监管机构普遍认为财务公司风险不易外溢，风险相比其他金融机构要小。但是随着全球政治经济形势的复杂变化，经济下行，集团生态圈企业经营难度加大，有些资金问题向财务公司转移，造成存在风险的机构越来越多，2020年以来，全国近260家财务公司中已有超过8家财务公司被批准破产或解散，多家被列为高风险机构。监管部门的认识也发生了180度的大转变，认为财务公司是最容易出现风险的机构之一，要求从各个方面化解风险，确保金融稳定。山钢财务公司注重从源头预防，着力构筑大监督大防控体系，切实消除风险隐患。

二、"三个四"大监督大防控体系的构建与实施

山钢财务公司立足金融机构特点，紧密结合自身实际，探索推进"三个四"大监督大防控体系（见图1），确保风险可防可控。

（一）构筑"四个维度"运行体系

1. 健全完善制度体系

山钢财务公司高度重视制度的根本性作用，加强制度建设，构建"不敢腐"的高压线。针对山钢财务公司各类业务，建立起200余项工作制度，针对廉政建设，制定《党风廉政建设责任制实施办法》《党风廉政建设责任制责任追究实施细则》等系列制度规定，形成体系，做到有规可依。修订完善并严格执行《工作人员轻微违规违纪积

立足山钢财务公司实际，着力构建"三个四"大监督大防控体系，一体推进形成不敢腐、不能腐、不想腐格局。

现有200多项制度，分好类别，并筛选涉及"管钱管物管人"关键业务类别制度列为重点，构筑体系。

各部门按业务分工监督相关制度落地执行，让制度长腿，由"躺着"到"走着"。明确制度执行主体、监督管理考核主体、问责主体，时间要求。

从"岗位、部门和公司"三个层面，查找"思想道德、岗位职责、业务流程、制度机制和外部环境"五个方面易发腐败风险，辨识风险点，制定实施防范措施。

构筑思想道德防线。与风控结合，辅之以廉洁教育、警示教育、思想作风道德教育，将防腐关口前移，让监督作用发挥在问题未发之时。

"四位一体"组织架构

党内监督
行政监督
群众监督
行业监督

"三个四"大监督大防控体系

"四个维度"运行体系

制度体系
执行体系
风控体系
预防体系

"四种形态"处理方式

红脸出汗咬耳扯袖
党纪轻处分和组织处理
重处分和重大职务调整
涉嫌违法立案审查

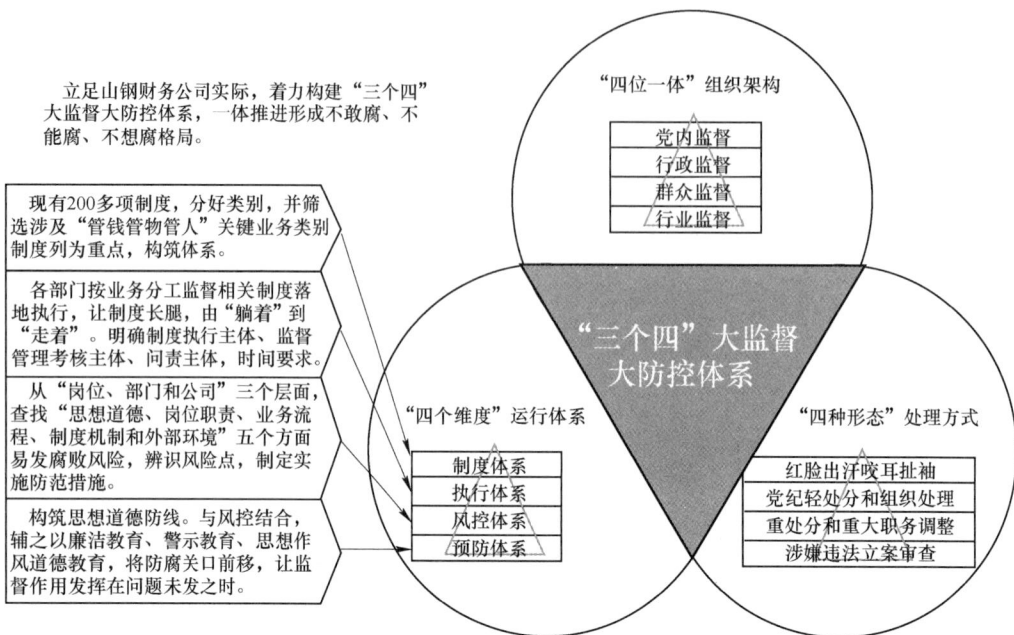

图1　"三个四"大监督大防控体系

分处理办法》和《工作人员违规失职行为处理办法》，将日常容易发生的429项轻微违规和208项违规失职事项，规定不同的计分分值，与工资挂钩，员工全年计分满24分下岗培训，从制度上规范行为。

2. 健全完善预防体系

构筑思想道德防线。与风控结合，辅之以廉洁教育、警示教育、思想作风道德教育，将防腐关口前移，让监督作用发挥在问题未发之时。

不断强化廉洁教育，强化"不想腐"的自觉。通过以案说法、案例警示、观看教育视频、廉洁党课等多种方式方法，常念"紧箍咒"，筑牢干部员工廉洁从业思想防线，让党员干部员工明纪律、知敬畏、守底线。

引导干部职工作为金融行业的一员，在天天与资金打交道的情况下，抵制各种贪念和诱惑。在思想上勤于自警，保持头脑的清醒；在工作上常于自律，保持勤勉廉洁；在生活上注意自重，保持慎独慎微；在作风上经常自励，保持求真务实。在业务工作中，积极践行"合规先行，风险为本，稳健经营"的理念，主动适应"强监管、严问责"的监管形势和金融新常态，把职业操守及廉洁从业相关要求作为重要内容，强化学习，积极参加培训交流，不断提升自身的合规意识和防控风险的能力水平，真正做到"打铁还需自身硬"。

持续深化廉洁文化建设。紧密结合金融机构风险管理与合规运营，倡树风险合规文化，把"干事、干净、担当"作为对干部员工的基本要求和价值导向，积极营造崇廉拒腐的廉洁文化氛围。

3. 健全完善风控体系

坚持风控从源头抓起。把好廉洁从业"入口关"和廉洁审查"出口关"。坚持德才兼备、以德为先的选人用人理念，将品行良好的同志选拔到山钢财务公司和金融岗位上来。新员工一入职，就组织学廉、诺廉、践廉活动，让员工扣好入职"第一粒扣子"。干部选拔任用中，确认廉洁档案，了解掌握干部职工对其廉洁评价，全方位开展拟提拔人员的廉洁画像，严防带病提拔。干部履新前，进行廉洁谈话，进行廉洁承诺。员工调整岗位前，组织审核其廉洁从业情况，对问题员工实行"一票否决"，同时做好相应处理，防止"问题毒瘤"扩散。定期组织德廉知识测试，以考廉促学廉、以学廉促懂廉、以懂廉促守廉。

坚持问题导向，健全廉洁风险防控机制。认真分析近年来出现的各类廉洁风险问题，围绕权力集中、资金密集、资源富集部门和岗位组织开展风险排查和辨识。从"岗位、部门和公司"三个层面，查找"思想道德、岗位职责、业务流程、制度机制和外部环境"五个方面易发腐败的风险，辨识风险点，制定实施防范措施。协调建立审计、风险、综合等部门沟通机制，及时发现和化解重大风险。

4. 健全完善执行体系

坚持责任到人，做到履职尽责。山钢财务公司党总支每年组织领导班子成员及部门主要负责人签订年度主体责任目标责任书和"一岗双责"责任书，把廉洁从业作为一项重要指标，督促责任主体抓好责任落实。各部门按业务分工监督相关制度落地执行，让制度"长腿"，由"躺着"到"走着"。明确制度执行主体、监督管理考核主体、问责主体，时间要求。实行纪检、风险、审计、巡察联动机制，牵头组织并认真查摆风险源点，深入分析风险产生的原因，制定行之有效的整改措施，督促相关部门严格整改落实，确保整改到位。

(二) 构筑"四位一体"监督架构

1. 深入开展党内监督

建立书记接待日和书记信箱，定期接受群众来信来访，及时了解全公司廉洁自律情况，有针对性做好廉洁提醒等工作。通过领导干部联系点，经常性联系所在支部和部门，掌握党风廉政建设第一手信息。发挥纪检监察职能，定期不定期开展明察暗访，尤其针对重点节假日，配合上级纪检部门联合做好纪检监察工作。

紧密结合巡视巡察推进廉政建设。积极配合上级做好巡视巡察工作，自主组织开展内部巡察，真正把问题查清楚、弄明白。针对违规经营、超标准招待、报销、发放奖励等事项，明确责任人、责任单位、完成时限，扎实推进整改，确保取得实效。强化建章立制，做到靠制度管人、靠制度管事，形成整改的长效机制，更好防范经营风险和廉洁风险。

2. 深入开展行政监督

山钢财务公司内部设置前、中、后台，在业务办理中做到相互监督，相互制约，在任何环节发现问题，流程都会中止，防止风险流转至下一环节。制定实施《内部控制与风险管理手册》，风险管理部牵头，通过明确岗位职责、业务流程及禁止行为，对每个业务环节进行全面流程梳理诊断，加强重点环节、重点岗位等关键风险点的防控，发现潜在风险，提出应对策略。各部门根据业务开展情况分别制定《岗位职责合规手册》和《业务流程合规手册》。严格执行内控落实方案 4+X，弥补管理漏洞，强化合规管理，推动山钢财务公司依法合规经营和持续健康发展。审计稽核部每年制定内审计划，每年提出审计整改建议 30 余项，并督促问题整改落实。山钢财务公司监事认真履职尽责，积极参加公司相关会议，全面掌握公司运营情况，提出监督整改建议，促进问题整改。监事会每年对山钢财务公司董事、监事、高管层成员履职情况进行评价，指出问题不足，促进整改提升。

3. 深入开展群众监督

山钢财务公司重点针对党员领导干部和重点岗位人员，强化廉洁防控。抓住关键节点，盯住重大资金安排、重大工程项目，设置监督举报电话和邮箱，防范"灰色通道"利益输送。盯住重点节假日，提前组织廉洁提醒，节日期间组织监督检查，公开监督举报邮箱和信箱，将违规违纪行为消除在萌芽状态。

4. 积极借助外部监督

监管部门持续加大监管力度，实施强监管、硬约束，对违规机构和责任人实施"双罚"，严肃问责。山钢财务公司充分借助行业监督，积极配合监管部门做好风险隐患排查，配合做好现场检查，对于监管部门查出的问题积极认领，深入分析原因，制定整改措施，切实抓好整改。对于监管机构廉洁从业方面的监管，高度重视，作出廉洁承诺，积极参加相关会议和培训，主动落实廉洁方面的部署和要求，强化监督执纪问责，有效防控廉洁风险。充分利用山钢财务公司与山东钢铁集团其他成员单位和社会金融机构联系面广的优势，加强廉洁方面信息的沟通和交流，超前做好预判、分析和防范工作，防止廉洁风险扩散蔓延。

（三）构筑"四种形态"处置方式

积极运用"四种形态"，强化监督执纪问责。对轻微违规行为，坚持以批评教育和约谈函询为主，做到红脸出汗咬耳扯袖。辅之以积分处理，落实《工作人员轻微违规违纪积分处理办法》，对轻微违规人员进行轻处理，该办法实施以来累计为数十人次积分，处罚 1 万余元，规范了员工行为，起到了良好的引导约束作用。对违规失职行为进行党纪轻处分和组织处理，同时运用《工作人员违规失职行为处理办法》进行相应处罚。对重大违规人员进行党纪重处分、重大职务调整。对严重违纪涉嫌违法立案审查的，及时移交纪检部门深挖细究、严肃执纪问责，充分发挥"利剑"作用，形成强大震慑。

三、大监督大防控体系建设取得良好成效

山钢财务公司通过"三个四"大监督大防控体系的构建和实施，有效促进了问题

的查摆和改进，防范了合规风险和管理漏洞，有效助力了公司持续健康高质量发展。2022年，山钢财务公司经营绩效持续提升，众多指标实现新突破，达到成立以来的最好水平。截至2022年末，山钢财务公司资产总额147.12亿元，负债总额106.72亿元，所有者权益40.40亿元，较年初增加1.04亿元。全年实现营业收入5.26亿元；实现利润总额4.90亿元，完成年度预算的124.51%；实现净资产收益率9.56%，完成年度预算的122.88%。各项指标符合监管规定，实现"三无两安全"目标。多项工作得到上级的充分肯定和认可，山钢财务公司先后荣获山东省企业文明单位、济南市金融机构统计工作先进单位、济南市公安局三星级平安单位、山东钢铁集团先进基层党组织等荣誉，众多个人荣获集团及以上荣誉。

四、大监督大防控体系建设的实践总结

（1）开展大监督大防控体系建设，必须要有坚强的领导。

（2）开展大监督大防控体系建设，工作机制是关键。

（3）开展大监督大防控体系建设，齐抓共管是手段。

（4）开展大监督大防控体系建设，纪律监督是保证。

（5）开展大监督大防控体系建设，必须围绕并服务于发展大局。

（6）开展大监督大防控体系建设，必须保持定力韧劲。

总之，大监督大防控体系是一个系统工程，下一步，山钢财务公司将进一步加强学习教育、健全制度机制、强化风险防控与合规运营、加大监督检查等工作，防控风险隐患，建立良好生态，为促进以融助产，提升服务实体经济质效作出新的更大的贡献。

廉洁文化建设实践与思考

山钢集团股份公司莱芜分公司炼钢厂纪委

李　俊　姜兴辰　张百庆

一体推进不敢腐、不能腐、不想腐，根本在于不想腐，解决好世界观、人生观、价值观这个"总开关"问题。党的二十大报告提出，加强新时代廉洁文化建设，教育引导广大党员、干部增强不想腐的自觉，清清白白做人、干干净净做事，使严厉惩治、规范权力、教育引导紧密结合、协调联动，不断取得更多制度性成果和更大治理效能。习近平总书记在二十届中央纪委第二次全体会议上指出，要在不想腐上巩固提升，更加注重正本清源、固本培元，加强新时代廉洁文化建设，涵养求真务实、团结奋斗的时代新风。加强新时代廉洁文化建设，是建设廉洁政治、培育风清气正的政治生态的内在要求，是营造和弘扬崇尚廉洁、抵制腐败良好风尚的重要工程。山钢集团股份公司莱芜分公司炼钢厂（简称炼钢厂）坚持将廉洁文化建设作为"三不腐"一体推进的基础性工程来抓，深入落实山东钢铁股份有限公司（简称山钢股份）纪委"廉洁文化建设提升年"工作部署，按照"一企一特色一品牌"要求，持续深化廉洁文化建设，着力提升廉洁文化影响力、传播力、穿透力，教育干部职工坚守初心、严于律己、勤勉敬业、担当作为，大力弘扬廉荣贪耻的新风正气，为持续打造风清气正政治生态和阳光高效运营生态提供坚强保障。

一、炼钢厂廉洁文化建设工作现状

炼钢厂按照上级党委、纪委的部署和要求，充分发挥干部职工的首创精神和学习型组织特点，持续创新推进廉洁文化建设，取得了良好工作成效。主要有以下特点。

（一）坚持廉洁文化与学习型组织创建相结合，塑造学习型廉洁品牌

炼钢厂在大力创建学习型组织的过程中始终把廉洁文化建设放在重要位置，着力打造风清气正、干事创业的清风炼钢品牌。按照炼钢厂《关于加强廉洁文化建设的实施意见》，对廉洁文化建设的指导思想、工作目标、方法步骤等进行了全面部署。一是促进廉洁文化进车间、室、班组，编辑下发了团队廉洁愿景和廉洁理念，根据自己的廉洁誓言，制作了个人廉洁自律铭。大力培育厂级廉洁文化体系，总结了廉洁"四六三"防线法则、"十不要"廉洁行为规范、唱响了《正气歌》等廉政组歌，在党员职

工中推动"过五关""斩六魔",算好"七笔账",牢记"28 条净心辩证法"廉洁文化理念落地。二是以创建星级廉洁示范点为载体,鼓励各单位培育自己各具特色的廉洁文化。目前,经过山钢集团股份公司莱芜分公司(简称莱芜分公司)现场评选,炼钢厂已经有 3 个三星级廉洁建设示范点,2 个二星级廉洁建设示范点,2 个一星级廉洁建设示范点。四是建设廉洁文化阵地,各单位利用会议室、操作室等固定场所,展示了各具特色的廉洁文化愿景、廉洁宣言、廉洁理念等。其中有 5 个单位廉洁文化阵地受到莱芜分公司表扬,新动区"一厅两区三室"廉洁文化阵地被命名为山钢股份莱芜分公司廉洁文化教育阵地。三是随着多媒体的推广运用,炼钢厂先后拍摄了《清风炼钢》《数智监督》《六必治教育专题片》《老廉说廉》等视频,通过内部网络或利用微信抖音等平台进行发布。在炼钢信息港开通了廉政视窗栏目,实时发布党员干部职工上传的廉洁小故事、廉洁动态、廉洁心得等内容。汇编成册《炼廉看》《典型案例》《清廉锦囊》《廉洁故事集》《不良作风二十五条》《重点监督事项 80 条》《行政监督手册》等书籍,做到以书带人、以文化人。四是积极开展廉洁文化作品展评活动,征集的漫画、绘画、书法、剪纸、手工作品等在厂区进行展览,积极参加莱芜分公司廉洁文化作品展评,炼钢厂有 10 名党员职工作品分别获得莱芜分公司级一、二、三等奖。举办廉政文艺晚会,表演了自编的小品、歌舞、合唱、快板等节目,营造了浓厚的廉洁文化氛围。充分发挥示范点在廉洁文化建设方面的示范带动效应,组织其他车间、室学习观摩,有力促进了廉洁文化整体提升,营造了全面推进廉洁文化建设的良好氛围。

(二)坚持廉洁文化与党建工作相结合,塑造创新型廉洁品牌

炼钢厂坚持廉洁文化建设与精益党建高度融合,努力营造党建引领、党支部落地落实、党员职工全员参与的良好氛围。与星级党支部建设相结合,把廉洁文化建设纳入党支部月度考核,通过"三会一课"、主题党日、红色教育、"六必治"专项治理,推动廉洁文化落地扎根。与群团工作相结合,一体布置一体推进文化进班组、进岗位、进家庭,通过违规违纪大家谈、心理疏导测试、扫雷排雷、家庭助廉等活动,让廉洁文化茁壮成长。与党员作用发挥相结合,通过锤炼钢铁作风建设,全力聚焦"十破除十提升",全面发扬"极致精神",打造忠诚干净担当的党员队伍,进一步增强"高"的意识,践行"严细实快"的工作作风,让廉洁文化开花结果,营造风清气正干事创业的环境,为实现"争创全国最优智慧钢厂"新愿景提供扎实作风保障。炼钢厂还采用请进来与走出去的方式,不断推进廉洁文化建设与时俱进。炼钢厂相继聘请检察官、犯罪心理学专家、山东大学法学院教授、上级纪委领导等到炼钢厂讲授党风廉政建设、法治建设、廉洁文化建设等方面的相关知识,并与多个单位组成廉洁共建单位,互相学习、互相帮助、共同提高。组织党员、关键岗位人员、部分家属参观济南监狱、泰安监狱、莱芜看守所等地方接受现场感悟教育,通过聆听犯罪分子的亲身忏悔、参观监区宿舍等,让每一名党员干部、关键岗位人员提高廉洁意识、预防违法犯罪。组织党员干部到枣矿、兖矿、青岛港、胜利油田等地参观学习廉洁文化建设及交流廉洁文化建设经验,开阔了视野,补齐了短板。开展了"我宣言、我承诺、我践行""兴廉

风、治歪风、树正气"和"守初心、知敬畏、勇担当"主题教育活动。开展"六必治"专项治理、治酒驾"扫雷"专项行动、"加强作风建设、锤炼纪律铁军"专项整治活动。完善了《党风廉政建设绩效考核办法》《党支部书记履行党风廉政建设责任清单及班子成员履行"一岗双责"责任清单》《廉政建设三条禁令》《党风廉政建设问责管理办法》等制度，从制度上扎紧了不能腐的笼子。

（三）廉洁文化与中心工作相结合，塑造服务型廉洁品牌

坚持把廉洁文化的触角延伸到生产经营的每一个角落，切实做到"融入中心、进入管理"。一是把廉洁从业要求纳入一系列规章制度中，贯穿生产经营的全过程，《大宗原材物料把关奖惩办法》《炼钢厂原材物料验收把关检查规定》《党风廉政建设绩效考核办法》《废钢验收三条禁令》等规定成为员工的行为规范。把廉洁条款写入合同，使廉洁从业有标可对、有尺可量、有据可依、有令可行、有禁可止。开展风险辨识、专项治理、督查稽核，形成发现问题、分析问题、辨识风险、优化流程、完善制度、追责问责、回头看的闭环管理，堵塞漏洞，降低风险，提升职工防范意识与能力，让防范企业损失成为自觉的行为习惯，让廉洁工作更好地服务于职工、服务于生产、服务于企业。每年通过廉洁把关为炼钢厂挽回经济损失 2000 万元以上。二是把廉洁文化推广到家庭、客户。开展"家庭助廉"系列活动，让党员职工家属在工作"八小时之外"做好监督，共同构建了家庭拒腐防线；定期和客户举办廉洁共建活动，签订廉洁经营承诺书、征集客户意见建议、开展原材物料验收现场展示等活动，增强群众监督、社会监督力量。三是建立数智监督管控平台，提升廉洁文化建设实效。每季度，炼钢厂党委对各支部包括廉洁文化在内党风廉政建设进行检查，不断推动各支部廉洁文化建设上台阶。按照科技防腐、本质化防腐的思路，依托信息化技术、大数据分析，建立了数智监督平台，把"党内监督、行政监督、群众监督、社会监督和舆论监督"五大监督功能模块全部上线，实现信息化技术与监督责任充分融合，使各项监督更加直观透明、更加聚焦高效，使监督文化覆盖到日常工作和生活的方方面面。利用大监督体系推进廉洁文化服务于生产经营中心任务、服务于提升党员干部职工的整体素质。

二、廉洁文化建设存在的困难和问题

炼钢厂多年来持续推进廉洁文化建设，取得了良好成效，但是，在建设过程中还存在不足之处，主要表现在以下三个方面。

（1）思想认识还有偏差。部分党员干部没有充分认识到廉洁文化在党风廉政建设及反腐败工作中的基础作用，不愿在廉洁文化建设中投入过多的精力和资源，重业务轻廉洁文化建设的现象还存在，制约了廉洁文化建设向纵深推进。

（2）工作发展还不平衡。廉洁文化建设在不同车间、室之间发展不平衡，少数单位没有将业务工作与廉洁文化建设有机结合，个别单位执行方案、廉洁文化上墙不落地，廉洁文化建设没有入脑入心，没有成为员工自身精神追求，创新推进廉洁文化建设的途径和方法不多，效果不明显。

（3）廉洁文化阵地作用发挥不好。廉洁文化阵地建设创新性不够，未完全结合时代发展及党风廉政建设新要求创新性开展建设工作，对职工吸引力不够。个别单位廉洁文化阵地成为"摆设"，没有自己的特色，把廉洁文化建设等同于一般的宣传教育，缺乏将身边事教育身边人转化为生动案例的能力，没有进一步挖掘群众喜闻乐见的素材，形式内容较为单一。

三、关于今后加强廉洁文化建设的几点思考

廉洁文化建设是一项系统工程，是一项必须长期坚持的基础性工作。把新时代廉洁文化建设抓紧抓实抓好，要教育引导党员、干部筑牢理想信念根基，自觉做习近平新时代中国特色社会主义思想的坚定信仰者和忠实实践者，永葆清正廉洁的政治本色。加强廉洁文化建设，要坚持在丰富载体、创新方式，探索搭建受众面广、有影响力的廉洁文化平台上下功夫，构建反映时代特征和发展要求的廉洁文化建设工作体系。

（一）完善建设机制，形成廉洁文化氛围

强化"清风炼钢"廉洁品牌引领，结合实际，以各单位创建星级廉洁建设示范点为载体，打造各单位特色鲜明、内涵丰富的廉洁文化品牌。以品牌建设带动廉洁文化建设各项工作全面深化，提升廉洁文化影响力。把廉洁文化建设纳入日常检查考核中，健全考核机制，把各单位第一责任人是否重视廉洁文化建设纳入到月度绩效考核中，对于廉洁示范点建设首先要查看廉洁文化建设情况。强力开展思廉、警廉、育廉、守廉、传廉"五项行动"，以廉洁文化警示人、带动人、培养人，做到奖惩全覆盖，对于不重视廉洁文化建设、工作出现较大偏差、出现较大问题的实施一票否决，增强各单位对于廉洁文化氛围形成的积极性和主动性，增强党员干部廉洁教育管理的针对性和时效性。充分利用各种资源，健全经费保障机制，从廉洁示范点创建、廉洁文化作品征集、廉洁文化阵地建立、廉洁警示教育等提供充足经费支持。充分挖掘和利用中国优秀传统文化，征集廉洁故事，利用廉洁教育和红色教育基地，开展不间断教育。

（二）创新宣传形式，注重文化熏陶效果

强化"线上"阵地建设，打破时空地域限制，充分运用线上平台强化廉洁教育，把廉洁理念推送到"指尖"、送到"心中"。深化"线下"阵地建设，推动党员活动室、班组活动室等传统阵地充分体现廉洁文化元素，促进廉洁文化进车间、进班组、进岗位，提升廉洁文化穿透力。既要注重运用传统传播媒介，又要充分注重发挥抖音、微信、电视大屏等新兴媒介的优势，打造技术先进、传输快捷、覆盖广泛的廉洁文化传播平台。特别是开通抖音官方账号、微信公众号，要求全体党员和关键重点岗位关注，实时推送教育短视频、廉洁故事等，强化舆论宣传和正面引导。一要利用炼钢厂电子屏、展板、宣传栏等场所宣传廉洁文化知识和相关纪律要求。二要拓展党课教育平台。各单位要开展支部书记上廉洁党课活动，每年度开展一次廉洁党课评选。三要拓展教育方式。继续开展现场式廉洁警示教育，通过正反两面教育，弘扬党的光荣传

统和优良作风，使干部职工在红色教育中坚守清正廉洁、传承红色基因，珍惜现在美好生活，预防违法犯罪。开展身边事教育身边人活动，利用 VR 技术打造情景式互动式警示教育场所，达到进一步触动心灵，防范违规违纪的警示效果。

（三）深入融合发展，实现各项工作协同一致

紧盯关键重点岗位人员，通过"三会一课"、专题学习研讨等形式强化廉洁教育，把廉洁理念根植于岗位。加强年轻干部廉洁教育，引导青年扣好"廉洁从业第一粒扣子"。提升廉洁教育覆盖面，拓展廉洁教育方法载体，开展广大干部职工喜闻乐见、易于接受的廉洁文化活动，提升廉洁文化传播力。与廉洁建设示范点创建相融合，让廉洁文化建设成为示范点建设的重要组成部分。与学习型组织相融合，不断创新廉洁文化建设的形式或路径，达到自主管理的新境界。与精益管理相融合，用精益思维建设廉洁文化。与全面从严治党相融合，让廉洁文化成为推进从严治党的重要手段。与党员干部培养教育相融合，让廉洁文化入脑入心，成为干部成长的必备素质。坚持实事求是，将活动开展与本单位的具体情况相融合、与广大职工的实际需求相融合，本着简约、高效、务实、管用的原则，以廉洁文化建设为契机，扛牢党风廉政建设责任，把廉洁教育融入日常、抓在经常，营造风清气正的廉洁氛围。

构建"区域监管、联动集成、全面覆盖"纪检监察一体化监督体系的思考与实践

福建省三钢（集团）有限责任公司纪委
谢　欢

国有企业是中国特色社会主义的重要物质基础和政治基础，是我们党执政兴国的重要支柱和依靠力量。在企业生产经营中，涉及人、财、物、权的领域和专业繁多，对企业运营管理进行严格的监督与管理，不仅可以有效避免企业利益被侵害、员工利益被侵占，同时也是实现全面从严治党的必然要求。习近平总书记在二十届中央纪委第二次全体会议上指出，健全党统一领导、全面覆盖、权威高效的监督体系，是实现国家治理体系和治理能力现代化的重要标志。党委（党组）要发挥主导作用，统筹推进各类监督力量整合、程序契合、工作融合。要持续深化纪检监察体制改革，做实专责监督，搭建监督平台，织密监督网络，协助党委推动监督体系高效运转。因此，如何履行协助职责、监督专责，构建纪检监察一体化监督体系，推进全面从严治党向纵深发展，是国有企业纪检监察组织面临的重大课题。

一、三钢集团纪检监察组织履行监督专责存在的难点和不足

加强企业内部监督，充分发挥监督职能作用，是企业堵塞管理漏洞、规避经营风险的有效途径。福建三钢（集团）有限责任公司（简称三钢集团）纪委监察室立足主责主业，聚焦工程项目、大宗物资、备件辅材、招标投标、贸易领域、新成立公司等重点领域关键环节，强化监督检查，及早纠偏整治，形成一级抓一级，层层抓落实的廉洁风险防控机制。但监督工作还存在以下不足：一是一体化监督体系还未完全形成，专责监督与其他监督的协同联动不够，未形成同频共振、步调一致的监督合力；二是二级单位纪检监察组织作用还没有充分调动起来，监督的重点与企业生产经营的中心任务结合得还不够紧密，对"监督什么，怎么监督"还不够明晰；三是纪检监察人员通过监督主动发现问题的能力还不足，以查促改效应还未充分彰显；四是侧重于事中监督和事后查处，事前监督少，通过有效监督，防范风险的作用还未充分发挥。

二、对策与措施

随着三钢集团深化机制体制改革不断深入，三钢集团纪委监察室为更快融入集团

一体化管控模式，积极探索建立新的纪检监察监管模式，推进集团一体化监督，防范三钢集团变革中产生的隐患风险，主动加强对二级单位（部门）及权属企业的纪检监察组织督导检查；加强对一、二级管控的单位部门派驻异地部门监督；二级单位（部门）及异地权属企业纪检监察组织加强对一、二级管控的单位部门所涉及的关键敏感岗位监督等应对思路，创新构建"区域监管、联动集成、全面覆盖"的纪检监察一体化监督模式，打通监督症结。

三、三钢集团纪检监察组织构建一体化监督体系的探索与实践

三钢集团纪委监察室牢牢把握监督首责，坚持"抓早抓小、防微杜渐"的监督理念，积极融入三钢集团三级管控模式，持续完善纪检监察组织架构，探索建立以三钢集团纪检监察部门管控督导为面；三钢集团纪检监察部门协同相关职能部门，深化再监督再检查为线；二级单位纪委及权属企业纪检监察部门分片监督为点，覆盖三钢集团总部到各级子公司的"纵向到底、横向到边"的监督体系，促进"点、线、面"同向发力、同频共振，层层传导压力，压实监督责任。

（一）持续完善纪检监察组织架构，推进监督体系建设

1. 健全机构配置

一是根据《关于建立三钢集团公司三级管控模式的通知》要求，细化部门职能分工，突出监督专业化，设立纪检室、监察一室、监察二室，纪检室主要负责纪律监督，问题线索处置相关工作；监察一室主要负责原燃材料、设备辅材相关监察工作；监察二室主要负责工程建设相关监察工作。二是健全二级纪委的机构设置和人员配备，三钢集团本部17个二级单位均设立纪委，配备专兼职纪检监察干部36人。三是针对泉州闽光、罗源闽光、小蕉实业、山西闽光等重要子公司设立监察室，配备专职纪检监察人员18人，充分发挥监督的"探头"作用。

2. 配强监督力量

一是近年来，三钢集团纪委监察室从各二级单位、业务部门选调3名政治素质高、业务水平强的同志充实到三钢集团纪检监察队伍，其中硕士研究生学历1人、其余2人均为本科学历，不断提高整体综合素质。二是从三钢集团纪检监察队伍中选派3名纪检监察干部到三钢集团重要业务职能部门及权属企业的纪检监察组织任职，帮助业务职能部门及权属企业厘清监督内容，完善监督制度、创新监督方法，充分发挥监督质效。

3. 强化能力建设

一是建立项目制工作方式。在专项监督、案件查办过程中，打破科室业务壁垒，抽调精兵强将联合作战，加强以干代训、实战练兵，不断提升发现问题、解决问题的能力。二是强化交流学习。坚持每周一早会、每月一例会，不定期专题会，加强业务互动，交流近期工作，探讨疑难问题，提高整体作战能力。三是推出"十分钟微讲堂"。针对业务实操中的难点堵点，深入研究政策法规，分析实操案例，商讨解决方

案,提升监督执纪业务能力。2021年4月至今,已推出18期。四是强化考核导向。每年结合实际制定经济考核责任制,强化月度及年度绩效考评,充分发挥"鲶鱼效应",充分调动每个人的工作积极性和竞争性。

（二）以三钢集团纪检监察部门管控督导为面,压紧压实监督责任

1. 加强工作部署

一是每年制定下发三钢集团纪检监察工作意见,对二级单位及权属企业开展监督工作提出指导意见。二是三钢集团纪委书记在生产经营例会等场合对党风廉政建设、廉洁风险防控等重要工作进行常态化部署,为强化集团一体化监督提供重要保障。三是向各二级单位纪检监察组织传达三钢集团纪委监察室月度例会精神,对现阶段的重点工作提出具体要求。四是通过下发工作通知、工作提示等形式,及时传达上级纪委和纪委的工作要求、指示精神,促进二级党委和纪检监察组织压紧压实责任。2022年,累计下发工作通知、工作提示等14份。

2. 加强全面督导

三钢集团纪委监察室针对三钢集团20个二级单位和权属企业每年开展一次廉洁风险防控专项检查,听取受检单位汇报、查阅相关资料、点评工作亮点及不足,提出32个整改项,并形成问题清单、强化结果运用,深化以查促改,形成检查—整改—提升的责任落实良性循环。

3. 发挥建议书"监督利器"作用

坚持问题导向,结合监督中发现的问题,深入分析问题的成因和特点,找准廉洁风险点和管理制度等方面存在的漏洞,下发廉洁风险防控督查建议、监察建议和纪检监察建议书14份,督促有关单位堵塞制度漏洞,督促新建和修订制度45项。

4. 创新"送课下基层"机制

近年来,三钢集团纪委监察室持续强化"送课下基层"工作,在强化警示教育的基础上,着重针对日常监督发现的问题,如交易活动等企业内控制度执行出现的偏差,以及部分反复发生的问题,精心准备《工程建设项目常见廉洁风险及防控措施》《以案为鉴,警钟长鸣》《物资采购常见廉洁风险及防控措施》等课件,赴22家二级单位和权属企业开展授课培训32场次,督促做好内部自查辅导,加强事前预防工作。

（三）以三钢集团纪检监察部门强化再监督再检查为线,融会贯通协同监督

1. 强化调研式监督

2022年,三钢集团纪委监察室深入9家关键单位部门和5家权属企业开展调研式监督,通过听取汇报、座谈交流、实地检查等方式,深入基层查找问题,提示风险隐患,提出26个整改项,开展廉政谈话15次,推动合规管理、廉洁风险防控和企业经营发展相契合。

2. 强化联动监督

一是加强纵向联动。2022年,三钢集团纪检监察组织发挥二级单位纪检监察组织

就近监督优势，深化纵向联动、合力推进的工作格局，联合开展车辆保险、劳务用工、钢渣、拆卸废钢、氧化铁皮等副产品的外售及场内转运管理、工程项目超立项金额、超工期等专项督查 16 项，发现问题 11 个，下发工作提示函 1 份，廉洁风险防控督察建议 3 份，节约采购成本 25 万元。二是加强横向联动。三钢集团纪委监察室持续深化"1+X"协同监督机制，融合审计、财务、法务、人力资源等职能部门监督优势，加强信息交流、工作对接、监督合作。2022 年，联合审计、财务等部门对闽光现代物流、钢联、文旅公司、山西闽光等 4 家单位进行专项检查，下发廉洁风险防控督查建议 4 份，进一步提升相关单位风险防控和合规管理水平。

3. 强化再监督再检查

三钢集团纪委监察室关注既往监督发现的"存量问题"，聚焦新型业务领域的"增量问题"，紧盯合规隐患风险的"变量问题"，立足"监督的再监督，检查的再检查"，抓住"全覆盖"和"有效性"两个着力点，强化一级抓一级，层层抓落实，持续强化集团一体化监督。2022 年，三钢集团纪检监察共抽检招标监督 158 场次，抽查进场物资 172 次、工程项目 6 个，处理招投标异议 16 项。查处充当掮客，扰乱招标秩序的行为 1 起，督促处理胶管和金属软管招投标异议，节约采购成本 240 万元。对钢包覆盖剂"以次充好"问题进行督查核实，重新修订相关技术指标，有效减少了以次充好、掺杂使假等现象或行为，节约采购成本 94.77 万元。

（四）以二级单位纪委及权属企业纪检监察部门分片监督为点，夯实基层监督功效

1. 发挥廉洁风险防控监察抓手

三钢集团纪委监察室要求各二级单位依照《三钢集团廉洁风险防控指引》《三钢集团公司关键和敏感岗位风险控管理办法》，结合本单位廉洁风险防控的重点领域进行选题立项，发挥廉洁风险防控监察立项"孵化器"功效，全面铺开廉洁风险防控工作，通过项目立项—成果评审—交流推广，形成全集团步调一致、持续完善的风险防控体系。2022 年，申报并实施廉洁风险防控立项 37 项，查堵廉洁风险点 352 个，建章立制 189 项。2020—2022 年，共计 5 项优秀成果在全司进行交流推广。

2. 夯实权属企业纪检监察组织的"探头"作用

近年来，三钢集团纪委监察室向罗源闽光、泉州闽光等异地权属企业派驻纪检监察干部，强化"派"的权威和"驻"的优势，近距离、全天候、常态化履行监督职责，着力解决监督效力层层递减等问题，持续强化协同高效的监督体系。如泉州闽光创新"制度+科技"监管方式，强化物资验收管理，提高备件辅材采购质量，持续完善关键敏感岗位和业务流程的风险管控。罗源闽光聚焦大宗原燃材料计量、设备辅材采购、合同履约等专项监督，多措并举，系统提升三钢集团廉洁风险防控效能。小蕉实业围绕铸造行业赊销方式存在的风险，探索建立销售客户的管理及评价机制，有效降低销售风险、规范交易。

四、实施效果

(一) 推进集团一体化监督

通过创新构建"区域监管、联动集成、全面覆盖"的纪检监察一体化监督模式，推进各二级单位和权属企业风险防控工作，完善购销业务、工程项目建设、文旅业务、供应链金融等重点领域的监督，及时避免经营风险和廉洁风险的产生，推动集团化一体化管控模式不断健全。

(二) 压紧压实监督责任

通过建立以三钢集团纪检监察部门管控督导为面，纪检监察部门协同相关职能部门，深化再监督再检查为线，二级单位纪委及权属企业纪检监察部门分片监督为点的监督体系，压紧压实各级纪检监察组织的监督责任，为企业稳顺发展保驾护航。

(三) 完善廉洁风险防控体系

积极推动"以查促改、以查促治"，通过有效监督和深入交流，促进各单位完善廉洁风险防控机制建设，制定或修订相关制度，建立长效机制，提高廉洁风险防控意识。

(四) 提升监督质效

三钢集团纪委监察通过有效监督，发现问题及廉洁风险点60个，提出整改建议53条，下发廉洁风险防控督查建议、监察建议和纪检监察建议书14份，督促相关单位新建和修订制度45项，为三钢集团节约采购成本359.77万元/年。各二级单位全年共查堵廉洁风险点352个，建章立制189项。

组织倡廉　职工践廉　家庭助廉　供方诺廉 新时代廉洁文化建设的探索和经验

酒泉钢铁（集团）有限责任公司供应链管理分公司纪委

全面从严治党，既要靠治标，猛药去疴，重典治乱，也要靠治本，正心修身，涵养文化，守住为政之本。党的十八大以来，以习近平同志为核心的党中央把廉洁文化建设摆在更加突出的位置，习近平总书记围绕加强廉洁文化建设发表一系列重要讲话。在党的二十大报告中，习近平总书记指出，加强新时代廉洁文化建设，教育引导广大党员、干部增强不想腐的自觉，清清白白做人、干干净净做事。加强廉洁文化建设是一体推进不敢腐、不能腐、不想腐的基础性工程，是营造反腐倡廉良好环境的重要手段，是全面从严治党向纵深推进的重要支撑。

一、基本情况

酒泉钢铁（集团）有限责任公司供应链管理分公司（简称供应链管理分公司）是酒钢集团物资采购保供的专业化机构，围绕提质增效、转型升级和高质量发展要求，为生产经营单位提供质量、成本、保障、服务满意的采供支持，业务范围涵盖了酒钢集团钢铁、电解铝、动力能源产业物资和全集团通用物资、工程建设项目物资、零固投资、专控物资和办公用品等物资采购，共计108个物料类别，每年采购金额高达几百亿。

二、新形势下采购工作面临的风险挑战

二十届中央纪委第二次全体会议强调，突出重点领域，深化整治金融、国有企业、政法等权力集中、资金密集、资源富集领域和粮食购销等行业的腐败。在国有企业各项经营管理事项中，物资采购、验收、使用等关键环节是"靠钢吃钢"易发多发区，拥有决策权、采购权的各级采购人是腐蚀"围猎"的重点对象。据有关报道称，有的采购人员与供应商勾肩搭背，利用职务影响力进行长期隐蔽的权力变现；有的采购人员亲属违规经商办企业，与所在单位及其关联单位发生业务往来；有的利用职务便利在物料采购、货款结算等方面为他人谋利，非法收受贿赂；有的招投标中串标、围标，出卖标的；有的收受管理服务对象礼品礼金等。上述行为严重损害国有企业合法权益，破坏市场经济规则和秩序，而且将引发广大职工和社会对企业的信任危机。供应链管

理分公司纪委深刻认识到当前国有企业党风廉政建设和反腐败斗争形势的严峻复杂，必须永远吹冲锋号，在党风廉政建设和反腐败工作上持续用力、持续加强，以永远在路上的定力和韧劲一体推进不敢腐、不能腐、不想腐，以自我革命的精神勇于承担廉洁文化建设的政治责任，不断加强新时代廉洁文化建设，为供应链管理分公司高质量发展厚植廉洁土壤、营造清正氛围。

三、加强新时代廉洁文化建设，涵养清风正气

（一）组织倡廉，清风护航

"采购工作责任重、压力大、风险高、诱惑多，稍有不慎，便会滑向违纪违法的深渊。采购人员的政治素质和理想信念是抵御各种诱惑的决定性因素，必须牢固树立底线红线意识，正确对待手中的权力，时刻保持对被'围猎'的警惕"。这是供应链管理分公司党委书记、总经理经常向部门负责人提到的。"节点就是考点，要重申纪律规矩，提醒督促全体干部职工廉洁过节。要强化对一把手和领导班子成员的监督，执纪必严、违纪必究"，供应链管理分公司纪委书记在端午节前全员廉洁警示会议上说道。

习近平总书记指出，各级党组织一定要负起责任，敦促教育干部廉洁自律，不能放弃责任。组织倡廉既是习近平总书记对各级党委、纪委提出的要求，也是供应链管理分公司党委、纪委分别落实主体责任和监督责任的担当，更是爱护、保护干部职工的具体体现。

一是坚持落实"第一议题"制度，在党委理论学习中心组、党委会、纪委会等会议上严格落实第一议题，及时跟进学习习近平总书记重要讲话和重要指示批示精神，以理论上的清醒保证行动上的坚定。二是贯彻执行民主集中制，持续完善供应链管理分公司重大事项决策机制，修订完善议事规则和议事清单，监督两级机构负责人贯彻落实民主集中制，各类重大事项均做到民主决策、照章办事。三是总结提炼并创建了党委品牌"党建领航、清风护航、精'采'同行"，以党建引领凝聚合力、强根铸魂，锻造采购"最强音"；以正风肃纪确保廉洁高效、阳光采购，夯实采购"防洪堤"；以双融双促坚持强基固本、推进中心工作，提升采购"战斗力"。四是充分利用供应链管理分公司职工大会、周例会、党支部"三会一课"、主题党日等契机，运用采购领域典型案例及身边人、身边事警示教育全体职工。坚持节前必开廉洁警示会议、必发廉洁提示短信、必学廉洁自律文件，紧盯关键节点开展党性党风党纪教育。围绕"靠钢吃钢"等问题开展专项排查整治。五是坚持规则促廉，加强制度废改立释，现有各类制度90部，各项工作有据可循、有章可依。坚持学法用法、依规办事，供应链管理分公司收集整理法律法规，制定学法学规通用清单，并组织各部门围绕业务特点建立学法学规个性化清单，采用灵活方式开展学法学规活动，不断增强法治意识、党规意识、制度意识、纪律意识，促进依法履职、廉洁从业。六是坚持定期开展廉洁风险辨识，倡导"处处""人人""事事""时时"合规的价值观，制定重点岗位合规风险清单和廉洁风险防控清单，全面风险管理工作稳步前行，保障供应链管理分公司经营稳定有

序。七是坚持开展两级高质量督察，供应链管理分公司纪委、各党支部围绕关键业务、关键环节定期进行全方位、穿透式督导检查，提出整改建议，并建立整改情况回头看机制，建账销号、闭环管理。

（二）职工践廉，两袖清风

"不准利用工作权力之便对供应商进行苛、拿、卡、扣""除符合酒钢集团接待管理制度的商务活动外，不准参加供应商以任何名义的宴请或赌博、歌舞、美容、按摩、健身、旅游等娱乐活动"，这是供应链管理分公司材料室一名普通职工在月度职工大会上带领全体干部职工学习《供应链管理分公司廉洁自律"十不准"》的情景。供应链管理分公司将全体干部职工列为关键岗位人员，将《廉洁自律十不准》作为全体干部职工必须遵守的底线、红线。

习近平总书记指出，一个人能否廉洁自律，最大的诱惑是自己，最难战胜的敌人也是自己。职工践廉是供应链管理分公司廉洁文化建设的基础和前提，只有常常反思自律的重要性和被"围猎"的风险，才能时时审视自己、处处廉洁自律。

一是坚持筑牢信念的压舱石，开展"廉洁我来讲""廉洁自律我承诺""讲廉洁党课活动""读书班""研讨发言"等活动，引导党员干部筑牢信仰之基、补足精神之钙、把稳思想之舵。二是坚持向新入职党员、新提拔和进一步使用的干部赠送一套廉政学习资料、举行一次廉政约谈、开展一次专题警示教育、进行一次廉政知识测试、邮寄一封家庭助廉信，传递组织期望，明确纪律要求，扣好年轻干部"廉洁从政第一粒扣子"。三是坚持讲好红色故事，依托中国工农红军西路军纪念馆、红西路军安西战役纪念馆等周边红色资源开展爱国主义教育和革命传统教育，促进党员干部擦亮"党性底色"，并转化为廉洁自律的内生动力。四是坚持严把"入口关"和"政治关"，拟调入供应链管理分公司的人员必查政治表现、廉洁自律情况，纪委与原单位党组织、职工谈话了解其一贯表现，对政治上、廉洁自律上有问题的人选"一票否决"。五是坚持常态化开展岗位轮换，岗位轮换制度是推动供应链管理分公司干部人才队伍成长的有效措施，更是防范廉洁从业风险的有力手段，近年来，供应链管理分公司通过内设部门之间、部门内部轮岗交流比例达到总人数50%左右。

（三）家庭助廉，树立新风

"亲爱的老公！家，是爱情之舟的港湾；家，是幸福生活的摇篮。一人不廉，全家不圆，为了我们的爱情，为了我们的孩子，千万别犯错，守住我们幸福美满的家。"这是家庭助廉座谈会上，耐火材料采购人员的妻子代表职工家属的郑重表态。"亲爱的，你是我心中最重要的人，我始终是你最坚实的后盾，在廉洁方面你可千万别大意、别懈怠、别糊涂。作为部门负责人，我深知你肩上的责任，希望你把廉洁二字牢牢记在心中，以上率下，努力工作，做到让家人放心、让领导放心、让组织放心。"有色原料部门负责人的妻子在廉政家书中这样写道。

习近平总书记指出，不论时代发生多大变化，不论生活格局发生多大变化，我们都要重视家庭建设，注重家庭、注重家教、注重家风。党内法规也对家风建设提出明确纪律要求，民法典更是将家风建设上升到法律层面。家庭职工幸福生活的港湾，更是防腐拒变的重要防线，供应链管理分公司充分发挥家庭在党风廉政建设和反腐败斗争中的重要作用，引导职工亲属构筑家庭反腐的牢固防线。

一是常念家庭"助廉经"，供应链管理分公司纪委持续开展丰富多彩的"家庭助廉"活动，通过组织开展清廉家风座谈会、廉洁故事分享会、签订"家庭助廉"承诺书、发放"家庭助廉"倡议书、廉政家访等，提升职工亲属以"德"治家、以"俭"持家、以"廉"保家的意识，时刻提醒身边人、枕边人保持清醒头脑，做到自律慎微。二是当好廉政"守门员"，充分发挥家庭的影响和监督作用，抵制各种腐败的诱惑，坚决做到不想非分之事，不收非分之礼，不拿不义之财。供应链管理分公司纪委落实《集团公司领导干部"八小时之外"行为规范》，通过"五必访、三必谈""走访慰问"等与职工家属拉家常，多角度了解职工的家庭情况、思想动态，把"严管厚爱"向家庭拓展。制定关键岗位人员办理婚丧喜庆事宜规定，明确有关流程和具体要求，邀请家属与职工共同承诺廉洁自律。三是筑牢家庭"防腐墙"，向职工亲属提出倡议，一方面以身作则、言传身教，本分做人、干净做事；另一方面严格管教，教育亲属子女树立遵纪守法、艰苦朴素、自食其力的正确观念，坚决反对特权思想、特权行为。供应链管理分公司纪委采集职工家庭成员信息，重点开展职工亲属经商办企业自查，同步建立职工个人廉洁档案并定期更新，充分发挥家庭在反腐倡廉中不可或缺的助推作用。

（四）供方诺廉，共筑清风

"作为供应商代表，在此我向酒钢集团郑重承诺：严格遵守国家法律法规，坚持廉洁、诚信的原则，恪守商业道德和职业道德规范，不从事并抵制不廉洁、不诚信行为。我公司如违反承诺，自愿接受供应链管理分公司采取包括但不限于如下措施对我公司进行严肃处理：取消参标、中标资格，列入黑名单，长期终止与我公司合作等。"在采购领域廉洁从业大会上，材料供应商代表郑重表态。

习近平总书记指出，新型政商关系，概括起来说就是"亲""清"两个字。供应链管理分公司深知，采购人员与供应商交往不可避免，但必须把握住"亲清"的辩证关系，亲是前提、清是保障，亲则两悦、清则相安，二者有机统一、缺一不可，彼此交往必须讲规矩、守界线，有交集但不能搞交换，有交往但不能搞交易。

一是与1400余家供应商签订廉洁诚信承诺书，明确列出九类不廉洁、不诚信行为，保障采购活动中各方的合法权益。二是制作公司"供应商廉洁诚信告知书""算好人生七笔账"等廉洁文化墙，明晰举报方式，向供应商敞开监督举报通道。三是定期回访供方，了解供应链管理分公司职工在合同签订、合同履行、违约处罚等工作中的廉洁从业情况，确保采购人员廉洁公正、高效履行工作职责。四是及时处置供应商质疑，遇到供应商质疑时，与交易中心平台成立联合调查小组，核实质疑内容并书面回复，共同营造公平、公开、公正的采购环境。五是定期评价供应商，一旦发现供应商弄虚作假、"围猎"采购人员等不廉洁不诚信的行为，坚决"拉黑"，取消合作。

近年来，供应链管理分公司围绕组织倡廉、职工践廉、家庭助廉、供方诺廉探索建设新时代廉洁文化，各方同时发力、同向发力、综合发力，供应链建设韧性持续向好、降本增效成果显著、基础管理再上台阶、风险抵御能力稳中有进，圆满完成了酒钢集团交办的各项目标任务。先后荣获"甘肃省先进基层党组织""甘肃省抗击新冠肺炎疫情先进集体""酒钢集团公司先进党委""酒钢集团公司先进单位""酒钢集团公司纪检监察系统先进集体"等荣誉称号。

春风化雨，润物无声。全面从严治党是党永葆生机活力、走好新的赶考之路的必由之路。供应链管理分公司必将牢记习近平总书记的殷殷嘱托，全面贯彻落实党的二十大精神，持续提高政治站位、压实政治责任，更加坚定新时代廉洁文化建设，营造崇廉拒腐、廉洁奉公的良好风尚。同时，供应链管理分公司加强智能化、信息化等监督手段，诸如积极推进废钢智能化验收项目落地实施，备件材料采购建设电商供应平台和大数据监控等，既减少了采购过程人为干预，又提高了工作效率。在持续巩固廉洁文化的基础上，不断增强现代化廉洁风险防控能力和纠治水平，多措并举、共同发力，进一步推动供应链管理分公司高质量发展。

关于构建实施"激励引导 容错免责"双向协同机制 激励干部担当作为的探索与实践

内蒙古包钢钢联股份有限公司纪委

王伟平 杨光顺 史 悦 贺丽芳 崔志军

党的二十大报告指出，一些党员、干部缺乏担当精神，斗争本领不强，实干精神不足，形式主义、官僚主义现象仍较突出。同时也对全党提出牢记"三个务必"和做到"五个牢牢把握"的殷殷嘱托和工作要求。坚持严管和厚爱结合、激励和约束并重，落实"三个区分开来"，建立健全容错纠错、关心关爱机制，为激励干部敢于担当、积极作为指明了方向，提供了根本遵循。

一、背景分析

2022年9月，内蒙古自治区"担当作为好干部"命名大会召开，100名"担当作为好干部"受到表彰激励。内蒙古自治区领导指出，自治区党委决定命名"担当作为好干部"，目的就是要把担当作为的导向树起来，在全区上下营造勇于担当作为的浓厚氛围，激励引导各级干部见贤思齐、主动担当作为，以"吃苦耐劳、一往无前，不达目的绝不罢休"的"蒙古马"精神，完成好习近平总书记交给内蒙古自治区的五大任务。

为贯彻落实党中央、内蒙古自治区党委关于激励干部担当作为的决策部署和工作要求，进一步树立担当作为、干事创业的鲜明导向，调动和保护广大干部干事创业、改革创新的积极性，有效解决内蒙古包钢钢联股份有限公司（简称包钢股份）改革发展深层次问题，着力构建实施干部担当作为的激励和保护机制，推动形成"上级为下级担当、组织为个人担当、干部为事业担当"的良性循环势在必行。包钢股份党委、纪委先后印发了《激励干部担当作为的十条措施》《包钢（集团）公司关于建立尽职合规免责事项清单机制的实施办法》，为想担当作为的人"开绿灯"、为敢担当作为的人"兜住底"、为善担当作为的人"畅通道"。

二、主要问题

包钢股份干部队伍总体上是过硬的，在生产经营、安全环保、改革发展等构建新发展格局、推动高质量发展任务中能负重、敢担当，始终保持着昂扬向上的精神状态。

但由于种种原因，干部队伍中也存在一些与新时代新征程新任务不适应的现象，表现为少数干部的不担当、不作为、乱作为，比如有的干工作没有激情、不在状态，遇事畏首畏尾、束手束脚；有的做事首先考虑的不是如何干好，而是怎么避责，做不到尽心尽力、尽职尽责。这些现象和行为，不仅影响了包钢股份干部队伍的整体形象，更局部影响了改革发展。

包钢股份党委研究出台激励干部担当作为十条措施和建立尽职合规免责事项清单机制，表明了激励干部担当作为的决心和力度，谋实策、出实招，要把广大干部干事创业的积极性主动性创造性充分调动起来、全面激发出来，督促广大干部职工以时不我待、只争朝夕的紧迫感，真抓实干、埋头苦干的狠劲，逢山开路、遇水架桥的勇气真干事、干成事。

三、实践举措

通过探索与实践，逐步形成"激励引导 容错免责"双向协同干部激励担当作为的工作机制和格局。

（一）坚持政治引领，激发干部的政治担当

1. 加强思想武装

通过包钢股份党委理论学习中心组学习、双休日讲座，围绕宣传贯彻党的二十大精神、做好新时代党的统一战线工作开展专题学习，围绕"铸牢中华民族共同体意识""党内政治生活庸俗化交易化"等内容组织各级党委理论学习中心组开展学习研讨，持续加强对干部理想信念、党性党风党纪和正确政绩观教育，不断增强政治判断力、政治领悟力、政治执行力。

2. 严肃党内政治生活

统筹组织包钢股份党委集中治理党内政治生活庸俗化交易化问题工作安排，"落实一个方案，用到两种方法，延伸三个层次，抓好四类人员，把握五个环节，开展六项工作"，组织各级党组织签订承诺书，定期调度推进工作。

3. 针对性培养提升

注重党性锻炼、视野开阔和能力提升，邀请各领域专家开办领导干部双休日讲座、"领航计划""护航计划""续航计划""启航计划"以及"对标宝武能力提升系统工程"专题研修、员工教育培训工作负责人能力素质提升、控参股公司外部董事、专职委派高管能力素质提升、党性教育等主体班次，提升培训效果。

（二）坚持精准培养，增强干部的干事创业本领

1. 完善对标提升机制

通过对标对表中国宝武钢铁集团有限公司（简称中国宝武），积极学习和借鉴先进典型经验，聚焦健全领导干部能上能下机制，筛选推进领导干部能上能下工作好经验、

好做法，梳理推动领导干部能上能下工作思路并扎实有序推进。

2. 推动干部培养系统化

制定《干部人才素质提升工程工作方案》，构建了"源头培养—良驹计划—骏马计划—千里马计划"4个全流程、渐进式人才培养模型，配套出台26条务实举。按方案组织开展"良驹计划""骏马计划"选拔工作，优化培训模式，制定"启航、续航、远航、领航、护航"五个进阶培训计划，大力培育储备各领域专家、大师和战略性高层次领军人才。

3. 拓展干部培养模式

将挂职锻炼工作列为常项工作，积极选派优秀年轻干部到先进企业开阔视野，到基层单位丰富阅历，到生产科研项目攻坚克难，到艰苦一线摔打历练，帮助年轻干部开阔视野、增长才干、磨砺品格，提升综合素质和专业素养。

（三）坚持正确导向，旗帜鲜明树立担当作为的选人用人风向标

1. 完善选贤任能机制

突出事业为上、以事择人，大力选拔"老黄牛""蒙古马"式的干部，以正确的选人用人风向标引领带动干部干事创业。常态化培养选拔优秀年轻干部，突出实干实绩，统筹用好各年龄段干部的培养管理。

2. 推动干部能上能下

树立能者上、庸者下、劣者汰的鲜明选人用人导向，坚持新时代好干部标准，牢固树立正确选人用人导向，把公道正派选人用人作为最有效、最直接的激励，真正选出组织放心、群众满意、干部服气的好干部。

3. 加强程序规范

制定领导班子和干部队伍建设思路及方案，严格标准、规范程序，加强制度规范。制定《干部任职谈话办法》，规范任职谈话流程。制定环节经营管理人员选拔任用流程规范，明确各环节流程、制定各类范本。

（四）抓好科学考核，发挥考核评价的激励鞭策作用

1. 推动考核评价专业化

推进体系完善，通过对标中国宝武，修订完善《公司直属单位领导班子和中层干部考核办法》，对不同类型单位进行差异化的考核方式和指标设置，以评级代替评分，提升考核的科学化水平。强化结果运用，下发考核结果通报，奖优罚劣，形成鲜明导向。

2. 推进契约化管理

全面分析契约化目标完成情况，总结全年契约化工作推进经验，对各单位契约化工作进行打分评价，根据测算结果兑现包钢股份各层级经营管理团队契约化激励奖励。

3. 实施差异化考核

聚焦重点难点、集中力量靶向攻坚，实行重点任务领导包联和部门联动，有效实施过程管控，进一步倡树各级干部担当作为、狠抓落实的鲜明导向和工作作风。

（五）突出典型示范，营造崇尚实干的良好氛围

1. 推选树立典型

注重选树和宣传担当作为的先进典型，特别是对长期坚持在一线、艰苦岗位以及在重大矛盾、重大风险、重大任务中有突出表现的干部，通过选树先进、褒扬先进、学习先进，把包钢股份干部担当作为的形象立起来。

2. 在大战大考中评价干部

把重点事项、艰巨任务作为发现、培养、锻炼干部的重要时机和检验干部、识别干部、选用干部的主阵地，对党员干部表现进行跟踪考察和综合评价，优先选用敢担当、善作为的干部，激励引导广大党员、干部在各项攻坚克难工作中挺身而出、扎实工作。

（六）坚持容错纠错，为敢于担当的干部撑腰鼓劲

1. 建立健全容错纠错机制

严格落实《包钢（集团）公司关于建立尽职合规免责事项清单机制的实施办法》，推动各级组织人事部门、纪检机关及相关专业管理部门对干部的失误错误进行综合分析，结合动机态度、客观条件、程序方法、性质程度、后果影响以及挽回损失等情况，对干部的失误错误进行综合分析，只要是政治上没问题，没有主观故意造成的错，对该容的大胆容错。

2. 准确界定容错情形和条件

开展容错纠错要准确把握政策界限，对违纪违法行为必须严肃查处，防止混淆问题性质、拿容错当"保护伞"、搞纪律"松绑"，确保容错在纪律红线、法律底线内进行。

3. 合理使用容错干部

坚持有错必纠、有过必改，对苗头性、倾向性问题早发现早纠正，对失误错误及时采取补救措施，帮助干部汲取教训、改进提高，让他们放下包袱、轻装上阵。

（七）做到精准问责，防止问责泛化影响工作积极性

1. 坚持问责正确导向

在调查处理环保督察反馈问题、生产安全事故等事件时，坚持敢于担当的目标方向，让精准问责与大胆容错协同发力，把问责与容错作为推动干部担当作为的"双引擎"。

2. 防止问责泛化

坚持严肃问责、规范问责、精准问责、慎重问责，防止干部干事创业过程诚惶诚恐、畏首畏尾。精准运用监督执纪"四种形态"，防止加码式、翻账式、背锅式等错误问责发生，减轻干部不必要的心理负担。

3. 做好思想政治工作

经常对被问责干部开展谈心谈话，及时帮助他们打开心结、重燃干事激情，经分析研判合理使用处分影响期满干部。

（八）做好关心关爱，努力解决干部担当作为的后顾之忧

1. 关心关切干部职工

开展民生工程满意度检查测评工作，改造职工浴池，推进职工休息室、操作间改造，实施关爱职工心理健康行动，定期集中组织干部参加心理健康专题讲座或辅导。

2. 开展短期休养

按照统一安排及各单位职工人数比例分配短期休养名额，开展短期休养。

3. 关心关爱防控一线干部

广泛了解一线党员干部实际工作情况，协调解决工作生活中遇到的问题和困难。

4. 解决矿山单位难题

深入矿山调研了解体制机制、生产经营、民生实事等方面问题，制定下发《推动矿山单位可持续发展的实施意见》，推动矿山单位关注的重点难点问题及时解决。

（九）切实减轻负担，让干部放下包袱轻装上阵

1. 巩固作风建设成果

坚决整治形式主义、官僚主义问题，对"总部机关化"问题专项治理行动开展"回头看"，机关各部门及工作人员对照形式主义官僚主义"十个画像""十种具体表现"负面清单积极开展自查自纠，推动机关作风明显好转。

2. 加强任务督查督办

持续提升文件运转办理效率，每月对包钢股份请示报告办理情况进行集中督查，并将督查结果在全公司进行通报，有效提升各类请示报告的办结率。

3. 持续优化会议管理

重点加强内部日常会议和一类、二类工作会议的组织、协调，集中精力精简、压缩小型专业性会议、三类工作会议的数量，指导主办单位提高会议效率、提升会议质量。

（十）强化组织领导，确保各项措施落实落地

1. 压紧压实责任

把激励干部担当作为贯穿到领导班子和干部队伍建设全过程的各方面，纳入党建述职评议和党建检查重要内容，加强组织领导和落地实施。各级领导干部发挥好以上

率下、示范引领作用，以上级的担当带动下级担当，以"一把手"的担当带动班子成员担当，以班子成员的担当带动广大干部担当。组织、宣传、纪检、工会、财务等各部门密切衔接、有效推动，有针对性制定配套措施，形成激励干部担当作为、干事创业的强大合力。

2. 强化制度保障

深入贯彻党中央、内蒙古自治区党委关于激励干部担当作为的决策部署，全面落实内蒙古自治区《关于激励干部担当作为的十二条措施》，制定下发《激励干部担当作为的十条措施》，进一步树立了担当作为、干事创业的鲜明导向，推动形成支持改革者、鼓励创新者、宽容失败者、重用干事者的浓厚氛围。

四、工作成效

（一）不断提高政治站位，激发干部内生动力

通过贯彻落实党的理论和路线方针政策，深入学习习近平总书记重要讲话重要指示批示精神，全面实施"对标宝武能力提升系统工程"，一级带着一级干，一级做给一级看，以上率下形成"头雁效应"，培养干部从政治上看待问题、分析问题、解决问题，提高推动高质量发展的实际工作能力。

（二）树立鲜明导向，加大优秀干部培养选拔使用力度

着力选用敢担当、善突破、能成事的干部，深入推进干部专业化能力提升工作，增强干部适应新时代发展要求的本领能力，推动干部不断坚定理想信念，提高专业思维和专业素养，牢固树立正确政绩观，不断提升干部"想为"的觉悟境界、"有为"的勇气锐气、"善为"的素质能力。

（三）加强全方位激励，增强干部荣誉感归属感获得感

发挥好激励考核评价"指挥棒"作用，构建完整制度体系，体现精准化、差异化要求。强化结果分析运用，将评选表彰和干部培养选拔挂钩，对实绩突出的及时提拔使用。满怀热情关心关爱干部，开展经常性谈心谈话、重视干部身心健康、给予更多理解支持。

（四）建立健全容错纠错机制，解除干部后顾之忧

明确容错条件情形和实施程序，合理运用容错结果，对经容错认定予以免责的干部，坚持客观评价、公正合理对待。坚持有错必纠、有过必改，加强对相关干部的跟踪了解和后续管理。

（五）从严监督问责，形成倒逼机制

坚持预防在先、教育在先、警示在先，通过经常性的咬耳扯袖、红脸出汗，防止小毛病酿成大错误；坚持优者上、庸者下、劣者汰，强化对不担当不作为的问责追责，持续释放失责必问、问责必严的强烈信号。

磨砺巡察利剑　助力建设世界一流资源开发企业

鞍钢集团矿业有限公司纪委/巡察办

金岳群　国　锋　卢青超

党的十八大以来，以习近平同志为核心的党中央高度重视巡视工作，习近平总书记作出一系列重要论述，不断推进巡视理论创新、实践创新、制度创新。鞍钢集团矿业有限公司（简称鞍钢矿业）党委按照巡视巡察上下联动要求，切实履行全面从严治党主体责任，精准把握政治巡察定位，坚持五项原则，做到四个结合，突出五个重点，切实发挥了政治巡察"显微镜"和"探照灯"作用，党组织引领力、凝聚力显著增强，解决了一批制约企业高质量发展的难题，为鞍钢矿业建设世界一流资源开发企业提供了坚强政治保障。

一、提出背景

习近平总书记巡视发现，有的党组织和领导干部党的观念淡薄，把经济建设和党的领导割裂开来，对管党治党心不在焉；有的只顾抓权力，不去抓监督，任命干部时当仁不让，平时对干部却放任自流，出了事就撂挑子给纪委；有的原则性不强，对歪风邪气不抑制不斗争，一味遮丑护短，甚至为违纪违法者说情开脱；有的地方党委不抓总、不统筹，党的建设部门化，"铁路警察、各管一段"，等等。这些问题的存在，削弱了党的创造力、凝聚力、战斗力，必须加以解决。鞍钢矿业党委始终坚持以政治建设为统领，深入推进全面从严治党，统筹党的建设和经济建设，在管党治党、生产经营、深化改革等方面都取得了明显成效。但是，从鞍钢集团有限公司（简称鞍钢集团）巡视鞍钢矿业党委反馈的问题和鞍钢矿业党委开展"不忘初心、牢记使命"主题教育检视的问题看，各级党组织仍然存在党的领导融入公司治理机构不够、少数干部责任担当意识不强、党委会议事决策质量不高、改革步伐缓慢以及部分重点领域监管缺失等问题。面对各种问题，鞍钢矿业党委明确了将巡察监督作为推进全面从严治党向基层延伸的"尖兵"和"利剑"，于2018年制定下发了《鞍钢集团矿业有限公司党委巡察工作规划（2018年—2022年）》，确立了5年实现鞍钢矿业党委直管党组织巡察全覆盖和"回头看"全覆盖的总体目标。

二、实施巡察监督的重要意义

开展巡察监督是坚决做到"两个维护"的政治要求。巡察的根本任务是"两个维护"，目的是坚持好、巩固好、维护好党的领导。"两个维护"不是抽象的，而是具体的。当前，基层党组织对"两个维护"的态度是鲜明的，但是在具体落实上还不同程度存在温差、落差和偏差。如有的基层党组织还存在弱化、虚化、边缘化的问题；有的基层单位落实新发展理念的能力还较弱。通过巡察，可以精准发现并及时解决这些问题。

开展巡察监督是坚持以人民为中心发展思想的实际需要。巡察具有主动性、深入性、融合性特点，能够广泛了解民意、密切联系群众。通过直接面向群众开展巡察，摸清职工群众"急难愁盼"或反映强烈的突出问题，推动有关部门及时解决，做到民有所呼，我有所应，让人民群众获得感更足、幸福感更可持续、安全感更有保障，将会持续增强基层党组织的凝聚力和影响力。

开展巡察监督是推进全面从严治党向纵深发展的重要举措。鞍钢矿业党委、纪委认真落实"两个责任"，坚持严的主基调正风肃纪，经过党的十八大以来全面从严治党，党的全面领导和党的建设取得了长足进步。但是，我们清醒认识到反腐败形势依然严峻复杂，个别领域腐败问题还比较突出，减存量、遏增量任务还比较艰巨。从严治党永远在路上，党的自我革命永远在路上，决不能有松劲歇脚、疲劳厌战的情绪，必须持之以恒推进全面从严治党。发挥巡察"发现问题，形成震慑"作用，及时有效发现群众身边的腐败问题和不正之风，并与其他监督力量贯通融合，可以最大限度提升监督质效。

开展巡察监督是企业高质量发展的有力保障。巡察工作的落脚点是"推动改革、促进发展"。通过紧盯党组织职能责任，检查党中央重大决策部署在基层单位的落实情况，有利于企业贯彻新发展理念，构建新发展格局，实现高质量发展。尤其是通过深化巡察成果运用，做实巡察整改"后半篇文章"，针对巡察发现的典型性、普遍性和倾向性问题，开展专项整治，可以及时解决制约企业改革发展的难题，促进改革创新，完善管理制度，堵塞管理漏洞，增强治理的实效。

三、实施巡察监督的做法

（一）牢牢把握政治巡察根本任务，确保巡察定位不偏离

鞍钢矿业党委坚持以习近平新时代中国特色社会主义思想为指导，深入贯彻习近平总书记关于巡视工作的重要论述，全面贯彻"发现问题、形成震慑，推动改革、促进发展"的巡视工作方针，做到三个精准把握。一是精准把握巡察根本任务。巡察是上级党组织对下级党组织履行职能责任的政治监督，根本任务是"两个维护"。鞍钢矿业党委强化巡察顶层设计，围绕贯彻新发展理念，构建新发展构局，推动高质量发展重点任务，紧盯维护国家钢铁产业链供应链安全、党的二十大精神、"十四五"规则贯彻落实等自觉跟进监督，确保党中央重大决策部署落地见效。二是精准把握巡察政治属性。对标对表党中央政治要求，坚持以政治标尺检视问题，透过现象看本质，透过业务看政治，紧盯党委和纪委"两个责任"落实情况，深入剖析经济问题、腐败问题背

后的政治问题，督促被巡察党组织切实扛起政治责任。三是精准把握巡察主基调。坚持严的主基调，以发现问题为巡察工作生命线，发扬斗争精神，提高斗争本领，深挖隐藏变异问题，做到问题原因没查清不放过，问题责任人未追责不放过，促进巡察水平整体提升。

（二）坚持五项原则，切实扛起巡察监督的政治责任

1. 坚持党委牵头抓总、班子分工负责原则

严格落实党委主体责任，党委书记第一责任人责任，建立巡察工作领导小组，党委书记任组长、党委副书记和纪委书记任副组长、其他班子成员任成员，认真统筹、精心谋划巡察工作。每次巡察前，召开巡察领导小组会议研究工作方案，党委主要负责人对巡察工作提出要求；巡察中，巡察领导小组成员定期听取巡察组工作汇报，及时纠正巡察偏差；巡察结束后，巡察领导小组专题听取巡察组工作汇报，全面部署问题整改。

2. 坚持围绕中心，服务大局原则

将被察单位党组织落实鞍钢集团"双核"战略，建设"长子鞍钢、品牌鞍钢、创新鞍钢、数字鞍钢、绿色鞍钢、共享鞍钢"工作情况，打造"五个一流"对标提升、深化改革、安全生产、提升科技创新力、绿色发展等纳入巡察重点内容。

3. 坚持人民为中心原则

把群众反映强烈的突出问题作为切入口，聚焦一线职工身边的腐败问题，着力发现并解决事关职工切身利益的薪酬分配、班组长津贴、防暑降温费发放、公车使用以及职工休息室修缮、食堂用餐等方面问题，解决会议、公文不减反增等形式主义问题，让职工群众获得感更足，幸福感更可持续，安全感更有保障。

4. 坚持问题导向原则

坚持问题导向、目标导向和效果导向，组织制作巡察工作细则，列举典型问题及检查的方式方法，增强巡察的穿透力。召开巡察组组务会和巡察组长会议，分层级对发现问题深入研判，深挖细查问题背后的问题，提高发现问题质量。

5. 坚持实事求是原则

严格问题审核制度，建立巡察员发现问题，巡察组副组长审核，组长签字确认流程。巡察办对发现问题清单进行复核，专业问题听取职能部门权威解释。从发现问题的现实表现、依据的制度条款及适用范围时限、描述问题语言的精准度等多方面进行把关，保证巡察监督实事求是，依法合规。

（三）做到四个结合，增强巡察监督的综合效应

1. 巡察与上级巡视相结合，实现巡视巡察上下联动

巡察时间安排、巡察重点内容、巡察人员培训、巡察规定动作与上级巡视融会贯通。在巡察时间上与鞍钢集团巡视同步规划，同步部署；在巡察重点内容上与巡视内

容接轨，同时突出鞍钢矿业特点，将巡视整改情况作为巡察内容重要组成部分；在巡察人员培训上，选派优秀巡察人员参加上级巡视，实现以巡代训；在巡察督导上，巡察中期向鞍钢巡视组汇报工作情况，落实上级指导意见。

2. 常规巡察与专项巡察相结合，增强巡察机动性

一方面，通过常规巡察全覆盖，对基层各单位党组织履行职责职能进行全面政治体检；另一方面，实施专项巡察，实现重点领域问题或个别单位突出问题系统施治。先后开展了工程转包分包、"五违反"、扶贫惠民领域以及某单位干部作风专项巡察，如通过"五违反"专项巡察，对违规插手工程、招标采购等工作的领导干部进行了专项整治，严肃查处了一批先施工后招标、指定施工方、围标串标等问题责任人，修订了工程管理、招投标管理制度，堵塞了企业管理漏洞。

3. 巡察监督与专业监督相结合，提升发现问题能力

收集整理被巡察单位群众反映问题线索、审计监督工作报告、法律监督检查发现问题、日常工程、设备、安全、财务等专业监督检查通报问题，让巡察组带着问题开展巡察。根据巡察工作需要，协调审计部门、财务部门等专业部门，及时开展专业鉴定，出具权威报告，支撑巡察工作。对巡察发现的线索问题，及时依规依纪向纪委移交，近年来已向纪委移交问题线索15件。

4. 巡察整改与干部考评相结合，压实整改责任

巡察办联合党委组织部将巡察整改作为检验干部履行政治责任的试金石，加强对巡察整改工作的监督检查，将巡察整改工作情况纳入全年干部综合考评重点检查内容。对整改责任不落实的单位主要领导及时约谈提醒，对虚假整改、敷衍整改、问题整改后又出现反弹的责任人严肃追责问责。

（四）突出五个重点，不断创新巡察工作方式方法

1. 突出抓好政治引领

巡察组组建后，第一时间在巡察组成立临时党支部，加强巡察工作政治引领。临时党支部发挥战斗堡垒作用，定期组织全体巡察人员开展政治理论学习，深入开展研讨，撰写学习心得，严肃认真开展党内组织生活、主题党日活动，持续增强巡察人员的政治意识、担当精神、斗争能力。

2. 突出抓好规范化管理

先后制定《鞍钢集团矿业有限公司党委巡察工作办法》《鞍钢集团矿业有限公司党委巡察组工作规则》《鞍钢集团矿业有限公司党委加强内部巡察整改和成果运用工作责任清单》等6项制度文件。形成巡察工作流程图，制定巡察工作清单和工作底稿模板，协调专业部门梳理形成《鞍钢集团矿业有限公司核心管理制度汇编》电子版作为制度支撑，为规范开展巡察工作奠定坚实基础。

3. 突出抓好方式创新

发挥鞍钢矿业大数据监督平台查询、预警功能作用，适度授权巡察组通过大数据

监督平台查询领导人员个人事项、招投标、供应商资质、备品备件质量疑议处置、工程验收等关键信息。推广使用巡察单机系统，提高巡察工作的快捷性和精准性。

4. 突出抓好整改责任落实

巡察结束后立即召开巡察反馈会议，将巡察发现问题原原本本向被巡察党组织反馈，鞍钢矿业党委主要负责人直接点人点事，曝光典型问题责任人。巡察办和巡察组对被巡察党组织上报的巡察整改方案进行审核把关，要求做到整改目标明确、整改措施具体、整改责任清晰。巡察办通过月调度、季度检查、重点抽查等方式，将巡察整改抓在日常，持续压实整改责任，提升整改质效。组织被巡察党组织上报主要负责人履行巡察整改第一责任人报告，对29家被巡察党组织开展了巡察整改"回头看"。

5. 突出抓好巡察队伍建设

鞍钢矿业党委巡察办、党委组织部将巡察作为培养年轻干部、锻炼重点干部的有效途径，从年轻后备干部、拟提拔任用干部中挑选政治素质过硬、业务精湛的人员参加巡察，选聘了专职巡察员，建立了巡察人才库，形成了梯队的巡察人才队伍。大胆推荐使用参加过巡察工作的党员干部，几年来，7名巡察组成员提拔到基层党委书记和行政负责人岗位，3名巡察组成员从科级岗位提拔到副处级以上岗位，10余名巡察组成员得到组织重用调整。

四、实施巡察监督的效果

实施巡察监督，为鞍钢矿业建设世界领先资源开发企业提供了坚强的政治保障。一是党的领导进一步筑牢。个别单位党委议事规则执行不到位、党委会与经理会界限不明晰、党委对意识形态工作抓得不牢等问题得到根本改变。二是企业发展的政治偏差得到及时纠正。个别单位落实鞍钢集团战略要求不到位不及时，创新发展投入不足、绿色发展有差距、改革力度不够等问题得到整治。三是一些群众急难愁盼的问题得到根本解决。对一些损害职工群众利益的责任人依规依纪进行了处理，解决了职工关心的休息室、澡堂子、饭缸子等问题。

鞍钢矿业作为我国拥有铁矿石资源最多、产量规模最大、生产成本最低、技术和管理全面领先的铁矿行业龙头企业，近年来各项生产经营指标逐年创历史最好水平。2022年，鞍钢矿业经营管理各项工作提档升级、业绩显著，生产铁精矿2272万吨，实现利润58.7亿元，铁精矿成本降幅10.8%，铁精矿产量、利润、成本降幅为近三年最高水平。

浅析国有企业查办案件存在的问题及解决措施

陕西钢铁集团有限公司纪检监察部

张　伟

一、查办案件基本情况

陕西钢铁集团有限公司（简称陕钢集团）纪委组织本级和所属 6 家单位纪检监察组织对 2019 年 1 月至 2023 年 4 月立案办结的案件开展了自查，共梳理案件 28 件，查阅卷宗 37 册，其中陕钢集团本部 1 件 4 册，所属龙钢公司 15 件 19 册，汉钢公司 6 件 7 册，龙钢集团公司 2 件 3 册，经营纪工委 3 件 3 册，宝铜联合纪委 1 件 1 册。总体来看，陕钢集团各级纪检监察组织能够认真履行职责，严格审查调查，工作目标要求整体清晰，业务流程基本规范，内部审核把关和监督制约作用发挥较为充分。但从陕钢集团所属各单位情况看，还存在工作底子薄、起点低、基础差的问题，在查办案件工作中，还存在审查调查文书不统一、程序手续不合规等问题，切实需要加以解决。

二、发现的主要问题

陕钢集团纪委围绕案件质量"事实证据、定性处理、程序手续、处分执行、文书规范"五方面进行自查，共发现各类问题 196 个，主要体现在以下几个方面。

（一）事实证据方面

共发现事实证据方面问题 31 个，占问题总数的 16%，部分案件存在取证不全面、取证过程不规范、案件事实不清的问题。

1. 主体身份证据材料不完整、不准确

主要表现为以下三点。一是证明被审查调查人党员身份的证据材料取证不到位。有的案件未按要求调取入党志愿书，有的案件仅以所在单位出具的党员身份证明作为党员身份主要证据，有的案件党员身份证据材料全无，在未调取入党志愿书的情况下，就认定其中共党员身份。二是证明被审查调查人职务、职责等方面的证据材料取证不到位。自查中发现被审查调查人任免职文件、职责分工文件等主体身份证据材料未调取或取证不全。有的案件未调取被审查人职务方面的任职文件；有的案件仅有被审查人干部档案材料摘录；有的甚至在未调取任何证明被审查调查人身份职务和职责分工的文件的情况下，仅凭借其本人笔录中陈述的内容，就认定其职责。三是被审查调查人基本情况未核实。案件谈话笔录中，未对被审查调查人是否人大代表、政协委员，是否曾经受过党纪、政纪（政务）处分、行政处罚或刑事处罚等个人基本情况进行核实，这一问题在各单位办案中普遍存在。

2. 违纪违法事实未查清

自查中发现有的在案件事实未查清，违纪违法数额不明确的情况下，就对事实作出认定处理。比如，案件涉及礼品礼金的具体金额，存在"七八千元"等概数。再如，被调查人受他人所送礼品、礼金、消费卡，办案人员并未与送礼人员进一步核实谋利事项的真实性，在案件事实未查清的情况下，就以违反廉洁纪律认定处理。

3. 证据调取不充分

部分案件因取证不到位，未形成完整证据链。主要表现为以下三点。一是在仅有本人供述，无其他证据佐证的情况下就认定事实。如在卷内仅有被调查人本人供述，没有行贿人证言。二是仅有言词证据，未调取其他书证。如有的案件在卷证据仅有被调查本人的供述和证人证言，未调取与案件事实有关的相关书证材料，导致审理报告认定的事实缺少客观证据的支撑。三是调取书证不全。如被调查人存在加重或者减轻处分情节，但卷内未见其相关的证据材料。

4. 取证不规范

一是笔录制作不规范主要表现为：笔录未标注起止时间、调查人员未签字或以打印代替手签，谈话对象（被讯问人、被询问人）未签字、捺指印，谈话笔录中被审查人信息不完整，政治面貌、文化程度等内容均未填写，笔录内容存在复制粘贴、高度雷同等。二是书证提取不规范，普遍存在书证复印件未注明出处来源、取证日期、取证人，无提供人（复印人）签字、未加盖提供单位印章等问题。

（二）定性处理方面

共发现定性处理方面问题 28 个，占问题总数的 14%，部分案件存在定性不准确、处分依据引用不当的问题。

1. 违纪违法行为定性不准确

一是违纪违法行为定性不准确。如在党的十八大后赠送礼金的行为错误定性为违反廉洁纪律，未按照违反中央八项规定精神认定处理。二是给予党纪政务处分时不匹配。按照党政纪相匹配原则，在给予党纪重处分的同时，也应给予政务重处分匹配，但有的单位未严格落实这一要求和规定。

2. 适用处分依据不准确、不全面

一是错引处分依据。主要表现为适用新旧条例不当，错引条规。二是漏引处分依据。主要表现在漏引从轻处理、合并处理、收缴违纪资金、纪法衔接、移送司法、溯及力等条款。三是引用党纪条规、法律法规不规范。主要表现为引用条规未具体到款、项，这一问题在各单位都不同程度存在。

3. 涉案财物处理意见不到位

一是未提出涉案财物处理意见。如有的案件中提及收缴违纪所得财物，但未提出财物下落。二是错误提出涉案财物处理意见。如有的案件中对收缴的违纪所得财物挪作他用。

（三）程序手续方面

共发现程序手续方面问题 41 个，占问题总数的 21%，部分案件存在手续不完备、程序不规范的问题。

1. 审查调查程序不规范

一是立案程序不规范。主要表现为在没有立案决定书、未向本人宣布立案决定的情况下就进行立案等。二是审查调查文书使用缺失或不规范。如在卷内未见到问题线索处置审批表、调查报告审批表等内容。三是违纪违法事实见面程序不规范。主要表现为违纪违法事实表述不准确、签字不规范，有的甚至出现没有签字核对的情况。如卷内未见到违纪事实材料。

2. 审理程序不规范

一是移送审理未履行审批程序。主要表现为未按规定经领导同意就移送审理。如在未按规定履行领导签批手续的情况下，就移送审理。二是未开展审理谈话。如卷中只有审理报告，未见相关谈话记录。三是移送审理材料不全。

（四）管理文书方面

共发现管理文书方面问题 64 个，占问题总数的 33%，部分案件存在审理文书结构不完整、格式不规范的问题。

1. 文书使用不规范

主要表现审理报告要素缺失、格式内容不正确等。一是文书结构不完整。二是文书制作不规范。如处分决定未载明生效时间和申诉权利告知等内容。三是文书表述不规范。有的简历表述不规范，未按照文书模板要求的简历内容表述；有的文书表述不规范，如给予党纪处分时未表述成"××同志"等。

2. 卷宗装订不规范

主要表现为案卷材料排列顺序混乱，卷皮、目录、页码等填写错误或与内容不符，不同事实材料混装，无立卷人签名等情形。如，没有按照一人一卷、一事一卷的原则装订案卷材料。还如，案卷材料未分别形成审查卷和审理卷，而是混在一起，且排序混乱。

（五）处分执行方面

共发现处分执行方面问题 32 个，占问题总数的 16%。多数单位对处分决定执行情况关注度不够，对处分执行的一些具体要求和标准理解不准确。有的没有按照要求在党支部大会宣布。有的在处分决定宣布后即划"句号"，未跟踪具体执行情况，处分执行相关佐证材料也未入卷，处分决定是否执行到位无法查证。

三、原因分析

（一）业务知识欠缺

部分纪检监察干部对党规党纪掌握不够，对监督执纪工作规则、处理检举控告工作规则以及相关党纪法规、企业纪委制定的规章制度不能熟练运用，具体办案过程中遇到问题才去查找相关规定，有效应对和解决在工作中遇到的新情况和新问题仍存在业务知识欠缺。

（二）执行工作流程不严

问题线索处置、审查调查工作有严格的工作流程，部分纪检监察干部缺乏程序意识，习惯于按惯性思维考虑问题，习惯按老一套开展工作；还有的对审理工作存在认识误区，认为案件审理就是"走程序""补手续"，没有严格按照审理工作提出的"二十四字"方针对案件进行审核把关。

（三）业务技能培训不足

实际工作中培训侧重于纪检监察理论讲解，查办案件及与案件质量提升有关的培训较少，且培训针对性不强，培训的效果不够明显。部分单位由于自办案件数量少或多年未有自办案件，参与审查调查、案件审理实践的机会较少造成业务能力较难快速提升，一定程度上制约着工作水平的提高。

（四）督导检查不够经常

陕钢集团所属各单位纪委大多通过规范案管系统填报、参与对重大案件审查调查，提升案件办理质量和业务骨干能力水平，陕钢集团纪委对所属单位没有经常开展案件管理方面的督导检查和指导，致使基层工作标准不一致，案件质量不平衡。

四、工作建议

（一）严格工作标准，加强检查督导

准确把握案件质量面临的新情况新问题，严格工作标准，统一文书模板。充分利用纪检监察学会平台，交流工作经验，增强业务指导的针对性和实效性，加强督导检查。对各单位案件办理中存在的疑问及时帮助解决，积极支持各级纪检监察干部履职尽责，提升办案质量。

（二）加强业务培训，提升能力素质

按照"缺什么、补什么"的原则，开展案件质量专项培训，量身定制培训课程，

有效提升纪检监察干部政策理论水平和办案实践技能，通过交叉办案、案例研讨、纪检干部"上讲台"等各类"实战练兵"形式，建立以千代训制度，有计划抽调各单位纪检监察干部参与集团重大案件办理，推动工作水平不断提升。

（三）正视存在问题，扎实推动整改

针对案件质量自查出的问题，分类形成共性、个性问题清单，压实办案单位主体责任，明确整改要求及整改期限。督促指导各单位深入分析问题原因，制定切实可行措施，确保具体问题整改到位，并引以为戒，杜绝同类问题再次发生。

（四）推动建章立制，抓好案件质量

根据违纪违规行为的新表现，修订完善《陕钢集团管理人员违规违纪行为处分规定》为违纪违规行为准确定性提供制度依据。建立《违规问题线索督办制度》，完善受理、交办、处置、督办、反馈等机制，不断提高纪检监察工作规范化、正规化、法治化水平。严格依规依纪依法办案，审慎稳妥开展"走读式"谈话，确保办案安全。

（五）强化日常指导，提高工作水平

以发现的共性问题为切口，深入研究企业业务特点规律，准确把握不同类型单位工作面临的新情况新问题，把业务指导融入日常、做在经常，不断提升工作规范化、专业化、法治化水平。

健全完善精准运用"四种形态"工作机制研究

河钢集团河北张宣高科科技有限公司纪委

许国新　闫海峰　宇海丽　杨志国

河钢集团河北张宣高科科技有限公司（简称张宣科技）积极践行习近平生态文明思想和新发展理念，落实河北省委省政府决策部署，以全面打造钢铁行业绿色低碳转型的成功典范为目标，加速钢铁向材料、制造向服务转变，建设高端装备关键材料制造、战略性新兴产业、现代服务业"三大基地"，大力发展高端材料制造、氢冶金、新能源、智能制造及大数据等产业，努力成为源于钢铁超越钢铁高科技企业。面对新形势、新任务，如何围绕张宣科技战略健全完善精准运用"四种形态"，将"四种形态"全面融入绿色低碳转型，以纪检监察工作的高质量发展，促推企业高质量发展，是当前面临的重要课题，同时也具有十分重要的意义。

一、健全完善精准运用"四种形态"工作机制的重要意义

（一）保障国有企业改革的需要

党的十八大以来，以习近平同志为核心的党中央高度重视国有企业改革，先后出台一系列改革措施，特别是在 2020 年 6 月的中央全面深化改革委员会第十四次会议上，习近平总书记发表重要讲话并审议通过《国企改革三年行动方案（2020—2022 年）》，这是习近平总书记亲自谋划、亲自推动的又一项重大改革措施，对做强做优做大国有经济，增强国有企业活力、提高效率，加快构建新发展格局，具有重要意义。张宣科技纪委坚持党中央重大决策部署到哪里，监督检查就跟进到哪里，精准运用"四种形态"，形成严密的监督体系，以强有力的监督为张宣科技全面完成改革目标提供坚强纪律保障。

（二）破解制约企业高质量发展瓶颈的需要

张宣科技在落实习近平总书记重要指示精神和党中央、河北省委省政府重大决策部署上积极作为，全球首例 120 万吨氢冶金示范工程实现安全高效生产，"三大基地"建设迈出坚实步伐，开启了转型发展新征程，但同时在思想观念、项目建设、科技创新等领域，还需要进一步加强和加快。深化运用"四种形态"，及时发现纠正苗头性、倾向性问题，抓早抓小，以强有力的监督促推强有力的执行，护航张宣科技大胆改革、锐意创新、突破瓶颈，实现高质量发展目标。

（三）完善监督体系推动制度优势转化为治理效能的需要

张宣科技绿色低碳转型进入决战期、必胜期，深化党风廉政建设和廉洁风险防范工作，拓展监督检查途径，排查廉政风险点，强化人员教育、流程控制、过程监督和执纪问责，推进项目单位与施工、监理单位开展廉洁共建等一系列完善监督体系的措施，都将围绕中心任务加速实施，张宣科技纪委既要在构建系统完备、科学规范、运行有效的制度体系上持续发力，又要持续加强系统治理、依法治理、综合治理、源头治理，充分释放监督效能，把张宣科技制度优势更好转化为治理效能。

二、健全完善精准运用"四种形态"工作机制的基本内涵

在张宣科技上下一心，全力推进绿色低碳转型，全力打造钢铁行业转型升级成功典范的关键时刻，精准运用"四种形态"，形成严密的监督体系，确保河钢集团和张宣科技党委各项工作部署落实落地，显得尤为重要。张宣科技纪委把健全完善精准运用"四种形态"作为深入推进全面从严治党、党风廉政建设和反腐败斗争的重要举措，全面认识、准确把握，创新实践、推动落实。

（一）深刻认识"四种形态"的本质，是党的"惩前毖后、治病救人"方针的深化和具体化

"四种形态"究其实质，就是立足于"救"，着力于"治"，着眼于"防"，辅之以"惩"。"四种形态"贯彻了把纪律挺在前面的创新理念，把握了违纪行为演变的内在规律，强化了管党治党主体责任，强调了思想政治工作基础作用，提升了监督执纪政治站位，探索出一条新时代党自我净化、自我完善、自我纠偏的实现路径。

（二）深刻认识"四种形态"的要义，是用严明的纪律管党治党

"四种形态"的核心理念就是坚持纪严于法、纪在法前，综合运用多种方式，抓早抓小、层层设防、防微杜渐。监督执纪"四种形态"，从严明党的纪律切入，既强调"全面"和"从严"，又强调分类施治、分层施策，体现了全面从严治党政策和策略的统一；从提高管党治党能力出发，既注重挺纪在前、抓早抓小、防微杜渐，又强调言出纪随、执纪必严、违纪必究，体现了全面从严治党治本和治标的统一；从强化管党治党责任担当立论，既强调党委的领导核心作用和日常监督管理主体责任，又突出纪委的监督执纪问责职责，是全面从严治党主体责任和监督责任的统一，从而为全面加强党的纪律建设、推进全面从严治党，提供了正确的方向指引和方法指导，构筑起监督执纪问责的科学体系。

（三）深刻认识"四种形态"的目的，是通过惩处极少数、教育大多数，使党员干部不犯或少犯错误，以严管体现厚爱

"四种形态"的初衷和本心体现了对广大党员干部的最大关心和真正爱护。紧紧扭

住监督执纪的"常态",对苗头性、倾向性问题,开展经常化的批评教育、红脸出汗,防止党员犯错误,发挥好第一种形态的预防功能。及时运用监督执纪的"大多数"态,对一般违纪问题,做到早发现、早处理,通过党纪轻处分或组织调整,防止党员犯大错误,发挥好第二种形态的惩戒功能。果断运用监督执纪的"少数"态,对严重违纪的,依纪依规严肃处理,通过党纪重处分或重大职务调整,防止党员犯罪,发挥好第三种形态的挽救功能。坚决运用监督执纪的"极少数"态,对严重违纪涉嫌违法的,要依纪依法立案审查,直至开除党籍、开除公职,坚决清除害群之马,发挥好第四种形态的震慑功能。

三、健全完善精准运用"四种形态"工作机制的主要做法

（一）在把握政治方向上体现贯通运用"四种形态",强化政治建设,落实政治责任

一是以党的创新理论武装头脑。张宣科技纪委坚持把学懂弄通做实习近平新时代中国特色社会主义思想作为首要政治任务,带动两级纪检干部持续跟进学习习近平总书记重要讲话和重要指示批示精神,加强对下级党组织、"一把手"和领导班子的监督,从"第一议题"制度的落实情况,党委理论学习中心组学习情况,民主集中制、"三重一大"制度落实情况入手,以强有力的政治监督推动落实,取得实效。二是始终保持"国之大者"胸怀。张宣科技纪委坚决贯彻落实习近平总书记对河北做出的"坚决去、主动调、加快转"重要指示精神,深入贯彻习近平生态文明思想,贯彻"三新一高"要求,监督保障两级党委和各单位、各部门在深化国有企业改革三年行动以及加快转型升级项目建设、投产达产取得阶段性重大成果。三是全力发挥协助协调作用。及时报请张宣科技党委专题研究党风廉政建设和反腐败工作,协助党委召开党风廉政建设和反腐败工作会议和警示教育大会。与二级党委、纪委签订全面从严治党责任书,根据监督执纪情况,认真分析研判阶段性政治生态,为张宣科技党委决策部署管党治党工作提供依据。

（二）在履行监督职责上体现贯通运用"四种形态",强化主责主业,深入监督检查

一是做实"一主线两坚持"监督。即围绕绿色低碳转型这条主线,坚持问题导向,实施专项监督,坚持结果导向,实现闭环管控。对转型项目深入开展百日攻坚专项督导,14个主要项目部实现监督检查全覆盖。持续开展重点领域、关键环节监督检查,全年组织原燃料进厂抽查42次,招投标监督检查200余次。二是系统思维,双向延伸,打通执纪"梗阻"。在坚持严的主基调,开展线索处置和核查审查工作的基础上,向前延伸风险防范管理。制定《廉洁风险告知书》《新入职、转岗人员廉洁教育制度》,将招投标、物资采购六大类风险告知具体化清单化,提出27条廉洁自律要求。对岗位各类廉洁风险进行辨识,实现了廉洁从业教育具体化常态化。开展效能立项监督,全年

共完成效能立项监督46项，提出改进建议159条，建立健全规章制度72项，将监督成果转化为治理效能。向后延伸打通"最后一公里"。制定《做好监督执纪和审查调查"后半篇文章"的工作制度》，线索处置后，抓住各单位党政主要领导这个关键点，面对面交流，将问题讲透，增强整改的实效性。

（三）在正风肃纪上体现贯通运用"四种形态"，坚持纠树并举，充盈新风正气

一是内容上细化，形式上创新。着力在思想作风、工作作风、领导作风、学风等方面纠树并举，开展"赋能绿色低碳转型、推进廉洁项目建设"督导，召开供应链、采购、销售等"对外窗口"部门作风建设专题座谈会，促进"窗口"部门干部紧绷纪律弦，知戒惧，存敬畏。开展作风纪律专项整治，制订《深化纠正"四风"和作风纪律专项整治推进方案》，开展"国庆节、党的二十大期间作风纪律专项整治"，落实河钢集团新修订的党员干部操办婚丧喜庆事宜相关制度，通过明察暗访，对发现的问题，提出整改要求，督促落实整改。二是文化上发力，载体上创新。落实加强新时代廉洁文化建设的意见，以线上线下相结合的方式，带动干部职工广泛参与。制定责任清单，综合推动落实。督促各级纪委书记讲廉政党课，组织党员干部参观警示教育基地、观看警示教育片，在新提职干部中开展廉洁教育，加强年轻干部教育管理监督，督促各级党员干部修身律己、廉洁齐家。以"清廉河钢宣钢"为主题，开展漫画、公益广告、书法绘画、小小说、家风家教故事等系列作品征集；在宣钢报设立"清风"专栏，刊登廉洁文化作品；创建廉洁文化示范园地，"清风园"廉洁文化公园、特材公司廉洁文化示范点获河钢集团授牌。

（四）在提高自我要求上体现贯通运用"四种形态"，坚持从严从实，强化履职能力

一是夯实依规依纪履职基础。认真学习执行监督执纪工作规则和监督执法工作规定，学习河钢集团《纪检监察机构实名检举控告和紧要信访举报办理工作办法》《子分公司纪委向集团纪委报告线索管理立案审查和处分工作指引》，规范相关业务办理流程。组织开展纪检监察干部"能力强化年"活动，打造"砺剑讲堂""砺剑论坛"学习交流平台，组织《监督检查审查调查工作指引》专题学习。对近两年初核和立案案件开展拉网式检查，对自查发现的问题按时完成整改；将"走读式"谈话安全纳入案件监督管理检查重点，确保依规依纪依法安全文明办案。完善内控制度，从严管理和监督，制定并严格执行打听、干预监督审查工作登记备案制度，加强对纪检监察干部的管理约束。二是扎实纪检监察干部队伍教育整顿。严格落实、扎实推进全国纪检监察干部队伍教育整顿的工作部署，在做好集中学习和个人自学基础上，组织开展专题党课、廉政教育报告、主题党日、交流研讨、革命传统教育、学雷锋及青年理论小组集中学习等活动，并利用撰写心得体会、编发学习简报等形式，推动纪委系统全体干部共同学习。

四、结束语

"四种形态"贯通规、纪、法，兼具教育警醒、惩戒挽救和惩治震慑功能，是一体推进不敢腐、不能腐、不想腐的重要载体，是一个环环相扣、严密完整的逻辑体系。张宣科技纪委将"四种形态"融入监督执纪问责各项工作，紧密围绕企业绿色低碳转型中心任务，聚焦"转出战略、转出高度、转出未来"目标，为企业实现良好经营效益提供坚强纪律保障。

通过精准运用"四种形态"，张宣科技全体党员干部担当作为，轻装上阵，在绿色低碳转型中扛重活、打硬仗，以钢铁般的意志品质，推动各项部署要求变为实际行动，主要体现在五个"新"，一是思想上有了新提升，拼抢意识、攻坚意识进一步加强；二是作风上有了新转变，"实干、担当、学习、争先"的优良作风已经融入生产、生活各个方面；三是工作上有了新突破，抢抓转型升级工程建设施工黄金期，高标准、高质量、高效率全力打造精品工程、标杆工程；四是履职上有了新作为，守土有责、守土尽责，全面提升创效能力和创效水平；五是能力上有了新拓展，进一步强化"链接"能力，最大化地整合配置社会资源，将产业链、供应链打造成价值链、创效链。

钢廉融合+ 打造廉洁文化生态

山东钢铁集团日照有限公司纪委

秦立彬　董思慧　李兴林　宿群翔

一、提出背景

习近平总书记在党的二十大报告中要求"加强新时代廉洁文化建设，教育引导广大党员、干部增强不想腐的自觉"，在二十届中央纪委第二次全体会议讲话时指出："要在不想腐上巩固提升，更加注重正本清源、固本培元，加强新时代廉洁文化建设，涵养求真务实、团结奋斗的时代新风。"党的二十大提出深化标本兼治，并且明确了深化的具体内涵是"推进反腐败国家立法，加强新时代廉洁文化建设，教育引导广大党员、干部增强不想腐的自觉，清清白白做人、干干净净做事"。加强新时代廉洁文化建设具有更丰富的内涵和价值意蕴，对于全面从严治党、反腐败斗争、自我革命都具有重要意义。

"文化而润其内，养德以固其本"。廉洁文化建设是党风廉政建设和反腐败斗争的重要内容，是一项长期的、艰巨的、复杂的系统工程。中共中央办公厅印发的《关于加强新时代廉洁文化建设的意见》（简称《意见》）要求把加强廉洁文化建设作为一体推进不敢腐、不能腐、不想腐的基础性工程抓紧抓实抓好。廉洁文化建设的核心要义是通过廉洁思想、文化的宣传消除腐败现象，使廉洁奉公、崇廉尚俭的思想深入人心，形成尚廉戒贪戒腐的社会风尚，使"不想腐"的关口前移，是一体推进"三不腐"中"不想腐"机制目标达成的有效措施，也是反腐败标本兼治中治本的重要途径。

二、探索与实践

新时代廉洁文化建设作为全面从严治党的基础性工程，山东钢铁集团日照有限公司（简称日照公司）认真学习领会习近平总书记重要讲话精神，贯彻落实《意见》部署要求，坚持系统思维，紧紧抓住"不想"这个根本，坚持用好深学习、实调研、抓落实的工作方法，增强争优、争先、争效的意识，深入挖掘本单位"钢铁风味"、培树廉洁品牌集群、基层岗位中的廉洁因子，着力打造"顶层设计、守正创新、成风化人、靶向施治""四位一体"工作格局，搭建起廉洁文化建设的"四梁八柱"，"廉元素"搭乘多种载体，实现了"钢廉融合+"的 N 种组合。把加强新时代廉洁文化建设作为一体推进不敢腐、不能腐、不想腐基础性工程，全力抓紧抓实抓好，促进"不敢腐"的强大震慑、"不能腐"的刚性约束与"不想腐"的教化作用相得益彰，一体发力，统筹协调各方力量共同推进，运用"全周期管理"方式，贯通从严"惩"、精准"治"、有效"防"，充分发挥廉洁文化建设综合效应，释放一体推进"三不腐"的叠加效能。廉洁文化的影响力、感染力和渗透力得到不断提升，对日照公司政治生态和运营生态起到了积极作用。

（一）钢廉+思想引领

加强新时代廉洁文化建设，要在全公司培育清正廉洁的价值理念，使清风正气得到广泛弘扬。习近平同志在浙江工作时指出："要促进全社会形成以廉为荣、以贪为耻的良好风尚。"理想信念是共产党人的精神之"钙"，党员、干部必须解决好世界观、人生观、价值观这个"总开关"问题。对党员、干部来说，一旦"总开关"没拧紧，是非观、义利观、权力观、事业观就会出问题，行为就会变形走样，各种出轨越界、跑冒滴漏就会发生。习近平总书记深刻指出："一个干部只有把世界观、人生观、价值观的总开关拧紧了，把思想觉悟、精神境界提高了，才能从不敢腐到不想腐。"

日照公司进一步强化创新理论武装和思想政治引领，让我们党倡导的理想信念、价值理念、优良传统深入党员、干部思想和心灵，转化为廉洁自律的内在动力。在学懂弄通做实习近平新时代中国特色社会主义思想上下苦功夫、下真功夫，深刻认识"两个确立"的决定性意义，增强"四个意识"、坚定"四个自信"、做到"两个维护"。强化政治监督，依托大监督体系建设，将"第一议题"落实情况、党史学习教育开展情况等列入党群部门重点监督事项，紧盯抓牢。将习近平总书记关于党风廉政建设、廉洁文化建设的重要论述，列入两级党委中心组学习。把党的创新理论贯穿融入廉洁主题教育、创建活动之中，在润物细无声中引导坚定理想信念，筑牢信仰之基，把稳思想之舵，不断提高政治判断力、政治领悟力，政治执行力，夯实廉洁思想根基。

廉洁文化自日照公司创立之初便深深嵌入，贯穿始终。2015 年，日照公司党委提出建设"优质工程、安全工程、廉洁工程、放心工程、效率工程"五大工程，提出"忠诚、尽责、团结、务实、创新、廉洁"六大品格，形成日照公司特色文化。2020年开展的"四学四做"主题实践活动，倡导职工做"善于学习的人，做勇于创新的人，做敢于担当的人，做清正廉洁的人"。2021 年，日照公司实施"三航工程"，即"党建领航、清风护航、和谐助航"，助力日照公司高质量发展。

（二）钢廉+阵地建设

加强新时代廉洁文化建设，要建设好、管理好、运用好廉洁文化阵地。习近平同志在浙江工作时指出："如果先进的廉政文化不去占领文化阵地、营造社会氛围，腐败文化就会乘虚而入、污染社会、搞坏党风政风。"必须坚持守土有责、守土负责、守土尽责，把廉洁文化阵地建设纳入基层整体规划，注重把分散的廉洁文化资源整合起来，让干部群众潜移默化地接受廉洁文化教育。结合党建规范化建设、3A 级工业旅游景区建设等，充分利用党员教育培训基地、爱国主义教育基地等文化场所，因地制宜设立廉洁文化阵地，丰富廉洁文化优质产品和服务供给。

挖掘钢铁特色廉洁资源。与日照公司纪委"清风护航"愿景充分融合，将钢铁特色与廉洁文化充分融合，日照市纪委监委、岚山区纪委监委、山东钢铁集团有限公司纪委、日照公司纪委联合打造了"一路清风"廉洁教育专线——钢廉文化园。钢廉文化园是以海洋文化为表，以钢铁文化为根，以廉洁文化为魂，以铁矿石的成才之路为主线，由熔炼丹心、百炼成钢、钢铁脊梁、永葆本色、钢铁誓言五大部分构成，独具钢铁特色，集参观、游览、互动、体验于一体的廉洁文化基地。它的建成可以从主流程了解钢铁是怎样炼成的，感悟人生之道，发挥以文化人，传承浸润，根植于心，外化于行，厚植廉洁奉公文化基础的作用。

延伸新时代廉洁文化触角。不断丰富廉洁文化的内涵和外延，使廉洁价值观深入职工群众心田。阵地建设和廉洁示范点的创建，为廉洁文化接地气、求实效提供了重要支撑。日照公司79个党支部，每个支部都建有文化阵地，内容有既有党建，又有党风廉政建设。目前，5个受表彰示范点已经成为各单位相互借鉴学习的"网红点"。持续深化"廉洁建设示范点"创建工作，对"廉洁建设示范点"实行动态管理，对工作滑坡、达不到标准条件的，予以撤销。通过及时调研指导，促进示范阵地不断提升内涵、持续发挥作用。以点带面、多点发力，形成廉洁文化全覆盖格局。

（三）钢廉+教育引导

经过党的十八大以来的持续努力，反腐败已经形成无禁区、全覆盖、零容忍的战略态势，利剑高悬、震慑常在、发现一起、查处一起已经成为常态，不敢腐、不能腐、不想腐的体制机制初步构建起来，反腐败斗争取得压倒性胜利并全面巩固。习近平总书记指出："要深入剖析严重违纪违法干部的典型案例，发挥警示、震慑、教育作用。"日照公司纪委用好用活警示教育材料，把反面沉痛教训讲清楚、把纪法底线红线说清楚、把腐败大账总账算清楚，充分发挥警示教育震慑效应。强化形势教育、纪法意识、警示威慑、示范引领。每月编辑1期《清风护航》廉洁教育刊物，内容涵盖政策理论、形势任务、工作动态。组织党员干部前往鲁南监狱、岚山区检察院警示教育基地接受警示教育。

设计廉洁文化形象代言人、表情包等文创产品。主动适应融媒体新形式，设计日照公司廉洁文化形象代言人"清清"，增强廉洁文化亲和力与感染力，一经推出，迅速"圈粉"。制作"清风护航"表情包等文创产品，推动"清风护航"廉洁文化品牌更具时代性和传播力。

开展职工群众广泛参与的廉洁文化活动。征集书法、绘画、漫画等廉洁文化作品230项，廉洁短视频17个，廉洁小故事39个。炼钢厂每一类岗位制作"廉洁从业负面清单"，明确"不可为"；招标办制作视频《清风护航 廉洁招标》，在招标办轮回播放；冷轧厂《廉洁手指操》寓教于乐；中厚板厂编发廉洁创新论文集、廉洁书画作品集等，把静态的教育资源鲜活化、立体化。同时结合全员岗位创新工作，发动广大职工利用废旧物资制作一批廉洁文化作品，开展相关技能竞赛、作品展，充分展示职工才能，让新时代廉洁文化在基层蔚然成风、深入人心。

（四）钢廉+家风建设

家是最小国，国是千万家。党员、干部成为优良家风的表率，才能为全社会作表率。从这些年查处的违纪违法案件看，凡是出问题的党员领导干部普遍存在家风不正、家教不严情形。习近平总书记深刻指出，领导干部的家风，不仅关系自己的家庭，而且关系党风政风。好的家风引领人向上向善，不良的家风却会败坏社会风气，贻害无穷。领导干部特别是高级干部一定要重视家教家风，以身作则管好配偶、子女，本分做人、干净做事。

日照公司各级党组织把家风建设作为领导干部作风建设重要内容，将家风建设与廉洁文化建设相结合，结合"文明家庭""明星职工"评选，嵌入廉洁元素。抓住婚丧嫁娶、乔迁升学等事项，适时开展家风建设宣传活动。开展家属"廉洁寄语"，召开"家庭助廉"座谈会，邀请重点廉洁风险岗位干部职工家属走进岗位，以参观现场、熟悉职责、发起倡议、交流座谈等形式，倡导党员干部家属争当"廉内助"，将单位、家庭有效衔接，做到"八小时之外"有效监管。推动党员干部特别是领导干部讲纪律、守规矩、倡廉洁、重家风，帮助党员领导干部做好家风建设，筑牢拒腐防变的"防火墙"，推动廉洁教育融入家庭日常生活，用良好家风熏陶自己，用严格家教规范亲属，以良好家风助推全面从严治党向纵深发展。

三、存在的问题

（一）在认识定位层面，对廉洁文化的重要性理解尚存偏差

部分党员干部对正风反腐中内因和外因、自律和他律、治标与治本的辩证关系理解还不深刻。一些单位抓廉洁文化建设工作的主动性还不够强，普遍存在纪委一肩挑的问题。

（二）在统筹规划层面，品牌建设的影响力发挥不足

各单位虽然创建了廉洁文化品牌，但缺乏整体性、长期性规划，缺乏职称，一些优质的廉洁文化资源品牌热度未能持续，未充分发挥应有的廉洁教育作用。

（三）在文化覆盖层面，廉洁文化受众和传播范围还有盲区

强调对党员干部特别是领导干部的廉洁从业教育多，一般干部和广大群众开展广泛廉洁教育的比较少，未能形成全公司共同培育廉洁文化的生动局面。

四、为廉洁文化赋予更多时代内涵

（一）突出廉洁文化责任主体

廉洁文化建设要有坚强的组织领导、严格的制度机制、广泛的推动力量来切实保

障。要聚组织合力，把强化责任主体作为抓手，抓住廉洁文化建设的"牛鼻子"，使各部门、生产厂、中心担负起廉洁文化建设的政治责任，推动廉洁文化建设深入开展。通过强化责任主体，让领导干部真正做到以身作则、以上率下、敢抓敢管，切实把廉洁文化建设抓在手上，常研究、常部署，具体抓、抓具体。要聚制度合力，推进廉洁文化长远建设，研究出台廉洁文化建设的指导性意见，完善覆盖融入、舆论导向、组织保障等机制，让文化与制度融为一体，把制度优势转化为治理效能。

（二）夯实廉洁文化思想基础

从思想深处做文章、在坚定理想信念上下功夫，坚持教育在先、警示在先、预防在先，使文化软要求和纪法硬约束内化于心、外化于行。坚持以习近平新时代中国特色社会主义思想为指导，全面贯彻党的二十大精神，增强"四个意识"、坚定"四个自信"、做到"两个维护"，不忘初心、牢记使命，不断提高党员干部政治判断力、政治领悟力、政治执行力；筑牢思想道德防线，推动理想信念教育常态化制度化，深化同级同类警示教育；加强对"关键少数"的监督，扣好年轻干部廉洁从业"第一粒扣子"；传承浸润，根植于心，外化于行，厚植廉洁奉公文化基础。

（三）发挥廉洁文化品牌效应

开展廉洁文化建设提升年活动，依托日照公司工业旅游风景区创建，在景区内融入廉洁文化元素，分近期和远期两步走，近期依托争创3A级工业旅游景区，打造钢廉文化阵地。加快钢廉文化园建设，对廉洁文化建设示范点系统规划、合理布局，用不同载体和形式呈现廉洁思想、警示案例等，与地方纪委合作建设青少年教育基地，建设特色鲜明、百花齐放的反腐倡廉教育"大基地"，远期依托争创4A级工作旅游景区打造4星级国家博物馆，打造钢廉文化展馆。筹备拍摄廉洁教育片，用身边事教育身边人，增强以案促教、以案促改、以案促治的效果。以"一个支部一个特色，一个党委一个品牌"为思路，全面推进廉洁文化示范点创建活动，鼓励各单位创建如"清正炼钢"此类符合单位实际的特色廉洁文化品牌，打造基层廉洁文化品牌集群，将日照公司"清风护航"廉洁文化品牌进一步拓宽做实，丰富内涵。

创新工作举措助推巡察工作提质增效

包头钢铁（集团）有限责任公司党委巡察办

周远平　刘　元　吕有文　吴香玉　刘光宇

巡察是党章赋予党组织的重要职责，是党的巡视工作的重要组成部分，是推进党的自我革命、全面从严治党的战略性制度安排，是上级党组织对下级党组织履行党的领导职责的政治监督。党的十八大以来，特别是党的十九大以后，党中央高度重视巡视工作，共召开 45 次会议听取巡视汇报、研究巡视工作，每一次习近平总书记都亲自部署、发表重要讲话，作出一系列重要论述，突出政治建设，把"两个维护"作为根本任务，为新时代巡视巡察工作定准了坐标，指明了方向。国有企业开展巡察工作，既是企业基层党组织履行全面从严治党主体责任的重要体现，也是企业持续健康发展的内在需要。新时代新征程，党中央持续推动巡视工作向基层延伸，对建立巡察制度、推进巡察工作、完善巡视巡察战略格局作出重要部署，巡察工作正稳步向高质量发展。

一、巡察规范化建设总体要求及基本原则

（一）政治巡察工作常态化是新时代全面从严治党的重大举措

党的十八大以来，以习近平同志为核心的党中央高度重视巡视巡察工作，从全面从严治党形势任务出发，提出了"发现问题、形成震慑，推动改革、促进发展"的巡视工作方针。习近平总书记多次发表讲话，对建立巡视巡察制度、推进巡视巡察工作、完善巡视巡察战略格局作出重要部署。2017 年 7 月，修改后的《中国共产党巡视工作条例》作出关于党的市县委员会建立巡察制度，设立巡察机构，对所管辖的党组织进行巡察监督的规定，正式将巡察监督确立为党内监督的一种重要形式。《中央巡视工作规划（2018—2022 年）》进一步明确，市县党委要在一届任期内实现巡察全覆盖。

（二）坚持依规依纪依法是做好巡视巡察工作的基本保证

巡视巡察是重要的政治工作，涉及的监督内容都是重大严肃的问题，依规依纪依法成为新时代巡视巡察工作高质量发展的内在要求和鲜明特征。党的十九大以来，巡视巡察工作严格按照党章和《中国共产党巡视工作条例》《中央巡视组巡视工作规则》等党内法规和制度规定办事，依规依纪依法作为红线、底线，贯穿全过程，不断提高

巡视巡察工作规范化、正规化水平，确保巡视巡察过程的精准和结果的高质量。

二、巡察工作存在的不足

包头钢铁（集团）有限责任公司（简称包钢）党委自 2017 年开展内部巡察工作，在推进包钢健康发展方面成效显著，但随着党中央、内蒙古自治区下发关于加强巡视巡察上下联动的工作要求，以及包钢内部巡察纳入内蒙古自治区党委巡视工作领导小组指导督导后，在推进政治巡察过程中，逐渐发现了一些问题和需改进的方面。

（1）政治巡察监督重点需进一步细化。包钢巡察监督重点内容全面而细致，几乎涵盖了党的建设、廉政建设等各方面内容，但存在针对性不强的问题，未针对巡察对象性质、工作内容、行业特点，制定更有针对性的监督重点，使巡察早发现、早提醒、早反映、早制止的职能作用发挥不突出。

（2）巡察工作基础建设还需进一步加强。2020 年起，巡察组改为根据巡察任务临时组建，巡察组成员根据任务特点从巡察人才库抽调，巡察人员业务知识不足，不能较快适应巡察工作。在建立涵盖巡察主要环节工作制度方面存在差距，还需不断加强巡察机构组织建设、队伍建设、制度建设、信息化建设和巡察干部监督管理，夯实巡察工作基础，推动巡察规范化水平进一步提升。

（3）巡察整改和成果运用还需进一步完善。个别单位对问题"全面性"梳理的原则把握不够，举一反三意识不强，简单就事论事，就整改而整改，整改措施缺乏延伸性和拓展性，由点及面、由表及本作用发挥不够；巡察整改不到位，纸面整改，导致政治巡察权威性大打折扣；落实巡察整改监督工作还存在差距，各相关部门巡察整改协作配合机制有待进一步完善。

三、创新工作举措，推动巡察工作高质量发展

包钢党委巡查组深入贯彻落实政治监督"具体化、精准化、常态化"，落实"两个明确"把准巡察工作方向，推进"五个加强"夯实巡察工作基础，推行"四项举措"促进巡察成果有效运用，通过流程管理、规范管理、项目管理助推巡察工作提质增效新模式。

（一）落实"两个明确"

（1）明确政治巡察本质。对标上级党委巡视巡察工作要求，把握巡察工作根本任务，突出体现"两个维护"在基层的具体化，深入贯彻落实巡视巡察上下联动，把握好政治与业务的关系、政治和政策的关系、权力和责任的关系，把政治监督做实做细。

（2）明确巡察监督重点。紧紧围绕聚焦党中央各项决策部署在基层的落实情况，聚焦群众身边腐败问题和不正之风聚焦基层党组织建设，结合包钢年度重点工作，紧盯被巡察党组织主责主业，紧盯"一把手"和"关键少数"制定轮次巡察工作方案，明晰政治巡察监督内容。

（二）推进"五个加强"

（1）加强组织建设。规范开展党组织建设，积极争创"最强党支部"。坚持把支部建在组上，推动党建与巡察业务深度融合。

（2）加强队伍建设。加强巡察机构人员配备，充实巡察工作力量。

（3）加强制度建设。确定2022年为"制度建设年"，通过完善制度，确保政治巡察科学化、制度化、规范化水平不断提升。

（4）加强信息化建设。立足新发展阶段，加强信息化建设，配置各类信息化办公设备，强化档案建设，充分发挥大数据作用。

（5）加强干部监督管理。严格驻点巡察制度，巡察期间实行集中办公、集中管理，加强巡察干部政治学习和专业培训，强化巡察队伍履职能力。

（三）推行"三项举措"

一是完善巡察反馈机制。严格落实"双反馈""双报告"制度，将巡察情况向被巡察单位党组织和主要负责人双向反馈，督促被巡察党组织落实整改主体责任；向被巡察党组织所在板块党组织和各分管部门抄送反馈意见，督促抓好整改落实。

二是压实整改主体责任。制定印发《包钢（集团）公司党委巡察整改监督工作暂行办法》，切实强化责任担当，各党委（党组）要对整改负总责，党委（党组）书记要自觉担负起整改第一责任人责任，班子成员要履行"一岗双责"，抓好分管领域存在问题的整改落实，不能"新官不理旧账"。

三是落实整改监督责任。明确纪委、组织部门承担巡察整改日常监督责任，发挥党委巡察办统筹协调、跟踪督促、汇总分析作用，细化相关责任主体工作任务、职责、方法、步骤，形成各部门巡前介入、巡中协同、巡后跟进的整改闭环。

四、全过程规范化管理，提升巡察工作实效

（一）"规范化"把准巡察工作方向

（1）制定巡察工作五年规划。在包钢党委的领导下，全面总结上届党委巡察工作经验做法，制定《包钢（集团）公司党委巡察工作规划（2022—2026年）》，提出了巡察工作开展的指导思想、总体目标、基本要求，明确了巡察对象、主要任务和方式方法，指导今后五年巡察工作的规范开展。

（2）制定巡察工作年度要点。严格按照内蒙古自治区党委巡视工作领导小组办公室和内蒙古自治区国有资产监督管理委员会党委巡察工作办公室要求，结合包钢党委决策部署和包钢年度重点工作，确定年度巡察工作监督重点，撰写年度巡察工作"时间表"和"路线图"，制定年度巡察工作要点、轮次巡察工作方案，紧盯重点人、重点问题、重点领域和关键环节，强化对被巡察单位领导班子及其成员行使权力的监督。

（3）制定轮次巡察工作方案。每轮巡察根据包钢党委关于巡察工作的部署以及被

巡察党组织职能责任，对具体一轮巡察的总体要求、巡察对象、组织方式、人员配备、授权建议、时间安排等进行具体安排。明确具体的巡察任务、组织方式、工作方法和程序要求，增强指导性和可操作性。

（二）"标准化"夯实巡察工作基础

（1）组织建设"标准化"。规范巡察办党支部各项工作，扎实开展"三会一课"活动，结合党史学习教育和巡察工作实际，开展形式多样的主题党日活动，积极争创"最强党支部"。坚持把支部建在组上，注重发挥各巡察组临时党支部战斗堡垒作用，强化党建引领，推动党建与巡察业务深度融合，不断提升巡察工作质效。

（2）队伍建设"标准化"。加强巡察机构人员配备，结合纪检监察机构改革方案，增加 2 名副主任编制，加强巡察工作力量，负责全面统筹、协调党委巡察办公室日常工作。修订《包钢（集团）公司党委巡察工作人才库人员选配与管理办法》，实行巡察人才库建设动态化管理。

（3）制度建设"标准化"。确定 2022 年为"制度建设年"，印发《包钢（集团）公司党委巡察人才库管理办法》《包钢（集团）公司党委巡察整改监督工作暂行办法》，起草《包钢（集团）公司党委巡察工作实施办法》，制定内部管理制度《包钢（集团）公司党委巡察工作保密管理办法》《包钢（集团）公司党委巡察机构业务档案管理办法（试行）》规范巡察各项工作。

（4）信息化建设"标准化"。通过使用国资数据管理系统，及时、准确填报相关数据报表。加强巡察工作专项经费保障，配置各类信息化办公设备，建立巡察工作档案室，落实巡察档案管理制度和报备制度，按档案建设统一标准对每轮巡察档案整理归档。

（5）干部监督管理"标准化"。严格驻点巡察制度，巡察期间实行集中办公、集中管理，严格执行考勤及请销假制度，加强巡察干部保密工作学习和廉政教育，抓好巡察干部政治学习，强化巡察队伍纪律和规矩意识。

（三）"项目化"促进巡察成果有效运用

（1）巡察整改"项目化"。构建巡察整改"反馈、整改、督查、统计、评估"的管理体系，规定项目完成时限和推进目标，确保巡察整改工作做深做细做实。及时督促完成集中整改的 14 家被巡察单位向纪委、组织部、巡察办报送巡察整改情况报告，统计纪委反馈整改情况数据。组织包钢党委办公室、纪委、党委组织部、党委巡察办组成调研组，采取实地调研和情况了解相结合的方式，重点围绕巡察整改任务完成和成果巩固运用进行了下沉调研。

（2）队伍建设"项目化"。制定详细的推进步骤和措施，系统推进组织培训，强化管理，采取多种方式提升巡察干部政治业务素质，共开展各类培训 3 次，培训各单位党政主要领导、各级巡察干部 300 余人次。印发《包钢（集团）公司党委巡察人才库管理办法》，重新建立 362 人的巡察工作人才库，包括党务 107 人、生产安全 69 人、设备管理51人、财务审计53人、纪检25人、其他专业57人。其中入库副处职及以上领导干部30名。巡察工作亮点不断出现，为巡察全覆盖增添了蓬勃生命力，巡察利剑越擦越亮。

做实专项监督　提升监督综合效能
为企业高质量发展保驾护航

包钢集团内蒙古包钢西创集团有限责任公司纪委

李　俊　翟　燕　仲　磊　苗晓敏

一、开展专项监督的目的和意义

习近平总书记在二十届中央纪委第二次全体会议上强调，对比较突出的行业性、系统性、地域性腐败问题进行专项整治。专项监督是纪检机关开展的一种重要监督模式，重在强调监督的精准性、问题导向性、偏重"短平快"，具有突出性、方向性。主要是集中一段时间、集中一批力量，冲着党中央和上级党委关注、职工群众反映强烈、制约影响企业日常生产经营的关键点，精准发现问题、精准找出症结、精准做出处置，确保党中央和上级党委政令畅通，确保群众利益得到维护，清除企业高质量发展障碍。专项监督要把讲政治要求贯穿监督全过程和各方面。一是要精准把握政策和标准，做到监督有理有据、游刃有余，树牢鲜明政治导向。二是要准确把握政治和业务辩证关系，"以下看上""以小见大""已近知远"，从业务看政治、从问题看责任、从现象看本质，把一般业务问题与政治问题区分开，又注重从政治视角去审视业务问题，着力发现和纠正政治偏差。三是要做到发现问题和推动解决问题齐头并进，结合监督中暴露的问题，查找责任短板、监督盲区、制度漏洞，解决企业在生产经营、日常管理中存在的薄弱环节和突出问题，堵塞管理漏洞，提高生产效率，防范化解经营风险，推动营造企业风清气正的政治生态。

二、做实专项监督的实践与成效

一是精准把脉，关注重点领域。企业的管理和生产经营活动千头万绪，生产经营管理中可以开展专项监督立项的领域和内容很多，而纪委监督机构的人力和精力是有限的，专项监督工作不可能面面俱到，而是应当重点围绕敏感业务选题立项。专项监督的本质，是通过检查经营管理活动的效率、效果和质量，评价管理人员履行职责的情况，发现和纠正问题，查处违纪违规行为，追究责任，挽回损失。

对于包钢集团内蒙古包钢西创集团有限责任公司（简称西创公司）这样的集团型企业来说，有建筑施工、机械制造、科研院所、餐饮酒店、冷链配送等业务。内部管理流程复杂，涉及生产、经营、采购、营销、质检等各个专业管理。2023年，西创公司纪委在报请西创公司党委同意和充分调研的前提下，确定了"剖析涉法涉诉案例、促进依法合规经营专项治理""投资合资租赁收益情况专项治理""库存管理与盘活闲置资产专项监督""基层职工绩效考核情况专项监督"四项工作。结合上级要求和工作实际，增加"贸易业务专项监督"。做到专项监督的有效性与企业的管理和业务流程相结合，不断延伸监督触角，持续深化关键领域专项监督，找准企业发展"痛点""难点""出血点"。

二是明确定位，实现"监督的再监督"。在目标要求上，纪检部门坚守"监督的再监督"职责定位，对重点行业、系统单位存在的突出问题，通过重拳出击方式，实现系统整治、标本兼治的目标。在工作方式上，由企业纪委牵头成立工作组，紧盯重点环节，坚持监督部门为主体、业务部门配合的工作模式。坚持以监督部门为实施主体，体现了专项监督的本质特征。

专项监督是对管理者履职行为的监督检查，这就决定了它由监督部门牵头实施，是业务流程之外的"管理的再管理，监督的再监督"。同时，企业的日常管理纷繁复杂，涉及敏感业务的管理活动非常多，这就要求专项监督应当充分调动业务部门的积极性，消除业务部门的抵触情绪，争取业务部门的充分理解和专业支撑。缺乏业务部门的积极配合，监督部门提出的监督建议就可能缺乏针对性和专业性。具体实施过程中，要避免两种错误倾向：一是避免将业务部门自身的管理改善项目作为专项监督项目，失去了监督部门应有的地位、职能和作用，难以从管理体系之外发现和解决问题；二是避免监督部门直接参与业务部门的业务活动。专项监督项目，不是包办和直接插手业务活动，要把着眼点放在管理制度、业务流程和职责履行方面的问题上，提出切合实际的监督建议，督促各部门各单位落实整改。

在已经开展的"剖析涉法涉诉案例、促进依法合规经营专项治理"工作中，西创公司纪委确定"纪委牵头，审计先行，各职能部门配合"的工作方案，统筹协调法务部、审计部、生产建设部、党委工作部等各职能部门分别从各自管理主责角度，对决策程序、合同签订、合同执行、纠纷产生、应对措施、造成结果等环节进行分析研判，将涉法涉诉案例暴露出的在企业管理运行中存在法律风险、合同风险、用工风险及其他经营风险等进行全面剖析总结。既实现纪委"监督的再监督"职责，又调动各部门职能监督主动性、积极性。

三是主动出击，融入生产经营。主动出击是一种态度，更是企业纪委强化监督执纪、积极有为、主动担当的具体行为。专项监督具有"短平快"的具体特征，纪委必须时刻关注企业在日常生产经营中面临的各种风险，要有导弹部队快速响应、迅速出击的能力和本领。为进一步规范西创公司贸易业务，防范贸易业务风险，提高贸易业务管理水平，落实内蒙古自治区国有资产监督管理委员会关于贸易业务的要求，西创公司纪委根据《包钢（集团）公司贸易业务管理办法》《包钢（集团）公司贸易业务风险防控指南》规范性文件，报请西创公司党委同意，迅速成立贸易业务专项监督工作组，制定《包钢西创公司贸易业务专项监督工作方案》，从风险评估、合规性评估、收益评估三个方面对涉及贸易业务相关分（子）公司开展专项监督。

四是见人见事，倾听基层声音。专项监督工作做得实不实掌握真实情况是前提。一线职工对企业惠民措施的落实实不实、个人权益的保障好不好最有发言权，职工群众是否分享了企业改革发展的成果，一线职工的感受最直接、最真实。在目前正在开展的"基层职工绩效考核和薪酬分配情况"专项监督中，西创公司纪委组织工会等六个职能部门，深入子公司车间班组，通过问卷调查、现场座谈等方式，倾听一线职工真实诉求、了解一线职工实际生产生活状况。累计深入车间班组 13 次，发放调查问卷400 多份，同 300 多名一线职工进行面对面访谈。比较全面地掌握子公司绩效考核和职工薪酬分配的实际情况，为从源头上解决基层绩效考核及薪酬分配中存在的突出问题，实现绩效考核及薪酬分配合规、公正、公开、透明，真正发挥好绩效考核指挥棒作用和薪酬分配激励功能的治理目标提供了重要的民意参考。

五是跟踪回头，增强监督实效。专项监督项目能否取得既定的效果，关键取决于监督建议的落实情况。只有监督建议得到整改落实，专项监督项目的实施才算形成闭环，取得实效。监督部门应当督促监督建议整改落实部门，确定责任人、确定具体整改措施、确定时间节点，按照要求反馈整改落实结果。要通过系统、合理的评价体系，评估监督建议的效果。应该建立监督建议落实跟踪制度，形成工作闭环，确保监督成果最终体现在管理改善上。相关业务部门启动整改后，监督部门应按程序做好督促工作，按预定时间跟踪落实情况。对于整改难度大、容易出现反复的问题，可以采取专项检查的方式，进行"回头看"，验证整改效果，促进整改成果的巩固和持续改进。西创公司纪委对 2022 年开展的万开公司餐饮业务链专项监督进行了回头看，通过看现场、听汇报等方式重点对中央厨房建设落实情况、职工绩效考核落实情况进行检查。

实践表明，对长期存在的系统性问题、核心制度执行、重要工作落实情况开展专项监督（治理），有利于推动解决顽瘴痼疾，有利于促进各层级干部执行力提升，有利于唤醒和强化部门职能监督意识，有利于发挥纪委监督再监督的职能，有利于从制度层面规范权力运行，使部门专责监督管理和纪委专责监督问效在服务企业生产经营中心任务中实现有机统一。

三、做实专项监督思考与体会

（一）坚持问题导向，找准专项监督切入点发力点

问题是时代的声音。专项监督要奔着问题去，要紧盯制约企业发展的工作阻滞、阵地失守、行业乱象，突出重点领域重点工作重点对象，深挖问题，坚决整治各种损害群众利益的腐败问题，推动解决企业日常生产经营中行业性、系统性、领域性顽疾。要紧盯贯彻党中央重大决策部署不担当、不用力，对政策举措和工作部署片面理解、机械执行、野蛮操作，玩忽职守不作为，任性用权乱作为，权力观异化、政绩观扭曲、事业观偏差等问题，练就监督慧眼，加大整治力度。推进专项整治整改切口要小、发力要准，要坚持"一领域一方案"，因时因势调整监督重点，做到工作具体不发散，以

有效监督形成有力震慑。

（二）强化系统观念，汇聚专项监督合力

专项监督就是要集中力量解决日常监督难以发现、难以解决的问题，这就需要充分发挥组织作用和系统优势，加强部门间的协调联动，确保各类监督贯通协调。坚持一体推进"三不腐"，深化以案为鉴、以案促改、以案促治，针对反复出现、普遍发生的问题，深入剖析问题症结，健全制度机制，堵塞管理漏洞，提升综合效能。

（三）保持严的基调，巩固"专"的成效

开展专项监督要强化办案引领，持续形成惩治腐败的强大震慑。结合典型案件对重点领域、重点单位的政治生态状况进行全方位扫描式"体检"，对重点人和事精准"画像"，加强重要岗位、关键环节监督制约机制建设，严格规范权力运行。把严的基调、严的措施、严的氛围体现到专项监督每一个阶段、每一个步骤中，对在专项监督中自查自纠走过场、发现问题浮于表面、问题整改敷衍应付、问题线索处置不力的党委和纪委，及时约谈提醒、发函督办、推动履责，确保专项监督不会"雨过地皮湿"。

（四）注重守正创新，丰富专项监督方式方法

基层是实践创新的源头活水。积极发挥基层首创精神，推进专项监督理念创新、机制创新、工作创新、方法创新。进一步完善监督体系，加大统筹协调力度，力求协同高效。进一步强化纪检监察监督的协助引导推动功能，健全与法务、财务、工会、安全管理、生产建设等部门协作配合机制，发挥审计、财会、各职能管理等专业力量优势，统筹开展联合监督和专项治理，推动解决重点行业存在的深层次矛盾问题。

关于切实发挥党支部纪检委员"前哨"作用的思考

——浅谈鞍钢集团机关纪委压实党支部纪检委员工作职责的实践研究

鞍钢集团有限公司机关纪委

陈　宇

随着国有企业党的建设不断加强，党支部作为最基层的党组织无论是在加强党风廉政建设、履行基层党组织监督责任，还是在推进全面从严治党向基层延伸中都肩负着极为重要的责任与使命。《中国共产党支部工作条例（试行）》中明确提出，党支部是党的全部工作和战斗力的基础，担负着直接教育党员、管理党员、监督党员的职责。这体现出党中央对抓好新时期党支部建设的高度重视，也体现出在新形势下对抓实基层党组织纪检工作提出了殷切希望。当前，机关纪委普遍存在的人员少、兼职多、管理幅度大、对机关党员干部的日常监督力度不足等问题，发挥好党支部纪检委员作用，对于加强党支部建设、强化党内监督和党的自我革命、推动全面从严治党向基层延伸，具有十分重要的意义。鞍钢集团有限公司（简称鞍钢集团）机关纪委创新工作思路和载体方法，通过压实机关党支部纪检委员工作责任，充分发挥"前哨"作用，着力破解基层党组织纪检工作力度不足的问题，切实打通基层党组织全面从严治党的"最后一公里"，推动机关纪检工作再上新台阶。

一、深刻领悟党支部纪检委员履行工作职责的重要意义

党的二十大对坚定不移全面从严治党、深入推进新时代党的建设新的伟大工程作出战略部署，对新时代新征程抓好纪检工作提出更高要求。作为纪检工作的重要组成部分，党支部纪检委员切实发挥好"前哨"作用，具有重要意义。

（一）党支部纪检委员履行工作职责是落实党建工作职能的必然要求

党支部纪检委员作为党支部委员中的重要一员，在党支部委员会的集体领导下，负责党支部的纪律检查工作，既承担着协助党支部书记抓好党支部党风廉政建设工作的任务，又肩负着对党支部党建工作和党支部党员开展日常监督和开展党性、党风、

党纪教育等职责。纪检委员履职情况如何，直接影响了党支部党建工作的质量。

（二）党支部纪检委员履行工作职责是党支部筑牢坚强堡垒的迫切需要

习近平总书记指出，贯彻党要管党、全面从严治党方针，必须扎实做好抓基层、打基础工作，使每个基层党组织都成为坚强战斗堡垒。党支部纪检委员与党员密切接触，直接负责党支部的部分基础工作，纪检委员履职情况直接影响到基层党组织政治功能和组织功能的发挥、影响到党支部党风廉政建设的质量、影响到党员队伍能否保持先进性和纯洁性。党支部切实发挥战斗堡垒作用，必须要有扎实有力的党支部纪检工作作为支撑。

（三）党支部纪检委员履行工作职责是推进全面从严治党向基层延伸的有力举措

党支部纪检委员源自基层、身处基层，是推动落实全面从严治党任务的执行者，更是检验全面从严治党成效的见证者。党支部纪检委员能够切实掌握所在区域的党风廉政情况，能够真实了解党员群众的思想动态，能够准确倾听到反馈的问题和意见建议，更易第一时间发现倾向性苗头性问题，具有推动全面从严治党在基层走深走实的先天优势。党支部纪检委员履行职责，切实发挥"前哨"作用，将为推进全面从严治党向基层延伸提供了坚强保障。

二、党支部纪检委员履行工作职责存在的问题

（一）党支部对纪检工作的重要性认识不足

部分党支部在思想上对抓好党支部纪检工作理解不深，对党支部的纪检工作重视程度不够，认为纪检工作由纪委来抓就可以，党支部纪检工作起不到多大作用、出不了多大成绩，没能站在落实全面从严治党要求的高度上认真对待，导致党支部纪检工作弱化和淡化。

（二）部分党支部纪检委员主动履职意识不强

当前党支部纪检委员一般由部室主任或模块总监兼任，部分党支部纪检委员在思想或能力素质上距离高质量开展工作还有较大差距。有的纪检委员有一定的重业务轻党建倾向，认为业务工作更为重要，对纪检工作投入精力不足，责任心不够，缺少履职的主动性。有的纪检委员工作经验不足，工作能力有限，缺乏斗争精神，在主动开展纪检工作上存在畏难情绪。

（三）党支部纪检委员履职机制不健全

党支部纪检委员履行职责，缺少相应的配套制度措施。部分党支部纪检委员对自己的职责不清晰、权限不明确，导致开展工作时，缺少有效的制度支撑，制约了党支部纪检工作的效果。考核评价机制不健全，缺少与本单位本领域业务工作充分融合的

党支部纪检工作考核评价机制，致使考核评价不精准，党支部纪检委员"干好干坏一个样"，影响了纪检委员工作的积极性，党支部纪检工作责任没有充分压实。

三、压实党支部纪检委员工作职责的主要做法

（一）明确党支部纪检委员职责

制定印发《党支部纪律检查委员管理办法（试行）》，对现有纪检委员的履职要求进行修订完善，细化纪检委员工作职责，突出要在机关党委、机关纪委的领导下，开展好所在党支部党风廉政建设等工作。党支部纪检委员做到知责于心，才能担责于身、履责于行，才能实现履职有抓手、工作有方向。

1. 当好党支部的宣传员

主动担起党风廉政建设与反腐败工作的宣传职责，及时宣传习近平总书记关于党风廉政建设与反腐败工作的重要论述和党中央的新要求新部署，积极宣传党规党纪和法律法规，用好宣传展板、工作群等载体，创新方式方法宣传先进经验和工作做法，夯实党支部党风廉政建设的主阵地，不断增强党支部党员的红线意识，筑牢思想道德防线，营造党支部的清朗氛围。

2. 当好党支部的辅导员

常态化开展党风廉政教育，及时组织学习习近平总书记相关重要讲话精神，及时传达二十届中央纪委全体会议上的工作报告和鞍钢集团党风廉政建设与反腐败会议精神，把党风党纪等教育抓在日常、抓在经常。积极协助开展"学习身边榜样"等活动，引导带动党员学习先进典型，营造共同进步的浓厚氛围。定期开展案例警示教育，及时传达警示教育会议精神和典型案例，推动以案为鉴、以案促改、以案促治，时刻提醒党员保持警醒、慎独慎微。

3. 当好党支部的调研员

充分发挥党支部纪检委员身在基层的优势，强化调查研究，瞄准基层反映的热点、焦点问题或苗头性、倾向性问题进行调研分析，及时研判和反映报告有关情况，做到及时掌握基层党员的思想动态，关口前移整治潜在问题，定期向党委、纪委报告情况和提出意见建议，为统筹开展工作创造有利条件。

4. 当好党支部的监督员

认真学习掌握相关的制度、政策和流程，积极参与重大事项管理和全过程监督，充分把握风险环节和关键人群，严格落实对违规违纪行为及廉洁风险点的排查管控，以身作则带动党支部党员开展监督，守住党内监督的第一道防线。切实发挥监督反馈作用，帮助党支部或机关党委、机关纪委第一时间提醒和纠正问题，有效防范化解风险隐患，为各项工作合理合规开展保驾护航。协助机关纪委处置有关问题线索，坚决打击违规违纪行为。

5. 当好党支部的联络员

常态化开展思想政治工作，用好谈心谈话的工作方式，了解并掌握所在党支部党

员的思想、作风和工作情况，及时运用第一种形态对出现苗头性、倾向性问题的党员进行谈话提醒，做好正向引导和心理疏导。设身处地为党员排忧解难，提升所在党支部党员的认同感和归属感，让党支部工作更有温度。

（二）加强党支部纪检委员队伍建设

纪检委员是党支部委员会的重要成员，在协助党支部书记抓好党风廉政建设、推动强化机关党员干部日常监督、提升机关党员干部队伍建设质量的同时，是打通全面从严治党向基层延伸"最后一公里"的重要力量。

1. 严把纪检委员入口关

按照"科学设置"原则，统筹党支部纪检委员设置，严格规范程序，坚持选择立场坚定、旗帜鲜明、带头讲纪律、守规矩的高素质党员担任党支部纪检委员。在充分酝酿考察的基础上，由机关各党支部提名纪检委员候选人，经党员大会选举，报机关党委严格把关和审批后方可开始履职。

2. 及时配齐配强纪检委员

统筹把握纪检委员队伍情况，及时提醒要求各党支部党内监督不能缺失、配置纪检委员不得延误。对出缺的纪检委员及时进行增补，健全党支部党内监督力量。对纪检委员履职主动性不强，存在空设、虚设、不作为、慢作为的进行提醒谈话、及时调整，切实让纪检委员的作用充分发挥。

3. 加强纪检委员能力素质培训

将党支部纪检委员的能力素质培训列入机关党员干部日常培训计划中，通过专题培训、举办机关大讲堂等方式，聘请党建工作专家和纪检工作业务能手进行面对面授课，提升履职能力。积极参与鞍钢集团纪委"以案代训"和机关纪委问题线索处置等工作，不断提高监督执纪等本领。

（三）强化考核评价

通过探索实践考核评价方式，增强党支部纪检委员的责任感和使命感，压实党支部纪检工作责任，推动纪检委员在日常工作和"急难险重新"任务中发挥更大作用，不断展现新作为。

1. 建立健全考评机制

完善党支部纪检委员发挥作用的评价、考核、激励等机制，提高纪检委员的履职自觉和身份认同感。每年机关党委、机关纪委、机关各党支部对纪检委员进行综合考评，对纪检委员履职尽责情况、完成机关纪委交办任务、参与监督活动、提出意见建议等进行考核，对履职情况作出综合评价。

2. 强化结果运用

机关党委将考核结果应用到干部选拔任用等工作中，激励纪检委员履职尽责发挥作用。2022年，在干部选拔任用中提出相关意见5人次、评先树优时提出相关意见4

人次，在业务培训、防疫督查、问题线索处置和专项治理等重点工作中，9名纪检委员勇挑重担，取得优异的工作成果，受到一致好评。

四、实践成效

（一）形成更大监督合力

基层监督是构建系统集成协同高效的党内大监督体系的难点重点，充分发挥党支部纪检委员作用，有利于形成机关党委和机关纪委统筹抓、党支部书记主要抓、党支部纪检委员重点抓的工作新格局，让党内监督自下而上更严更实，实现同频共振，相向而行，汇聚成监督合力，发挥出最大效能，进一步完善了监督体系的建立。

（二）增强纪检委员积极性

以日常督促、专题培训和考核评价突出党支部纪检委员工作的必要性，让党支部纪检委员在政治素质、业务能力、作风建设等各方面获得提升，切实认识到党支部纪检委员的责任重大、使命光荣，在工作中进一步增强主动监督、发挥作用的积极性，有力推动党支部工作质量不断提升。

（三）充分发挥引导带动作用

党支部纪检委员通过日常工作的开展，以高标准的言行向所在党支部党员作出示范，以耐心细致的思想政治工作带动党员提升思想认识、严格要求自身，有利于形成齐抓共管的党内监督工作合力和人人参与的浓厚氛围，进一步提升党支部工作效果。

五、成果探讨

（一）全面从严治党是党支部发挥战斗堡垒作用的政治要求

基层党建工作的好坏决定着党的执政根基，纪检委员具有"近距离监督"的天然优势，对机关党员身上的苗头性、倾向性问题做到早发现、早提醒、早处置，能够切实推动全面从严治党向基层延伸。

（二）加强多方面分工协作是推动纪检委员履职的重要前提

党支部委员分工明确、各司其职，机关党委、机关纪委提供工作支持和制度保障，纪检委员才能严格履行职责、切实发挥作用。这是破解基层党的监督虚化、弱化问题的关键所在，同时也能够极大地补充机关党委、机关纪委的工作力量。

（三）建立常态化机制是推动纪检委员履职的重要手段

通过试行相关制度，初步形成了一套清晰可行的纪检委员管理体系，进一步压实党支部纪检委员工作职责。通过不断构建行之有效、标准规范的党支部纪检委员工作管理机制，巩固对纪检委员的管理成果，夯实纪检委员的工作成果，让基层党组织纪检工作高质量开展形成常态。

党员干部提高政治判断力、政治领悟力、政治执行力研究

鞍钢鞍山钢铁集团有限公司教育培训中心（党校）
政治理论教研部课题组

"政治三力"即政治判断力、政治领悟力、政治执行力。提升"政治三力"是一个政治问题、理论问题，更是一个实践问题。习近平总书记强调，理论上的清醒是政治上坚定的前提。只有从本质上深刻领会"政治三力"的内涵要义，才能真正在实践中提升"政治三力"的能力水平。纪检干部首先要加强对"政治三力"的学习领悟，在推动全体党员干部提升"政治三力"的过程中发挥重要作用。

一、"政治三力"的提出

从 2020 年底到 2021 年初，习近平总书记连续多次提及"政治判断力、政治领悟力、政治执行力"的概念。在中共中央政治局民主生活会上，习近平总书记指出："我们党要始终做到不忘初心、牢记使命，把党和人民事业长长久久推进下去，必须增强政治意识，善于从政治上看问题，善于把握政治大局，不断提高政治判断力、政治领悟力、政治执行力。"2021 年 1 月 11 日，在省部级主要领导干部学习贯彻党的十九届五中全会精神专题研讨班开班式上，习近平总书记要求各级领导干部特别是高级干部必须立足中华民族伟大复兴战略全局和世界百年未有之大变局，心怀"国之大者"，不断提高政治判断力、政治领悟力、政治执行力。紧接着，2021 年 1 月 28 日下午，习近平总书记在中共中央政治局第二十七次集体学习时再次强调，各级领导干部特别是高级干部要不断提高政治判断力、政治领悟力、政治执行力。短时间里多次提及"政治三力"，充分体现出习近平同志和党中央对"政治三力"问题的重视和关切，体现出我们党作为马克思主义政党重视讲政治的鲜明态度，彰显了以习近平同志为核心的党中央高度重视政治建设这一根本性建设的坚定立场。

二、提高"政治三力"的重要意义

党的二十大全面总结了过去五年的工作和新时代十年的伟大变革，并且指出，十年前，党内和社会上不少人对党和国家前途忧心忡忡。我们为何能在十年间完成三件大事、破解"四个面对"的突发挑战、取得十六个方面伟大成就？我们又为何能用短

短十年时间扭转"忧心忡忡"的被动局面？《中共中央关于认真学习宣传贯彻党的二十大精神的决定》给予明确的回答——"两个确立"是党在新时代取得的重大政治成果，是推动党和国家事业取得历史性成就、发生历史性变革的决定性因素。透过成就看成因，学习贯彻落实党的二十大精神，全体党员干部都应该在报告总结的伟大成就背后体会到"两个确立"这一根本原因。党的二十大报告指出，不断提高政治判断力、政治领悟力、政治执行力，确保党中央权威和集中统一领导，确保党发挥总揽全局、协调各方的领导核心作用，我们这个拥有九千六百多万名党员的马克思主义政党才能更加团结统一。提升政治判断力、政治领悟力、政治执行力既是引导党员干部提升政治能力的步骤指引，更是判断和检验一名党员干部政治能力高低的直观标尺和生动画像。

三、深刻理解"政治三力"的内涵

政治判断力就是强调党员干部要以国家政治安全为大、以人民为重、以坚持和发展中国特色社会主义为本，增强科学把握形势变化、精准识别现象本质、清醒明辨行为是非、有效抵御风险挑战的能力。做到在重大问题和关键环节上头脑特别清醒、眼睛特别明亮，善于从一般事务中发现政治问题，善于从倾向性、苗头性问题中发现政治端倪，善于从错综复杂的矛盾关系中把握政治逻辑，坚持政治立场不移、政治方向不偏。政治领悟力就是强调党员干部对党中央精神要深入学习、融会贯通，坚持用党中央精神分析形势、推动工作，始终同党中央保持高度一致。政治执行力就是强调党员干部要把党的路线方针政策坚决执行到位、把党中央决策部署不折不扣落实到底。政治判断力、政治领悟力落脚在政治执行力。准确理解政治执行力，就是要切实践行"两个维护"，做到党中央提倡的坚决响应，党中央决定的坚决执行，党中央禁止的坚决不做，不掉队、不走偏，及时校准偏差；就是力戒执行中的形式主义、官僚主义，树立正确的政绩观，坚决抓好党中央精神贯彻落实；就是要坚持底线思维、问题导向，既做到防患于未然，又敢于直面问题，增强斗争精神，勇于担当作为，坚决把党中央精神和上级指示落实到位。深刻理解"政治三力"的内涵要求，是我们在实践层面提升"政治三力"的重要前提和思想基础。

四、以政治监督推动党员干部在实践中提升"政治三力"

（一）以习近平新时代中国特色社会主义思想为根本遵循

提升政治判断力内在必然要求讲政治。讲政治是一个对标对表的过程，要做到讲政治，前提是知道标准和方向是什么，这就要求我们与时俱进坚持学习习近平新时代中国特色社会主义思想，不断用习近平新时代中国特色社会主义思想武装头脑。学习贵在做到学思践悟，而不能仅仅停留在学的层面，必须主动思考、融会贯通，真正把思想统一到所学上来，把所学与工作实践结合起来。正如习近平总书记在主持二十届中央政治局第一次集体学习时要求的，学习贯彻落实党的二十大精神，要在全面学习、全面把握、全面落实上下功夫。全面学习、全面把握是全面落实的前提基础。学习不能仅仅满足于记住一两个概念，学习不能知其然而不知其所以然。只有全面、系统、深入学习，才能完整、准确、全面领会党的二十大精神和习近平新时代中国特色社会主义思想，这是我们提升政治判断力，把讲政治落到实处的基本前提。

党的十八大以来，国内外形势新变化和实践新要求，迫切需要我们从理论和实践的结合上深入回答关系党和国家事业发展的一系列重大时代课题。我们党勇于进行理论探索和创新，取得重大理论创新成果，集中体现为习近平新时代中国特色社会主义思想。党的十九大、十九届六中全会提出的"十个明确""十四个坚持""十三个方面成就"集中概括了其主要内容。习近平新时代中国特色社会主义思想集中回答的时代课题也即其主题主要为三大方面，即新时代坚持和发展什么样的中国特色社会主义、怎样坚持和发展中国特色社会主义，建设什么样的社会主义现代化强国、怎样建设社会主义现代化强国，建设什么样的长期执政的马克思主义政党、怎样建设长期执政的马克思主义政党。这是习近平新时代中国特色社会主义思想的主题，也是新时代中国特色社会主义事业要回答的重大时代课题，回答好这些问题是新时代所有党员干部开展一切工作的基本主线，也是判断一切工作的政治地位、政治影响、政治后果的基本红线。

（二）以心怀"国之大者"为核心要求

在2020年底召开的中共中央政治局民主生活会上，习近平总书记提及"政治三力"概念的同时也提及了"国之大者"的问题，他指出"中央政治局的同志是贯彻落实党中央精神的重要组织者和推动者，更应该不断提高政治领悟力，对'国之大者'了然于胸，明确自己的职责定位。"对于党员领导干部来说，不断提高政治领悟力就必须对"国之大者"了然于胸，深刻领会党中央一系列决策部署的精神实质和政治内涵，做到知责于心、担责于身、履责于行。只有心怀"国之大者"，提升政治领悟力才不至于是一句空话，才会有的放矢。

虽然习近平总书记在多个场合提及"国之大者"，也多次围绕某方面某领域具体工作谈及"国之大者"，但透过个例看全局，透过现象看本质，我们必须认识到，"国之大者"不是指一局一域，不是指某一个问题某一项工作，而是与"讲政治"紧密相连，是对关系党和国家事业发展的重大关切的集中概括和总体把握。正如在党史学习教育动员大会上，习近平总书记明确指出，有一些干部对"国之大者"漠不关心，其根源就在于政治意识不强、政治敏锐性不高，不善于从政治上观察和处理问题。可以说，只有抓住讲政治这一根本原则，我们才能真正理解和把握什么是"国之大者"。

"国之大者"的根本内涵指向就是讲政治。提升政治领悟力，关键就在于始终做到心怀"国之大者"。聚焦"国之大者"提升政治领悟力，就是要深刻理解习近平总书记的系列重要讲话精神，做到既知其然又知其所以然，提高理解掌握深度；就是要明确党中央在关心什么、强调什么，提高看问题做决策的政治站位；就是要对党中央的决策部署和政策措施融会贯通，提高政策把握水平；就是要不断在实践中增强"四个意识"、坚定"四个自信"、做到"两个维护"，提高知信行贯通转化能力。提升政治领悟力就要紧紧围绕"国之大者"，把有没有心怀"国之大者"作为检验有没有政治领悟力的重要标尺，时刻保持思想上政治上站位上行动上跟党中央高度一致，始终把思想统一到党中央的判断上来，做到用党中央精神分析形势、推动工作、指导实践，始终同党中央保持高度一致。

（三）以做实政治监督为有效保障

在十九届中纪委五次全会上，习近平总书记对政治监督的内容提出了"四个着力"的要求，即着力加强对党的十九届四中全会精神贯彻落实情况的监督检查，坚定不移坚持和巩固支撑中国特色社会主义制度的根本制度、基本制度、重要制度；着力推动党中央重大决策部署落实见效，尤其要聚焦决胜全面建成小康社会、决战脱贫攻坚的任务加强监督，推动各级党组织尽锐出战、善作善成；着力督促落实全面从严治党主体责任，切实解决基层党的领导和监督虚化、弱化问题，把负责、守责、尽责体现在每个党组织、每个岗位上；着力保证权力在正确轨道上运行，坚持民主集中制，形成决策科学、执行坚决、监督有力的权力运行机制，督促公正用权、依法用权、廉洁用权。2022年颁布的《中国共产党纪律检查委员会工作条例》对政治监督内容从制度层面进行了明确，指出党的纪律检查委员会应当强化政治监督，重点监督党组织、党员特别是领导干部四方面情况。在国务院国有资产监督管理委员会（简称国资委）刊发的《扎实推进国资央企党风廉政建设和反腐败工作》一文中，国资委结合中央企业实际，进一步对政治监督主要内容作了五方面明确，即：把学习贯彻习近平总书记关于国资央企全面从严治党重要指示批示精神作为强化政治监督的首要任务，健全完善学习传达、看齐对标、跟进督办、成效检验等工作机制。对党的十九大以来承办的习近平总书记重要指示批示贯彻落实情况开展"回头看"，持续推动巩固深化。督促推动国资央企党委（党组）牢记职责使命，心怀"国之大者"，聚焦主责主业，完整、准确、全面贯彻新发展理念，认真落实高质量稳增长、强化科技创新引领、完成国有企业改革三年行动、增强产业链供应链韧性、防范化解重大风险等重点任务。持续深化中央巡视、审计和专项检查发现问题的整改。督促推动国资央企领导人员学深悟透党中央大政方针，时时处处向党中央看齐，不务虚功、真抓实干，坚决克服自由主义、本位主义和保护主义，做到不偏向、不变通、不走样。综合以上要求，政治监督的内容整体上而言重点聚焦：一是总书记重要指示批示精神及党中央大政方针、上级党组织决策部署的落实情况；二是全面从严治党主体责任的落实情况；三是秉公用权情况；四是年度或阶段重点工作的贯彻落实情况。政治监督的这四方面内容为各级党员干部强化提升政治执行力明确了具体的支撑点和着力点。

党员干部提升政治判断力、政治领悟力、政治执行力的能力和水平如何，要靠"落实"来检验。政治监督恰恰就是检验"政治三力"尤其是政治执行力的有效抓手和途径。通常，组织上会通过检查学习情况、检查决策情况、检查抓落实情况、检查问题解决情况来综合检验"保落实"情况，也即政治执行力的水平和能力。检查学习情况，就是检查有没有与时俱进全面、准确、系统地学习贯彻习近平新时代中国特色社会主义思想。学习是落实的前提，要想落实不偏，前提要认真学习领会上级精神。检查决策情况，就是检查有没有科学决策、依法决策、民主决策，有没有落实民主集中制原则，保证决策程序合法合纪合规、反映集体意志和群众利益。检查抓落实情况，就是检查责任落实、责任分解；路线图、施工表情况，看责任是否传递到位，任务是否分解到位，工作是否形成闭环、落到基层实处。检查问题解决情况，就是检查工作最终成效，看有没有形式主义官僚主义，避免空转，保证真落实、真出成果。

党员干部提高政治判断力、政治领悟力、政治执行力不是一句空话。"政治三力"是检验党员干部政治能力的重要标尺，也是党员干部提升政治能力的"三步一体"良方。我们要以习近平新时代中国特色社会主义思想为根本遵循来提升"政治三力"，发挥纪检干部特殊作用，做到"三步一体"推进，推动全体党员干部把增强"四个意识"、坚定"四个自信"、做到"两个维护"和坚决拥护"两个确立"扎扎实实落到具体行动中，不断在实践中提升政治能力，坚持做政治上的明白人。

国有钢铁企业加强新时代廉洁文化建设的探索

山钢集团莱芜钢铁集团有限公司纪委

张志强

党的二十大报告强调，"加强新时代廉洁文化建设，教育引导广大党员、干部增强不想腐的自觉，清清白白做人、干干净净做事"。随着我国经济的快速发展，国有钢铁企业在国家经济发展中扮演着重要的角色。然而，随着企业规模的不断扩大，企业管理的复杂性也随之增加。作为大型复杂组织，国有钢铁企业与其他国有企业一样，容易出现腐败、效率低下和官僚主义障碍。在这类组织中，个人激励往往与组织不同，助长不道德和腐败做法。此外，决策和管理方面缺乏透明度和问责制，加剧了腐败的风险，削弱了公众对这类组织的信任。在这个背景下，廉洁文化建设成为国有钢铁企业反腐败工作的重要内容。

在新形势下，为深入学习贯彻党的二十大精神，推动全面从严治党向纵深发展，切实抓好党风廉政建设，增强党员干部职工廉洁自律意识，山钢集团莱芜钢铁集团有限公司（简称莱钢集团）各级纪委在莱钢集团党委和上级党组织的正确领导下，扎实开展廉洁文化建设工作。本文将结合莱钢集团实际，探讨国有钢铁企业加强新时代廉洁文化建设的探索，深化国有企业反腐败工作，惩治职工群众身边的"蝇贪"，使正风肃纪反腐更好适应现代企业建设需要，使监督体系更好融入公司治理体系。

一、廉洁文化建设的重要性

党中央高度重视廉洁文化建设，强调反对腐败、建设廉洁政治，是我们党一贯坚持的鲜明政治立场，是党自我革命必须长期抓好的重大政治任务。在十九届中央纪委第六次全体会议上，习近平总书记强调，领导干部特别是高级干部要带头落实关于加强新时代廉洁文化建设的意见，从思想上固本培元，提高党性觉悟，增强拒腐防变能力。廉洁文化建设是国有钢铁企业反腐败工作的重要内容。廉洁文化建设不仅是企业管理的重要内容，也是企业发展的重要保障。廉洁文化建设可以提高企业的透明度和公正性，增强企业的社会责任感和公信力，提升企业的竞争力和形象。同时，廉洁文化建设也是反腐败工作的重要内容。通过加强廉洁文化建设，可以有效预防和打击腐败行为，保护企业的利益和员工的权益，维护社会公平正义和稳定。

二、国有钢铁企业廉洁文化建设的现状

国有钢铁企业在廉洁文化建设方面取得了一定的成效。企业领导班子高度重视廉洁文化建设，制定了一系列反腐败的制度和措施。同时，企业也加强了员工的教育和培训，提高了员工的廉洁意识和反腐败意识。山钢莱钢集团的廉洁文化建设以示范教育和警示教育为重要形式，以廉洁文化建设为重要内容，围绕企业的工作要求和目标，把党风廉政教育融入各项规章制度中，纳入生产经营总体规划，与生产经营工作同部署、同检查、同考核，贯穿在干部培养、选拔、管理、使用的全过程，贯穿在员工干事创业的全过程，完善了党风廉政建设教育的工作格局，党风廉政教育取得了明显成效，企业的廉洁文化体系得到初步建立。然而，莱钢集团廉洁文化建设还存在一些问题。首先，企业的反腐败制度和措施还不够完善，存在漏洞和不足。其次，企业的员工廉洁意识和反腐败意识还不够强，存在一些腐败行为和不正之风。最后，企业的监督体系还不够完善，监督机制还有待进一步完善。

三、国有钢铁企业廉洁文化建设的探索

新时代廉洁文化是党内政治文化的重要组成部分，是中国特色社会主义文化的重要组成部分。我们的党内政治文化是以马克思主义为指导、以中华优秀传统文化为基础、以革命文化为源头、以社会主义先进文化为主体、充分体现中国共产党党性的文化。保持清正廉洁的政治本色，离不开良好党内政治文化的熏陶和滋养，因此要发展积极健康的党内政治文化，引领廉洁文化建设。

（一）与党建工作相结合，发挥教育倡廉作用

一是党风廉政教育要融入党建工作。党中央先后开展党的群众路线教育实践活动、"三严三实"专题教育、"两学一做"学习教育、"不忘初心、牢记使命"主题教育、党史学习教育、学习贯彻习近平新时代中国特色社会主义思想主题教育等，让广大党员干部受到全面深刻的政治教育、思想淬炼、精神洗礼，信仰之基更加牢固，精神之钙更加充足。不破不立，边破边立。以教育带发展，充分发挥党员主题实践活动成果，要加强引导各级领导干部特别是年轻干部树立正确的权力观和利益观，加强理想信念教育，促进领导干部廉洁从业。二是把理论学习与党风廉政教育有机结合起来。不断增强教育的文化和知识含量，发挥廉洁文化的教育导向功能。三是树立廉洁文化教育品牌。坚持结合企业发展实际确立教育主题，组织企业系统全员参与。四是区分情况，科学施教。分类指导、因人施教、因岗施教，突出特点，达到实效。

（二）与制度建设相结合，发挥制度保廉作用

国有钢铁企业应加强制度建设，完善反腐败制度和措施。企业应制定更加严格的反腐败制度，明确权责清单，建立健全的内部管理制度和监督机制，加强对重点岗位和关键环节的监管和管理，确保制度的有效实施。要将廉洁文化理念和党风廉政要求

融入企业制度建设中，提升企业文化品位。一是坚持完善理论学习中心组定期学习党风廉政理论制度，把党风廉政有关理论作为学习内容，定期安排专题学习。二是坚持完善领导人员定期讲廉政党课制度。各级领导人员认真履行"一岗双责"职责，为分管领域的党员干部上一堂以作风建设、廉洁从业、反腐倡廉形势宣传等为主要内容的廉政党课，对企业系统内党员进行党风廉政教育。三是坚持完善三项谈话制度。围绕廉洁从业主题，采取任前谈话、提醒、诫勉谈话等，加强对党员干部的教育。四是坚持完善教育培训机制。确立廉洁主题和廉洁法规基本知识，加强培训及考试。

（三）与经营管理相结合，发挥文化促廉作用

近年来，在反腐败无禁区、全覆盖、零容忍的高压态势下，仍然有人管不住内心的贪欲，不收敛不收手，究其根本原因，都是理想信念出了问题。专题片《零容忍》中，严重违纪违法被查处的反面典型，在忏悔时都谈到理想信念缺失、价值观扭曲带来的恶果，这也说明彻底解决"不想"的问题，铲除腐败滋生土壤还任重道远。只有通过加强思想理论建设和廉洁文化建设、抓好党性教育和党性修养、抓好道德建设，将廉洁文化理念渗透到企业生产经营管理的各个环节和广大员工心中，增强廉洁文化的亲和力和感染力，解决好党员领导干部世界观、人生观、价值观这个"总开关"问题，才能逐步实现从不敢腐、不能腐向不想腐的境界升华。一是领导干部带头落实廉洁文化建设责任。实施"一把手"工程，廉洁文化建设作为党风廉政建设责任制考核的重要内容，加强年终考核，兑现奖惩。二是强化党员干部职责，促进作风建设，让"自律是德、他律是爱、律他是责"成为监督者与被监督者的共识，形成"资源共享、源头治理、有效防范"的监督工作制。三是开展基层廉洁警示教育活动。由各单位纪检监察人员深刻剖析山钢集团纪委通报案例，通过"现身说法"以案释纪，通过身边事警示教育身边人，把廉洁文化建设和企业基层的日常管理相结合，全面提升企业系统各项管理工作的整体水平。

（四）与宣教平台相结合，发挥载体传廉作用

重视运用科技手段，弘扬"贪腐为耻、勤廉为荣"的价值取向，加强廉洁文化阵地建设，营造廉洁文化氛围。一是结合网络平台。充分利用莱钢集团纪检监察网站和《清风莱钢》电子期刊，及时发布党风廉政动态信息，借助网络及时收集党风廉政舆情动态，形成正确的舆论导向，发挥文化导向功能。二是结合基地教育，组织党员干部到附近地方监狱或党校接受警示教育，强化震慑，进一步增强领导干部遵章守纪的自觉。三是创新载体形式。开展廉洁大讲堂活动，根据各单位实际，邀请在行业党风廉政建设工作方面有丰富理论和实践经验的专家、学者或纪检监察机关人员，针对新形势新要求，结合行业特点作专题辅导报告。

（五）与倡导学习型干部相结合，发挥读书思廉作用

各级领导人员要带头学习，弘扬优良学风，增强学习自觉性。领导干部一旦动摇

了信仰，背离了党性，丢掉了宗旨，就可能在"围猎"中被人捕获。只有在立根固本上下功夫，才能防止歪风邪气近身附体。习近平总书记谆谆告诫，有了坚定的理想信念，站位就高了，眼界就宽了，心胸就开阔了，就能坚持正确政治方向，在胜利和顺境时不骄傲不急躁，在困难和逆境时不消沉不动摇，经受住各种风险和困难考验，自觉抵御各种腐朽思想的侵蚀，永葆共产党人政治本色。领导干部要不忘初心、牢记使命，知行合一、言行一致，保持对理想信念的激情和执着，牢固树立正确的世界观、权力观、事业观，用自己的实际行动为坚持和发展中国特色社会主义、为实现共产主义远大理想不懈奋斗。一是带头上专题廉洁党课、交流心得。企业领导干部是廉洁文化建设的组织者、实践者和推动者，需要有丰富的知识，开阔的视野来指导廉洁文化建设工作，各单位党政一把手要以身作则、带头提升自己、影响他人、带好队伍。二是以身作则，廉洁奉公。学习思廉要反映在行动上。各级领导人员应带头树立廉洁从业良好形象，模范遵守《国有企业领导人员廉洁从业若干规定》等各项规章制度，以本次"靠企吃企"专项整治工作为契机，根据各自岗位特点和职能定位要求，预防整治廉洁风险点，发挥学习型干部的实实在在作用，与企业共进步、同发展。

（六）与纪检队伍建设相结合，发挥专业人才监督作用

各单位纪检组织按照国有企业纪检监督管理办法积极开展相关工作，以纪检监察干部队伍教育整顿工作为契机，把锻造高素质纪检干部作为推动纪检监察工作高质量发展的重要抓手，加强纪检监察人员自身思想政治建设和能力素质建设。促进国有企业纪检监察人员主动学党章党纪党规，努力做到先学一步、学深一步，让"六项纪律"要求、监督执纪工作规则、问责处置流程、纪律处分依据等了然于胸，在加强纪检队伍自身建设上积极作为，加强思想淬炼，强化专业素养，夯实思想政治基础。在具体策略执行层面，可表现为支持纪检干部参加山钢集团纪委组织的业务培训，坚持把纪检业务知识作为学习重点，着重集体学习共性知识，坚持结合支部理论学习会不定期学习最新的法律法规、纪律条例、案例分析等内容，坚持根据问责、日常检查考核、专项督查、线索处置、监督检查、干部调整情况等信息实时更新干部廉洁档案，确保廉政文化建设入脑入心，为国有企业在新时代取得高质量新发展新突破奠定坚实基础。

四、国有钢铁企业廉洁文化建设的未来发展

当前，在深化国资国企改革进程中，大部分国有企业关注的重点还是提升企业经济效益、加快市场布局、加强战略合作、增强企业核心竞争力等方面，廉洁文化建设在一定程度上存在的"说起来重要、干起来次要、忙起来不要"的现象也逐渐减少，且纪委"一肩挑"和"单打独斗"的问题也少有发现。总体来看，莱钢集团廉洁文化建设取得了一定成绩，但距离上级有关工作要求，距离山钢集团高质量发展要求，距离文化作用发挥与干部职工精神文明协调发展要求，还有差距，要继续抓点带面统筹推进。

廉洁文化建设需要多方参与、共同创建，在发挥协同优势方面，国有企业可以构

建党委统一领导，纪委组织协调，部室、单位齐抓共管、各展所长，广大职工积极参与的体制机制。纪委在廉洁文化建设中，既是具体组织者，也是牵头协调者，更是责任落实监督者。在加强制度建设方面，要结合上级廉洁文化建设的有关要求，建立符合企业实际的制度体系，明确目标愿景、责任要求、组织保障、考核评价等内容，为企业廉洁文化建设提供行动指南。在与党建工作结合方面，突出党建引领，发挥基层组织的战斗堡垒作用，把廉洁因素纳入过硬党支部品牌建设，推动廉洁文化建设与党风廉政建设、学习型组织建设紧密结合。在发挥考核"指挥棒"作用方面，探索将廉洁文化建设工作纳入党风廉政建设考核，纳入党委书记述责述廉以及纪委书记述职述责，以"关键少数"带动"绝大多数"；同时，把员工的廉洁从业记录与奖惩考核、评优评先、职务晋升挂钩，以严格考核推动责任落实。

五、结论

国有钢铁企业加强新时代廉洁文化建设的探索和经验，深化国有企业反腐败工作，惩治职工群众身边的"蝇贪"，使正风肃纪反腐更好适应现代企业建设需要，使监督体系更好融入公司治理体系，是国有钢铁企业发展的重要保障。国有钢铁企业应加强制度建设，完善反腐败制度和措施，加强员工教育和培训，提高员工的廉洁意识和反腐败意识，加强监督机制建设，建立健全的监督体系，保障企业的正常运营和员工的权益。

淬炼钢铁风骨　凝聚钢铁力量

——国有企业廉洁文化建设的实践探索

河钢集团邯郸钢铁集团有限责任公司纪委

张振锋　　贾鸿霞　　王志国　　葛　维

习近平总书记在党的二十大报告中指出："深化标本兼治，推进反腐败国家立法，加强新时代廉洁文化建设，教育引导广大党员、干部增强不想腐的自觉，清清白白做人、干干净净做事，使严厉惩治、规范权力、教育引导紧密结合、协调联动，不断取得更多制度性成果和更大治理效能。"在二十届中央纪委第二次全体会议上，习近平总书记指出："要在不想腐上巩固提升，更加注重正本清源、固本培元，加强新时代廉洁文化建设，涵养求真务实、团结奋斗的时代新风。"

加强廉洁文化建设作为一体推进不敢腐、不能腐、不想腐的基础性工程，是我们党的自我革命的重要内容。对国有企业而言，加强廉洁文化建设是深入推进企业党风廉政建设和反腐败工作的重要举措，对促进企业稳定、健康、可持续发展具有重要意义。河钢集团邯郸钢铁集团有限责任公司（简称邯钢公司）纪委始终坚持以习近平新时代中国特色社会主义思想为指导，坚持教育为先、固本培元，把新时代廉洁文化建设作为企业文化建设的重要一环，润内养德、激浊扬清、淬炼钢铁风骨、凝聚钢铁力量，层层深入严明纪律规矩，环环强化自觉自律，让党员干部思想上受到震撼、心灵上得到洗礼，切实筑牢信仰之基、补足精神之钙、把稳思想之舵。

一、扛起新时代廉洁文化建设政治责任

（一）注重顶层设计

邯钢公司党委常委会、纪委委员会、党风廉政建设工作会议和党风廉政建设、纪检监察工作要点坚持把廉洁文化建设作为重要内容进行部署。特别是中央印发《关于加强新时代廉洁文化建设的意见》以来，邯钢公司党委统筹部署、公司纪委机关协调联动党委办公室、组织部、宣传部等各个管理部门详细制定了《责任清单》，从夯实清正廉洁思想根基、厚植廉洁奉公文化基础、培养廉洁自律道德操守、发挥廉洁教育基础作用、弘扬崇廉拒腐良好风尚五个方面明确任务，进一步巩固提升了邯钢公司廉洁文化建设质效。

（二）注重上下贯通

以理念上下贯通为基础，推动上下联动的廉洁文化建设机制逐渐成形。无论是宣传教育、还是活动组织、阵地建设，均贯穿了上下一盘棋的理念，各二级单位深度参与邯钢公司党风廉政建设专题片、廉洁文化微电影的摄制，主要单位还承办了专题廉洁文化创建活动，邯钢公司机关和二级单位廉洁文化示范园地和示范点建设同期开展等。各项廉洁文化建设工作的上下一体推进，塑造了各级各单位不是参与者而是创造者、推动者的廉洁文化建设格局。

（三）注重发掘资源

认真贯彻落实党中央和中央纪委、河北省委和省纪委关于廉洁文化建设的部署要求。充分汲取中华传统文化精髓，特别是将拥有 3000 多年历史、被誉为"中国成语典故之都"邯郸的成语文化与大钢铁城相结合；积极借助燕赵大地红色教育和廉洁文化资源，如石家庄西柏坡、邯郸一二九师司令部旧址、邱县廉政漫画馆、馆陶县魏徵博物馆等资源丰富企业廉洁文化内涵；高效运用中国钢铁工业协会全国钢铁企业纪检监察工作研究会等行业平台学习借鉴行业各兄弟单位的成功做法等，与企业实际深度融合，分阶段、体系化地持续构建、夯实、擦亮"清润钢城"廉洁文化品牌。

二、推进新时代廉洁文化建设走深走实

（一）创建覆盖全域的廉洁文化阵地

一是廉洁文化展牌标识随处可见。邯钢公司历来重视廉洁文化园地建设，从 2015 年开始，持续开展"清润钢城"廉洁文化示范园地创建申评活动，邯钢公司和二级单位纪委，以及基层车间党支部准确把握新形势下廉洁文化建设的特点和规律，深挖内部廉洁文化资源，创建了一大批主题突出、特色鲜明、成效明显的廉洁文化阵地。邯钢公司"清淬园"廉洁文化广场、"砥砺堂"廉洁文化展厅、生产厂和机关部室廉洁示范园地、车间廉洁教育室、产线廉政学习角，以及厂区展牌、办公区标语、办公桌提醒桌牌和廉洁书签，等等，这些随处可见的廉洁元素，潜移默化中深刻影响着党员干部"干净干事干成事"，营造出了"正风正气正能量"的浓厚氛围。

二是廉政宣教传播载体触手可及。着力打造"五个平台"，即：充分运用内部办公系统和微信、钉钉、腾讯会议等方式开展廉政党课教育的线上传播平台；在"邯钢党风廉政建设网"上开设了政策法规、警钟长鸣、经验交流等十个版块，累计发布信息 3000 余条的网络展示平台；在企业内部报纸期刊《河钢报·邯钢版》《党群工作》上的固定栏目"清风苑""纪法课堂"等，以及二级厂刊厂报《冷轧之窗》《中板今朝》的"廉政板块"中及时发布上级要求和廉政美文等内容的报刊宣教平台；借助企业自建电视台、广播站，适时播放廉政动态、党纪法规知识的视话媒体平台；结合智能手机普及化的趋势，运用 H5 等新的编辑展示技术，制作图文并茂的微信小程序端、公众

号端，以及 APP 端的廉洁文化宣教电子刊物等新技术展播平台。及时用健康向上、先进的廉洁文化占领新的思想"高地"。

三是工作社交两个矩阵每时每刻。建立了涵盖邯钢公司党委、二级单位党组织和全部基层党支部，覆盖全体党员和关键岗位职工的 300 余个"清润钢城"三级微信群和河钢在线 APP 交流群两个矩阵。通过定期利用这些矩阵开展党委书记、纪委书记荐读活动，组织两级党委书记、纪委书记在带头加强学习的同时，及时分享上级精神解读、业务知识讲授和廉洁美文鉴赏等优秀文章作品，激发全体党员干部职工的学习热情。广大党员干部也积极利用这些群组资源，转发、推送有关党风廉政建设和反腐败方面的信息，各群组每天都有数十条的信息更新，更加方便党员干部职工自主学习，形成了自上而下一贯到底的宣教通道。

（二）完善泽沛全员的廉政教育体系

一是党员干部纪律教育润内养德。从开展"两学一做"学习教育、"不忘初心、牢记使命"主题教育、党史学习教育、习近平新时代中国特色社会主义思想主题教育到深化各项教育常态化长效化，始终坚持环环相扣、层层深入地严明政治纪律和政治规矩。推动党规党纪"学、讲、答"同向发力——"学"是指邯钢公司各级党组织都要组织对党纪党规原原本本地学习，从各级党委理论学习中心组带头学，到党支部组织集中学；从专家学者领着学，到每名党员自主学，党员一个都不能少；"讲"包括各级党组织书记上党课要讲党纪党规，纪检系统围绕党纪党规进行专题宣讲，邯钢公司和二级厂各类培训也要开设党纪条规解读和案例警示教育课；"答"是组织开展覆盖全体党员的竞答活动，运用邯钢网上练兵系统开设"党规党纪知识闯关答题"版块和每周五在"清润钢城"微信群发布答题小程序，供全体党员干部自测练习和闯关答题，优胜者给予适当奖励，有效增强了学习趣味性和挑战性，增强了学习效果。

二是关键岗位警示教育强根塑魂。把警示教育作为廉洁文化建设的重要内容，着力抓好对"关键少数"和重点岗位的警示教育。开展政治性警示教育活动，组织观看中央纪委《永远在路上》《正风反腐就在身边》《零容忍》等警示教育专题片和河北省纪委监委摄制的警示教育专题片，组织各级党员领导干部受教育、写心得、谈感悟；连续 15 年每月编发《案例剖析》电子简报，选取内部典型案例编印廉洁从业警示教育读本，以真实的案例、深刻地剖析和违纪违法人员的忏悔警醒领导干部；定期举办"以案为鉴，警钟长鸣""原燃料领域"等警示教育巡展，进行"拒腐防变、廉洁从业""质量至上、廉洁在心"签名承诺等一系列警示教育活动；与邯郸市检察机关开展企检共建，定期邀请检察官进行预防职务犯罪教育，在邯郸市监狱挂牌成立了警示教育基地，以服刑人员触及心灵的现身说法，警示领导干部不闯"红灯"，不碰"高压线"。

三是重要节点专题教育启智润心。因时制宜、因事制宜，精准推送廉洁宣教内容。针对新任职干部推出"七个一"履新廉洁套餐，即进行一次廉政谈话、参加一次制度学习、组织一次廉洁测试、开展一次警示教育、签订一份廉洁承诺、赠送一本廉洁书籍和致送一封亲情助廉书信，进一步强化了新任职干部的廉洁自律意识，提高了拒腐防变和抵御风险能力。瞄准重要节日节点，以"五个廉"把好节日廉洁关，下发一份"廉文"划设纪律红线、运用 H5 举办一次线上"廉展"强化提醒、开通一条举报"廉线"强化震慑、依托廉洁党课和微党课组织一次"廉课"强化线下教育、进行一次"廉查"监督约束干部行为，确保节日风清气正。另外，在项目建设、质量检验、营销采购等系统人员中，定期开展专题讲座、展览座谈、签名承诺等活动，并向供应商发送"廉洁共建一封信"，与企业一起共筑廉洁防线、共建廉洁工程。

（三）提升"清润钢城"的品牌影响力

一是用镜头语言讲好"清润钢城"故事。制作了《铿锵的脚步》等专题片，系统描绘了邯钢全面从严治党和反腐败工作的历程、经验和成效，发挥了廉洁引领作用。自编自导自演微电影、微视频 16 部，其中预防职务犯罪微电影《简之爱》，代表河北省人民检察院入选全国优秀影片展播；廉洁文化微电影《遥远的童谣》在河北省纪委监委网站进行展播。卡通纪法宣传员"纪小宣、法小宣"针对酒驾醉驾、赌博斗殴等专题开展的纪法宣讲解读，根据党员干部身边易发生的问题制作的《谭主任轶事》系列微剧，通俗易懂，广受党员干部职工欢迎。围绕干部作风建设拍摄了《钢城清风正气扬》《作风纪律大家谈》等专题片，加强对敢于担当、作风优良、成绩突出的先进典型的正面宣传，进一步巩固拓展了作风建设成效。

二是用文化活动激发"清润钢城"活力。丰富廉洁文化活动，先后开展了廉洁漫画、书法、美术、摄影、公益广告、小小说、格言警句、家风家教家书等作品征集活动，广大党员干部职工踊跃参与，积极结合河钢集团、邯钢公司和岗位实际，创作了2000 多件（幅）优秀作品，其中 61 幅漫画作品、37 幅书法作品、34 幅摄影作品、16幅美术作品、9 部微视频作品、34 条格言警句作品、16 幅公益广告作品和 18 篇小小说作品受到上级表彰。这些作品主题突出、内涵丰富、导向鲜明，内容涵盖古今，彰显了艺术感染力、文化浸润力、思想渗透力和教育说服力，反映了思廉、倡廉、守廉、敬廉的优秀文化传承和全面从严治党的新时代新要求，充分展现了邯钢公司广大党员干部和职工群众饱满的创作热情、深厚的艺术功底和牢固的廉洁意识。

三是用成果作品擦亮"清润钢城"品牌。系统梳理近年来邯钢公司职工原创廉洁文化作品，以文集、画册、集萃、巡展等方式向广大职工展示。积极推荐优秀作品或参加上级有关部门组织的文化作品征集评选活动，或向《中国纪检监察》杂志、《中国冶金报》等行业权威媒体投稿，多件作品受到表彰和得到刊发，全面展示廉洁文化建设成果。与"清润钢城"廉洁漫画征评活动接续开展的"清风画语润钢城"职工廉洁漫画展，集中展示了百余幅优秀漫画作品，并在厂区进行巡展，更加方便职工学习鉴悟，该活动得到了《中国纪检监察报》报道。围绕企业效能立项监督工作每年开展优秀项目纪实摄影，编印《效能立项监督工作纪实摄影选萃》，通过镜头真实记录广大纪检干部围绕企业生产经营中心开展监督的点点滴滴，深情讲述身边的纪检干部攻坚克难故事，进一步激发了广大纪检干部推进效能监督的热情，效能立项监督工作也成效显著，多次在河北省国资系统作经验交流。

三、开创廉洁文化建设新局面

党的二十大报告提出："坚持不敢腐、不能腐、不想腐一体推进，同时发力、同向发力、综合发力。"中共中央办公厅《关于加强新时代廉洁文化建设的意见》强调，要把加强廉洁文化建设作为一体推进不敢腐、不能腐、不想腐的基础性工程抓紧抓实抓好，为推进全面从严治党向纵深发展提供重要支撑。

推进新时代国有企业廉洁文化建设，要紧紧抓住发挥廉洁文化自律、教化、育人功能，锐意进取，突破创新，以超常规的力度和举措，推动廉洁文化建设实起来、强起来，让廉洁文化风行、清风正气充盈。

（一）传播载体要不断革新，进一步激发文化润心活力

加强传播体系建设，充分运用新媒体开展廉洁文化传播。进一步发挥新媒体优势，在成熟运用传统媒体的同时，不断加强微信、短视频、客户端等新媒体阵地建设，打造技术先进、传播快捷、覆盖广泛的新媒体廉洁文化平台，增强廉洁文化阵地的渗透力，实现受众覆盖面的最大化，不断增强廉洁文化的传播力、感染力、吸引力，让廉洁文化真正"动"起来、"活"起来。

（二）传播内容要推陈出新，进一步厚植廉洁文化土壤

精准分析传统媒体和新媒体各自的受众群体，针对其不同心理特点和接受习惯，准确制定廉洁文化品牌的传播策略和传播内容。从中华优秀传统文化、革命文化、社会主义先进文化的"富矿"中汲取营养，将廉洁教育与红色文化教育、传统文化教育、企业文化教育相融合，引导党员领导干部自觉接受廉洁文化的熏陶和滋养。丰富廉洁文化作品库，在文艺作品中更多融入廉洁文化元素，提高廉洁文化产品创新创造能力和服务供给水平，着力打造了一批兼具思想性、艺术性和观赏性的精品力作。

（三）传播深度要扩展创新，进一步增强廉洁文化力量

进一步面向全公司、面向基层、面向一线、面向职工，把廉洁文化辐射到车间、产线、岗位，夯实职工群众基础，使广大党员干部职工在潜移默化中受到廉洁文化的熏陶与教育。坚持关口前移、预防在先，强化"不敢腐"震慑的同时，注重综合分析违纪违法典型案例，精准发现案件背后的深层次问题，深化以案为鉴，做好警示教育。扎紧"不能腐"笼子的同时，深入开展党纪国法和企业规章制度的学习教育，督促各级党员干部自觉尊崇制度、严格执行制度、坚决维护制度，确保用权不偏向、不变质、不越轨、不出格。以深入推进新时代廉洁文化建设，切实增强"不想腐"的自觉，把惩治的震慑力与制度的约束力、政策的感召力、文化的影响力叠加起来，一体推进、同向发力，营造正气清风、廉洁高效的发展环境。

南钢智慧纪检平台探索与实践

南京钢铁联合有限公司纪委

陈传浩

为提升纪检工作的信息化、智慧化水平，2020 年以来，南京钢铁联合有限公司（简称南钢）纪委以《中央纪委国家监委信息化工作规划（2018—2022 年）》为指导，基于企业数字化转型成果基础，探索纪检智慧化建设，探索建设智慧纪检平台。平台建设先后经历了业务信息化、业务数字化、监督智慧化三个阶段，通过互联网+纪检监察的方式实现纪检廉政业务管理+智能数据分析双轮驱动，通过大数据分析建模的方式实现风险识别与问题聚焦，不断探索破解少数的纪检人员监督多数员工资源不对称的问题，实现监督执纪从事后向事中、事前转移。

一、政策及背景

习近平总书记在党的十九大报告中指出，增强改革创新本领，保持锐意进取的精神风貌，善于结合实际创造性推动工作，善于运用互联网技术和信息化手段开展工作。增强科学发展本领，善于贯彻新发展理念，不断开创发展新局面。《中央纪委国家监委信息化工作规划（2018—2022 年)》的印发，明确要求积极适应新一轮科技革命和产业变革带来的深刻变化，以检举举报平台建设为牵引，整体推进纪检监察信息化建设，发挥信息化驱动、保障作用，为依规依纪依法履行好纪检、监察职能提供有力的科技辅助和技术支持。

2023 年 1 月 9 日，二十届中央纪委第二次全体会议指出，完善巡视巡察上下联动工作格局，加强巡视巡察工作信息化建设。推进党风政风监督信息综合平台建设，运用大数据等信息化手段加强预警纠治。完善系统集成、协同高效的工作机制。制定信息化建设五年规划，构建贯通全流程、全要素的数字纪检监察体系。

党的十八大以来，全面从严治党进入新时期，正风肃纪反腐成绩显著，新一轮反腐逐渐进入深水区。深水区就意味着接触的问题更加深层，更加复杂。腐败行为隐蔽性强，手段多样，腐败行为越来越向智能性转变，一般性、严重性、深层次腐败问题相互交织。

南钢作为制造业企业，钢铁行业重资产、员工多，跨领域、跨地区，产业类型增多，与上下游产业链紧密度强。业务流程长，业务范围广，风险场景复杂。企业生产经营过程中面临的违规、腐败风险加剧。这就要求南钢纪委具备更加强大的监督执纪能力,在企业高质量发展过程中充分发挥引领保障作用。传统的企业纪检工作开展多以线下为主,人工识别风险困难,监督执纪过程中涉及的数据类型复杂多样,数据整合困难,缺乏有效的大数据监察手段。

随着南钢的数字化转型,围绕"一切业务数字化、一切数字业务化"和"产业智慧化、智慧产业化"的总体战略,实现了数字化全流程全领域覆盖,包括智慧研发、智慧质量、智慧生产、智慧物流、智慧党建等,完善的数字化能力为智慧风控建设夯实了基础。为了更好地实现集团廉政风险管控,改变原有的传统人工统计、分析模式,南钢纪委牵头实施了智慧纪检平台的建设。希望通过信息技术的运用建立智慧纪检平台,改变原有的作业模式、提高工作效率、降低成本、提升质量、通过风险模型自动风险监测预警与控制,加强分析研判,降低南钢合规及管理等风险。

二、南钢智慧纪检建设历程

在南钢智慧纪检建设过程中,遵循业务与信息化相结合,通过业务全流程数据呈现、数据分析,达到预警效果,实现业务事前、事中、事后全过程提醒、预警、督办、考核、追溯的监管目标;监督与团队建设相结合,通过平台搭建相关纪检廉政业务流程,强化纪检条线人员能力,提升业务科学化、规范化水平;平台与智能化相结合,将智能化装备运用到对相关业务场景进行精准监督,而且可以实现从个体作战到转变为群体智慧的监督。建设过程中经历了业务信息化、业务数字化和监督智慧化三个阶段。

(一) 信息化阶段,智慧纪检 1.0 平台建设

2020 年南钢三次党代会之后,南钢加快企业数字化转型建设步伐,建设企业纪检监察信息化系统。下半年结合纪委工作业务流程,建设智慧纪检 1.0 平台,实现包括大数据管理、审查调查、监督管理、党纪法规、运营改善创新项目管理、廉政学习 6个模块,17 个子功能。完成智慧纪检信息化从 0 到 1 的突破。实现纪检监察工作的规范化、标准化和流程化,通过直观、便捷的操作方式,以减少业务流转成本;提高操作的准确性,减少监察人员的工作量,提升监察效率,从而降低监察成本;提升监察服务水平,推进精益管理。

(二) 数字化阶段,智慧纪检 2.0 平台建设

2021 年,在智慧纪检廉政系统业务信息化基础上,加强平台数字化建设,基于南钢大数据分析与风险预警平台,运用南钢关键业务领域数据进行廉政风险分析。通过可视化、流程化的分析模型算法,将监督执纪过程中的问题及经验固化成风险模型,通过对废钢、招标、原燃辅料、备品备件 4 个关键业务领域数据进行采集、清洗、治理,建设 20 个廉政风险预警模型和 30 个数据全流程跟踪模型。依托完善的信息化作业平台和数据中台,以信息技术为基础探索新的监察模式、监察方法,利用信息技术对

内部数据进行整理、筛选、分析，在内部海量数据中分析出其中的可疑数据和问题数据，对风险管理提出咨询和改进建议，规避和降低风险。快速实现数据可跟踪、可追溯，数据可视化、透明化，及时有效地监察各业务条线，做到流程全面跟踪。

（三）智慧化阶段，智慧纪检 2.0+平台提升与优化

结合前期平台使用情况及效果，充分总结痛点问题亟待提升方面，2023 年对智慧纪检平台进行提升与优化，总结出纪检廉政业务管理+智能数据分析双引擎平台建设目标：一是建设智慧廉政平台首页，将平台中各个子系统进行一体化管理，打通系统间数据壁垒，并将智慧纪检平台端到端数据进行整合分析，数据孤岛现象明显改善；二是纪检廉政业务管理优化，线上化流程运行以来的流程堵点和问题点得到改善，建设了标准化的信访举报流程、日常监督流程、专项监督流程、巡察工作流程、运营改善流程、绩效考核流程等，流程的迭代与规划使得纪检业务更加聚焦、流程更加高效、数据更加结构化与精准化，为数字业务化分析研判提供基础；三是建设智能数据预警分析系统，原先招采、废钢风险预警及全流程数据分析模型进一步优化，建立高、中、低风险阈值，将预警模型进行分类分级管理，预警模型固化不易调整、预警数据关键点不聚焦、预警数据过多不易整理等问题明显改善。同时结合关键业务领域数据治理与分析，建设了供应商、招标员及采购员数据画像，在多维度基础数据、业务开展情况、风险预警命中及奖惩等维度实现画像分析，为监督办案人员提供全维度数据，让业务与问题更加聚焦；四是梳理监督执纪业务场景，引入 5G、即时通信、GPS 等技术，建设 5G+无人机、5G+执法仪、全域监控、谈话指挥等智能化应用场景，运用无人机巡察，拓展巡察边界；运用 5G+执法仪，实现巡察过程实时记录和回传；通过谈话指挥统一调度谈话过程并实时进行研判。智能化装备的加持，使得监督执纪过程标准化、规范化、智能化，在提升工作效率及保障监督办案人员安全的同时，也是对办案人员实时监督，防止"灯下黑"。通过此次平台提升与优化，智慧纪检建设实现数字化向智慧化转变。

三、建设过程中问题与整改

在智慧纪检平台建设过程中也遇到了诸多难点与痛点问题：

一是智慧廉政 2.0 平台建设了包括警示教育、党纪法规、廉政业务等功能，其定位于南钢全体员工使用的交互性网站，对员工进行廉政教育，为纪检员提供线上业务管理。该平台与纪委主责主业职能发挥、监督执纪专业运用的定位不符。针对该问题在智慧纪检 2.0+平台中进行了定位修正，将原 2.0 平台警示教育、党纪法规涉及廉政教育的功能保留，继续向全员提供服务；将集纪检廉政业务管理及智能数据分析功能的 2.0+平台定位调整成南钢纪委专用平台。通过平台定位的调整使业务功能更加聚焦。

二是现有智慧纪检平台由多个子系统组成，每个子系统没有独立的业务分析研判功能，子系统之间存在部分数据不贯通现象，存在数据孤岛。在智慧纪检 2.0+平台提升时，建设统一登录首页，实现多系统融合；将廉政端到端数据打通，智能装备数据

接入平台，梳理完善统一的数据标准，建立统一的数据分析与辅助研判功能，提升纪检业务规范高效、业务风险预警监督及纪检办案支撑效果。

三是廉政风险预警数据过多，问题聚焦效应不明显。基于智慧纪检 2.0 平台风险模型，识别廉政风险，但从使用效果上看，风险触发条目过多，需要较多人力去甄别，部分风险预警设置不合理；单个预警模型触发的问题点不充分，缺乏多点关联分析，针对业务风险识别不够聚焦。同时关键业务领域信息化建设也在快速迭代，招标、采购一体化项目陆续投用，原有预警模型需要迭代。针对预警点效果不佳的问题，在智慧纪检 2.0+平台中作了针对性调整与优化。通过对现有招标、废钢业务进行重新梳理，形成预警模型 30 个。建立模型的分类分级管理，加强多预警点关联分析，预警出来的数据根据产生的类型、环节、频率等维度进行分类管理，同时结合风险阈值情况分红黄绿三个等级进行管理，风险预警可实时调整，让预警数据及问题更加聚焦。

四、实施效果

截至 2023 年 6 月，南钢智慧纪检建设了纪检廉政业务管理和智能数据分析两大模块，内容包括优化纪检廉政业务管理子系统，流程及页面样式提升；建设智能数据预警分析子系统，迭代预警模型；增加 5G+应用场景、5G+执法仪巡查轨迹、通信指挥系统等应用。实现纪委业务流程线上化，建设招标、废钢预警 30 个，实现模型的分类分级管理，为纪检员提供供应链全维度的数据支撑，提升监督执纪的效率，为南钢风清气正政治生态和阳光透明的经营生态打造及企业高质量发展贡献力量。

接下来，南钢纪委还将建设智慧纪检 3.0 平台，以成为江苏省纪委智慧纪检的标杆示范、中央纪委数字化应用示范项目为目标，整合南钢业务信息化数据资源，将纪检与关键业务领域数据融合，通过数据挖掘与研判，发现线索和问题，提高办案效率，为实现智慧监督、智慧办案、智慧管理提供有力支撑。

构建民营钢铁企业"大监督"体系的探索与实践

江苏沙钢集团有限公司董事局纪检审计法务部
袁超玉

党的十八大以来，以习近平同志为核心的党中央，坚持从全局和战略高度加强监督体系顶层设计，以党内监督带动其他监督，逐步推动监督全覆盖；习近平在二十届中央纪委第二次全体会议上发表重要讲话指出，健全党统一领导、全面覆盖、权威高效的监督体系，是实现国家治理体系和治理能力现代化的重要标志。

受国际形势深刻演变、宏观经济环境复杂多变等多种因素的影响，钢铁企业外部面临极大的挑战；而钢铁企业内部，涉及人、财、物、权的领域广泛、专业繁多，对企业运营管理进行严格的监督与管理，控制风险、把握机遇、高质量发展是企业的关键主题，要实现这一主题，建设"大监督"体系是行之有效的举措，民营钢铁企业同样需要打造"大监督"体系，使各项监督更加规范、更加有力、更加有效，服务企业高质量发展，在这方面沙钢集团做了一些探索与实践。

一、钢铁集团构建"大监督"体系的必要性

钢铁企业多是规模以上企业，民营钢铁企业也多在此列，民营企业要高质量合规发展，要维护好企业集体及员工利益，要实现人、财、物、权的高效、规范运行，实施"大监督"体系建设则尤为必要，在各司其职、各负其责、协调高效、有效制衡的工作体系基础上，全员参与、全域覆盖、全程受控、全面防控的大监督体系建立，各专业监督的落实，推动民营钢铁企业合规、高质量发展。

（一）构建"大监督"体系是全面从严治企的必然需要

党的十八大以来，以习近平同志为核心的党中央坚持无禁区、全覆盖、零容忍，坚持重遏制、强高压、长震慑，坚持有案必查、有腐必惩，刮骨疗毒、猛药去疴，使许多长期没有解决的顽瘴痼疾得以解决，使管党治党宽松软的局面得以扭转，使党政机关规范、高效服务的意识与能力得以提升，使企事业单位合法合规、廉政履职意识得以重塑与巩固。江苏沙钢集团有限公司（简称沙钢集团）作为民营钢铁企业，始终坚持紧跟党的步伐，一直以来坚持全面从严治党引领从严治企，而党的十八大以来，沙钢集团各成员企业陆续查处腐败舞弊、违规违纪的案件，个别案件存在时间长、涉

及人员多、涉及损失大、作案手法杂等，个别人员在集团下发通报、组织专项整治后仍不收手不收敛，这说明集团基业长青仍面临很大威胁，集团规范运行面临挑战依然严峻。新形势下，纪检部门的专职监督已无法满足全面监督、从严治企的需要，建立组织合理、制度健全、运行顺畅、监督有效的"大监督"体系是从严治企的必然需要。

（二）构建"大监督"体系是服务企业高质量发展的需要

民营钢铁企业作为规模以上企业，存在生产规模大、原料成品大、业务金额大、业务流程长、执行过程长、办理周期长，涉及部门多、衔接环节多、专用物料多等特点，存在不相融岗位相互牵制与工作效率存在矛盾、监督人员无法掌握具体业务开展细节、业务标准执行监管到位少等情况，存在集团内部工作不协同、资源难整合、成果利用效率不高等负面因素影响集团发展，而传统的监督不成体系，专职纪检监督力量单薄、业务专业能力不高，使系统监督乏力、监管缺位、重点缺失，对防控风险、廉洁从业成效不明显，已经不能满足企业发展的需要，更不满足企业高质量发展的需要。发展是企业永恒的主题，建立健全的"大监督"体系，能够协助业务监督与专职监督同向发力，纪检监督与审计监督同向发展，内部监督与外部监督同时着力，助力企业可持续发展，提升企业盈利能力和竞争力，实现服务企业高质量发展。

（三）构建"大监督"体系是系统提升企业治理能力的需要

从民营钢铁企业目前运行治理整体情况看，存在监督合力不足、风险防范能力不强的弱项或短板。"大监督"体系是把纪律监督、审计监督、内控监督、民主监督等系统贯通，推动各类监督相互协调、各类信息整合利用，从各个业务、各个环节、各个方向、各个层面，既考虑职能又涵盖专业，调动各种监督力量、调集各类监督资源、调用各种监督举措，压实职能部门监督职责，推动职能部门协同联动，关注生产经营重点领域、重点环节，扎实开展有效管控；围绕权力运行，盯牢关键岗位、关键人员，积极开展有效巡查，发现企业运行风险与不足，主动采取措施，管控风险，系统提升企业治理能力，确保企业稳健发展。

二、沙钢集团构建"大监督"体系的探索

沙钢集团为探索构建"大监督"体系，从树立意识、明确内容、拓展范围、规范运行等多维度着手，明确相关要求，细化相关管理，逐步将"大监督"落到实处。

（一）强化宣贯，树立"大监督"意识

专题行动需要统一的思想来指引，需要统一意识去执行，"大监督"体系建设同样需要坚定的思想意识进行支撑。为了构建"大监督"体系，提升"大监督"意识，沙钢集团从高层至中层到基层，全员推动，集团层面明确监管目标，公司层面分解监管任务，部门层面制订监管措施，班组层面落实具体工作，对目标、任务、措施、相关制度及具体工作，层层宣贯，要求全员以主人翁的思想参与企业管理、以主人翁的精

神参与监督，通过全员宣贯，全员监督意识得以树立，对基层班组、车间工段、部门分厂及公司层面存在异常，按职能、分边线对口反馈，受理部门核查确认、推进整改，确保各项业务管理到位、运行规范。

（二）细化要求，明确"大监督"内容

沙钢集团日常管理，员工工作生活方面出台行为规范，廉政建设方面出台廉洁从业管理制度，业务开展方面出台专项制度，列明违纪事项，明确禁止行为，制度所止均为监督内容，如员工受贿、职务侵占、虚列费用、铺张浪费、贪污舞弊、偷工减料、管理失职等均为监督内容，职能部门、纪检部门根据员工反馈监督信息，查违规事实，析背后本质，定整改措施，实现规范管理；沙钢集团开展专项重点工作，结合工作要求，单独制订相关监督反馈信息，如开展环保专项治理提升工作时，对污染源、浪费源等分项列明，便于全员参与监督，确保专项工作效果。

（三）全面协作，拓展"大监督"范围

从监督实施看，所有在职在册的职工、劳务人员及其家属，所有离开沙钢集团工作岗位的退休、退职、离职人员，所有与沙钢集团开展供销业务、承揽业务、项目建设等合作单位、人员及所有关心、支持沙钢集团各成员企业发展的社会人员均作为监督实施者，保证监督力量，部门班组内部员工互保联保、相互监督，确保规范履职、廉洁从业、安全工作；与职工家属签订助廉洁协议，做好 8 小时以外监督，凡有利于沙钢集团规范管理、合规运行的建议、举报，集团均受理、研判、办理。沙钢集团协作单位业务，合理介入监督，协同打击弄虚作假行为，减少协作单位费用，实现双赢，如为承包环保处理业务单位提供其采购虚假物料线索，查实处理，节约环保费用。

（四）优化机构，形成"大监督"合力

借助沙钢集团合规体系建设，实施风险管理，设立成员企业业务部门、集团风险管理专业小组等及集团纪检审计法务条线三道风险防线，明确监督管理职责、防线间信息沟通方式等内容，实现重点纪检监督异常问题点，重点审计监管业务薄弱点，专项梳理攻关瓶颈；同时，沙钢集团及成员企业纪检、审计、法务机构合并、合署办公，纪检信访问题组织专项审计，确保证据确凿、问题暴露充分；审计发现苗头问题组织纪检调查，确保问题查深查细、相关人员责任落实到位；法务涉诉涉案问题组织专项调查，确保管理责任充分发挥，制度流程不断健全，三者合力，优势互补，使问题导向更加明确、核查更加深入、处理更加精准；并由成员企业组建兼职纪审网络，明确兼职人员工作目标、开展季度对标考评，确保监督工作深入到车间一线。通过系统管理，形成合力，使监督管理更加深入。

（五）完善措施，保障"大监督"运行

健全信访举报渠道，确保问题及时反馈，沙钢集团及各成员企业在涉外场所公开信访举报电话、邮箱、微信二维码，对信访线索登记台账、实行销项的工作机制，确保问题查深、查细、查实、查到位；实行垂直管理，确保纪审专职监督部门工作独立性与权威性，沙钢集团对成员企业纪审法部门实行垂直管理，即成员企业纪检审计法务部门受所属企业和集团董事局纪检审计法务部双重领导，集团董事局纪检审计法务部指导督办成员企业纪审法业务，统一安排展开专项工作，统筹办理重大问题，审核纪审法人员考评；对兼职纪审人员，制订工作质量考评标准，督促兼职监督作用发挥；明确中层干部一岗双责，确保监督主体责任发挥；推行监督挽损奖励机制，明确相关标准，对举报反映问题查实挽损的实施奖励，调动全员监督积极性。

三、沙钢集团"大监督"实践

沙钢集团为规范抓好集团治理，发挥监督作用，系统开展监督实践工作，有效提升公司综合管理水平。

（一）横向监管，监督履职全面到位

开展自我监督，规范个人行为，完善集团员工手册、相关制度等，明确约束相关行为、报告相关事项，确保个人行为端正；开展同事相互监督，本着帮助、提醒的原则，同事间开展业务规范监督，规避业务差错；领导对下属开展提醒监督，指出工作开展注意事项、行为方式提升方法；组织对员工检查监督，发现违纪问题，指明改正要求。

结合钢铁企业物料大进大出的实际，开展物料抽查，沙钢集团出台制度，要求物料使用部门、质量接收部门、纪检审计部门强化物料抽查，明确抽查频次、抽查物料品种、对比方法等，通过物料抽检的实施，集团成员企业发现物料掺杂使假、以次充好等问题，处罚了相关单位，制订了相关改进措施，提升物料管控水平。

（二）纵向监管，监督执行全程到位

沙钢集团成员企业业务开展积极推行不容职责分离，确保业务开展前后监督、过程受控。开展职责跨部门分离，如项目条线，明确项目办对工程质量监管负责，项目条线职能部门对项目办监管履职抽查，项目条线主管部门对前二者履职进行检查，确保项目监管到位；采购部门内部，对业务洽谈、合同执行、业务结算实行三段分离，各段岗位业务人员完成本岗工作，对其他前后道工序进行监督，确保业务规范执行；生产部门根据工艺，开展前后道工序相关监督，保证产品质量，控制成本浪费，如高线轧钢车间，司炉岗位监督精整岗位工作质量，保证质量的情况下控制剪尾数量；精整岗位监督司炉岗位工作质量，满足工艺温度要求，避免过烧产生大量氧化铁造成浪费。

（三）智能监管，提升监督效率效果

沙钢集团开发信息系统，充分利用数据信息，强化业务监管，如开发仓储管理系统，明确常规物料库存限额，避免物料积压浪费；开发资金支付系统，明确支付流程，确保规范支付，管控支付风险；开发管理预警系统，关注重点信息，提升监督效率效果；目前，沙钢集团纪检审计法务条线，组织开发条线管理系统，建立模型，实现风险警示，关注重点风险，进一步提升纪检审计工作效率。

四、结束语

钢铁企业进一步强化廉政建设，创新实践，探索"大监督"体系建设，将不敢腐、不能腐、不想腐在企业发展过程中落到实处，进一步提高综合管理尤其是廉政管理水平，进一步服务企业高质量发展，使钢铁企业以优异的成绩展示党的二十大精神具体落实成果。

探索纪检监督新模式　打通基层监督
"最后一公里"

南京钢铁联合有限公司纪委

郭良贺

党的十八大以来，南京钢铁联合有限公司（简称南钢）党委、纪委积极响应上级组织关于全面从严治党的要求，坚持"标本兼治、综合治理、惩防并举、注重预防"的反腐倡廉工作方针，持续打造南钢"诚信、合规、敬业、阳光"的廉洁文化，增强纪检廉政监督独立性和权威性，有力促进南钢高质量发展。

为了进一步强化对基层监督效能，南钢纪委创新监督方式，建立了廉政专员派驻机制，制定了《南钢实施派驻廉政专员工作机制的方案》，并于 2022 年向采购中心、招标办、制造部、科技质量部、物流中心等关键业务部门派驻廉政专员，充分发挥廉政专员近距离、全天候、常态化的先天优势，延伸监督触角，突出监督重点，实现精准高效监督，将问题消灭在萌芽状态，发挥前置监督"前哨"作用。

一、实施廉政专员派驻机制的背景

南钢属于流程性生产企业，上下道工序错综复杂，招投标、设备物资采购、原燃料入厂检验、工程基建等环节具有资金密集、资源集中、岗位权力集中、廉洁风险高的特点，化解关键部门、高风险岗位的廉洁风险是南钢纪委监督工作的重点。

南钢一直非常重视党风廉政建设，并在该过程中取得了一定的成绩。但在目前改革发展的新形势下，南钢的党风廉政建设和反腐败形势依然严峻，纪检监督工作依然面临着一些困难和问题，表现为：一是监督方式单一，传统监督方式为事后监督，存在时效性滞后的问题，无法对过程环节进行有效监督管理，易造成证据不完整等问题；二是个别部门自我监督意识不强，监督工作难以落到实处，虽然南钢内部监督格局已经建立，但与上级监督部门联系不紧密，有的部门对监督工作认识不深，站位不高，履行监督责任的意识不强、积极性不高，对监督工作没有做好深入的研究与分析，进而造成监督与业务偏离，监督工作出现了不做功、不出力、不走心的结果；三是监督过程存在畏难情绪，不想深挖问题，有些监督人员本身是业务人员，在监督时顾虑较多，碍于人情世故，不敢开展监督工作，不愿意深入一线、深入现场开展调查走访工作，监督工作往往流于表面，形式主义泛滥，难以发现深层次的问题。

二、把好廉政专员的选人用人关

（一）廉政专员选人用人

打造一支"忠诚、干净、担当"的纪检铁军，选人用人是关键，南钢廉政专员选拔采用南钢内部公开竞聘的方式，遴选德才兼备的骨干担任廉政专员，由南钢廉政监察部进行一体化管理。日常工作中代表南钢纪委对驻在单位进行监督执纪及业务指导。

廉政专员以《南钢实施派驻廉政专员工作机制的方案》为工作指引，坚守职责定位，组织开展派驻各项工作。一是列席驻在单位党组织会议、工程项目、设备采购招投标、质量验收等会议，对领导班子执行"三重一大"等议事规则的情况进行监督，对有关问题提出廉政意见或建议；二是参加驻在单位日会、周会及月度会议，了解生产经营情况和员工思想动态，对异常情况加以分析，对存在的重大问题第一时间向廉政监察部汇报；三是定期开展调查研究，分析和查找驻在单位存在的廉政风险和隐患，指导开展廉政风险防控工作；四是参与对驻点单位的安全、质量、环保、设备、消防等领域的事故调查处理，分清事故责任，追偿事故损失，提出处理意见。

（二）建立健全绩效考评机制

为体现价值导向，南钢廉政监察部制定并出台《廉政专员绩效管理办法》，按照业绩导向、价值贡献等方面对廉政专员的工作业绩、工作态度、工作能力进行评价，部门按照评价结果对廉政专员考核和奖励。

评价分为月度评价和年度评价，月度评价中正面评价为得分项，负面评价为扣分项。正面评价为廉政专员每月根据开展工作情况实施自评，得分项由廉政专员提供相应佐证材料进行佐证，由专员监察室对专员自评工作进行监督；负面评价每月由专员监察室对廉政专员进行评价打分；年度评价中月度评价汇总占比70%，年度政治评价占比30%，由部门和科室进行年度评价打分。月度评价与廉政专员的月度奖金直接挂钩，年度评价将与廉政专员的年终奖直接挂钩，同时，部门除收入激励外，每两年对所有廉政专员进行排名，排名靠前的廉政专员有晋升通道，排名靠后的轮出廉政专员岗位。

（三）廉政专员汇报机制

廉政专员对派驻部门实施全程监督，日常办公地点分散在各业务部门，廉政专员工作汇报分为线下汇报、线上汇报两部分：线下汇报，廉政专员室每周定期举行专员例会，部门领导参加，各业务部门驻点专员分别对监督事项做工作汇报及未来一周工作计划，部门领导进行工作指导；线上汇报，廉政专员每周五对日常监督工作进行总结，归档相关佐证材料，上传至部门"智慧纪检廉政平台"，特殊事件经平台"信息反馈"程序做单独汇报。

三、廉政专员派驻工作成效

(一) 筑牢拒腐防变的思想防线

思想是行动的先导，行动是思想的体现。想要解决关键部门、敏感岗位廉洁问题，首先要创造一个风清气正的廉洁环境。廉政专员与驻点单位党组织、纪检组织加强协作，充分利用南钢廉洁制度对敏感岗位干部、职工思想进行规范和引导，不断宣贯廉洁文化理念，倡导公开、公平、公正的观念，以完善的制度、坚强的思想信念抵制一切不良现象。

定期开展党风廉政建设教育，通过观看典型案例、开展家属助廉、签订《廉洁从业责任书》和《廉洁承诺书》等方式，对管理人员和敏感岗位人员进行多层面警示教育，引导员工、干部树立正确的人生观、价值观和利益观，构筑廉洁自律、拒腐防变的思想防线。

(二) 从"要我监督"转为"我要监督"

廉政专员将日常监督中发现的问题进行归纳，定期向业务单位进行通报，采用以案促改的方式督促业务部门开展自查自纠活动，充分发挥业务部门的自我监督作用，提高自我监督、主动监督意识，利用参加日常会议、部门会议、室会议的机会全方位、高频度地宣贯监督职责，明确各业务环节监督的主体责任人，使其主动监督、敢于监督，认识到怕监督、不监督就是失职，变"要我监督"为"我要监督"。

(三) 强化监督、细化制度

廉政专员狠抓现场监督检查，对废钢、原燃料、工程项目进行常态化监督检查，以建立完善各业务管理制度为抓手，梳理各项规程并结合现场实际对其优化，对标同行业企业废钢、原燃料、项目设备采购标准及合同条款，修订《外购废钢水分测定及扣重管理规定（暂行）》《原燃料质量管理制度》《原燃辅验收数据异动管理办法》《原燃料验收监督管理办法》《工程项目管理规定》等管理制度。每周不定期对废钢验收、原燃料取制化、工程项目签证等环节开展现场检查，对执行制度过程中出现的问题及时要求整改，形成闭环管理，确保验收质量达到相关标准和要求。

(四) 突出监督重点，增强监督实效

廉政专员对高风险领域重点监督。物料验收方面，通过深入合金验收现场，观察取样流程，发现合金取样方式存在样品代表性不足、吨袋中心物料无法检测的风险，经与业务部门内部讨论、外部钢厂对标，结合南钢自身特点，最终确定对吨包物料验收方式进行改革，从根本上解决了样品代表性不足、中心物料无法检测的风险；废钢方面，对废钢质量、验收人员履职情况开展不定期、常态化的日常昼夜巡检，尤其是节假日期间，通过走一走、露露面的形式，发挥震慑、警醒作用，保障废钢质量稳定；

物料管理方面，优化线上业务流程，对零库存备件出入库流程和备件验收不合格流程进行优化，解决备件发生质量问题无法追溯的痛点；工程项目方面，对在建项目进行全过程监督，尤其在隐蔽工程，督促业务部门加强施工队伍管理，保证施工质量，对于施工质量不符合要求部分立即整改，2022 年在廉政专员督办下向施工单位下发 30 份整改通知函；招标方面，在日常监标的基础上，监督范围进一步扩展到过去一段时间的招标项目，根据不同组别随机抽查已结项或流标的项目，检查其合规情况，并总结分析归纳，记录成《招标日常合规性抽查监督表》。

（五）建立专项抽查机制

廉政专员联合业务部门形成联合抽查体，不定期对原燃料进行巡查和抽查检验，监督供应商供货质量，每天及时掌握入厂的供应商厂家、供货物料等信息，对物料各项流程动态严格监督，特别对新进贸易商、出现质量异议的供应商、小贸易商等重点监督抽查，2022 年抽检 291 次，按抽检数据扣款结算 42 次，发现供应商以次充好、弄虚作假 4 次。同时，组织有关部门对出现供货质量不诚信的供应商进行约谈，营造严抓细管的监管氛围。

（六）促进团队协同作战

解决业务部门"信息孤岛"，首先要打破各驻点廉政专员之间"各自为战"的壁垒，各个廉政专员以完善监督组织体系为出发点、以提升风险防控效能为落脚点，切实发挥出团队的协同作战能力，内部形成上下"一盘棋"的格局。部门根据案件性质进行有效分配，对涉及派驻廉政专员监督范围的信访件，由纪检人员和廉政专员组成联合调查小组共同办案，充分发挥廉政专员业务流程熟、人员情况清，纪检人员办案经验丰富、谈话技巧高的优势，在案件办理中利用优势互补，提升办案效能。

四、结束语

经过一年多的工作实践，南钢纪检廉政专员派驻工作取得了较好的阶段性成果，锤炼出一支能打硬仗、敢打硬仗的纪检监察干部队伍。在今后的工作中，廉政专员将不断提高政治站位和政治觉悟，谦虚谨慎、再接再厉，用扎实的工作推动南钢"两个生态"建设。

派驻监督在国有企业纪检监察工作中的实践与思考

河南钢铁集团有限公司纪委

丁敬强

在全面从严治党新形势下，派驻监督作为党内监督的重要形式和载体，具有监督独立性提升、监督能力增强、监督主责明确、监督范围扩大等特点，能够彰显"派"的权威，"驻"的优势，实现了由"同体监督"向"异体监督"的重大转变。2023年5月以来，河南钢铁集团有限公司（简称河南钢铁集团）纪委遵循"精干高效、便于监督"总原则，对所属子分公司派驻纪检组，就是要通过强有力的监督，规范干部职工行为，减少经营损失，堵塞管理漏洞，促进管理提升。

一、开展调查研究，将问题导向转化为创新动能

由于派驻监督的工作模式初步建立，还处于实践探索阶段，对工作实践中可能存在和已经发现的问题及时分析，通过深入开展调查研究，对照工作制度要求，分析问题的表现，探寻解决的路径，促进制度的完善与提升，切实将问题导向转化为推动工作的实际成效。

（一）提高思想认识，明确监督定位

派驻纪检组必须明确职责职能和工作权限，推进监督单位的党员教育和党风廉政建设工作，加快自主谋划和创新力度，准确深入查找风险点，严查细究做实监督问责，真正树立"派"的权威、体现"驻"的优势，全力落实"党内监督不留死角、没有空白，让所有权力都受到监督制约"的功能定位和工作要求，进一步强化组织自上而下的监督功能，做到正风肃纪执行有力，履职尽责担当有为。

（二）健全规章制度，做实日常监督

派驻纪检组要突出重点内容、重点对象、重点问题和重点领域，聚焦聚力纲举目张，按照工作任务和制度要求，做实日常监督，开展专项督察，形成重拳出击的震慑效果。要结合自身实际，建立适合自身特点的工作规范，摸清单位基本情况和底数，加快建立关键岗位廉洁风险点工作清单台账，健全日常管理、监督、执纪问责等工作

机制，为开展执纪监督奠定坚实基础。要结合工作开展情况和派驻所在单位实际，积极开展调查研究工作，及时掌握动态信息，为规章制度的健全完善察实情、谋上策、出实招。

（三）强化监督检查，落实"两个责任"

派驻纪检组要紧跟会议监督，通过列席被监督单位班子会议，做实全过程监督，把握日常工作情况、相关会议程序和决策程序，及时发现和解决问题。要紧抓专项巡察，采取全面调研、专项巡察和问题约谈等形式，开展有针对性的检查督导，发现和解决隐蔽性和深层次问题，明确提出整改建议，督促整改落实，促进重点工作和"两个责任"落实。

（四）畅通信访渠道，强化执纪问责

派驻纪检组要注重基层监督力量统合，进一步调动普通党员职工参与监督的积极性，通过及时开通信访举报信箱、电话等形式，畅通信访举报渠道，及时制定关于问题线索报送、纪律审查工作流程等方面的规章制度。要加大对问题线索核查力度，从速从严核查，强化执纪问责，保持高压态势，做到件件有着落，事事有回音，努力营造风清气正的良好氛围。

二、创新体制机制，将制度优势转化为治理效能

在健全党统一领导、全面覆盖、权威高效的监督体系，促进各类监督贯通协调的基础上，构建适合派驻工作实际的一体化综合监督体系，落实监督下沉、监督落地、监督向基层延伸要求，推动构建"两个责任"同向发力，上下协同联动的工作格局，并善于发挥制度优势，创新体制机制，提升工作质效。

（一）突出政治监督，建立常态机制

始终坚持全面从严治党，立足"监督的再监督"创新方式方法，盯住重点人、重点事，抓住工作中的主要矛盾和矛盾的主要方面，增强监督的政治性、时代性、原则性、战斗性，以强有力的监督推动全面从严治党战略部署向纵深发展。要盯紧"加强上级纪委对下级党组织的监督"这个目标定位，切实履行好监督第一职责、基本职责，敢于监督、善于监督、靠前监督、精准监督。要推动政治监督落地，善于从国有企业运行规律上着手，看落实"两个维护"、贯彻党中央及河南省委重大决策部署方面，有没有打折扣、讲条件、搞变通，有没有不遗余力地落实落地。要进一步积极探索"三不腐"贯通融合的有效载体、实践途径，健全办案、整改、治理结合和办案、监督、警示贯通工作机制，深化以案为鉴、以案促改、以案促治。

（二）突出精准监督，明确查纠重点

深化对风腐互为表里、同根同源的规律性认识，对由风及腐现象保持高度警觉，

紧盯"四风"新表现新动向，全面梳理易发多发的典型问题，深入开展清单式、拉网式专项整治，形成清单化跟踪监督的工作模式，精准运用监督执纪"第一种形态"，加强对各级党组织和党员干部的教育、管理和监督。要完善问责衔接配套工作机制，围绕问责启动、调查取证、定性处理等重点环节细化流程、规范程序，以精准规范问责。要紧盯"关键少数"，创新监督路径，健全完善谈心谈话、廉洁提醒谈话、请示报告、政治生态分析研判、述责述廉等配套制度，推动完善以加强"一把手"监督为重点的党内监督体系。要注重建立健全对新选拔年轻干部从严教育管理监督制度机制，抓早抓小、防微杜渐。

（三）突出结构优化，规范工作程序

针对纪检监察日常监督权、线索处置权、立案审查权和调取证据权等结构功能的持续健全与优化，将体制优势转化为治理效能，努力提升工作效率，提高工作质量。结构决定功能，在治理实践中，决策的顶层设计、执行的凝聚合力、监督的多重保障等结构优化，形成具体的规范和程序，确保监督执纪问责、监督调查处置依规依纪依法、客观公平公正。要提升系统观念和底线思维，做到惩防与治理相衔接，监督与教育相贯通，不仅要注重案件的查办，更需加快建立标本兼治、一体并重的惩防施治体系，促进治理效能及时转化和结构系统融合优化的格局加快形成。

（四）突出力量整合，建立协同机制

建立健全以案警示长效机制，完善一体推进纪法宣传、警示教育和典型宣传的工作机制。推动监督力量下沉、监督内容整合、监督质效提升，强化监督纵向全覆盖。要建立联动监督、联合办案启动机制，通过"室组"联动监督、"室组地"联合办案机制，提升监督执纪执法协同性，合作换位、强强联合、取长补短，充分发挥系统优势，充分释放"1+1+1>3"的叠加效应。要加强监督检查、审查调查各项工作的统筹力度，坚持把以案促改贯穿案件查办全过程，将个案审查调查和强化政治监督结合起来，注重同步分析问题发生的深层次根源，精准提出针对性、操作性强的整改建议，做深做实做细查办案件"后半篇文章"，提升监督水平、规范化水平。

（五）突出队伍建设，提升素质能力

推动打造锻造纯度更高、成色更足的高素质专业化纪检监察铁军，完善分级分类的纪检人员培训机制，深化纪检监察基础理论研究，创新培训工作理念思路，推动纪检监察干部强化思想淬炼、政治历练、实践锻炼、专业训练，增强法治意识、程序意识、证据意识。完善监督检查、审查调查、案件监督管理、案件审理相互协调、相互制约的工作机制，严格落实办案安全制度，加强纪检监察干部违纪违法典型案件通报，健全以案警示、以案明责、以案促改制度机制，进一步加大监管和自我净化力度，切实将"不敢腐、不能腐、不想腐"一体推进的理念贯穿于自身建设中，不断完善监督执纪执法权力运行内控机制，坚决防止"灯下黑"。

三、坚持多措并举，将监督合力转化为工作质效

在加强党内监督、全面从严治党治企，推进纪检监察改革的工作实践中，要加快适应派驻工作中关于领导体制、监督关系、职能职责、核查手段的变化，制定相互适应、有效融合的制度举措，建立纪检监察网格化监督管理体系，推动监督责任落地生根和业务能力稳步提升，将监督合力转化为工作质效。

（一）加大工作宣传，营造监督氛围

在全面从严治党向纵深推进新形势下，要加大对派驻监督重大意义、职能定位、工作职责等内容的学习与宣传，在企业各管理层级中，营造统一思想认识、全员共同参与的浓厚氛围；通过外推内促的宣传动员机制，使得全员清晰认识和准确把握派驻监督改革的关键意义，落实"两个责任"的实现路径，统筹处理好派驻、派出和驻在单位的"三个关系"，用足用好事前预防、事中处理、事后总结的闭环监督方式，不断提升纪检监察工作的规范化、法治化、正规化水平。

（二）提升业务能力，强化责任担当

要加强纪检监察干部培养，优化派驻队伍，强化党的创新理论学习和思想武装，强化党规党纪工作条例和规章制度的掌握，以及法律、财务、审计等方面的专业能力培养。要扩展监督视角，加快完善工作体制机制，做细做实日常监督，做到常抓不懈，久久为功。要强化实践锻炼，积极参与重要线索和案件办理的监督实践，以案代训、以干代训，切实提高派驻队伍的综合素质能力与监督独立性及专业化水平。应积极开展监督经验分享、联合监督检查、创新派驻监督经验和工作交流，提高派驻监督的系统性、联动性、协作性。

（三）敢于监督亮剑，从严正风肃纪

在加快构建全方位的监督体系的同时，要充分运用"四种形态"特别是"第一种形态"，结合各自派驻工作实际，将"咬耳扯袖、红脸出汗"的要求具体化制度化常态化，筑牢反腐倡廉、风腐一体纠治的思想堤坝，让"抓早抓小、动辄得咎"成为一体推进"三不腐"机制的前置举措。要敢于监督，责任担当，要善于监督，明确方向，对于发现的问题及时果断处置；加大问题线索核查处理力度，强化震慑作用，经常运用监察建议等方式，督促驻在单位及时填补制度漏洞，做好廉政风险防控工作。要善于监督，标本兼治，将廉洁文化宣传、警示教育提醒和典型案例学习、议案促改查纠有机结合，构建好全方位的廉洁教育监督体系。

（四）精准把握重点，突出监督成效

派驻监督要真正发挥好"前哨"和"探头"作用，就必须在"精准"上下功夫，只有监督的精准聚焦，才能做到直击痛点堵点，深入具体有效发力。要坚持露头就打，

针对"四风"问题的顽固性、反复性，充分认识到反腐败斗争的长期性艰巨性，牢牢盯住"关键少数"，紧紧盯住"关键问题"，坚持即查即纠、惩前毖后治病救人，坚决守好"重点环节"；要建立完善监督体制，坚持问题导向，坚持制度遵循，真正把监督融入日常、抓在经常，管在平常，切实为国有企业生产经营和改革发展注入生机活力、提供坚强的政治保障和纪律保障。

四、国有企业派驻监督工作的思考和启示

习近平总书记强调，派驻监督本质上是政治监督。派驻纪检组必须站稳政治立场、严明政治纪律，把对党绝对忠诚、对集团尽责尽职作为根本担当，坚持原则，秉公执纪，对不认真执行党中央、河南省委决策部署和河南钢铁集团党委安排部署，对损害河南钢铁集团和职工利益的行为，对不作为、不担当、不负责的党组织和党员领导干部，敢于亮剑、敢于斗争，使铁的纪律转化为党员干部的自觉遵循。

（一）加强监督的独立性和权威性

派驻监督本质上是上级纪委对下级党组织和党员干部监督，要在制度上、履职上和工作机制上保持派驻机构的独立性和权威性，提升工作的主动性和工作效能。要敢于较真碰硬、敢于善于斗争，从苗头性、倾向性问题抓起，充分运用"第一种形态"，让党员干部习惯在受监督和约束的环境中工作生活。

（二）明确派驻机构的监督定位

坚守政治监督职责定位、把握"上对下"监督角色定位，进一步丰富工作举措、创新方式方法，敢于善于抓好对"一把手"的监督、加强对班子成员的监督，推动驻在单位党组织扛起全面从严治党政治责任和党风廉政建设主体责任，坚持构建全面覆盖、权威高效的监督体系。

（三）提高派驻人员思想政治工作能力

要深入加强调查研究，把握问题症结，加强对派驻监督在基层工作的实践与探索。要善于通过政治思想工作，解决实际工作出现的各类问题矛盾；要防范驻在单位职工对派驻人员出现刻意防范和疏远的态度，避免产生抵触情绪；在监督实践中，既要树立公正廉洁严格监督的工作形象，又要加强驻在单位员工的理解和支持。

（四）加强对信访受理和问题处置的统一管理

派驻组按照管理权限，负责受理驻在单位党组织和党员干部、监察对象涉嫌违犯党纪、违法的信访举报，并指定专人受理、集中管理信访举报。派驻纪检组要加强对驻在单位的业务和工作流程、"三重一大"以及决策层面等各方面情况的熟悉了解，充分掌握监督重点和廉洁风险点，以及职工工作生活思想状况，从而加强信访问题处置的针对性和及时性。

（五）加大派驻人员的考核监督力度

树立重实干、重实绩的用人导向，在严把派驻组干部入口关的同时，落实好派驻人员的交流轮岗制度，加强对派驻组履行职责以及自身建设等方面情况年度考核，并将考核结果通报驻在单位，形成良好的监督反馈机制。派驻干部要自觉接受驻在单位党员干部职工的监督，畅通对派驻工作的意见反映渠道，认真听取意见建议，不断完善制度、改进工作。

聚焦重点领域提升监督合力的探索和实践

湖南钢铁集团湘潭钢铁集团有限公司纪委
颜　硕

一、各类监督现状

为达到协同增效的目的，湖南钢铁集团湘潭钢铁集团有限公司（简称湘钢）纪委沉下去、走出去，在湘钢内部具有监督职责的部门、二级单位开展调研，到先进企业进行对标学习，发现钢铁企业在监督机制日趋完善的同时，仍存在一些共性问题，影响监督合力的发挥。

（一）监督力量不均衡

随着员工队伍、薪酬及机构改革，管理机构、管理人员精简，纪检队伍也逐步精简，职责高度整合。调研发现，普遍存在纪检力量逐级递减，监督权限逐级上移的情况。如企业一级纪检部门从专职科室逐步衍化成一室多专、一人多专，二级、三级单位纪检机构人员简而不精，几乎不设专职纪检岗位，线索处置、案件查办等专业工作难以开展，招投标、人员招聘、提拔竞聘等部分监督工作也揽至一级纪检部门。由于责权弱化、激励空乏，基层监督力度弱，手段单一，效果不佳。

（二）制度融会贯通有缺陷

面对日益繁重的新任务，错综复杂的经营发展局面，有的业务部门的内部监督工作不善于把握监督重点和规律，部门间的协商、协作未成常态。调研发现，日常监督中，业务部门内部监督与纪检部门日常监督难以同步、同向，造成业务部门对新的纪法要求跟得不紧，监督制度和风险防控机制不完善，内部运行、监管制度没有与新的纪律、作风要求有效衔接，纪检部门在推动监督发现问题整改时，往往要临时做大量的政策解读和解释工作。由于业务部门对政策、制度的敏感度不高，导致风险排查存在偏差甚至盲区，纪律、作风监督，内部风险防控难以落到深处、实处。湘钢内部某子公司就曾发生因为内部奖惩制度不完善导致纪律、法律风险的问题。

（三）监督职责定位不精准

由于企业特性，普遍存在业务是主业、监督是副业的思想，监督与业务融合度不高，导致监督职责不明、定位不准。调研发现该问题主要体现在三个方面：一是对"两个责任""一岗双责"认识不到位，有的党组织负责人没把自己摆进主体责任，使有的党员干部认为，监督只是纪委的事，与其他人和组织无关，分管业务的领导干部只管业务，接受监督但不主抓、不担责，增加了纪检人员在监督履职中的阻力。二是对"组织"与"协调"的关系理解不透，有的纪检部门，注重组织、忽视协调，导致有些工作该分解的没有分解，该督办的没有督办，在抓源头、治根本上形成了业务部门责任虚化、弱化，纪检部门责任泛化的情况，使纪检人员被动"大包大揽"。三是与业务监督部门职能重合，有的企业纪委的监督独立性体现不明显，与财务、质量、安全、企管、人力等业务监督部门存在职能重叠，有的工作存在反复监督，监督效率低的现象，有的把纪律监督等同为业务监督，导致纪委抓业务，偏离主责主业，也弱化了业务监督部门的主责主业。

二、探索和实践情况

基于以上监督工作中存在的不足，湘钢纪委紧紧围绕贯彻落实习近平总书记在党的二十大、中央纪委二十届第二次全体会议的重要指示精神，根据上级工作部署，结合近几年巡视、巡察发现问题，对聚焦重点领域提升监督合力进行了专题部署研究，明确以清廉文化建设、大监督体制建设为重要抓手，一体推进"三不腐"工作。经一系列探索和实践，取得了一定成效。

（一）在重点领域灵活开展多种形式监督

按照企业特点，综合考虑派驻式嵌入、列席式嵌入等嵌入模式的利弊，灵活嵌入工程建设招投标、大宗采购、落实中央八项规定精神、选人用人、绩效分配等重点领域的关键环节开展监督。

招标监督从派驻式转变为"点单"式，将长期驻点在招标管理部门的纪检人员抽回，制定了《招议标监督办法》，建立湘钢职能部门、子公司两级招标信息共享平台，预报招标项目，纪检人员综合考虑项目金额、复杂性、敏感性等因素，抽取部分项目进行监督，提高监督效率。从会议监督转变为全程监督，通过审计融入预算编审工作、纪检对相关部门履职开展专项监督等方式进行事前监督，通过对招标入档资料进行"回头看"及开展综合性的专项检查等方式开展事后监督。通过多维度监督，将多家涉嫌围标、串标供方列入黑名单，督促相关部门落实公开招标、疫情期间网络招标等相关要求，监督修订完善湘钢及子公司管理制度十余项，发现招标档案资料中的问题40余项。

聚焦主责主业，以履职监督代替大宗原燃辅料采购验收流程内的监督。纪检人员跳出了以往"跟班倒"，在线进行外购大宗原燃辅料质量、计量抽检的监督方式，避免与质检部门业务重合，转而对大宗原燃辅料从采购进厂至卸车使用各环节验收把关部门履职情况进行监督。与质量监督、计量监督部门开展联动，加强了信息沟通，完善了异常问题的处置流程，纪委主要负责监督重大质量、计量问题处置，对质量、计量监督部门反映的问题线索进行核查，先后查处了"废钢车套牌套取重量""待检废钢压块调包""货车私设隐蔽水箱套取重量"等案件，与公安机关配合端掉了两个废钢作假团伙。督促有关部门查漏补缺，牵头制定了《关于运输车辆私设暗水箱进厂的处罚规定》等制度。加强相关处罚制度的执行，加大了质量、计量问题的经济处罚力度，将严重违规、弄虚作假的供应商列入"黑名单"，扩大了监督成果并形成有力震慑。

强化日常监督中的部门联动，形成监督合力。在落实中央八项规定精神、选人用人、绩效分配的日常监督中与组织部、财务部、综合管理部等建立了联动机制，抓好党纪党规与内部制度的衔接，打通纪检、审计、财务、人力资源管理的内在联系，将纪律监督嵌入业务监督，管业务的同时管纪律，在营销采购部门的差旅、接待关，选人用人的程序、廉洁关，奖金发放的决策、审批关形成了业务把关、纪律监督的"双高压线"，部门监督能力得到增强。

（二）打通审、纪、法，开展"接力赛"式监督

湘钢纪检部为大部制运行，由原纪检部、审计部、法务部合并而成，审计、纪检、法务虽然属于不同的专业领域，有着不同的工作职责，但也有其内在联系。我们提出了审计先行、纪检跟进、法务托底的工作理念，将"纪法衔接"贯彻到日常工作中，做到线索"手对手"传递，案件"手牵手"查办。在工程审计、经营审计中发现的涉嫌违规问题一律由纪检组织查办，涉及的违法问题交法务处理。如审计将工程审计中发现的问题线索移交纪检后，纪检对问题进行了核查，避免了国有资产流失，对核查发现的内部单位工程结算管理不到位、设计变更程序不规范等问题进行了追责；与法务一道叫停了效益分享型的投资项目，避免了效益损失；督促子公司对经营审计中发现的经营管理风险及漏洞进行整改，及时纠正了库存管理、优惠政策执行中的不规范问题。

（三）担当清廉文化"传播媒介"，推动菜单式监督

解读政策，细化监督内容。作为企业来讲，对政策理解存在差距，特别是企业的二级机构、子公司，缺乏对政策的系统学习，对纪律规矩没有吃准吃透。对照这一实际，我们对落实中央八项规定精神的有关规定进行解读，标注重点，答疑解惑，将实际工作中如何落实三公经费开支、接待管理、津补贴发放、公务用车、领导干部履职待遇相关规定编制成"作业标准"式的操作守则，让二级机构、子公司读得懂、做得好。

文化搭台，形成行动指南。为构建清廉国有企业文化体系，营造良好的监督氛围，开展"九个一"清廉文化建设工作。具体是："上好一堂课"，常态化开展清廉教育、警示教育，党员干部每季度开展一次廉洁主题集中教育，关键敏感岗位人员每年开展一次警示教育；开展送课下基层活动，纪检部每年送廉洁党课到基层单位不少于10次。"谈好一次话"，结合党员谈心谈话、任前谈话等形式广泛开展廉政谈话，确保科、处级管理人员每年参加一次廉政主题谈话；针对新提科、处级管理人员，按照干部管

理权限分层开展任前廉洁谈话。"读好一本书"，在党员干部中开展"读书思廉"活动，每年向领导干部推荐廉洁图书不少于1册，开展一次主题读书活动。"开辟一专栏"，在报纸、电视台等内部宣传媒体开辟清廉湘钢建设专栏。"送上一封信"，开展廉洁文化进家庭活动，以"一封家书"等形式每年组织一次"家庭助廉"主题交流活动。"擦亮一扇窗"，开展廉洁窗口创建活动，不断打造"廉洁窗口"形象；在此基础上开展"清廉机关""清廉车间""清廉班子"创建活动。"履行一承诺"，开展诚信宣传教育，严格落实业务合同和廉洁合同"双签"、供应商及客户黑名单制度等措施，打造清廉经营环境。"算好一本账"，定期开展职工普法宣传教育，为职工算好法律账。"建好一个馆"，依托新媒体平台建设一个"网络警示教育展馆"，提高职工群众参与度。

及时预警，指明监督方向。为弥补监督意见书知情范围的局限性，抓好风险预警，充分发挥监督效能，将监督发现问题编制成《廉洁风险防控提醒》在公司范围内通发，及时指出了废钢供应商新型作假方式，工程项目重复结算及利益流失风险，经营管理漏洞等，引导下属单位精准开展内部监督，举一反三，防微杜渐。

三、下一步对策和建议

随着科技发展、理念更新、环境变化，纪律监督工作应与时俱进，不断提升监督效率。在调研中看到，有的地方纪委及行业先进在监督信息平台的搭建等方面已做了很好的尝试，结合探索和实践中发现的不足，提出以下对策和建议。

一是利用信息化手段打造监督信息库。将问题线索、各类各级监督发现问题、制度程序和标准汇总起来，与内部运营系统同步运行，将招投标、项目投资、费用报销、选人用人活动相关信息及时上传至系统，系统自动匹配出异常情况给出预警提示，这样，既打通了信息壁垒、信息断层，又有利于及时发现问题，提升监督效率。

二是优化纪检系统协同联动机制。钢铁企业普遍摊子大、流程长，纪律监督工作一定程度存在点多面广、纪检人员精而不专的问题。可以借鉴"室组地""室组企"经验，以纪检部门为枢纽，将下属单位按类别分区而治，盘活基层纪检力量，充分发挥基层纪检人员近距离、全天候、常态化的优势，兼具一级纪检部门专业化优势，使两级纪检部门更好地实现思想统一、步调一致、联动推进。

关于国有企业充分发挥巡察"利剑"作用的实践思考

——以 A 企业为例

中信泰富特钢集团股份有限公司纪委

朱新峰　李银环

党的十八大以来，以习近平同志为核心的党中央高度重视巡视工作，将巡视作为加强党内监督的战略性制度安排，持续推进巡视工作制度创新、理论创新和实践创新，为国有企业高质量开展内部巡察工作提供了根本遵循。实践证明，巡视巡察是党之利器、国之利器，也是治企利器，国有企业通过高效开展内部巡察，有力推动了国有企业全面从严治党向基层延伸和企业治理能力现代化，有效促进了企业改革发展。

某国有企业（简称 A 企业）系某中央金融企业集团（简称 A 集团）的控股子公司，企业党委在上级党委的领导下，认真学习习近平总书记关于巡视工作的重要论述摘编，认真履行全面从严治党主体责任。2020 年起探索内部巡察，经过几年的摸索实践，取得了一定的成效，为打通全面从严治党"最后一公里"、推动企业政治生态持续向善向好发挥了重要作用。2021 年 6 月，A 企业党组织荣获"全国先进基层党组织"称号。党建案例获评新时代全国金融系统党建百优案例。

一、按照党中央关于巡视巡察的有关精神，A 企业开展巡察工作的实践探索

近年来按照做大做强的目标，A 企业下属子公司已发展为 10 家，遍及江苏、湖北、山东、天津、四川、浙江等省市，职工总人数 3 万余人，党员占比超过 17%，党委 13 个，党总支数 18 个，党支部数 234 个。全面从严治党任务艰巨，政治监督任重道远。为落实全面从严治党和管党治党主体责任，加强党内监督，A 企业党委按照党中央及 A 集团党委巡视有关规定，建立了巡察制度，在开展内部巡察方面进行了探索和实践，推动了全面从严治党纵向延伸。

（一）起步探索阶段

以 A 集团党委第二轮巡视反馈问题整改监督为切入点，A 企业党委于 2020 年 4 月成立巡察工作小组，先后对下属 9 个党组织实施了"2019 年 A 集团党委专项巡视整改情况专项巡察"，覆盖了 2015 年以来党中央巡视、审计署审计、A 集团党委巡视、A 集团审计所发现问题的整改情况。这是 A 企业内部巡察工作的最早探索。

（二）摸索常规巡察阶段

为规范巡察工作，A 企业党委于 2020 年 9 月成立巡察机构，设置巡察工作领导小组和巡察办，配备专职巡察干部，组建巡察组，严格按照党中央巡视工作条例和上级党委要求，有计划开展内部巡察工作，逐步提升巡察工作质效。2021 年上半年按照规范流程，运用调阅资料、个别谈话、下沉了解等方式，聚焦"四个落实"，完成了对两个党委的常规巡察，为企业巡察工作开新局、起好步奠定了扎实的基础。

（三）常规巡察提升阶段

2022 年在首轮常规巡察的基础上，A 企业党委完成了对两个党委的常规巡察。从巡前培训，到进驻动员、发现问题质量、巡察反馈、跟踪整改等方面得到了有效提升。2022 年 8 月，A 企业党委完成换届。为做好新一届党委任期内的巡察工作，A 企业党委坚守政治巡察定位，保障党的路线方针政策和上级重大决策部署的贯彻落实，起草制定 A 企业未来五年巡察工作规划，并组织实施了 2023 年度第一轮巡察工作。

二、从 A 企业巡察取得的成效领悟国有企业开展内部巡察的重大意义和作用

（一）党的建设进一步加强

国有企业是中国特色社会主义的重要物质基础和政治基础，是我们党执政兴国的重要支柱和依靠力量。对国有企业开展巡察，主要目的就是督促各基层党组织以坚持和加强党对国有企业的全面领导为统领，围绕职能责任和目标任务，推进党中央重大决策部署贯彻落实，做到"两个维护"。通过内部巡察，A 企业党委发挥领导核心和政治核心作用更加充分，管党治党更加有力，全面从严治党"严"的氛围逐渐浓厚，基本达到了发现问题、形成震慑的目的。2021 年巡察两个党组织共发现问题 34 个，除一项整改基本到位外，其他全部整改到位。2022 年巡察两个党组织，共发现问题 55 个，"四个落实"问题占地如图 1 所示，同比 2021 年增长 62%，推动整改完成率达到 91%。

被巡察党组织收到问题反馈后，全面履行整改主体责任，多次召开巡察整改专题会议，跟踪问题整改进度，对照问题清单，一一落实。有的企业党组织对相应问题严肃处理相关责任人，有的企业党组织深入查摆问题发生的原因，"举一反三"常态化推进整改，企业政治生态持续净化优化。

（二）干部队伍建设进一步增强

从巡察工作本身来看，开展内部巡察为国有企业党员干部提升政治素养、锤炼党

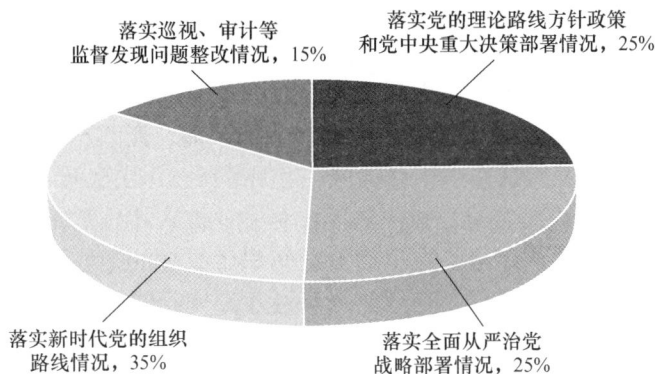

图1 "四个落实"问题占比

性修为搭建了重要平台。打铁必须自身硬。要想实现高质量巡察，巡察组队伍的建设必不可少。A企业通过强化政治理论学习和业务培训，打造巡察"尖兵"，进入巡察组的同志政治素养进一步提升，党性过硬、作风过硬、本领过硬，其中10名年轻骨干得到提拔任用，陆续走上领导干部岗位，带动了整体队伍综合素质的提升。从聚焦"四个落实"来看，"落实新时代党的组织路线情况"方面的问题占比达35%，是"四个落实"中问题占比最大的一类，问题主要包括干部选拔任用把关不严、考核指挥棒发挥作用不够、队伍建设整体统筹谋划不够、干部日常管理不够严格等，通过这些问题的整改，被巡察党组织干部队伍建设得到了提升。

（三）经营管理进一步合规

开展内部巡察其中重中之重是了解基层党组织在深化企业改革和现代企业制度建设情况，确保国有资产保值增值。A企业党委在开展巡察时，注重围绕检化验、工程建设、大额招标采购、物流运输等生产经营的重点环节和关键领域，发现招标采购存在决策与管理、项目建设存在工期拖延、未达产达效等方面的问题，强化政治企业合规管理及风险管控问题，提出"深入贯彻习近平法治思想，将合规要求覆盖生产经营各领域各环节，贯穿决策、执行、监督全过程"等整改建议，推动企业制（修）订了一批制度，同时推动企业风控部门与审计、财务、企管等部门形成监督合力，逐步建立大监督工作格局，政治监督与业务监督相互贯通，不断提升依法合规经营管理水平，有效防范化解各类风险挑战。

三、A企业巡察存在的不足及应对策略思考

虽然A企业内部巡察工作取得了一定的成效，但在实践工作中，仍存在一些问题，突出表现如下。

（1）对巡察工作的认识还不够到位。一是少数领导干部对巡察监督的重要性、严肃性认识不足，不能正确对待，报喜不报忧。二是有些干部职工认为巡察比较神秘，对巡察内容、方式方法和程序步骤不够了解，反映问题、揭露矛盾缺乏积极性、主动

性。三是巡察机构的权威性还未真正树立起来，一定程度上影响了巡察工作成效。

（2）掌握真实情况、发现真实问题存在一定难度。一是有的谈话对象不愿或不敢向巡察组提供真实情况，有的三言两语应付，有的提供的资料不够充分。二是方法手段单一，巡察组的工作方法主要是听取汇报、个别谈话、查阅资料、受理举报、下沉了解等，专题调查和明察暗访用得相对较少，挖掘潜在、深层次问题的手段较少。

（3）巡察干部及巡察组自身建设不强。一是专业性人才相对缺乏，巡察组成员多为各部门、各企业临时抽调组成，在巡察专业知识系统性的把握上不够全面，从业务问题查找政治偏差的能力不足。二是巡察人员巡察期间很难完全脱离原岗位工作，对巡察工作有一定影响。三是巡察专职干部经验、知识缺乏，统筹、指导巡察工作水平不高。四是对巡察人员缺乏有效的激励措施。

针对上述不足及有关经验，思考如下改善措施。

（1）深化政治巡察，继续突出党委主体责任。A企业党委高度重视巡察工作，认真履行巡察工作主体责任，党委书记担任巡察工作领导小组组长，切实担负起巡察工作第一责任人的责任，对重要工作亲自部署、重大事项亲自过问、重要环节亲自协调、重要问题亲自督办。2021年涉及巡视巡察工作的党委会共召开5次，占全年党委会总次数的20%；2022年涉及巡视巡察工作的党委会共召开7次，占全年党委会总次数的27%。按照A企业党委的统一要求，通过季度党建工作会议、纪检工作会议、纪委委员会议、党支部会议等形式，对习近平总书记关于巡视巡察的重要讲话精神进行学习，安排部署巡视巡察有关工作，要求各级党组织高度重视，提高巡视巡察的政治站位，切实履行好主体责任，特别是要聚焦问题，层层传导压力，抓好问题的整改落实。

（2）树立巡察监督的权威性。持续将巡视巡察重要论述、重要精神纳入党委会、党建会等会议重要议题，经常性传达会议精神，提高领导干部、广大党员对巡察监督重要性、严肃性的认识，增强做好巡察工作的责任感和使命感。

（3）提高巡察干部队伍活力。一是要严格把关，选拔政治素养高、业务能力强、分析研判水平高、群众工作基础扎实的干部进入巡察干部队伍，做到"优进"。二是要多组织教育培训，通过派挂参巡、以干代训、以老带新、专题培训等方式，提高巡察干部综合素质。三是要探索建立巡察组考核激励机制。四是要探索建立不适应巡察工作干部的退出机制，保持队伍的纯洁和活力。五是选拔审计、财务、党建、纪检、组织人事、法律合规、工程招标等专业的优秀干部纳入巡察干部人才库，并结合年度考核情况进行定期调整，不断优化人才库年龄、专业、经历等结构，以确保对不同企业、重点领域进行巡察时可以针对性抽调干部，做到"人岗相适、人事相宜"。

（4）做好巡察整改"后半篇文章"。充分发挥大监督工作体系的作用，建立好跟踪监督机制，坚持"全周期"督导，增加监督聚合力和穿透力，在保持整改定力、整改力度、整改成果运用、整改机制等方面实现常态化长效化，真正做到以巡促改、以巡促治、以巡促纠，达到推动改革、促进发展的目的。

编 后 记

2023 年，是全面贯彻落实党的二十大精神的第一年，也是结合学习贯彻习近平新时代中国特色社会主义思想主题教育（以下简称主题教育），深入开展纪检监察干部队伍教育整顿（以下简称教育整顿）刀刃向内、自我革命的能力提升年。全国钢铁企业纪检监察工作研究会（以下简称研究会）在中国钢铁工业协会（以下简称钢协）纪委的指导下，紧扣中心，服务大局，团结和引领会员企业各级纪检监察组织认真践行"深学习、实调研、抓落实"工作要求，实现了以高质量纪检监察工作助推企业高质量发展的新业绩。为了展示纪检监察组织理论创新、实践创新、制度创新、文化创新的最新最优成果，创新第十九次钢铁企业纪检监察年度工作会议的内容和载体，研究会、钢协纪委于 2023 年 3 月联合下发了《关于组织征集全国钢铁企业纪检监察工作研究会第十九次年会论文的通知》（以下简称《通知》）。《通知》印发后，得到广大会员企业纪检监察组织的积极响应，共收到论文 138 篇，无论是数量还是质量都创造了研究会成立 20 年来的新高。

所申报的论文，主题突出，内容丰富，时代感、针对性、创新性都比较强，充分体现了钢铁企业纪检监察组织学习领会习近平新时代中国特色社会主义思想的最新成果、贯彻落实二十届中央纪委第二次全体会议精神的崭新经验和优异成绩。主要内容包括：围绕落实党的二十大战略部署强化政治监督；推动完善自我革命制度体系；有力发挥政治巡视"利剑"作用；持续深化落实中央八项规定精神和纠治"四风"；全面加强党的制度建设；锻造堪当新时代新征程重任的高素质纪检监察队伍；主题教育和教育整顿的经验和成效等。为了更好地发挥优秀论文的宣传、教育和引领功能，研究会、钢协纪委决定编辑出版全国钢铁企业纪检监察系统优秀论文选编——《钢铁卫士（2023）》。

　　《钢铁卫士（2023）》所收录的 70 篇文章，是从申报的 138 篇论文中，按照公平公正、优中选优的原则精选的。这些优秀论文以习近平新时代中国特色社会主义思想为指导，全面贯彻"两个永远在路上"战略思想和教育整顿总体要求、工作部署，紧扣党的二十大提出的"打造世界一流企业目标"和"以高质量纪检监察工作统筹企业安全与发展"的工作大局，为一体推进会员企业"三不腐"战略部署、促进钢铁行业高质量发展进行了系统探索，提供了鲜活经验。

　　《钢铁卫士（2023）》的出版发行，得到了鞍钢集团纪委、鞍钢集团矿业公司纪委的大力支持，得到了会员单位的积极协助，得到了冶金工业出版社的优质服务，对所有为撰稿、编辑、审校、出版等工作付出辛勤劳动和智慧汗水的同志们表示衷心感谢。

　　由于时间和能力所限，论文集难免有疏漏和不足之处，敬请读者批评指正。

编委会

2023 年 8 月